utb 4178

Eine Arbeitsgemeinschaft der Verlage

Böhlau Verlag · Wien · Köln · Weimar
Verlag Barbara Budrich · Opladen · Toronto
facultas.wuv · Wien
Wilhelm Fink · Paderborn
A. Francke Verlag · Tübingen
Haupt Verlag · Bern
Verlag Julius Klinkhardt · Bad Heilbrunn
Mohr Siebeck · Tübingen
Nomos Verlagsgesellschaft · Baden-Baden
Ernst Reinhardt Verlag · München · Basel
Ferdinand Schöningh · Paderborn
Eugen Ulmer Verlag · Stuttgart
UVK Verlagsgesellschaft · Konstanz, mit UVK / Lucius · München
Vandenhoeck & Ruprecht · Göttingen · Bristol
vdf Hochschulverlag AG an der ETH Zürich

Studientexte Bildungswissenschaft

herausgegeben von
Thorsten Bohl, Hans-Ulrich Grunder,
Bernd Hackl und Heike Schaumburg

Dr. Uwe Maier, geb. 1971, ist Professor für Erziehungswissenschaft mit dem Schwerpunkt Empirische Schulforschung an der Pädagogischen Hochschule Schwäbisch Gmünd. Seine Schwerpunkte in Forschung und Lehre sind datenbasierte Schulentwicklung, formative Leistungsdiagnostik und lehr-lerntheoretische Didaktik.

Uwe Maier

Leistungsdiagnostik in Schule und Unterricht

Schülerleistungen messen, bewerten und fördern

Verlag Julius Klinkhardt
Bad Heilbrunn • 2015

Online-Angebote oder elektronische Ausgaben zu diesem Buch und der Reihe
„Studientexte Bildungswissenschaft" sind erhältlich unter www.utb-shop.de

Die Deutsche Bibliothek – CIP-Einheitsaufnahme
Die Deutsche Nationalbibliothek verzeichnet diese Publikation in der Deutschen Nationalbibliografie;
detaillierte bibliografische Daten sind im Internet über http://dnb.d-nb.de abrufbar.

Satz: Elske Körber, München.
Umschlagbild: © Katarzyna Bruniewska-Gierczak / 123RF.
Einbandgestaltung: Atelier Reichert, Stuttgart.

Druck und Bindung: Friedrich Pustet, Regensburg.
Printed in Germany 2015.
Gedruckt auf chlorfrei gebleichtem alterungsbeständigem Papier.

utb-Band-Nr.: 4178
ISBN 978-3-8252-4178-0

Inhalt

Vorwort der Herausgeberschaft...7

Vorwort des Autors 9

1 Einleitung..10
   1.1 Diagnostisches Handeln und professionelle Expertise............................10
   1.2 Lehr- und Studienbücher zur pädagogischen Diagnostik.......................12
   1.3 Aufbau des Lehrbuchs und Arbeitshinweise 15

2 Analyse des zu diagnostizierenden Wissens...19
   2.1 Zusammenspiel zwischen deklarativem und
       prozeduralem Wissen 21
   2.2 Grad der Abstraktion und Vernetzung des Wissens 25
   2.3 Modalitäten der Enkodierung des Wissens..28
   2.4 Kontext und Transfer des Wissens 31

3 Funktionen pädagogischer Diagnostik 35
   3.1 Hierarchieebene und Aggregationsniveau..35
   3.2 Diagnose interindividueller vs. intraindividueller Differenzen 38
   3.3 Summative und formative Aspekte der Leistungsdiagnostik 40
   3.4 Akteure im diagnostischen Prozess 43

4 Fragen der Erfassung von Wissen 45
   4.1 Itemebene: Gestaltung und Analyse von Testaufgaben..........................46
   4.2 Aufgabe von Testtheorie und Testmodellen 56
   4.3 Messfehlertheorie und Testgütekriterien 58
   4.4 Quantifizierende Testmodelle...65
   4.5 Klassifizierende Testmodelle 74

5 Interpretation, Bewertung und Feedback 83
   5.1 Bezugsnormorientierung und Bezugsnormen.....................................85
   5.2 Bezugsnormen und domänenspezifische Modelle
       des Wissenserwerbs 91
   5.3 Fehler bei der Interpretation von Testwerten 95
   5.4 Gestaltung von Leistungsrückmeldungen..97

6   Nebengütekriterien: Testökonomie, Fairness und
    Effizienz diagnostischer Verfahren 106
    6.1   Praktikabilität und Testökonomie 107
    6.2   Testfairness und individuelle Anpassungen....................108
    6.3   Effektivität und Effizienz...109

7   Summative Leistungsdiagnostik 112
    7.1   Testgüte summativer Diagnoseverfahren 114
    7.2   Summative Diagnostik und soziale Selektivität.............116
    7.3   Ansätze zur Verbesserung summativer Diagnoseverfahren 117

8   Formative Leistungsdiagnostik 120
    8.1   Empirische Befunde zu formativer Leistungsdiagnostik....................121
    8.2   Handlungsschritte und Merkmale
          formativer Leistungsdiagnostik....................................126
    8.3   Beispiele formativer Leistungsdiagnostik 133
    8.4   Implementation formativer Diagnostik im Schulsystem.................144

9   Computergestützte Leistungsdiagnostik 149
    9.1   Einordnungen und Begriffsklärungen 150
    9.2   Chancen und Herausforderungen
          einer technologiebasierten Leistungsdiagnostik 152
    9.3   Beispiele computergestützter Leistungsdiagnostik
          in einzelnen Lerndomänen..158
    9.4   Computergestützte Diagnosesysteme
          für den schulischen Einsatz 174

10 Testdatenbasierte Schul- und Unterrichtsentwicklung 186
    10.1 Internationale Schulleistungsstudien 190
    10.2 Bildungsstandards, Kompetenzmodelle und
          Fragen einer standardbasierten Diagnostik 194
    10.3 Nationale Ländervergleiche..202
    10.4 Vergleichsarbeiten 205
    10.5 Perspektiven testdatenbasierter Schul- und
          Unterrichtsentwicklung..213

11 Literaturverzeichnis..225

Vorwort der Herausgeberschaft

Die Bewertung von Schülerleistungen und diagnostisches Handeln von Lehrkräften sind Kernbereiche pädagogischer Professionalität und klassische Themen der Lehrerbildung. Seit einigen Jahren erlangt die Diagnostik von Schülerleistung verstärkte Bedeutung und wird zudem deutlich breiter diskutiert als bisher.

Der Anspruch an die Qualität schulischer Leistungsdiagnostik hat sich aufgrund des dynamisch erhöhten Anspruchs an die forschungsmethodischen Standards bei wissenschaftlichen Studien, insbesondere bei nationalen und internationalen Schulleistungsstudien erhöht. Die Frage der testtheoretischen Güte diagnostischer Tests und diagnostischer Verfahren lässt sich immer weniger als akademische Frage auf das universitäre Studium reduzieren, sondern erfordert handfeste und im Alltag anwendbare diagnostische Kompetenzen.

Nicht zuletzt aufgrund von Veränderungen der Schulsysteme im deutschsprachigen Raum, die in Richtung Zweigliederung sowie integrierter Systeme weisen, verstärkt sich der Anspruch an Lehrkräfte mit tendenziell heterogeneren Lerngruppen als bisher zu arbeiten und dabei binnendifferenzierende und individualisierende Maßnahmen zu ergreifen. Dabei steht jedoch nicht ein verkürzter, etwa auf rein methodische Differenzierung ausgerichteter Ansatz im Vordergrund. Vielmehr geht es um ein didaktisches Gesamtarrangement von Unterricht, in dem auf der Grundlage regelmäßiger diagnostischer Maßnahmen Lernangebote entwickelt und von Schülerinnen und Schülern zielgerichtet genutzt werden. Ohne geeignete diagnostische Maßnahmen ist ein derartiger Unterricht allerdings nicht erfolgreich durchführbar – mangelnde Passung, Unter- und Überforderung würden folgen. Gerade angesichts dieser strukturellen Veränderungen zeigt sich zudem, dass Diagnostik nicht mehr nur für einzelne Lehrerinnen und Lehrer relevant ist, sondern als Thema der Einzelschule zu entwickeln ist: Welche Verfahren verwenden wir? Welche Qualitätsmaßstäbe sind wichtig? Welche diagnostische Expertise haben wir selbst – wofür benötigen wir externe Expertise? Dies sind Fragen, die Schulleitungen und Lehrerkollegien formulieren – immer mehr wird damit Diagnostik ein Schulentwicklungsthema.

Der Umgang mit Testdaten aus Schulleistungsstudien oder Vergleichsarbeiten ermöglicht Schulen seit einigen Jahren ihre eigene Entwicklung datenbasiert zu steuern. Diese Möglichkeit wird insbesondere aus wissenschaftlicher und bildungspolitischer Sicht als außerordentlich wertvoll erachtet. Lehrerinnen und Lehrer sehen dies gelegentlich nicht nur skeptischer – sie stehen vor der Herausforderung derartige Daten nicht nur angemessen zu verstehen, sondern sie dann unmittelbar für ihr didaktisches Handeln zu nutzen – eine äußerst anspruchsvolle Angelegenheit, die ohne diagnostische Kenntnisse nicht zu bewältigen ist.

Angesichts erheblich weiterentwickelter Verfahren bieten sich für Lehrerinnen und Lehrer vielfältige Möglichkeiten schulische Diagnostik flexibel zu gestalten: möglich sind formative oder summative Verfahren, computergestützte Verfahren oder die Nutzung verfügbarer und geprüfter Test, etwa zur Diagnostik von Lesekompetenz. Insofern hat sich zwar der Anspruch erhöht – gleichzeitig sind auch die Möglichkeiten der Unterstützung heute vielfältig.

Der vorliegende Band von Uwe Maier beeindruckt nicht nur aufgrund der überaus kenntnisreichen, ebenso breit wie fundiert angelegten Ausführungen. Ihm gelingt die um aktuelle Erkenntnisse erneuerte Darstellung grundlegender diagnostischer Themen – zweifellos Kernbestand der Lehrerbildung. Er geht jedoch einen Schritt darüber hinaus und erweitert das Thema um zahlreiche jüngere Entwicklungen – das Thema erhält dadurch einen neuen Rahmen und eine veränderte Systematik. Ohne einseitig zu werden behält er durchweg einen pädagogischen und einen psychologischen Blick. Didaktische Überlegungen verbinden sich mit eher psychologisch akzentuierten Verfahren. Gerade in dieser Kombination dürfte der Band für angehende ebenso hilfreich sein wie für erfahrene Lehrerinnen und Lehrer und weitere schulische Akteure, die im Alltag mit dem Thema Leistungsdiagnostik befasst sind.

Thorsten Bohl, Tübingen
Hans-Ulrich Grunder, Basel
Bernd Hackl, Graz
Heike Schaumburg, Berlin   im Juli 2014

Vorwort des Autors

Die Diagnose von Schülerleistungen gehört seit jeher zur täglichen Arbeit von Lehrkräften. In der Regel steht dabei die Leistungsfeststellung für Noten und Zeugnisse im Mittelpunkt. Das Potenzial von Leistungstests ist jedoch sehr vielfältig und sollte nicht bei der Notengebung enden. Diagnostische Verfahren sind eine wichtige Grundlage für besondere Entscheidungen, beispielsweise im Rahmen der Einschulungsdiagnostik, der Bildungslaufbahnempfehlung oder der Berufswahlberatung. Eine gute Kenntnis förderdiagnostischer Instrumente ist heute mehr denn je notwendig, um individuelle Förderbedarfe zu erkennen bzw. die Wirkung von Fördermaßnahmen evaluieren zu können. Hinzu kommen Schulleistungstests auf Einzelschul- bzw. Schulsystemebene, die mittlerweile ein fester Bestandteil schulischer Qualitätssicherung und Qualitätsentwicklung sind.
Einerseits sollten Lehrkräfte vorhandene Tests kritisch analysieren und im eigenen Unterricht anwenden können. Andererseits müssen sie auch in der Lage sein, informelle Leistungstests selbst zu entwickeln bzw. zu optimieren. In beiden Fällen ist es notwendig, dass sich bereits Lehramtsstudierende mit den Grundlagen der pädagogischen Diagnostik und den Besonderheiten der Leistungsmessung in ihren jeweiligen Unterrichtsfächern beschäftigen. Dieses Studienbuch möchte hierfür einen Beitrag leisten.
Bei aller Theorie und Technologie im Bereich der Leistungsdiagnostik sollte allerdings nie aus dem Blick geraten, dass Leistungsmessungen letztendlich immer nur eines von vielen Werkzeugen sind, um seine Schülerinnen und Schüler zunehmend besser kennenlernen und unterstützen zu können. Instrumente und Verfahren der Leistungsmessung sind nie Selbstzweck, sondern unterliegen immer dem Urteil verantwortlich handelnder Lehrkräfte. Aus diesem Grund möchte dieses Studienbuch nicht zuletzt auch eine kritisch konstruktive Haltung gegenüber schulischen Leistungsdiagnosen anregen.

Uwe Maier, Schwäbisch Gmünd   im September 2014

1 Einleitung

In diesem Kapitel beschäftigen wir uns mit
- der Frage, wie diagnostisches Handeln und professionelle Expertise von Lehrkräften oder Erzieherinnen und Erziehern zusammenhängen. Es wird vor allem darauf hingewiesen, dass diagnostische Verfahren keinen Wert an sich haben, sondern immer nur vor dem Hintergrund pädagogischen Handelns in einem konkreten Kontext beurteilt werden können.
- der Literatur, die Studierenden für die Auseinandersetzung mit Leistungsmessung, Leistungsbeurteilung und diagnostischem Handeln zur Verfügung steht. Schwerpunkte bisheriger Studienbücher werden skizziert und es wird aufgezeigt, an welchen Stellen dieser Studientext die bisherige Literatur ergänzen kann.
- dem Aufbau des Studienbuchs und einer Arbeitsaufgabe für das Selbststudium. Es wird empfohlen, dass Studierende parallel zur Lektüre des Studienbuchs ein diagnostisches Verfahren im Unterricht erproben und die im Text diskutierten Kategorien zur Analyse und Bewertung direkt anwenden.

1.1 Diagnostisches Handeln und professionelle Expertise

Bildungseinrichtungen sind ohne diagnostisches Handeln kaum vorstellbar. An Schulen sind Tests oder Klassenarbeiten wichtige Taktgeber für den Unterricht. Um einen attraktiven Studienplatz zu erhalten, muss eine Bewerberin unter Umständen eine Eignungsprüfung bestehen. In Kindertageseinrichtungen soll die motorische und sprachliche Entwicklung von Kindern beobachtet und dokumentiert werden, um auf Entwicklungsstörungen frühzeitig reagieren zu können. Vor dem Schuleintritt werden die kognitiven, sozialen und motivationalen Voraussetzungen von angehenden Grundschülerinnen und Grundschülern genau unter die Lupe genommen. Mit akademischen Titeln, die man sich über bestandene Prüfungen verdienen muss, bewirbt sich ein Hochschulabsolvent um einen attraktiven Arbeitsplatz. Diese Aufzählung ließe sich beliebig fortsetzen. Immer geht es um den Einsatz von diagnostischen Verfahren zu einem bestimmten Zweck. Doch nach welchen Maßstäben kann das diagnostische Handeln einzelner Personen in Bildungseinrichtungen beurteilt werden? Auf welcher Basis lassen sich Hinweise zur Gestaltung diagnostischer Verfahren formulieren? Und was ist bei ihrem Einsatz zu beachten?

Um diese Fragen grundlegend beantworten zu können, muss man zunächst das Verhältnis zwischen Diagnostik im Speziellen und pädagogisch-professionellem Handeln im Allgemeinen näher bestimmen. Petermann und Eid (2006) verstehen unter Diagnostik das regelgeleitete Sammeln und Verarbeiten von Informationen mit dem Ziel der Begründung von Entscheidungen. Für Ingenkamp und Lissmann (2008, 13) umfasst pädagogische Diagnostik „alle diagnostischen Tätigkeiten, durch die bei einzelnen Lernenden und den in einer Gruppe Lernenden Voraussetzungen und Bedingungen planmäßiger Lehr- und Lernprozesse ermittelt, Lernprozesse analysiert und Lernergebnisse festgestellt werden, um individuelles Lernen zu optimieren." Leutner (2001) spricht von einem diagnostischen Urteilsprozess, bei dem auf unterschiedliche Diagnoseinformationen zurückgegriffen wird, um Empfehlungen für anstehende Entscheidungen unter Abwägung von Kosten und Risiken zu treffen.

Die Definitionen bringen zum Ausdruck, dass pädagogische Diagnostik immer in den übergreifenden professionellen aber auch institutionellen Kontext einzubetten ist. Diagnostische Verfahren und Instrumente sind nie Selbstzweck, sondern immer nur Werkzeuge vor dem Hintergrund bestimmter Handlungen einzelner Personen im Bildungssystem. Dabei ist die diagnostische Expertise der Professionellen, seien es Lehrkräfte, Erzieherinnen und Erzieher oder Schulpsychologinnen und Schulpsychologen, entscheidend. Unter diagnostischer Expertise versteht man in der Literatur die Gesamtheit des Wissens und Könnens, das zum Treffen korrekter Urteile nötig ist, wie zum Beispiel Urteilsgenauigkeit, Wissen über Fähigkeiten von Schülerinnen und Schülern, Methoden und Prozeduren zur Leistungseinschätzung oder Wissen über Urteilsprozesse (Schrader 2006; Helmke et al. 2004; McElvany et al. 2009; Baumert/Kunter 2006). Darüber hinaus ist diagnostische Expertise in einer bestimmten Lerndomäne, wie beispielsweise dem Lernen in den Fremdsprachen nur dann möglich, wenn eine Lehrkraft über ein fundiertes Fachwissen und fachdidaktisches Wissen verfügt. Nur dann können Schülerbeobachtungen, Testergebnisse oder Diagnoseverfahren im Bereich des fremdsprachlichen Lernens richtig eingeordnet und genutzt werden. Jedes diagnostische Verfahren muss sich deshalb die Frage gefallen lassen, ob es der Expertin bzw. dem Experten in einer bestimmten Entscheidungssituation tatsächlich eine zusätzliche Information zur Verfügung stellen kann.

Man kann in dieser Argumentation noch einen Schritt weiter gehen. Das beste, bisher bekannte diagnostische System ist das Gehirn einer Expertin bzw. eines Experten in einer bestimmten Lerndomäne. Wir sind mit unserem Gehirn in der Lage, sehr viele Informationen aus unserer Umwelt parallel zu verarbeiten. Dies kann ein Computer nicht. Auch ein Schulleistungstest kann nur sequenziell ganz bestimmte Inputs bearbeiten. Mit dieser Parallelverarbeitung gelingt es uns, sehr komplexes Verhalten wie zum Beispiel die fremdsprachlichen Äußerungen in Schrift und Wort von einzelnen Schülerinnen und Schülern wahrzunehmen und sehr schnell zu einem Gesamteindruck zu verdichten. Die intuitive Einschätzung der Leistungen eines Schülers oder einer Schülerin durch eine sehr erfahrene und aufmerksam beobachtende Lehrkraft ist oft die beste Diagnostik.

Das menschliche Gehirn hat als diagnostisches System allerdings auch Nachteile. Die Verarbeitung von Informationen ist langsamer als bei Computern. Wir lassen uns von einzelnen Eindrücken ablenken und lassen andere Facetten einer Schülerleistung außer Acht. Wir haben lediglich unsere eigene Erfahrung als sofort verfügbaren Referenzmaßstab. An diesen Schwachstellen können diagnostische Verfahren und Instrumente eine wichtige Ergänzung der intuitiven, holistischen Einschätzung werden. Diagnostische Verfahren fokussieren eine ausgewählte Facette von Wissen oder liefern soziale und kriteriale Vergleichsmaßstäbe, was im Grunde genommen einer kondensierten Erfahrung vieler Gehirne entspricht. Testverfahren ermöglichen zudem die systematische und simultane Erfassung von Wissen bei großen Lerngruppen.

Weil unser Gehirn bei der Wahrnehmung und Verarbeitung diagnostischer Informationen aus unserer Umwelt an Grenzen stößt, sind diagnostische Verfahren und Techniken notwendig und legitim. Wenn jedoch diagnostische Systeme ein Eigenleben entwickeln, ist höchste Vorsicht geboten. Beispiele hierfür sind zentrale Schulleistungstests in den USA, der Medien-Hype rund um die PISA-Studien, Diagnostikgläubigkeit im Rahmen neuer Formen der Schulinspektion, die Überfrachtung der frühkindlichen Bildungseinrichtungen mit Diagnose- und Dokumentationsbögen oder die verstärkt zu beobachtende Tendenz, unerwünschtes Schülerverhalten sofort im Hinblick auf Teilleistungsstörungen diagnostizieren zu lassen. Diese Beispiele verdeutlichen, dass alle in Bildungseinrichtungen handelnden Personen eine fundierte diagnostische Expertise entwickeln müssen, um Informationen aus diagnostischen Verfahren fachgerecht und mit Augenmaß einordnen und nutzen zu können.

1.2 Lehr- und Studienbücher zur pädagogischen Diagnostik

Im Rahmen eines bildungswissenschaftlichen Studiums (Lehramt, Kindheitspädagogik, Erwachsenenbildung etc.) sollte man sich intensiv mit Grundfragen und konkreten Anwendungen pädagogischer Diagnostik beschäftigen. Aber auch im Rahmen von Fort- und Weiterbildungen sollten professionell Handelnde in Bildungseinrichtungen ständig ihr diagnostisches Repertoire vertiefen können. Hierfür steht eine Fülle an Literatur zur Verfügung. Um gezielt studieren oder sich weiterbilden zu können, muss man allerdings die Schwerpunktsetzungen einzelner Lehr- und Studienbücher kennen. Zur Thematik findet man zunächst einmal eine ganze Reihe von schulpädagogischen Lehrbüchern mit folgenden inhaltlichen Schwerpunktsetzungen (z.B. Sacher 2009; Jürgens 2010; Hesse/Latzko 2011; Paradies et al. 2012):

- Funktion der Leistungsbewertung in der Schule
- Pädagogischer Leistungsbegriff und neue Lernkultur
- Verfahren schulischer Leistungsmessungen
- Dialogische Verfahren der Leistungsbewertung
- Vorgehensweise bei der Erstellung von Leistungsmessungen: Testaufgaben, Prüfungsformate
- Testgütekriterien, Urteilsfehler, Beurteilungsraster
- Bezugsnormen, Notengebung, lernförderliche Rückmeldungen
- Rechtliche Aspekte der Leistungsbewertung
- Alternative Leistungsmessung und -bewertung, Lernberichte, Portfolios
- Verbesserung der Diagnosekompetenz von Lehrkräften

Diese Lehrbücher haben den Vorteil, dass grundlegende Fragen der Diagnostik im Schulsystem angesprochen und diskutiert werden. In der Regel wird an geeigneter Stelle auf die lernpsychologischen und testtheoretischen Grundlagen zurückgegriffen. Ein Nachteil dieser Literatur ist allerdings, dass sehr stark von der aktuellen diagnostischen Praxis an deutschen Schulen ausgegangen wird. Internationale Bezüge sind selten. Viele Publikationen haben zudem eine reformpädagogische Orientierung, d.h. stellen vor allem Methoden der alternativen Leistungsmessung und -bewertung als Innovationen für das Schulsystem dar. Diese Überlegungen sind zwar wichtig, greifen jedoch zu kurz, wenn man die Bandbreite international diskutierter Reformoptionen kennenlernen möchte. Will man sich zudem über standardisierte Verfahren der pädagogischen Diagnostik informieren, wird man in der schulpädagogischen Literatur selten fündig. Eine Ausnahme ist allerdings das Lehrbuch von Hesse und Latzko (2011). Ein weiterer Nachteil der schulpädagogischen Literatur zur Leistungsdiagnostik ist ihre prinzipielle Ferne zu den Fachdidaktiken.

Eine weitere Gruppe von Lehr- und Fachbüchern zur pädagogischen Diagnostik hat eine stark psychologische Ausrichtung (z.B. Langfeldt/Tent 1999; Rost 2004; Schweizer 2006; Ingenkamp/Lissmann 2008). Schwerpunktsetzungen sind unter anderem:

- Grundfragen des Messens und Skalierens: Testtheorie, Gütekriterien, Normen, Verhaltensbeobachtung, Befragungsmethoden, Testmethoden
- Diagnostik domänenübergreifender kognitiver Merkmale: Intelligenz, Aufmerksamkeit, Gedächtnis, Kreativität und Hochbegabung
- Diagnostik sozialer und kognitiv-emotionaler Merkmale: Fähigkeitsselbstbild, Motivation oder Interesse
- Kompetenzbegriff und Verfahren der Kompetenzdiagnostik in Large-Scale-Assessments
- Diagnostik und effektive Lehrmethoden, Instruktionsprinzipien
- Standardisierte Diagnostik im Rahmen von Selektionsentscheidungen (z.B. Einschulung)
- Diagnostik und Beratung im Bildungswesen

Diese Lehrbücher eignen sich vor allem, um das Repertoire an standardisierten Diagnoseverfahren, sowohl für die Individualdiagnostik als auch für Schulleistungsstudien, kennenzulernen und wichtige Fragen der Entwicklung und Nutzung standardisierter Testinstrumente verstehen zu können. Allerdings richtet sich diese Literatur sehr stark an Schulpsychologinnen und Schulpsychologen, Sonderpädagoginnen und Sonderpädagogen oder Forscherinnen und Forscher, die sich vertieft mit der Entwicklung von Diagnoseverfahren beschäftigen müssen. Bezüge zu eher informellen Diagnoseverfahren in einzelnen Schulfächern fehlen dagegen.

Eine weitere Literaturgattung sind Kompendien oder Sammlungen diagnostischer Verfahren. Ein Beispiel hierfür sind die Anwendungsbereiche und Praxisfelder der pädagogisch-psychologischen Diagnostik von Langfeldt und Tent (1999). Hier werden vor allem standardisierte Testverfahren nach Themengebieten geordnet vorgestellt. Auch der Katalog der Testzentrale (Testzentrale 2014) bietet einen Überblick zu deutschsprachigen, standardisierten Diagnoseverfahren. Im Kapitel Schultests wird zwischen Schulfähigkeitstests, Schulleistungstests und Tests zum Sozialverhalten unterschieden. Die standardisierten Schulleistungstests untergliedern sich wiederum in Rechentests, Lesetests und Rechtschreibtests, jeweils vorwiegend für die Primarstufe bzw. die ersten Jahrgänge der Sekundarstufe I. Wer sich mit Schulleistungsdiagnostik in den Fächern der gesamten Sekundarstufe beschäftigen möchte, wird in Kompendien der pädagogisch-psychologischen Diagnostik allerdings kaum fündig.

Sowohl die schulpädagogische als auch die psychologische Literatur zu pädagogischer Diagnostik können die Lektüre von fachdidaktischen Büchern zum diagnostischen Handeln in einzelnen Fächern nicht ersetzen. Diagnostische Expertise können Studierende im Lehramt Mathematik nur dann erwerben, wenn sie sich mit den Fragen des mathematischen Wissenserwerbs beschäftigen und daraufhin Verfahren zur Erfassung von Wissen und Lernschwierigkeiten in einzelnen Bereichen des mathematischen Wissenserwerbs kennen und nutzen können. Erzieherinnen und Erzieher müssen wissen, welche sozialen, kognitiven und motorischen Entwicklungen im Kleinkindalter stattfinden und wie diese differenziert beobachtet, diagnostiziert und dokumentiert werden können. All dies leisten nur fachspezifische Lehrbücher. Eine gute Fundgrube hierfür ist beispielsweise das Jahrbuch der pädagogisch-psychologischen Diagnostik mit folgenden fachspezifischen Themenbänden: Diagnostik von Lese-Rechtschreibschwierigkeiten, Mathematikleistungen, sonderpädagogischer Förderbedarf, Rechtschreibkompetenz, Leseverständnis oder Hochbegabung.

Bei vielen deutschsprachigen Lehrwerken zu pädagogischer Diagnostik fällt auf, dass der internationale Diskussionsstand kaum berücksichtigt wird. Am ehesten findet man internationale Bezüge, wenn es um grundlegende statistische oder testtheoretische Fragen geht. Aktuelle Entwicklungen im Bereich der computergestützten Diagnostik oder Studien rund um das Thema formative Leistungsdiagnostik werden nur sehr selten rezipiert. Wenn man sich in einen bestimmten Bereich der pädagogischen Diagnostik einarbeiten möchte, empfiehlt sich deshalb unbedingt eine Literaturrecherche in internationalen Literaturdatenbanken (z.B. ERIC, Scopus, Sciencedirect oder PsyIndex). In den nachfolgenden Kapiteln werden deshalb immer wieder die englischsprachigen Suchbegriffe aus dem ERIC-Thesaurus angegeben (ERIC: „Educational Resource Information Center" des Institute of Education Sciences, www.eric.ed.gov).

1.3 Aufbau des Lehrbuchs und Arbeitshinweise

Das übergreifende Ziel dieses Lehrbuches ist die Anbahnung einer allgemeinen Urteilskompetenz in pädagogischer Diagnostik. Die Studierenden sollen wichtige Fragen, Prinzipien und Probleme diagnostischen Handelns in Bildungseinrichtungen anhand konkreter Beispiele aus unterschiedlichen Fachdomänen kennenlernen und im Selbststudium Diagnoseverfahren recherchieren, erproben und anhand allgemeiner Kriterien bewerten. Das Studienbuch greift dabei einige der oben aufgeführten Defizite in der Literatur auf und setzt damit Schwerpunkte. Aus Gründen der Übersichtlichkeit werden aber auch bestimmte Aspekte ausgeblendet oder weniger intensiv behandelt. Das Studienbuch versteht sich deshalb als eine Ergänzung der oben skizzierten Literatur. Folgende Schwerpunktsetzungen stehen im Mittelpunkt:

- Fokussierung auf kognitive Leistungen, weil die Förderung und Begleitung des kognitiven Wissenserwerbs als Hauptaufgabe von Bildungseinrichtungen von der Primarstufe bis zur beruflichen Weiterbildung angesehen werden kann. Ausgeblendet wird die Diagnose von Interessen, Motivation, sozialen Kompetenzen oder Lernstrategien. Dies sind ebenfalls bedeutsame Ziele schulischen Lernens. Vor allem in der Diskussion über einen pädagogischen Leistungsbegriff und alternative Formen der Leistungsdiagnostik spielen diese Zieldimensionen eine wichtige Rolle (Grunder/Bohl 2001; Winter 2006; Bohl 2009; Jürgens 2010).
- Das Lehrbuch möchte die psychologischen Grundlagen (z.B. Testtheorie, Attributionstheorie oder Feedbacktheorie) der pädagogischen Diagnostik in möglichst einfacher und nachvollziehbarer Weise erklären. Dies lässt sich allerdings nicht immer in der gewünschten Tiefe leisten. Für eine weitere Auseinandersetzung mit den psychologischen Grundlagen muss deshalb auf weitere Fachliteratur zurückgegriffen werden.
- Wo immer möglich werden domänenspezifische Diagnoseverfahren als Beispiele angeführt. Aber auch hier gilt, dass dieses Studienbuch die Auseinandersetzung mit der fachdidaktischen Literatur nicht ersetzen kann.
- Bezüge zur internationalen Literatur werden hergestellt, wenn dies möglich und sinnvoll ist. Ebenso werden die ERIC-Deskriptoren jeweils erwähnt, um in die international übliche Fachterminologie einzuführen. Ziel wäre es, dass Studieren-

de bei der vertieften Auseinandersetzung mit diagnostischen Verfahren in einer Lerndomäne auch englischsprachige Texte heranziehen können.

- Aktuelle Entwicklungen im Bereich der pädagogischen Diagnostik sollen beispielhaft vorgestellt und problematisiert werden: Formative Leistungsdiagnostik, Lernverlaufsdiagnosen, Probleme einer kompetenz- oder standardbasierten Diagnostik, Chancen und Herausforderungen der computergestützten Leistungsdiagnostik.

Die Terminologie in der pädagogischen Diagnostik ist sehr vielfältig. In diesem Studienbuch ist der Begriff des diagnostischen Handelns die leitende Analysekategorie. Gemeint ist damit der gesamte Prozess des Diagnostizierens in einer pädagogischen Handlungs- oder Entscheidungssituation: Schülerleistungen mit bestimmten Verfahren erfassen, Tests auswerten, Messergebnisse interpretieren und diagnostische Befunde für weitere Handlungen und Maßnahmen nutzen. Der Begriff des diagnostischen Handelns entspricht dem ERIC-Deskriptor „Diagnostic Teaching: Process of diagnosing student abilities, needs, and objectives and prescribing requisite learning activities" (www.eric.ed.gov).

Wesentlich engere Begriffe sind die der Leistungsmessung und Leistungsbeurteilung. Leistungsmessung ist der Prozess der Erfassung von schulischen Leistungen mittels Tests oder anderen (standardisierten) Verfahren. Resultate von Leistungsmessungen sind Testwerte, Punkte oder Beobachtungsdaten. Der Begriff beschreibt jedoch nicht die weitere Interpretation oder Nutzung der Ergebnisse von Leistungsmessungen. Leistungsmessung entspricht dem ERIC-Deskriptor „Testing: Gathering and processing information about individuals' ability, skill, understanding, or knowledge under controlled conditions" (www.eric.ed.gov).

Leistungsbeurteilung bzw. Leistungsbewertung schließt die Leistungsmessung oft mit ein und bedeutet Einordnung, Interpretation und Bewertung von Testwerten oder Beobachtungsdaten vor dem Hintergrund bestimmter Referenzmaßstäbe (siehe 5.1). Schulische Leistungsbeurteilung wird stark von Fragen der Notengebung dominiert, ist aber nicht mit Notengebung identisch (z.B. Verbalbeurteilungen oder Fördergutachten). In der englischsprachigen Literatur entspricht Leistungsbeurteilung am ehesten dem ERIC-Deskriptor „Student Evaluation: Judging student performance or behavior as related to established criteria" (www.eric.ed.gov).

In Abbildung 1 finden die Leserinnen und Leser einen thematischen Überblick für diesen Studientext. Im Zentrum des Eigenstudiums sollte immer die Auseinandersetzung mit konkreten diagnostischen Verfahren für eine Lerndomäne oder einer Lern- und Entwicklungsstörung stehen (zweiter Kasten). Dieses Verfahren sollte in einen pädagogischen Handlungszusammenhang eingebettet sein. Konkret könnte dies bedeuten, dass ein Mathematiklehramtsstudent die im Praktikum unterrichtete Einheit „Rationale Zahlen" aufgreift und nun recherchiert, welche diagnostischen Verfahren für diesen Lerninhalt geeignet sind bzw. welche er selbst im Praktikum anwenden konnte. Oder eine Studierende im Primarstufenlehramt wählt zwei Einschulungsdiagnoseverfahren und fragt an einer Grundschule, ob sie bei der nächsten Schulaufnahme hospitieren darf. Auf Basis der Literatur zum Testverfahren sowie der eigenen Diagnoseerfahrungen kann dann dieses Studienbuch durchgearbeitet werden.

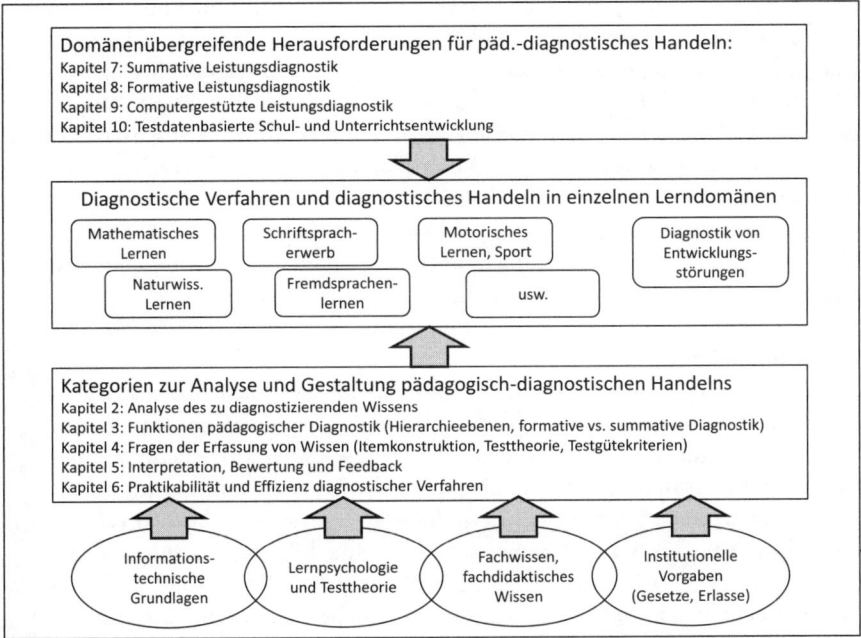

Abb. 1: Thematischer Überblick

Um diagnostische Verfahren adäquat beurteilen zu können, muss man zunächst eine ganze Reihe von grundlegenden Fragen stellen (dritter Kasten). Welches Verfahren eignet sich für welchen Zweck? Wie sind Diagnoseverfahren aufgebaut und nach welchen Gütekriterien sind sie zu beurteilen? Wie geht man mit Testwerten um? Diese Kategorien zur Analyse, Gestaltung und Bewertung diagnostischer Verfahren bzw. des pädagogisch-diagnostischen Handelns allgemein werden in Kapitel 2 überblicksartig vorgestellt. Studierende können entlang der Kategorien ein ausgewähltes Diagnoseverfahren analysieren und beurteilen. Auch die praktische Anwendung lässt sich entlang der Kategorien dokumentieren und bewerten (z.B. Wie praktikabel war das Verfahren? Wie wurden Testwerte von Lehrkräften interpretiert?).

Um die Kategorien verstehen zu können, ist viel Grundlagenwissen, das in diesem Studienbuch immer nur angedeutet werden kann, notwendig (untere Ovale).

Eine selbständige Auseinandersetzung mit den fachlichen und fachdidaktischen Grundlagen (z.B. eines Einschulungstests oder eines Mathematikleistungstests) wird vorausgesetzt. Gleiches gilt für die institutionellen Rahmenbedingungen, wie beispielsweise Erlasse zur Diagnose von Lese-Rechtschreibschwäche oder Notenverordnungen.

Das Bildungssystem ist in ständiger Bewegung. Reformen und Innovationen wie „Kompetenzorientierung" oder „Digitalisierung" müssen dabei nicht immer sinnvoll und weiterführend sein. Dennoch tangieren sie das pädagogisch-diagnostische Handeln im Schulsystem. Studierende sollten sich deshalb zumindest mit einer Reihe von aktuellen Herausforderungen und Innovationen kritisch-konstruktiv beschäftigen (oberer Kasten). Der Mathematikstudent sollte überlegen, ob die aktuelle Debatte über Kompetenzdiagnostik in Mathematik eine direkte Auswirkung auf sein Diagnoseverfahren in der Unterrichtseinheit „Rationale Zahlen" hat. Die Grundschullehramtsstudentin könnte sich fragen, ob ein computergestütztes Diagnoseverfahren für die Einschulung einen Vorteil bringen könnte.

Zusammenfassung

Im einleitenden Kapitel wird der Zusammenhang zwischen diagnostischem Handeln und professioneller Expertise diskutiert. Diagnostisches Handeln ist immer nur so gut wie die Professionalität von Lehrkräften, Erzieherinnen und Erziehern oder Schulpsychologen. Diagnostische Expertise umfasst sowohl das domänenspezifische Wissen über Lern- und Lehrprozesse als auch psychologisch-diagnostisches Grundlagenwissen. Für eine bildungswissenschaftliche Einführung in die pädagogische Diagnostik steht eine Reihe von Lehr- und Studienbüchern mit unterschiedlichen inhaltlichen Schwerpunktsetzungen zur Verfügung. Dieses Studienbuch versteht sich als ergänzendes Angebot mit einem thematischen Fokus: Einbezug der internationalen Diagnostik-Literatur, fachdidaktische Beispiele, Fokussierung auf grundlegende Kategorien zur allgemeinen Beurteilung diagnostischer Verfahren. Studierenden ist zu empfehlen, dass sie parallel zur Lektüre des Studienbuchs mindestens einen Schulleistungstest recherchieren, selbst erproben und entlang der im Studienbuch gestellten Fragen analysieren.

2 Analyse des zu diagnostizierenden Wissens

Diagnostische Verfahren lassen sich vor dem Hintergrund domänenspezifischer Modelle der Struktur und der Entwicklung von Wissen richtig einordnen. Liegt kein domänenspezifisches Wissensmodell vor, kann auf vier domänenübergreifende Aspekte zur Analyse des zu diagnostizierenden Wissens zurückgegriffen werden:

- dem Zusammenspiel zwischen deklarativem und prozeduralem Wissen. Es wird an Beispielen erläutert, wie man durch genaues Hinsehen diese Bestandteile aufgliedern kann und welche Bedeutung dies für diagnostische Verfahren hat.
- dem Grad der Abstraktion und Vernetzung von Wissen. Beispielsweise müssen Testanwender und Testkonstrukteure bei diagnostischen Verfahren zu prozeduralem Wissen die Verschachtelung von Prozeduren und Subprozeduren genau beschreiben können.
- den verschiedenen Modalitäten der Enkodierung von Wissen. In der Regel basiert schulisches Lernen auf einer multimodalen Enkodierung von Wissen. Diese gilt es in diagnostischen Verfahren zu berücksichtigen.
- dem Kontext und der Transferweite diagnostischer Verfahren. Eine genaue Analyse von Erwerbskontext und Testkontext sind erforderlich, um die Transferanforderungen von diagnostischen Verfahren einschätzen zu können.

Lehrkräfte benötigen klare Vorstellungen darüber, welches Wissen mit einem bestimmten Diagnoseverfahren erfasst werden soll. Ein geeigneter Ansatz hierfür ist das „assessment triangle" von Pellegrino (2003, 49). Um Leistungsdiagnosen einordnen und beurteilen zu können, müssen drei Aspekte durchdacht werden:

- Gibt es ein Modell, das erklärt wie das domänenspezifische Wissen kognitiv repräsentiert wird und wie es sich entwickelt?
- Kann man über Aufgabenstellungen oder Leistungssituationen bestimmte Beobachtungssituationen schaffen, die Einblicke in die kognitive Repräsentation dieses Wissens eröffnen?
- Gelingt eine Interpretation der einzelnen Beobachtungen vor dem Hintergrund des domänenspezifischen, kognitiven Modells der Repräsentation und Entwicklung von Wissen?

Diagnostische Verfahren können nach diesem Ansatz nur dann sinnvoll genutzt werden, wenn ein theoretisches Modell der Wissensstruktur und des Wissenserwerbs zumindest ansatzweise vorhanden ist. Verfahren der Lesediagnostik setzen voraus, dass die Stufen des Schriftspracherwerbs bekannt sind und man weiß, welche Teilfertigkeiten beim Lesen ineinandergreifen. Ein diagnostisches Verfahren zur Prüfung von Dyskalkulie setzt voraus, dass basale arithmetische Kompetenzen beschrieben werden können und genau festgelegt wurde, ab wann von einer nur schwer zu kompensierenden Entwicklungsverzögerung in diesem Bereich gesprochen werden kann. Erst dieses genaue Verständnis des zu diagnostizierenden Wissens erlaubt die Beurteilung von diagnostischen Testitems oder Beobachtungssituationen zur Erfassung des Wissens.

Die zweite Seite des „assessment triangles" weißt darauf hin, dass dieses domänenspezifische Wissensmodell die Entwicklung von Diagnoseverfahren und die Interpretation der diagnostischen Befunde leiten muss (Messwerte, Beobachtungen). Dies ist umso wichtiger, je komplexer das zu diagnostizierende Wissen ist. Physikalische Größen, wie z.B. Masse oder Zeit, sind einfach zu operationalisieren (Waage, Uhr) und die Messwerte sind einfach zu interpretieren (g, sec). Bei der Diagnose von Wissensbeständen oder instrumentellen Fertigkeiten wie Lesen oder Rechnen haben wir es jedoch mit hoch komplexen und vielfältig vernetzten „Größen" zu tun. Aus diesem Grund gibt es auch nicht den einen Rechentest oder Lesetest, der eine eindeutige Aussage über die jeweilige Fertigkeit oder Kompetenz zulässt. In der Regel müssen Lehrkräfte immer wieder vielfältige Beobachtungen und Testbefunde integrieren und neu gewichten. Diese Interpretation einer Fülle unterschiedlicher Messdaten gelingt wiederum nur vor dem Hintergrund eines sehr guten Verständnisses der grundlegenden Wissensstrukturen.

Auch hier hilft die vielfach bemühte Analogie zwischen Bildung und Medizin. Diagnostik ist eine unverzichtbare Komponente des ärztlichen Handelns. Voraussetzung hierfür ist aber eine exakte Kenntnis der Anatomie und Physiologie des menschlichen Körpers. Ein CT-Bild kann nur richtig interpretieren, wer die Gewebe- und Knochenstrukturen der jeweiligen Körperregion kennt. Ebenso sind medizinische Diagnosen ähnlich komplex wie Wissensdiagnosen. Wenn es nicht gerade um Knochenbrüche oder Platzwunden geht, die auch ein Laie mit bloßem Auge erkennen kann, müssen Ärzte eine Vielzahl von diagnostischen Befunden (Messwerte, Beobachtungen, Bilder) integrieren, um durch ein iteratives Verfahren die Plausibilität für ein bestimmtes Krankheitsbild abschätzen zu können. Genau das wird von Lehrkräften auch verlangt. Sie müssen beispielsweise vielfältige Beobachtungen zum Schriftspracherwerb eines Schülers oder einer Schülerin integrieren, um diese Daten vor dem Hintergrund ihres Wissens über Strukturen und Prozesse des Schriftspracherwerbs zu einem möglichst validen Befund verdichten zu können.

Für Pellegrino (2003, 49) lassen sich viele problematische Entwicklungen im Bereich der schulischen Leistungsdiagnostik deshalb auch auf mangelnde oder falsche kognitive Modelle zurückführen: „Much of what we've been doing in assessment has been based on impoverished models of cognition, which has led us to highly limited modes of observation that can yield only extremely limited interpretations of what students know." Es genügt nach Pellegrino auch nicht, Defizite einer Komponente des „assessment triangles" mit besonders ausgefeilter Methodik bei anderen Komponenten auszugleichen. Diagnostische Verfahren können immer nur von denjenigen entwickelt oder beurteilt werden, die über ein ausreichendes Verständnis domänenspezifischer Strukturen verfügen. Dies sind Fachdidaktikerinnen und Fachdidaktiker oder Lehrkräfte mit einer vertieften fachlichen und fachdidaktischen Kenntnis. Psychologen oder Psychometriker können hier allenfalls unterstützend wirken, z.B. bei der Formulierung von Testitems oder bei der statistischen Auswertung und Interpretation standardisierter Verfahren.

Bei jeglicher Art von diagnostischem Handeln stellt sich damit zunächst einmal die Frage, was man eigentlich erfassen möchte. Um welche Größe, um welches Konstrukt geht es? Die im schulischen Bereich relevanten Größen sind Wissen, Einstellungen oder Interessen. Da Schule im Wesentlichen auf den Aufbau von Wissen zielt, steht dieser Bereich im Vordergrund. Einstellungen und Interessen zu entwickeln sind natürlich ebenso wichtige Ziele schulischen Lernens. Auch hierfür gibt es diagnostische Verfahren, wie beispielsweise Fragebögen zum Interesse an Naturwissenschaften oder Skalen zum mathematischen Fähigkeitsselbstkonzept. Aus Gründen der Fokussierung wird auf diesen diagnostischen Bereich jedoch verzichtet.

Diesem Studienbuch liegt im weitesten Sinne ein kognitionspsychologischer Wissensbegriff zu Grunde. Wissen wird im kognitiven Paradigma der Lernpsychologie grob vereinfacht als komplexes Zusammenspiel von Faktenwissen, konzeptuellem Wissen, prozeduralem Wissen und metakognitivem Wissen verstanden (z.B. Anderson 1996, 1989; Gagné et al. 1992; Anderson/Krathwohl 2001; Renkl 2009). Dieser Wissensbegriff ist sehr breit angelegt und umfasst einfache Fertigkeiten (Schuhe binden können), komplexere Fertigkeiten (Klavier spielen), einfaches Weltwissen (Ländernamen aufzählen können) bis hin zu komplexem Welt- und Begriffswissen (Elektrizität, Renaissance) oder metakognitivem Wissen (Lernstrategien, Heuristiken, Monitoringstrategien). Eine Differenzierung zwischen Wissen und Können wird damit hinfällig. Ebenso eine Differenzierung zwischen Wissen und Kompetenzen (vgl. Kapitel 10.2 zur Kritik des Kompetenzbegriffs im Rahmen der Kompetenzdiagnostik).

In den folgenden Abschnitten werden vier Fragen an das zu diagnostizierende Wissen in einem diagnostischen Verfahren gestellt und es wird aufgezeigt, wie man in der Diagnosepraxis diese Fragen zumindest ansatzweise beantworten könnte.

2.1 Zusammenspiel zwischen deklarativem und prozeduralem Wissen

Wissen zu beschreiben ist eine höchst schwierige Angelegenheit und es gibt eine Vielzahl an Modellen und Theorien hierzu. Lehrkräfte können allerdings nicht sämtliche kognitionspsychologischen Begriffe und Theorien im Detail kennen, müssen aber trotzdem in der Lage sein, Schülerwissen einordnen zu können. Es gibt in der Kognitionspsychologie eine einfache, dafür aber erklärungsmächtige Differenzierung zwischen deklarativem und prozeduralem Wissen (Renkl 2009). Diese Unterscheidung hat sich nicht nur in zahlreichen Wissenserwerbstheorien oder Modellen zur Simulation kognitiver Prozesse bewährt, sondern bildet auch das ab, was man über Gedächtnisstrukturen aus der neurobiologischen Forschung weiß.

Prozedurales Wissen umfasst automatisierte Fertigkeiten, Handlungen, Routinen oder kognitive Algorithmen. Prozedurale Fertigkeiten im Primarbereich sind beispielsweise die phonologische Bewusstheit als Grundvoraussetzung für Rechtschreibkompetenz und Lesekompetenz, die automatisierte Durchführung von Grundrechenarten oder Turnübungen. Prozedurales Wissen entzieht sich oft der bewussten Reflexion. Schülerinnen und Schüler können nicht erklären, wie sie den Stift halten, sie können es aber vormachen. Gleiches gilt für automatisierte Prozeduren wie Schuhe binden, Auto fahren oder Turnübungen.

Deklaratives Wissen ist dagegen verbalisierbares Weltwissen: Episoden aus dem eigenen Leben, abstrakte und konkrete Begriffe (Auto, Energie, Katze, Akkusativobjekt oder lineare Funktion), Klassifikationen (Wirbeltiere, Säugetiere) oder Faktenwissen (Jahreszahlen oder Tiernamen). Bei deklarativem Wissen geht es um den Aufbau interner Repräsentationen der Umwelt in Form komplexer kognitiver Netzwerke. Es wird angenommen, dass Wissen über Phänomene, Gegenstände, Personen oder Theorien in Form miteinander verknüpfter Einzelaussagen oder Bilder in unserem Gehirn gespeichert ist (z.B. Die Donau ist der längste Fluss Europas. Sie fließt ins Schwarze Meer. Andere Flüsse fließen in die Nord- und Ostsee. Es gibt eine Europäische Wasserscheide.). Eine vernetzte mentale Struktur mit Verbindungen zwischen diesen Begriffen sowie die Verknüpfung mit Vorstellungsbildern erlauben die Formulierung all dieser Sätze.

Man wird sich nun eine Reihe von schulischen Bereichen vorstellen können, die sehr eindeutig entweder als prozedurales oder deklaratives Wissen bezeichnet werden können. Diagnoseverfahren für diese Wissensbereiche lassen sich dann ebenfalls eindeutig zuordnen. Will man prozeduralisiertes Wissen messen, muss man Schülerinnen und Schüler in eine Situation bringen, in der sie ein Verhalten zeigen müssen, das aufgrund des prozeduralisierten Wissens ausgeführt werden kann. Bei der Beurteilung spielen sowohl Korrektheit als auch Geschwindigkeit eine Rolle. Flüssiges Lesen ist zum Beispiel eine hoch automatisierte Fertigkeit. Man prüft dieses Wissen, indem man die Schülerinnen und Schüler einen standardisierten Text vorlesen lässt. Je nach Anzahl und Schwierigkeitsgrad der Wörter kann so eine bestimmte Dekodierschwierigkeit gemessen werden. Ein Beispiel hierfür ist die Lernfortschrittsdiagnostik Lesen (LDL: Walter 2010). Das Maß für flüssiges Lesen ist in diesem Verfahren die Lesezeit unter Berücksichtigung der nicht richtig erlesenen Wörter. Ein weiteres Beispiel für die Diagnose von ausschließlich prozeduralisiertem Wissen wäre der Allgemeine Sportmotorische Test (AST 6-11: Bös 2000), der die konditionelle und koordinative Leistungsfähigkeit von Grundschulkindern erfasst. Koordinative Leistungen sind motorische Automatismen (Bälle werfen und fangen), die man gut beobachten kann. Wenn eine Lehrkraft beobachtet, wie eine Schülerin oder ein Schüler den Pinsel führt, mit der Computertastatur schreibt oder mit dem Geodreieck eine Mittelsenkrechte zeichnet, so handelt es sich um informelle Diagnosen prozeduralisierten Wissens.

Es gibt Lernbereiche, die vorwiegend auf den Erwerb von deklarativem Wissen abzielen. Ein Beispiel hierfür ist der Aufbau von begrifflichem Wissen in den Naturwissenschaften. Im Physikunterricht sollen die Schülerinnen und Schüler lernen, was die Physik unter Energie versteht und dass sich der physikalische Energiebegriff vom alltagssprachlichen Gebrauch dieses Begriffs deutlich unterscheidet. Der Aufbau von Begriffswissen wurde in der Lernpsychologie sehr differenziert erforscht und beschrieben. Die Naturwissenschaftsdidaktiken greifen darauf zurück und explizieren den Begriffserwerb an spezifischen Beispielen aus dem naturwissenschaftlichen Lernen. Alonzo und Steedle (2009) prüften beispielsweise ein 6-stufiges Modell zum Aufbau von Begrifflichkeiten in der Mechanik (Kraft und Bewegung). Auf jeder Stufe werden sehr differenziert die typischen Schülerfehlvorstellungen beschrieben. Daran lassen sich direkt diagnostische Verfahren anschließen.

Deklaratives Wissen besteht jedoch nicht nur aus Begriffen, sondern auch aus Episoden und Faktenwissen. Um das physikalische Konzept „Energie" richtig verstehen zu können, muss man beispielsweise eine Reihe von Energiearten (Licht, thermische Energie oder Bewegungsenergie) oder auch „Geschichten" rund um den Energiebegriff kennen (Wo im Alltag habe ich mit Energie und Energieumwandlungen zu tun? Wer hat die Atomenergie entdeckt?). Im Fach Geschichte kann man komplexe Begriffe wie „Renaissance" nur dann stabil erwerben, wenn man damit einzelne Fakten (Zeiträume, Personen, Daten) und Episoden (Geschichten über Künstler oder Geistliche in dieser Zeit) verbinden kann. Für die Diagnose deklarativen Wissens bedeutet dies, dass Schülerinnen und Schüler sowohl einzelne Fakten als auch die Zusammenhänge verbalisieren oder darstellen können sollten (Harlen 2007).

Die hier angeführten Beispiele lassen sich recht eindeutig entweder dem deklarativen oder dem prozeduralen Wissen zuordnen. Dies gelingt allerdings nur in wenigen Lernbereichen. In der Regel haben es Lehrkräfte mit Wissensbeständen zu tun, die als ein komplexes Zusammenspiel zwischen unterschiedlichen Facetten deklarativen und prozeduralisierten Wissens verstanden werden müssen. Mittlerweile spricht man hier gerne von „Kompetenzen". Eine Diskussion und Kritik des Kompetenzbegriffs findet sich in Kapitel 10.2. An dieser Stelle sei lediglich vermerkt, dass es für die Diagnostik unbedingt notwendig ist, „Kompetenzen" zunächst einmal zu dekonstruieren, d.h. in einzelne Wissensbestandteile zu zerlegen. Dabei erkennt man sehr schnell, dass es nicht so einfach ist, von „Lesekompetenz",

„Schreibkompetenz" oder „mathematischer Modellierungskompetenz" zu sprechen, geschweige denn diese zu messen.

Bereits ein recht einfaches Beispiel für das komplexe Zusammenspiel von deklarativem und prozeduralem Wissen ist die Beherrschung der Grundrechenarten. Kopfrechnen aber auch schriftliches oder halbschriftliches Rechnen kann nicht ausschließlich als prozedurales Wissen begriffen werden (z.B. $30 \cdot 12 = \_\_$). Rechnen erfordert zunächst eine gewisse Denk- und Einordnungsleistung. Welchen Rechenalgorithmus muss ich bei welcher Aufgabe wählen? Gibt es eventuell eine geschicktere Strategie als das schriftliche Multiplizieren? Entscheidet man sich beispielsweise für eine halbschriftliche Multiplikation, läuft der Algorithmus automatisiert ab. Die Prüfung des Ergebnisses auf Plausibilität wäre dann aber wiederum ein Prozess des Abwägens, bei dem die Schülerinnen und Schüler auf deklaratives Wissen zurückgreifen müssen (z.B. Ich weiß ohne Nachdenken, dass $30 \cdot 10 = 300$ ist, dann muss das Ergebnis meiner Rechnung größer als 300 sein).

Ein weiteres Beispiel für das Zusammenspiel von deklarativem und prozeduralem Wissen ist das mathematische Modellieren bei Sachaufgaben (Radatz/Schipper 1983; Greefrath 2007; Franke/Ruwisch 2010). Beim Lösen einer Sachaufgabe (z.B. „Das Mofa kostet 1499 Euro. Bei Ratenzahlung muss man 500 Euro anzahlen und ein Jahr lang monatlich Raten von 99 Euro bezahlen.") muss zunächst die Situation verstanden werden und ein mathematisches Konzept, das zur Situation passt, gefunden werden. Dabei kommt deklaratives Wissen zum Einsatz. Die Schülerin bzw. der Schüler muss ein konzeptuelles Verständnis von Addition und Multiplikation zur Anwendung bringen. Anschließend muss gerechnet werden, d.h. prozeduralisierte Rechenalgorithmen kommen zum Einsatz. Zum Schluss erfolgen eine Plausibilitätsprüfung und eine Rückübersetzung in die Sachsituation. Die Zahlen müssen im Situationsmodell (deklaratives Wissen) interpretiert werden. Ein Ergebnissatz muss formuliert werden (deklaratives Wissen).

Am Beispiel der Wortschatzdiagnostik kann das Zusammenwirken von prozeduralem und deklarativem Wissen im sprachlichen Lernen erläutert werden (Steinhoff 2009; Tomasello 2006). In der Linguistik wurde Sprachverstehen und Sprachproduktion lange als einfaches Zusammenspiel von Wortschatz und Grammatik verstanden. In diesem Verständnis füllen Wörter lediglich die Leerstellen der grammatikalischen Regeln aus. Diese Vorstellung passte jedoch nicht zur Sprachpraxis. Neuere Arbeiten zeigten, dass beim Sprachenlernen konstruierte und sozial stabilisierte Form-Bedeutungs-Paare abgespeichert werden. Die grammatikalischen Regeln (prozedurales Wissen) verbinden sich dabei eng mit der Bedeutung von Wörtern (deklaratives Wissen). Diese Paare können im Hinblick auf ihre Komplexität und Abstraktion variieren. Entscheidend für den Erwerb dieser Konstruktionen ist ihre Bedeutung für den täglichen Sprachgebrauch. Der Wortschatz ist damit mehr als eine Ansammlung von Einzelwörtern. Und grammatikalische Regeln sind mehr als inhaltsleere Prozeduren.

Der Wortschatzerwerb ist nach diesem Verständnis ein fortwährender, komplexer Spracherwerbsprozess mit phonologischen, morphologischen, semantischen und syntaktischen Aspekten. Wörter sind „Wissensmagnete" sowohl für Bedeutungen (Semantik, Weltwissen) als auch prozedurale Facetten der Sprache wie Strukturwissen (Orthographie, Morphematik, Phonologie), Funktionswissen (syntaktisches Wissen) und pragmatisches Wissen (In welchen Situationen wird dieses Wort verwendet?). Für die Diagnostik im sprachlichen Lernen hat dies zwei wesentliche Implikationen. Die Prüfung von Rechtschreibwissen oder grammatikalischem Wissen hängt immer mit dem Wortschatz eines Lernenden zusammen. Man muss deshalb bei der Konstruktion von Grammatiktests den dafür verwendeten Wortschatz berücksichtigen. Eine zweite Implikation ist, dass auf die Wortschatzdiagnostik nicht verzichtet werden kann, um den grammatikalischen Lernfortschritt von Schülerinnen und Schüler einschätzen zu können. Die DESI-Studie zeigte beispielsweise, dass viele Jugendliche nur über einen geringen Wortschatzumfang verfügen und dies Auswirkungen auf das gesamte sprachliche Lernen haben kann (Klieme et al. 2006).

Gleiches gilt für das Schreiben von Texten. Mit dem Begriff „Schreibkompetenz" bringt man zum Ausdruck, dass auch Schreiben auf einem höchst komplexen Zusammenspiel von prozeduralen und deklarativen Wissensfacetten beruht (Blatt et al. 2009). Nach dem Modell der Schreibentwicklung von Bereiter (1980) können Experten im Schreiben auf folgende Teilfähigkeiten zurückgreifen: Flüssiges Produzieren geschriebener Sprache (prozedural), flüssiges Bereitstellen von Weltwissen (deklarativ), Beherrschung von Schreibkonventionen (prozedural), Perspektivübernahme (deklarativ) und Reflexion des Schreibproduktes auf lokaler und globaler Ebene (deklarativ). Fix (2008, 33) versteht daraufhin Schreibkompetenz „als die Fähigkeit, pragmatisches Wissen, inhaltliches (welt- und bereichsspezifisches) Wissen, Textstrukturwissen und Sprachwissen in einem Schreibprozess so anzuwenden, dass das Produkt den Anforderungen einer (selbst- oder fremdbestimmten) Schreibfunktion (z.B. Anleiten, Erklären, Unterhalten …) gerecht wird." Für die Diagnose von Schreibkompetenz bedeutet dies, dass es keine eindimensionale Bewertung von Texten geben kann. Schreibprodukte von Schülerinnen und Schülern müssen immer entlang verschiedener Bewertungsaspekte beurteilt werden.

2.2 Grad der Abstraktion und Vernetzung des Wissens

Die Beispiele im vorangehenden Abschnitt deuten bereits an, dass prozedurales und deklaratives Wissen im Hinblick auf Komplexität, Vernetzung und Abstraktionsgrad sehr stark variieren können. Automatisierte Prozeduren wie Rad fahren, eine Rolle rückwärts machen oder flüssiges Lesen bestehen aus einer Vielzahl ineinander verschränkter Subprozeduren. Der Prozess des Lesens ist auf der Wort- und

Buchstabenebene ein komplexes Zusammenspiel aus induktiver Mustererkennung (Buchstaben und Buchstabengruppen bzw. ganze Wörter werden als Muster erkannt), automatischer Zuordnung von Lauten oder Lautgruppen (Phonemen) und deduktiver Mustererkennung anhand des semantischen Wortschatzes (eine bestimmte Lautkombination E-LE-FANT bedeutet „Elefant"). In Abhängigkeit des Textes bzw. des Wortmaterials variiert die Komplexität der eingesetzten Prozeduren. Gleiches gilt für automatisierte Rechenalgorithmen wie beispielsweise dem Kopfrechnen. Welche Teilprozeduren laufen bei der Aufgabe „500 – 101" nacheinander ab? Man wird erst 100 subtrahieren. Dass 500 – 100 = 400 ist, weiß ein guter Rechner automatisch, weil er die Analogie zu 5 – 1 = 4 bildet. Dass dann 400 – 1 = 399 ist, weiß man ebenfalls automatisch, weil von 99 bis 100 nur ein Schritt ist. Diese Prozeduren laufen bei guten Kopfrechnern blitzschnell ab und können flexibel kombiniert werden.

Gleiches gilt für das deklarative Wissen. Einfachste Formen des deklarativen Wissens sind Faktenwissen oder einfache Assoziationen. Eine Reihe von Einzelfakten zu Tiermerkmalen kann zu einem Oberbegriff (z.B. Säugetiere) zusammengefasst werden (chunking). Auf diese Weise entstehen komplexe Klassifikationen, die es erlauben, dass wir mit dem Oberbegriff weiterdenken können und nicht mehr alle Einzelheiten (z.B. alle einzelnen Merkmale eines Säugetiers) in unserem begrenzten Arbeitsspeicher parat halten müssen. Ein Oberbegriff kann wiederum mit anderen Begriffen zu einem weiteren Oberbegriff zusammengefasst werden. Auf diese Weise entsteht eine vernetzte Wissensbasis. Je abstrakter die Begriffe sind, desto mehr Einzelfakten umfassen sie, desto anfälliger sind sie allerdings auch für Unklarheiten. In diesem Fall müsste man dann wieder die Abstraktionsebenen nach unten steigen und die konkreten Verankerungen von Begriffen in Erfahrungen oder Einzelfakten suchen (z.B. sich einen Hund als Säugetier noch einmal konkret ansehen und die Merkmale der Säugetiere durchspielen).

Um Wissen in einer Lerndomäne diagnostizieren zu können, muss man die Abstraktion und Vernetzung des Wissens berücksichtigen. Es ist einfach, isoliertes Faktenwissen zu testen. Man kann konkret nach diesen Fakten fragen und sieht sehr schnell, ob ein Schüler oder eine Schülerin das Wissen reproduzieren kann oder nicht (z.B.: Nenne fünf einheimische Vogelarten!). Schon schwerer wird es zu prüfen, ob Schülerinnen und Schüler Zusammenhänge verstanden haben (z.B. wie sich Vögel an den Lebensraum Luft angepasst haben). Auf einer noch abstrakteren Ebene kommt man zu übergeordneten Konzepten, wie zum Beispiel dem Begriff der „evolutionären Anpassung". Das Beispiel der Anpassung von Vögeln an den Lebensraum Luft ist lediglich eine Konkretion des übergeordneten Konzeptes. Um zu diagnostizieren, ob Schülerinnen und Schüler das Konzept „evolutionäre Anpassung" zumindest ansatzweise verstehen, muss man die diagnostischen Aufgabenstellungen so formulieren, dass verschiedene Wege durch das komplexe Begriffsnetzwerk zu gehen sind (Maier et al. 2014). Ein Weg könnte vom abstrakten

Begriff zu konkreten Beispielen sein (z.B. bestimmte Anpassungsphänomene bei unterschiedlichen Tierarten aufzählen und erläutern, was dies mit dem übergeordneten Begriff zu tun hat). Ein weiterer Weg könnte sein, den Begriff der evolutionären Anpassung von anderen Begriffen wie beispielsweise dem der ökologischen Nische abzugrenzen. Ebenso könnte man die genetischen Grundlagen der Anpassung (zufällige Genmutationen) thematisieren. Auch die grafische Darstellung von Zusammenhängen in Form von Concept-Maps wäre ein adäquates Diagnoseinstrument (Stracke et al. 2004). Diese Beispiele sollen verdeutlichen, dass abstraktes, deklaratives Wissen nur adäquat getestet werden kann, wenn man eine Vielzahl von Aufgabenstellungen bearbeiten lässt und damit möglichst breit die Tragfähigkeit des Begriffsnetzes prüft.

Auch die Diagnose von prozeduralem Wissen hängt vom Komplexitäts- bzw. Vernetzungsgrad der Automatismen ab. Die geringste Komplexität haben Reflexe. Ein Stimulus (Gegenstand in Augennähe) führt direkt zu einer Reaktion (Lidschlag). Der Reflex lässt sich testen, indem man den Stimulus setzt und die Reaktion beobachtet. Einfache Automatismen lassen sich ebenfalls gut beobachten: Stifthaltung beim Schreiben, wie ein Kind den Buchstaben E in Schreibschrift schreibt oder Fingerläufe am Klavier. Bei komplexeren Handlungsabläufen und vielfältig kombinierbaren Prozeduren wird es dagegen schon schwieriger. Kraulschwimmen besteht aus einer koordinierten Abfolge verschiedener Teilbewegungen. Um prüfen zu können, wie gut eine Schülerin oder ein Schüler Kraul schwimmen kann, muss die Bewegungsabfolge sehr genau beobachtet werden. Dabei müssen sowohl einzelne Subprozeduren genau unter die Lupe genommen werden (Sind die Finger geschlossen?) als auch der Gesamtbewegungsablauf (Koordination von Armzug und Beinschlag). Eine Diagnose ist möglich, wenn man Zeit hat, um die Ausführung der Prozedur zu beobachten und dabei die einzelnen Teilfertigkeiten genau differenzieren kann. Ebenso muss die Diagnostik eine differenzierte Dokumentation der Teilfertigkeiten ermöglichen.

Lesen ist ein Beispiel, bei dem sowohl die Kombination von deklarativem und prozeduralem Wissen als auch die Abstraktionsebenen des Wissens eine Rolle spielen. Die meisten Lesemodelle und damit auch die Lesediagnostik gehen auf das psychologische Prozessmodell des Textverstehens nach Kintsch und van Dijk (1978) zurück. Das Modell basiert auf der kognitionspsychologischen Vorstellung, dass Bedeutungen (deklaratives Wissen) in Form von Propositionen (bestehend aus Prädikat und Argumenten) gespeichert sind. Argumente (Milch, Kinder, Spielzeug) werden durch Prädikate (haben, trinken) zueinander in Beziehung gesetzt. Damit entsteht eine vernetzte Struktur von bedeutungshaltigen Aussagen, die auch als propositionale Netzwerke bezeichnet werden. Lesen ist nun eine Prozedur, die auf die im Text gespeicherten Propositionen sequenziell zugreift und in mentale Propositionen transformiert. Hierfür müssen auf Buchstaben-, Graphem- und Wortebene zunächst einmal automatisierte Dekodierprozesse ablaufen. Buchstaben oder Wortbestandteile

(Grapheme) müssen automatisch in Laute oder Lautkombinationen umgewandelt werden. Danach kann aus dem Text heraus deklaratives Wissen produziert werden:

1) Zunächst findet ein relativ unkontrollierter, chaotischer Prozess der Konstruktion einzelner, kleinerer propositionaler Verknüpfungen statt (Wort- und Satzteilebene). Vor allem bei unterschiedlichen Bedeutungen von Wörtern entstehen vom Vorwissen des Lesers abhängige Assoziationen.
2) Beim Integrationsprozess werden Widersprüche zwischen den Teilnetzwerken aufgelöst, indem die einzelnen Propositionen so lange verändert werden, bis eine zufriedenstellende Aussagenstruktur entstanden ist.
3) Damit entsteht nach und nach ein abstraktes Situationsmodell des Textes. Dieses Situationsmodell ist immer mit Assoziationen und Wissensbausteinen des Lesers angereichert und kann neben propositionalen auch bildliche Vorstellungen enthalten.
4) Durch weitere Abstraktion können aus den Mikrostrukturen des Situationsmodells Makrostrukturen entstehen (allgemeine Zusammenhänge, Klassifikationen). Diese organisieren und strukturieren wiederum den weiteren Textverstehensprozess auf der konkreten Ebene.

Lesen ist damit ein komplexer Prozess mit Teilprozessen auf Wortebene, Satzebene und Textebene (Richter et al. 2012). Alle diese Teilprozesse lassen sich als eine komplexe Interaktion aus automatisierten Prozeduren (Worterkennung, phonologische Erkennung, Sprachproduktion) und deklarativem Wissen (Semantik von Wörtern, Weltwissen zur Überprüfung lokaler Kohärenz auf Satz und Textebene) verstehen. Dies hat weitreichende Konsequenzen für die Lesediagnostik, die hier nur angedeutet werden können. Beispielsweise sollte eine differenzierte Lesediagnostik zwischen Teilprozessen differenzieren können: Leseflüssigkeit als überwiegend automatisiertes Dekodieren von Buchstaben und Wörtern vs. Textverstehen als Prozess der Konstruktion deklarativen Wissens aus Texten. Ebenso sollte zwischen verschiedenen Abstraktionsebenen differenziert werden. Es könnte beispielsweise der Fall eintreten, dass eine Schülerin oder ein Schüler auf der Buchstaben- und Wortebene dekodieren und Sinn entnehmen kann, die Kohärenzbildung auf der Textebene allerdings nicht gelingt. Es könnte aber auch sein, dass eine Leserin oder ein Leser den Text relativ gut versteht, jedoch bei einzelnen Buchstaben oder Buchstabenkombinationen Verlesungen aufweist.

2.3 Modalitäten der Enkodierung des Wissens

Ein dritter wichtiger Aspekt für die Analyse des zu diagnostizierenden Wissens ist die Modalität der Enkodierung in das Gedächtnis. Neurobiologen können mittlerweile sehr genau bestimmte Areale der Großhirnrinde einer Speichermodalität

zuordnen. Man unterscheidet in der Regel zwischen motorischer, visueller, pho-
nologischer, taktiler, symbolischer und semantischer Modalität der Enkodierung
von Wissen (Edelmann 2000; Myers 2008). Der einfache Fall ist auch hier wieder,
wenn man es nur mit einer Modalität der Enkodierung zu tun hat. Kinder sollen
im Musikunterricht Intervalle unterscheiden können. Intervalle wie Terzen und
Quarten bestehen aus Tonhöhendifferenzen und sind in einem bestimmten Hirn-
areal abgespeichert. Wird eine Quart auditiv wahrgenommen, kann dieser Teil des
Gehirns das Muster erkennen und zuordnen. Das gleiche gilt für die visuelle Erkennung von Wortbildern, Farben oder räumlichen Gebilden. Will man in einem
Intelligenztest das räumliche Denkvermögen testen, werden Aufgaben mit einem
visuellen Input gestellt. Beispielsweise müssen die Testpersonen gleiche Würfelgebilde in veränderter Position erkennen können. Hierzu müssen sie das vorgegebene
Würfelgebilde anschauen, mental repräsentieren und dann mental so rotieren, dass
ein Vergleich mit den anderen Würfelgebilden möglich ist. Sprache, Schrift oder
andere Formen der mentalen Enkodierung spielen bei dieser Aufgabe keine Rolle.
In den meisten Lerndomänen hat man es jedoch mit einer Kombination verschiedener Enkodierungsmodalitäten zu tun. Man muss ein Intervall ja nicht nur hören können, sondern es auch benennen können, d.h. semantisch zuordnen und
das Wort sprechen oder schreiben können. Bei praktisch allen höheren geistigen
Leistungen werden diverse Enkodierungsmodalitäten benötigt. Für die Diagnostik
bedeutet dies, dass Wissen nur dann zuverlässig und breit abgeprüft wird, wenn
die diagnostischen Aufgabenstellungen die jeweils relevanten Formen der Wissens-
enkodierung berücksichtigen.
Ein gutes Beispiel für standardisierte Testverfahren, die sehr breit verschiedene Enkodierungsmodalitäten von Wissen berücksichtigen, sind Screeningverfahren für
Entwicklungsstörungen in der frühen Kindheit. Entwicklungsstörungen sind in
der Regel ein komplexes Zusammenspiel aus Defiziten in verschiedenen Bereichen,
wie der sprachlichen, motorischen, sozial-emotionalen oder sensorischen Entwicklung. Für die Früherkennung von Entwicklungsdefiziten im frühkindlichen Alter
müssen deshalb verschiedene Enkodierungsmodalitäten von Wissen getestet werden. Ein Beispiel hierfür ist die Entwicklungsbeobachtung und Dokumentation
(EBD 3-48 bzw. EBD 48-72) von Schreyer-Mehlhop und Kollegen (2012). Das
Diagnoseverfahren umfasst unterschiedliche Zugänge zu den Wissensmodalitäten:
Performanzorientierte Aufgaben plus Beobachtung (motorische Entwicklung),
Darbietung von mündlicher Sprache oder Darbietung schriftlicher Stimuli. Die
Beobachtungen und Messwerte werden zu fünf Skalen verdichtet: Sprache, Hal-
tungs- und Bewegungssteuerung, Fein- und Visuomotorik, kognitive Entwicklung,
soziale Entwicklung. Die Dokumentation kann als breite Grundlage für die Bera-
tung der Eltern genutzt werden.
Die Berücksichtigung verschiedener Enkodierungsmodalitäten ist in schulischen
Lerndomänen ebenfalls notwendig. Beim Lesen und Schreiben müssen Kinder

phonologische Muster (phonologische Diskrimination), visuelle Muster (Morpheme, Wörter, Satzteile), auditorische Muster (Bildung von Lauten und Lautfolgen), semantische Strukturen (Wortbedeutung, Weltwissen) und graphomotorische Repräsentationen (Schreibabläufe) aktivieren und in einen übergeordneten Handlungsablauf integrieren können. Probleme beim Lesen oder Schreiben können somit auf unterschiedliche Enkodierungsmodalitäten und die damit verknüpften Sinnesorgane zurückgeführt werden. Eine differenzierte Lesediagnostik sollte deshalb so vorgehen, dass zum Beispiel geprüft werden kann, ob ein Kind Schwierigkeiten mit der phonologischen Diskrimination von Lauten hat, Buchstaben nicht erkennen kann oder den Wortschatz nicht kennt.

Auch das Lernen einer Fremdsprache ist immer ein Zusammenspiel zwischen Lesen und Schreiben, Hören und Sprechen. Weil sich schriftliche Leistungen in einer Fremdsprache einfacher testen lassen als mündliche Leistungen, wird im Englischunterricht die Förderung der Mündlichkeit oft vernachlässigt (Eisenmann 2008). Will man dagegen ausgewogen alle Modalitäten der fremdsprachlichen Enkodierung im Unterricht berücksichtigen, müssen sich Lehrkräfte auch mit Fragen der Diagnostik des mündlichen Sprachgebrauchs beschäftigen. Ein Beispiel hierfür ist der Preliminary English Test (PET), der von Zydatiß (2006) im Rahmen der verpflichtenden Einführung einer mündlichen Englischprüfung in Klasse 10 erprobt wurde. Der PET dauert ca. 12 Minuten und wird mit zwei Prüflingen und zwei Prüferinnen bzw. Prüfern durchgeführt. Eine Prüferin bzw. ein Prüfer übernimmt die Gesprächsführung und bewertet direkt im Anschluss die Prüfungsleistung aus einer ganzheitlichen Perspektive. Als Gesprächsanlass stehen verschiedene Materialien mit simulierten Situationen zur Verfügung. Beispielsweise soll über die Planung einer Auslandsreise oder einer Videopräsentation der Schule diskutiert werden. Die zweite Lehrkraft nimmt nicht am Gespräch teil und hat die Aufgabe, die mündlichen Prüfungsleistungen entlang von fünf Kriterien genauer zu analysieren. Dieses Verfahren kombiniert mündliche und schriftliche Aufgaben und ermöglicht somit eine multimodale Erfassung der Englischleistung.

Ähnlich strukturiert, jedoch eher für den Unterrichtsalltag geeignete Diagnosemethoden für mündliche Leistungen im Fremdsprachunterricht werden von Drese (2008), Eisenmann (2008) oder Mendez (2008) vorgeschlagen. Mendez (2008) schlägt vor, lautes Lesen, monologisches und dialogisches Sprechen in einer Prüfungsaufgabe zu verknüpfen, um verschiedene Situationen der Mündlichkeit zu simulieren. Diese Beispiele zeigen, dass die Modalität der mündlichen Enkodierung fremdsprachlichen Wissens gemessen werden kann, ein zuverlässiges Diagnoseverfahren jedoch immer mit einem gewissen Aufwand verbunden ist. Dieser Aufwand wird sich auf längere Sicht jedoch lohnen, weil im Unterricht in der Regel das betont wird, was in abschließenden Prüfungen auch getestet wird.

2.4 Kontext und Transfer des Wissens

Abschließend soll die Distanz zwischen Erwerbskontext und Anwendungskontext des Wissens in Betracht gezogen werden. Wenn man von der Schule erwartet, dass für das spätere Leben gelernt werden soll, ist diese Distanz enorm groß. Die Prüfungsrealität an Schulen sieht jedoch anders aus. In der Regel wird kurz nach dem Erwerb von Wissen auch geprüft. Dabei wird eine künstliche Anwendungssituation erzeugt. Nach einer Unterrichtseinheit zu Dezimalzahlen und Bruchzahlen werden Schülerinnen und Schüler getestet, ob sie die Umwandlung von Dezimalzahlen in Bruchzahlen beherrschen. In der Regel sind die Aufgabenstellungen im Diagnoseverfahren identisch oder zumindest strukturähnlich zu den Aufgabenstellungen im Unterricht. Das Zahlenmaterial wird natürlich variieren. Eventuell wird im Test eine „Transferaufgabe" eingebaut, die den Schülerinnen und Schülern unbekannt ist und es erforderlich macht, das Wissen über Dezimalzahlen auf eine neue Situation zu übertragen. Verlangt man dagegen von Schülerinnen und Schülern, dass sie mathematisches Wissen aus der 5. Klasse auch noch in der Sekundarstufe II anwenden können oder gar, dass Erwachsene das in der Schule erworbene Mathematikwissen in beruflichen Situationen anwenden können, wird ein sehr weiter Wissenstransfer verlangt.

Für die tägliche Diagnosepraxis in Bildungseinrichtungen macht es Sinn, eine grobe Kategorisierung von Transfer zu kennen. Generell gilt: Je weiter eine Leistungsdiagnose vom Unterricht bzw. Lernprozess entfernt ist, desto mehr Transfer ist erforderlich (Ruiz-Primo et al. 2002). Hoher Transfer ist immer mit einem höheren Anspruch und damit mit schwierigeren Testaufgaben verknüpft. Andererseits kann damit geprüft werden, ob schulisches Wissen auch in realitätsnahen Situationen angewendet werden kann. Um den Transfer bestimmten zu können, muss man den Erwerbskontext des Wissens (Unterricht) und den Prüfungs- bzw. Anwendungskontext des Wissens (Diagnoseverfahren) genau analysieren. Folgende Stufung könnte hierfür hilfreich sein:

- Reproduktion bzw. kein Transfer: Wissen soll genau so wie es gelernt wurde abgerufen werden können. Beispielsweise einzelne Fakten (Flüsse in Europa) oder genau festgelegte Prozeduren, die keine spezifischen Unterscheidungen hinsichtlich der Anwendungsbedingungen erforderlich machen (Turnübungen).
- Naher Transfer: Das Wissen wird in ähnlichen Situationen, die sich nur hinsichtlich bestimmter, abgrenzbarer Aspekte von der Erwerbssituation unterscheiden, zur Anwendung kommen bzw. getestet. Beispiele hierfür sind ein Großteil der mathematischen Rechenalgorithmen, Textaufgaben oder grammatikalische Aufgaben.
- Weiter Transfer: Anwendungs- bzw. Testsituation und Erwerbssituation sind verschieden und das Wissen muss in Kombination mit anderen Wissenselementen angewendet werden. Die Extremform von weitem Transfer könnte das kreative

Problemlösen sein. Die Schülerinnen und Schüler müssen eine unbekannte Problematik eigenständig lösen und dabei auf unterschiedliche Wissensquellen zurückgreifen und diese eigenständig kombinieren.

Das Beispiel der Wortschatzdiagnostik eignet sich wiederum, um die Bedeutung einer Analyse der Transferweite zu veranschaulichen. Der Aufbau eines Wortschatzes gilt als ein basaler Baustein im Schriftspracherwerb und sollte Gegenstand von diagnostischen Verfahren zur Erfassung von Lernvoraussetzungen aber auch zur Beschreibung des Lernfortschritts sein. Will man im Sinne einer Erfassung von Lernvoraussetzungen den Wortschatzumfang von Schülerinnen und Schülern diagnostizieren, stellt sich die Frage nach dem Erwerbskontext. Man muss sich zunächst einmal fragen, in welchen kommunikativen Kontexten haben Kinder ihren Wortschatz erworben? Dies sind für Grundschülerinnen und -schüler in der Regel die häuslich-familiären Situationen. Steinhoff (2009) entwickelte vor dem Hintergrund dieser Überlegungen ein Verfahren zur Ermittlung eines kontextualisierten Wortschatzes, indem er Kinder ihr Zimmer beschreiben ließ. Die Differenz zwischen Erwerbs- und Testkontext ist damit sehr gering. Verzerrungen des Testergebnisses aufgrund besonders hoher Transferanforderungen können damit weitgehend ausgeschlossen werden.

Ein zweites Beispiel für ein kontextsensitives Diagnoseverfahren ist die linguistische Sprachstandsdiagnostik Deutsch als Zweitsprache (Tracy/Schulz 2012). Das Ziel dieses standardisierten Screeningtests ist die Überprüfung von Sprachverstehen und Sprachproduktion bei Kindern mit Deutsch als Zweitsprache und Deutsch als Muttersprache im Alter von 3 bis ca. 7 Jahren. Erfasst werden die Anwendung von grundlegenden und gut erforschten grammatikalischen Phänomenen des Deutschen, wie zum Beispiel W-Fragen, Satznegation, Verben, Satzklammer oder Subjekt-Verb-Kongruenz. Bei der Entwicklung wurde die multikulturelle Realität der Kinder berücksichtigt. Ebenso wurde auf eine Wortschatzüberprüfung verzichtet. Mit Bildkarten wird sichergestellt, dass die Kinder die für die Testitems notwendigen Wörter kennen. Auch in diesem Verfahren wird die Differenz zwischen Erwerbskontext und Diagnosekontext reduziert, um ein möglichst valides Ergebnis zu erhalten.

Auch bei der Diagnose von Schreibkompetenz spielt die Berücksichtigung des Kontextes bzw. der Transferweite eine wichtige Rolle. Schreibprozesse interagieren immer sehr stark mit der zu produzierenden Textsorte. Wenn im Unterricht anhand von Bildergeschichten das Schreiben von Texten geübt wurde, ist diese Textsorte auch Gegenstand einer Klassenarbeit. Erwerbskontext und Diagnosekontext für die Schreibprozesse sind sehr nahe zusammen. Bei der Diagnose einer allgemeinen, textsortenunspezifischen Schreibkompetenz würde man hingegen annehmen, dass Schülerinnen und Schüler das spezifische Wissen über das Schreiben einer Inhaltsangabe oder eines Berichts auf andere Textsorten übertragen können. Dies wäre je nach Textsorte ein hoher Transfer.

Dieses Dilemma wird in der Deutschdidaktik von verschiedenen Autorinnen und Autoren bearbeitet (Augst et al. 2007; Bremerich-Vos/Possmayer 2011). Augst et al. (2007) entwickelten als mögliche Lösung ein Modell für die textsortenübergreifende und textsortenspezifische Modellierung der Schreibentwicklung. Das Modell basiert auf einem großen Korpus an Kindertexten: Erzählungen, Berichte, Instruktion und Argumentation. Die Schülertexte werden in vier textsortenübergreifende Stufen eingeteilt: selektierte Assoziationen, sequenzierte Selektionen, perspektivierte Sequenzen, synthetisierte Perspektiven. In einer vertikalen Ebene werden dann diese allgemeinen Stufen textsortenspezifisch ausdifferenziert. Beispiele für die narrative Kompetenz sind unzusammenhängendes Erzählen, zusammenhängendes Erzählen, kohärentes Erzählen auf einer Zeitachse etc. Das Modell wurde in einer weiteren Studie von Bremerich-Vos und Possmayer (2011) im Hinblick auf die Beurteilerreliabilität geprüft. Die Resultate sind vielversprechend. Das Stufenmodell könnte sich vor allem zur Globaleinschätzung von Texten im Rahmen von VERA oder Large-Scale-Assessments eignen.

Ein viertes Beispiel ist die Kontextsensitivität der Rechtschreibdiagnostik. Fay (2010) zeigte in einer Studie, dass die Rechtschreibkompetenz vom Handlungszusammenhang abhängt. Unterschieden wird zwischen Rechtschreibung im integrierten Schrieben (Schreiben ist in einen Produktionszusammenhang eingebettet) und nicht-integriertes Schreiben (Schreiben ist vom Produktionszusammenhang abgetrennt: Ausfüllen von Lückentexten oder Schreiben von Diktaten). Die gängigen Rechtschreibdiagnosen (z.B. die Hamburger Schreibprobe) sind nicht in einen Schreibhandlungszusammenhang eingebettet. Es wird argumentiert, dass die hohen Anforderungen beim produktiven Schreiben (Inhalt, Gliederung des Textes, Sätze bilden etc.) dazu führen, dass sich Schülerinnen und Schüler weniger stark auf die Rechtschreibung konzentrieren können und damit die Diagnose nicht valide ist. Andererseits nutzen die Schülerinnen und Schüler beim Verfassen eigener Texte einen bekannten Wortschatz, was wiederum zu besseren, auf den bekannten Wortschatz bezogenen Rechtschreibleistungen im integrierten Schreiben führt.

Zusammenfassung

Die Analyse des zu diagnostizierenden Wissens ist Grundvoraussetzung sowohl für die Anwendung, Beurteilung als auch die Erstellung von diagnostischen Verfahren. Nur mit einer genauen fachwissenschaftlichen und fachdidaktischen Kenntnis einer Lerndomäne, sowohl im Hinblick auf die Wissensstrukturierung als auch auf den Wissenserwerb, können Testverfahren adäquat eingeordnet werden. In diesem Kapitel wurden vier Kategorien zur Analyse von Wissen aus einer domänenübergreifenden Perspektive aufgezeigt. Diese können die domänenspezifische Perspektive ergänzen:

1. Der überwiegende Teil des in schulischen Lerndomänen zu diagnostizierenden Wissens besteht aus einem komplexen Zusammenspiel zwischen prozeduralem

und deklarativem Wissen. Die jeweiligen Wissensbausteine genau zu kennen ist Voraussetzung für die Konstruktion oder Bewertung diagnostischer Verfahren. Von besonderer Bedeutung sind domänenspezifische Modelle des Wissenserwerbs.

2. Wissen unterscheidet sich im Grad der Abstraktion und der Vernetzung. Verschiedene Ebenen der Abstraktion und Vernetzung können sowohl für deklaratives als auch prozedurales Wissen beschrieben werden. Komplexe Wissensbestände (Kompetenzen) bestehen in der Regel aus prozeduralem und deklarativem Wissen auf unterschiedlichen Abstraktionsebenen und mit unterschiedlichen Vernetzungsmöglichkeiten.

3. Die Modalitäten der Enkodierung des Wissens müssen bei der Anwendung und Gestaltung von diagnostischen Verfahren sehr genau berücksichtigt werden. Je nach Lerndomäne ist schulisches Wissen in der Regel multimodal enkodiert. Diagnoseverfahren können nur dann zu validen Ergebnissen führen, wenn sie diese multimodale Enkodierung abbilden oder es Lehrkräften gelingt, durch unterschiedliche Diagnoseverfahren der Enkodierung von Wissen gerecht zu werden.

4. Letztendlich müssen auch Kontext und Transferweite des zu diagnostizierenden Wissens bei der Anwendung, Beurteilung und Konstruktion von diagnostischen Verfahren bedacht werden. Vor allem beim anfänglichen Wissenserwerb sollte die Testsituation möglichst dem Lernkontext entsprechen, d.h. die Transferweite gering sein. Will man die Anwendung von schulischem Wissen auf alltägliche oder berufliche Aufgaben prüfen, eignen sich Problemlöseaufgaben mit großer Transferweite.

3 Funktionen pädagogischer Diagnostik

> Wenn geklärt ist, welche Art des Wissens in einem diagnostischen Verfahren erfasst werden soll, stellt sich die Frage nach der Funktion bzw. der Einbettung des Verfahrens in einen pädagogischen Handlungskontext. Je nach Handlungskontext und Funktion kann ein diagnostisches Verfahren sinnvoll sein, ein anderes dagegen wertlos oder gar kontraproduktiv. Folgende Fragen sind zu stellen:
> - Auf welcher Ebene in der Mehrebenenstruktur des Bildungssystems ist ein diagnostisches Verfahren zu verorten?
> - Geht es um die Feststellung interindividueller Differenzen (Statusdiagnostik) oder um die Erfassung interindividueller Differenzen (Prozessdiagnostik)?
> - Welche Rolle spielt die Diagnostik im pädagogischen Handlungsablauf? Eine abschließend bewertende (summativ) oder eine den Prozess informierende (formative) Rolle?
> - Welche Personen sind wie in den diagnostischen Handlungsprozess involviert?

3.1 Hierarchieebene und Aggregationsniveau

Diagnostik kann auf unterschiedlichen Ebenen innerhalb der Mehrebenenstruktur des Schulsystems stattfinden und diagnostische Informationen können damit auf unterschiedlichem Aggregationsniveau zur Verfügung stehen. Ganz grob kann unterschieden werden zwischen

- Individualdiagnostik (einzelne Individuen),
- Gruppendiagnostik (Klassen, Lerngruppen),
- Organisationsdiagnostik (Schulen) und
- Bildungsmonitoring bzw. Benchmarking (Schulsysteme, Länder, Schularten).

Diagnostik ist zunächst einmal Individualdiagnostik. Mediziner oder Psychologen bestimmen mit Hilfe diagnostischer Verfahren individuelle Merkmale, um Entscheidungen für die Therapie von Einzelpersonen begründen zu können. Dies lässt sich prinzipiell auf das professionelle Handeln von Erzieherinnen und Erziehern, Lehrkräften oder anderen Personengruppen im Bildungssystem übertragen. Auch hier steht die Arbeit mit einzelnen Kindern, Jugendlichen oder jungen Erwachsenen im Vordergrund. Ziel ist die möglichst feinkörnige Erfassung des Wissens eines einzelnen Schülers oder einer einzelnen Schülerin. Der entsprechende ERIC-Deskriptor hierfür ist „Diagnostic Tests: Tests used to identify the nature and source of an individual's educational, psychological, or medical difficulties or disabilities in order to facilitate correction or remediation" (www.eric.ed.gov).

Individualdiagnosen sind allerdings sehr zeitaufwändig. Prinzipiell gilt, dass man für die zuverlässige Einschätzung von beispielsweise Wissen im Bereich Grundrechnen für jeden Teilaspekt der Grundrechenarten eine bestimmte Anzahl von Testaufgaben benötigt, um eine stabile und differenzierte Diagnose erstellen zu können. Eine weitere Schwierigkeit im Bildungsbereich ergibt sich durch die Gruppierung von Individuen. Aus organisatorischen, aber auch pädagogischen Gründen fasst man die Lernenden in Gruppen zusammen. Damit wird eine individuelle Diagnostik nach Maßstäben der Psychologie schwierig, weil einfach zu wenig oder gar keine Zeit dafür vorgesehen ist. Aus diesem Grund entwickelten sich im Bildungssystem Verfahren der Gruppendiagnostik, die sehr stark von den organisatorischen, rechtlichen und curricularen Rahmenbedingungen in Bildungseinrichtungen geprägt sind.

Damit wird Leistungsdiagnostik mit begrenzten Ressourcen in einem institutionalisierten Kontext überhaupt erst möglich. Das daraus gewonnene Diagnosewissen kann zwar durch Beobachtung einzelner Schülerinnen und Schüler ergänzt werden. Auch gibt es immer wieder Situationen, die eine Durchführung individueller Tests erforderlich machen. Generell werden aber Lehrkräfte ihr Wissen über die Leistungsstände von Schülerinnen und Schülern überwiegend auf Gruppentests stützen. Der Nachteil dabei ist, dass die Tests nicht an die individuellen Voraussetzungen angepasst werden können. Eine Lösung hierzu eröffnen adaptive Tests, die allerdings wiederum technische Voraussetzungen haben (siehe Abschnitt 9.2). Ein Vorteil der Gruppendiagnose ist, dass man auch bei nicht standardisierten Verfahren einen sozialen Referenzrahmen zur Verfügung hat, um die individuellen Testergebnisse einordnen zu können. Von Nachteil ist natürlich, wenn Lehrkräfte nur diesen sozialen Bezugsrahmen haben und nicht – wie bei einigen standardisierten Verfahren möglich – einen kriterialen Bezugsrahmen zur Einordnung der individuellen Testwerte (vgl. Bezugsnormorientierung, Abschnitt 5.1).

Jansen (2008) macht darauf aufmerksam, dass man genau diese Differenz zwischen Individualdiagnose und Gruppendiagnose bei der Anwendung von Rechtschreibtests beachten muss. Gruppenbezogene Anlässe der Rechtschreibdiagnostik sind beispielsweise Bildungsmonitoring oder Klassenvergleiche. Dabei wird man wohl oder übel nur einen kleinen aber möglichst relevanten Ausschnitt des Rechtschreibwissens von Schülerinnen und Schülern diagnostizieren können. Individuumsbezogene Anlässe der Rechtschreibdiagnostik sind die Identifikation von individuellen Förderbedarfen, das Erfassen der Lernvoraussetzungen einer Schulklasse oder die außerschulische Diagnose in speziellen LRS-Beratungsstellen bei auffälligen Kindern. In diesen Fällen sollte die Diagnose den Umgang der Kinder mit einzelnen Rechtschreibphänomenen und Rechtschreibstrategien möglichst breit erfassen.

Historisch gesehen spielte im Schulsystem zunächst einmal die Diagnose von Leistungen in Lerngruppen eine wichtige Rolle, weil damit Selektions- und Zertifizierungsentscheidungen begründet wurden (vgl. Abschnitt 3.3). Wenn verstärkt individuelles Lernen an Schulen eingefordert wird, muss auch die Individualdiagnostik professioneller betrieben werden. Wenn zudem die innerschulische Unterrichts- und Organisationsentwicklung eingefordert wird, spielen auf Schulebene aggregierte Leistungsdiagnosen eine wichtige Rolle. Für die schulinterne Selbstevaluation wurde hierzu beispielsweise das Konzept der Parallelarbeiten erprobt (Haenisch/Müller 2004). Im Kollegium werden gemeinsam Tests entwickelt und durchgeführt. Die auf Schulebene aggregierten Ergebnisse können bestimmte Unterrichts- oder Schulentwicklungsschwerpunkte begründen. Eine weitere Option sowohl für die interne als auch die externe Evaluation sind zentral gestellte Vergleichsarbeiten (siehe Abschnitt 10.4).

Das Problem von Leistungsdiagnosen auf Organisationsebene ist der Auflösungsgrad und das Aggregationsniveau der Testdaten. Der Auflösungsgrad sinkt stetig von der Individualdiagnostik über die Gruppendiagnostik bis hin zur Organisationsdiagnostik, weil man weniger Testzeitpunkte zur Verfügung hat und zudem die Tests aus Zeitgründen kürzer ausfallen müssen. In Vergleichsarbeiten können nur noch einzelne Aufgaben zu wirklich grundlegenden Kompetenzfacetten abgeprüft werden. Für die Individual- oder Unterrichtsdiagnostik sind diese Testdaten zu wenig aussagekräftig. Fasst man die Leistungsergebnisse vieler Schülerinnen und Schüler an einer Schule zusammen, hat man es mit aggregierten Daten zu tun. Der Vorteil dieser aggregierten Daten ist, dass sie relativ robust sind, weil Ausreißer kaum ins Gewicht fallen. Damit lassen sich Veränderungen im Vergleich zu vorangehenden Schuljahren oder Differenzen zu anderen Schule oder dem Landesmittelwert recht zuverlässig berechnen.

Nun hört die Leistungsdiagnostik bei der Organisationsebene nicht auf. Mittlerweile besteht ein großes Interesse sowohl der Bildungspolitik als auch der Öffentlichkeit, die Schülerleistungen auf Ebene des Schulsystems regelmäßig zu messen. Dies nennt man Bildungsmonitoring bzw. Benchmarking und wird über Studien wie PISA (international vergleichendes Bildungsmonitoring) oder den IQB-Ländervergleich (national vergleichendes Bildungsmonitoring) geleistet. Die entsprechenden ERIC-Deskriptoren hierfür sind (www.eric.ed.gov):

„• Educational Assessment: Determining and interpreting the attainment of educational objectives (nationwide, statewide, or locally) for use in educational planning, development, policy formation, and resource allocation (Note: Do not confuse with ‚Educational Diagnosis‘ or ‚Testing‘)
• Large-Scale-Assessment, Large Scale Testing: Processes and procedures for measuring the achievement of large groups, often for student test-takers at the school district, state, national, or international level

- Benchmarking: Systematically measuring and comparing the operations and outcomes of organizations, systems, processes etc. against agreed upon ‚best in class‘ frames of reference"

Das Ziel von Bildungsmonitoring ist die abschließende Bewertung von Lernprozessen ganzer Alterskohorten. Da eine große Bandbreite an Leistungsvarianz vorliegt und eine große Bandbreite an curricularen Themen zu prüfen ist, sind die hierfür entwickelten Leistungstests notwendigerweise sehr grobkörnig (Pellegrino et al. 2001). Zudem müssen die Testaufgaben bestimmten psychometrischen Kriterien genügen. Fachdidaktisch innovative Aufgaben scheiden damit oft aus. Dies wird an den PISA-Testaufgaben sehr deutlich und ist auch Hauptangriffspunkt für eine fachdidaktische Kritik an PISA (siehe Abschnitt 10.1). Andererseits gelang es mit den PISA-Studien, die Öffentlichkeit wachzurütteln und die Bildungspolitik zu erheblichen Investitionen in das Bildungssystem zu motivieren.

3.2 Diagnose interindividueller vs. intraindividueller Differenzen

Die Nutzung von diagnostischen Verfahren hängt sehr stark davon ab, ob damit Differenzen zwischen Personen (interindividuell) oder Entwicklungen innerhalb einer Person (intraindividuelle Differenzen) oder beides gleichzeitig bestimmt werden kann. Die Bestimmung interindividueller psychischer Differenzen ist das Aufgabenfeld der differentiellen Diagnostik bzw. der differentiellen Psychologie. Dabei geht es vor allem um Persönlichkeitsmerkmale wie z.B. Introversion und kognitive Merkmale wie z.B. Intelligenz. Aufgabe der differentiellen Diagnostik ist es dann, Testverfahren zu entwickeln, mit denen die Merkmalsunterschiede zwischen Menschen möglichst genau erfasst werden können. Die Diagnoseverfahren (z.B. Intelligenztests) liefern dann zunächst einmal eine Beschreibung der Verteilung dieses Merkmals in einer Population. Es werden somit interindividuelle Unterschiede, d.h. Differenzen zwischen den Individuen erfasst und beschrieben. Der ERIC-Deskriptor für das Messen interindividueller Unterschiede ist „Comparative Testing: Testing in which two or more individuals, groups, or tests are compared" (www.eric.ed.gov).

Genau dieser Ansatz war das ursprüngliche Forschungsinteresse der Psychologie. Alle klassischen Testmethoden haben sich aus diesem Ansatz heraus entwickelt und dann auch die pädagogisch-diagnostische Praxis beeinflusst. Die Anwendung einer differentiellen Diagnostik in Bildungseinrichtungen liegt zunächst einmal auf der Hand. Man hat es in staatlichen Bildungseinrichtungen wie Schulen oder Universitäten mit Massenlernprozessen zu tun und möchte etwas über die Leistungsdifferenzen zwischen diesen Personen erfahren (siehe vorangehender Abschnitt). Folgt man dem Ansatz der Diagnose interindividueller Unterschiede sind damit Aussagen wie „besser als" sehr gut möglich. Von Klassenarbeiten über Abschlussprüfungen bis hin zu Large-Scale-Assessments wie PISA hat man es im Grunde genommen mit differentieller Diagnostik zu tun.

Der Ansatz der differentiellen Diagnostik ist vor allem für stabile psychische Dispositionen zielführend. In der pädagogischen Psychologie werden interne Dispositionen hinsichtlich ihrer Stabilität über die Zeit hinweg unterschieden (Leutner 2001). Sehr stabile interne Dispositionen sind beispielsweise Intelligenz oder Persönlichkeitsfaktoren. Man geht davon aus, dass diese sich allenfalls im Laufe der Kindheit leicht verändern können, beim Erwachsenen jedoch weitgehend stabil bleiben. Leichte Veränderungen wären allenfalls durch größere therapeutische Eingriffe denkbar (z.B. Angsttherapien). Weniger stabile und leicht veränderbare interne Dispositionen sind Wissensbestände, Fähigkeiten oder auch Einstellungen. Ihr Aufbau und ihre Veränderung ist in gewissen Zeithorizonten möglich. D.h. für den schulischen Wissenserwerb ist der Ansatz der differentiellen Diagnostik weniger geeignet. Vielmehr müsste die intraindividuelle Diagnostik wesentlich stärker kultiviert werden.

Ziel der intraindividuellen Diagnostik ist die Erfassung von Veränderungen psychischer Merkmale innerhalb eines Individuums (Keywords bei www.sciencedirect.com: „intraindividual variability, intraindividual changes"). Hierfür muss man diagnostische Verfahren entwickeln, die in einem gewissen zeitlichen Abstand mehrfach bei einer Person eingesetzt werden können. Bei der Intelligenzmessung ist dies ein grundlegendes Problem. Wie will man die Intelligenzentwicklung vom Kleinkindalter bis zum Erwachsenenalter mit dem gleichen Instrumentarium erfassen und auf einer gemeinsamen Testwerteskala abbilden? In der frühen Intelligenzforschung hat man dieses Problem mit dem Intelligenzalter gelöst (Binet-Simon-Test). Zum biologischen Alter wurden Monate oder Jahre hinzugerechnet, wenn man Intelligenztestaufgaben lösen konnte, die eigentlich erst in einer Population von älteren Kindern überwiegend korrekt beantwortet werden können. Dies sind natürlich nur provisorische Konstrukte. Eine intraindividuelle Diagnostik ist im Grunde genommen nur dann möglich, wenn man eine genaue Kenntnis der Entwicklungsstufen in einem bestimmten Bereich (z.B. Intelligenz oder sprachliche Entwicklung) hat und dann für einzelne Phasen diagnostische Verfahren entwickelt. Wenn es sich um lange Wissenserwerbsprozesse handelt, wie beispielsweise der Zahlerwerb im Kleinkindalter oder der Schriftspracherwerb in der Primarstufe, dann können Testverfahren wiederholt zur Anwendung kommen, um Entwicklungsverläufe zu beschreiben. Beim Übertritt in eine qualitativ neue Entwicklungsstufe, müssen allerdings neue Verfahren zum Einsatz kommen.

Ein Beispiel ist die Orthografiediagnostik. Verfahren wie der Deutsche Rechtschreibtest für das Grundschulalter (DERET 1-2+ und DERET 3-4+: Stock/Schneider 2008) oder die Hamburger Schreibprobe (HSP: May 2005, 2012) basieren auf Modellen der Schriftsprachentwicklung, die zwischen einer logographemischen Strategie (Worterkennung an herausstechenden optischen Merkmalen), einer alphabetischen Strategie (Anwendung der Graphem-Phonem-Korrespondenz) und einer orthografische Strategie (Berücksichtigung komplexer Regeln und Strategien) unterscheiden. Diese Strategien korrelieren mit Entwicklungsphasen, die sich allerdings auch stark überlappen können. Damit ist zumindest ansatzweise eine Entwicklungsdiagnostik möglich. Man kann mit den Testverfahren über einen längeren Zeitraum beschreiben, wie sich einzelne Schülerinnen und Schüler die Strategien aneignen.

Es ist allerdings umstritten, inwiefern diese Strategien noch als Grundlage für eine Rechtschreibdiagnostik in der Sekundarstufe bzw. für das Erwachsenenalter dienen können (Hasselhorn et al. 2008; Karg 2010). Eine intraindividuelle Rechtschreibdiagnostik in dieser Phase der Lernbiografie könnte dann wieder verstärkt am Erwerb einzelner Rechtschreibphänomene orientiert sein. Verallgemeinernd kann festgehalten werden, dass sich eine intraindividuelle Diagnostik vor allem dann gut realisieren lässt, wenn Wissenserwerbsprozesse sehr lange dauern und dennoch gut eingrenzbar und damit über Testverfahren gut operationalisierbar sind. Die Tests müssen zudem veränderungssensitiv sein. Ein Wissenszuwachs muss nach einer Lernperiode auch messbar sein (Jansen 2008).

Die Unterscheidung zwischen interindividueller und intraindividueller Diagnostik korrespondiert in gewissem Sinne auch mit den Begriffen Statusdiagnostik vs. Prozessdiagnostik (Leutner 2001). Die Messung von sehr stabilen, internen Dispositionen bezeichnet man als Statusdiagnostik. Geht man davon aus, dass sich die internen Bedingungen innerhalb eines bestimmten Zeitraums verändern können, spricht man von Prozessdiagnostik. Dabei werden Veränderungen erfasst, um Prozesse anpassen zu können. Diese Unterscheidung ist für die Diagnose von Lernvoraussetzungen oder Lernergebnissen relevant. Lernergebnisse müssen immer als veränderbar angesehen werden und erfordern deshalb eine Prozessdiagnostik. Bei der Erfassung von Lernvoraussetzungen könnte man unter gewissen Umständen auch von Statusdiagnostik sprechen. Beispielsweise wenn im Zuge einer Überprüfung auf ADHS ein Intelligenztest durchgeführt wird. Prinzipiell müsste diagnostisches Handeln im schulischen Alltag die Veränderbarkeit von internen Dispositionen berücksichtigen und daher prozessbezogen vorgehen.

3.3 Summative und formative Aspekte der Leistungsdiagnostik

Wird eine Leistungsdiagnose durchgeführt, um Bildungsentscheidungen zu begründen oder um Förderkonzepte für einzelne Schülerinnen und Schüler zu entwickeln? Wird an einer Schule ein zentraler Test durchgeführt, um Hinweise für die Unterrichtsentwicklung zu erhalten oder um den Eltern eine Grundlage für ihre Schulwahlentscheidung zu liefern? Auf Individualebene wird zur Bestimmung dieser Differenz zwischen Selektionsdiagnostik (z.B. Schullaufbahnempfehlung; Berufseignung) und Modifikationsdiagnostik bzw. Förderdiagnostik unterschieden (Langfeldt/Tent 1999; Leutner 2001; Horstkemper 2006). Bei der Selektionsdiagnostik steht die abschließende Bewertung eines Lehr-Lernprozesse im Vordergrund. Das Diagnoseergebnis wird herangezogen, um Aussagen über den Lernerfolg einer Schülerin oder eines Schülers zu machen, z.B. in Form einer Abschlussnote, die im Zusammenhang mit Selektionsentscheidungen stehen (Schulübergänge, Versetzungen, Abschlüsse, Assessment Centers etc.).

Geht es auf individueller Ebene dagegen um die Förderung bzw. Modifikation einer internen Disposition, ist das Ziel der Diagnose die Generierung einer Informationsgrundlage für die bestmögliche Förderstrategie. Die Diagnose zieht nicht eine Bewertung oder Note nach sich, sondern eine konkrete Empfehlung zur weiteren Förderung einer Schülerin oder eines Schülers bzw. zur Modifikation eines Programmes (z.B. Unterricht, Therapie). Horstkemper (2004) weist darauf hin, dass auch bei einer Selektionsdiagnose eine eindeutige Förderabsicht vorhanden sein kann. Beispielsweise bei einer Überweisung auf eine Sonderschule, die eine bessere Förderung verspricht als die Regelschule. Auch die Selektion nach der Grundschule wird zumindest bildungspolitisch und juristisch als eine Entscheidung im Sinne der optimalen Förderung der Kinder definiert. Der Unterschied zum förderdiagnostischen Vorgehen ist allerdings der Prozesscharakter, die Überwachung des Lernfortschritts, d.h. der intraindividuellen Differenzen zur Begründung der weiteren Lernschritte.

Die Differenz zwischen Selektions- und Modifikationsdiagnostik wird größtenteils auch durch die in der internationalen Assessment-Literatur häufig verwendeten Begriffe „summative assessment" vs. „formative assessment" bzw. „assessment of learning" vs. „assessment for learning" abgebildet (Black/Wiliam 2009). Diese Begriffe wurden in den letzten Jahren auch in der deutschsprachigen Forschung aufgegriffen (Köller 2005; Bürgermeister et al. 2011; Smit 2008, 2009; Maier 2010). Wichtig für diese Differenzierung ist, dass es sich nicht um prinzipiell verschiedene Typen von Schulleistungstests handelt. Vielmehr ist die Verwendung der Testergebnisse von entscheidender Bedeutung. Harlen (2005) betont, dass summative und formative Leistungsdiagnosen nur analytisch unterscheiden werden können, bzw. die Unterscheidung erst nachträglich getroffen werden kann, je nachdem für welche Entscheidung eine diagnostische Informationen genutzt wurde. Die Bedeutung formativer Leistungsdiagnostik für Lehr-Lernprozesse wird ausführlich in Kapitel 8 thematisiert. Implikationen für diagnostische Verfahren im Dienste der summativen Leistungsdiagnostik sind Thema von Kapitel 7. Es gilt jedoch immer, dass jedes diagnostische Verfahren je nach Kontext und Nutzung summative oder formative Aspekte aufweisen kann.

Geht man auf die Organisationsebene, findet man ebenfalls die Differenz zwischen einer formativen und summativen Nutzung von Leistungsdaten. In der Literatur wird hierbei häufig das Begriffspaar summative vs. formative Evaluation herange-zogen. Evaluation bedeutet in diesem Zusammenhang, dass auch andere Daten-quellen als Leistungstests für die Beurteilung herangezogen werden können. Die entsprechenden ERIC-Deskriptoren sind (www.eric.ed.gov):

> „• Summative evaluation, product evaluation: Evaluation at the conclusion of an activity or plan to determine its effectiveness
> • Formative evaluation: Evaluation that is used to modify or improve products, programs, or activities and is based on feedback obtained during their planning and development"

Eine summative Nutzung von Testdaten auf Organisationsebene liegt beispielswei-se dann vor, wenn Vergleichsarbeitsergebnisse im Rahmen einer Schulinspektion als Datenquelle herangezogen werden, um die Qualität einer Schule beurteilen zu können. Eine formative Nutzung würde vorliegen, wenn die externen Testergebnis-se der Schule innerhalb des Kollegiums diskutiert und einzelne Unterrichtsentwick-lungsschwerpunkte daraus abgeleitet werden.

Dass man zwischen summativen und formativen Aspekten von Leistungsdiagno-sen im Bildungssystem klar unterscheiden können sollte, zeigt folgendes Beispiel. In den USA stehen Schulen stark unter öffentlicher Beobachtung, weil externe Leistungstests als summatives Bewertungsinstrument eingesetzt werden. Die Test-industrie bietet mittlerweile den Schulen zahllose Testformate an, mit denen die Schülerinnen und Schüler auf die zentralen Tests vorbereitet werden können. Die-se kommerziellen Testsysteme werden oft mit dem Label der formativen Diagnos-tik geschmückt, zielen allerdings ganz gezielt auf die kontinuierliche Vorbereitung zentraler Tests und haben wenig mit einer individuellen Förderung von Schülerin-nen und Schülern oder einer Optimierung der Lehr-Lernstrategien an Schulen zu tun.

Wie man standardisierte Diagnoseverfahren sinnvoll sowohl summativ als auch formativ nutzen kann, zeigt Trolldenier (2008) am Beispiel des Würzburger Recht-schreibtests für die Rechtschreibförderung in der Grundschule. Der quantitative Rohwert bzw. Prozentrang des standardisierten Tests kann zur Absicherung der konventionellen, summativen Leistungsmessung genutzt werden. Lehrkräfte kön-nen beispielsweise ihre Diktatnoten mit dem Testergebnis vergleichen und so die Objektivität und Fairness der Noten prüfen. Der Würzburger Rechtschreibtest kann aber auch zu einer formativen Evaluation des eigenen Rechtschreibunter-richts genutzt werden, indem man ihn zu Beginn und gegen Ende eines Schul-jahres durchführt. Die Lehrkraft erhält damit ein differenziertes Bild über Stärken und Entwicklungsbereiche im eigenen Rechtschreibunterricht. Aber auch eine formative Nutzung auf individueller Ebene für die Schülerförderung ist denkbar. Die qualitativen Fehleranalysen im Testverfahren können als Grundlage für geziel-te Unterstützungsmaßnahmen einzelner Schülerinnen und Schüler herangezogen werden. Der Test kann zudem wiederholt durchgeführt werden, um den Erfolg von Fördermaßnahmen zu prüfen.

3.4 Akteure im diagnostischen Prozess

Beim Arzt, beim Schulpsychologen oder im Unterricht sind die Rollen im diagnostischen Prozess in der Regel klar verteilt. Der Experte wählt das diagnostische Verfahren aus, wendet es an, wertet die Daten aus und interpretiert die Messergebnisse. Der Patient ist passiv und Objekt des diagnostischen Handelns. In vielen Fällen gilt dies auch für diagnostische Verfahren in Bildungseinrichtungen, speziell dem Schulsystem. Lehrerinnen und Lehrer sind die Subjekte, Schülerinnen und Schüler die Objekte des diagnostischen Handelns. Wenn Bildungsprozesse aber letzten Endes dazu führen sollen, dass Schülerinnen und Schüler zunehmend selbständig Lernen können, muss auch ihre Rolle bei der Leistungsdiagnostik überdacht werden. Ein selbstreguliert lernender Schüler kann sein Wissen zumindest in einem gewissen Umfang selbst einschätzen und den eigenen Lernfortschritt selbständig überprüfen. Gleiches gilt für die gegenseitige Bewertung und Einschätzung von Leistungen zwischen Schülerinnen und Schülern (*peer assessment*). Damit verschiebt sich die Rolle der Lernenden vom passiven Objekt der Diagnostik hin zur aktiven Mitgestaltung des diagnostischen Handelns. Die entsprechenden ERIC-Deskriptoren hierfür sind „Self Assessment, Self Evaluation: Individuals' assessment of themselves" und „Peer Evaluation, Peer Assessment: Evaluation by one's peers" (www.eric.ed.gov).

Diese Überlegungen hängen mit der Unterscheidung zwischen formativer und summativer Leistungsdiagnostik zusammen. Bei einer abschließenden Beurteilung von Lehr-Lernprozessen mit dem Ziel der Zertifizierung oder Selektion wird man kaum auf Verfahren des self assessment oder peer assessment zurückgreifen können. Lehrkräfte müssen vor dem Hintergrund ihrer Expertise und Autorität die diagnostische Vorgehensweise bestimmen, letztendlich auch aus Gründen der Objektivität und Fairness. Problematisch ist beispielsweise, wenn man Schülerleistungen wie z.B. Referate benotet und dabei auch die Rückmeldungen der Mitschülerinnen und Mitschüler wertet. Diese immer wieder zu beobachtende Praxis ist sowohl pädagogisch als auch rechtlich fragwürdig. Wenn man dagegen in einer Klasse die Präsentation von Referaten übt und dabei die Bewertungskompetenz der Mitschülerinnen und Mitschüler in einem formativen Sinne nutzt, kann dies für die Lernenden sehr hilfreich sein, zumal Rückmeldungen von Gleichaltrigen eine ganz andere Bedeutung haben als Lehrerrückmeldungen.

Zusammenfassung

Diagnostische Verfahren können im Bildungssystem zu ganz unterschiedlichen Zwecken eingesetzt werden. Den Funktionsumfang eines diagnostischen Verfahrens zu kennen ist von großer Bedeutung, weil sich nicht alle Leistungsdiagnosen für alle möglichen Zwecke eignen. Zur genauen Bestimmung des Funktionsumfangs eines diagnostischen Verfahrens können folgende Fragen gestellt werden:

1. Auf welche Ebene im schulischen Mehrebenensystem bezieht sich das diagnostische Verfahren und auf welchem Aggregationsniveau stehen diagnostische Informationen zur Verfügung? Unterschieden wird zwischen Individualdiagnostik, Gruppendiagnostik, Organisationsdiagnostik und Bildungsmonitoring.

2. Leistet ein diagnostisches Verfahren eine Differenzierung von Personen im Hinblick auf ein Leistungsmerkmal (interindividuelle Diagnostik) oder ist es möglich, mit einem diagnostischen Verfahren intraindividuelle Entwicklungen zu beschreiben (intraindividuelle Diagnostik)?

3. Wird ein diagnostisches Verfahren überwiegend summativ genutzt, beispielsweise im Rahmen von Selektionsentscheidungen im Schulsystem? Oder eignet sich eine Leistungsdiagnostik eher für die formative Nutzung, beispielsweise um eine Fördermaßnahme oder den laufenden Unterricht zu optimieren?

4. Welche Rolle spielen Lehrkräfte, Lernende oder auch Eltern bei einem diagnostischen Verfahren? Kontrolliert die Lehrkraft die Durchführung und Interpretation eines diagnostischen Verfahrens komplett oder gibt es Mitsprachemöglichkeiten und Gestaltungsspielräume für die Schülerinnen und Schüler?

4 Fragen der Erfassung von Wissen

In diesem Kapitel geht es um die Frage, wie Wissen mit Hilfe diagnostischer Verfahren erfasst werden kann. Dabei wird zu zeigen sein, dass Methoden der Diagnostik mit der Art des zu erfassenden Wissens und der jeweiligen Funktion zusammenhängen. Folgende Aspekte werden dabei bearbeitet:

- Mit welcher Art von Testitems lässt sich welche Art von Wissen erfassen? In diesem Zusammenhang wird auch die Problematik der Ratewahrscheinlichkeit erörtert.
- Was sind Testtheorien bzw. Testmodelle und für welche Zwecke eignen sich welche Testmodelle?
- Die klassische Testtheorie bzw. die Messfehlertheorie ist die Grundlage für die meisten diagnostischen Verfahren. Aus ihr lassen sich direkt die klassischen Testgütekriterien ableiten.
- Quantifizierende Testmodelle gehen davon aus, dass sich Leistungsdispositionen (z.B. mathematische Kompetenz) mit latenten, quantitativen Variablen modellieren lassen. Für die empirische Erfassung dieser latenten Variablen werden eine Reihe unterschiedlicher Testmodelle vorgeschlagen. Häufig verwendete Testmodelle wie das Rasch-Modell werden in Grundzügen erläutert.
- Abschließend werden Beispiele für klassifizierende Testmodelle beschrieben. Die Vertreterinnen und Vertreter dieser Modelle kritisieren die Vorstellung, Wissen mit quantitativen Variablen modellieren und diagnostizieren zu können. Als Alternative werden Wissensfacetten möglichst atomar beschrieben und erfasst.

Hat man einen Wissensbereich genau definiert, analysiert und kennt den diagnostischen Verwendungszusammenhang, dann stellt sich die Frage nach der Messmethode. Welche Leistungssituationen sind geeignet um zu zeigen, dass die Schülerinnen und Schüler über ein bestimmtes Wissen verfügen oder nicht? Wie lassen sich diese Aufgaben- oder Leistungssituationen zu Testverfahren zusammenfassen? Eine besondere Schwierigkeit dabei ist, dass sich Wissen nicht direkt messen lässt. Man spricht deshalb auch von latenten, verborgenen Konstrukten bzw. Variablen. Größen, die sich direkt beobachten und messen lassen, sind manifeste Konstrukte bzw. Variablen, wie beispielsweise die Länge eines Gegenstandes. Eine direkte Messung von Wissen wäre quasi nur dann möglich, wenn man mit einem gigantischen Gehirn-Scanner alle Synapsenverbindungen, die für ein bestimmtes Wissen stehen, direkt ersichtlich machen könnte. Dies ist allerdings nicht möglich. Bei einem Leistungstest muss deshalb von manifesten, direkt beobachtbaren Variablen auf eine latente Variable geschlossen werden.

Der Zusammenhang zwischen dem zu „erfassenden psychischen Merkmal" (Wissen, latente Variable) und dem beobachtbaren „Testverhalten" (manifeste Variablen) ist Gegenstand der Testtheorie (Rost 2004, 21). Dieses Kapitel widmet sich zunächst den Items als kleinster Beobachtungseinheit von Tests (4.1). Welche Möglichkeiten der Formulierung von Items gibt es in Abhängigkeit des zu diagnostizierenden Wissens? In einem zweiten Schritt wird das besprochen, was man in vielen Lehrbüchern unter dem Stichwort „klassische Testtheorie" findet und Rost (2004) als Messfehlertheorie bezeichnet (4.2). Aus den Axiomen der Messfehlertheorie lassen sich die klassischen Testgütekriterien Objektivität, Reliabilität und Validität ableiten. In einem dritten Schritt wird erläutert, was man sich unter Testmodellen vorstellen muss (4.2). Abschließend werden ausgewählte quantifizierende und klassifizierende Testmodelle, die für das Verständnis von Leistungsmessungen im schulischen Anwendungskontext hilfreich sind, aufgegriffen (4.4 und 4.5).

4.1 Itemebene: Gestaltung und Analyse von Testaufgaben

Psychologische Messmethoden sind immer ein indirekter Zugriff auf das Wissen von Individuen. Es werden Situationen geschaffen, in denen sich Schülerinnen und Schüler verhalten müssen. Dieses Verhalten (Bewegungen, etwas aufschreiben oder Sprache) lässt sich empirisch erfassen. Aus dem empirisch beobachtbaren Verhalten (manifeste Variablen) wird dann auf das vorhandene Wissen geschlossen (latente Variablen). Bei prozeduralem, motorischem Wissen (z.B. Kraulschwimmen) sind konkrete Beobachtungsindikatoren zu formulieren. Bei deklarativem Wissen, das überwiegend sprachlich repräsentiert ist, sind Testaufgaben zu stellen. Von den Antworten wird auf das Wissen der Schülerinnen und Schüler geschlossen. In beiden Fällen sind einzelne Testitems die kleinste Form der Operationalisierung von Wissen (Rost 2004). Ein Item besteht aus einem Itemstamm (Situation, in der eine Person ihre Leistung zeigen soll) und einem Antwortformat (Registrierung des Testverhaltens: Antwortfeld oder Beobachtungsbogen).

Items bzw. Testaufgaben können nach unterschiedlichen Merkmalen analysiert werden. Die Analyse des zu diagnostizierenden Wissens (siehe Kapitel 2) spielt dabei eine zentrale Rolle. Ein klassischer, jedoch auch häufig kritisierter Ansatz ist die Bloom'sche Lernzieltaxonomie (Bloom et al. 1956) bzw. ihre Neuauflage durch Anderson und Krathwohl (2001). Diese Lernzieltaxonomien wurden entwickelt, um Test- aber auch Lernaufgaben im Hinblick auf das zu prüfende bzw. zu lernende Wissen zu klassifizieren. Für jede Lernzielstufe haben die Autoren eine Reihe von Verben vorgeschlagen, die sich zur Operationalisierung der jeweiligen Lernzielstufe anbieten könnten. Hier einige Beispiele für Schlüsselverben auf den insgesamt 6 Stufen kognitiver Komplexität (Anderson/Krathwohl 2001, 67f):

1) Erinnern (remembering): Identifizieren, aufzählen, nennen
2) Verstehen (understanding): Interpretieren, klären, exemplifizieren, illustrieren, klassifizieren, kategorisieren, subsumieren, zusammenfassen, abstrahieren, generalisieren, vorhersagen, vergleichen, zuordnen, erklären
3) Anwenden (applying): Ausführen, implementieren, anwenden, übertragen
4) Analysieren (analyzing): Differenzieren, unterscheiden, fokussieren, selegieren, organisieren, skizzieren, strukturieren
5) Bewerten (evaluating): Kritisieren, beurteilen, prüfen, aufdecken
6) Synthese (creating): Generieren, herstellen, konstruieren, produzieren, planen

Ein Problem dieser Schlüsselverben ist vor allem ihre Unabhängigkeit vom zu diagnostizierenden Lerninhalt. Kritisieren oder Vergleichen kann im Fach Geschichte etwas ganz anderes bedeuten als bei der Bearbeitung von Sachaufgaben mit mehreren Lösungsmöglichkeiten oder bei der Interpretation eines Textes im Fach Deutsch. In der fachdidaktischen Literatur findet man mittlerweile wesentlich differenziertere Vorschläge zur Gestaltung und Analyse von Leistungs- und Testaufgaben. Vor allem weiß man einiges über schwierigkeitsgenerierende Merkmale von Testaufgaben (Neubrand 2002; Jordan et al. 2008). Die in Abschnitt 2 behandelten Kategorien zur Wissensanalyse spielen hierbei eine zentrale Rolle (Art des Wissens, Komplexität, Modalität, Kontext). Einen guten Querschnitt zur fachdidaktischen Aufgabenanalyse gibt der Sammelband von Kleinknecht et al. (2013). Nachfolgend sollen ausgewählte Analyse- und Gestaltungskategorien für Testitems skizziert und beispielhaft erläutert werden. Ebenso wird auf das Konzept der Itemschwierigkeit eingegangen.

Vernetzung/Komplexität des Wissens und Grad der Offenheit von Testitems
Der Grad der Offenheit ist ein erstes und sehr augenscheinliches Merkmal einer Testaufgabe. In der Literatur findet man in der Regel folgende Differenzierung (Rütter 1973; Bortz/Döring 2006; Hussy et al. 2010):
Geschlossene Testitems bzw. Items mit Antwortvorgaben haben den geringsten Grad der Offenheit. Bei Single-Choice-Aufgaben ist genau eine Antwort richtig. Bei Multiple-Choice-Aufgaben sind mehrere Antworten richtig. Geschlossen bedeutet, dass die richtigen Antworten und weitere falsche Antworten, die Distraktoren, sichtbar sind. Weitere Formen von geschlossenen Aufgaben sind Zuordnungsaufgaben oder Umordnungs- oder Zuordnungsaufgaben. Der Vorteil von geschlossenen Aufgaben ist, dass sie sich sehr objektiv und zeitökonomisch auswerten lassen. Damit sind sie auch zentraler Bestandteil von elektronischen Diagnosesystemen (vgl. Kapitel 9).
Halboffene Testitems haben eine genau bestimmbare Lösungsmenge (eine oder mehrere korrekte Lösungen), die allerdings nicht sichtbar ist, sondern von den

Schülerinnen und Schülern frei produziert werden muss. Beispiele für halboffene Testitems sind Ergänzungsaufgaben oder Lückentexte. Auch halboffene Testitems lassen sich noch gut auswerten und können mittlerweile auch in elektronischen Diagnosesystemen programmiert werden, indem die Menge möglicher korrekter Lösungen angegeben wird. Der Computer vergleicht dann die Schülerantworten mit der Lösungsmenge.

Eine Testaufgabe kann als offen bezeichnet werden, wenn sie zu einer frei formulierten Antwort führt und die Menge der korrekten Antworten nicht mehr a priori festgelegt werden kann. Offene Aufgabenstellungen eignen sich vor allem, um komplex vernetztes, konzeptuelles Wissen zu erfassen. Die Auswertung von offenen Testaufgaben ist zeitaufwändig und setzt eine hohe Expertise der korrigierenden Personen voraus. Mittlerweile gibt es jedoch erste erfolgreiche Versuche, Schülertexte automatisiert auswerten zu lassen (siehe Kapitel 9.3).

Der Grad der Offenheit bzw. Geschlossenheit von Testaufgaben bestimmt zunächst einmal die äußere Gestaltung des Antwortfeldes. Aber auch der Itemstamm, d.h. die Aufgabenformulierung muss passen. Wenig komplexes Faktenwissen lässt sich besonders gut mit geschlossenen Testitems prüfen. Sehr komplexes konzeptuelles Wissen lässt sich am besten mit offenen Testitems prüfen, weil nur so sichergestellt werden kann, dass eine Schülerin oder ein Schüler Vernetzungen zwischen einzelnen Wissensbausteinen in einer Lerndomäne auch selbständig reproduzieren und durchdringen kann. Die große Kunst liegt nun darin, auch geschlossene Testitems so zu konstruieren, dass möglichst gut komplexe und vernetzte Wissensstrukturen geprüft werden können. Beispiele hierzu finden sich in den nächsten Absätzen.

Geschlossene Testitems zur Diagnose von konzeptuellem Wissen

Geschlossene Testitems können nicht nur zur Diagnose von einfachem Faktenwissen herangezogen werden. Je nach Konstruktion der Distraktoren kann sehr anspruchsvolles, konzeptuelles Wissen geprüft werden. Zuvor muss allerdings eine Analyse möglicher Schülerfehlvorstellungen bzw. eine Aufgliederung von Begriffsfacetten vorliegen. Mit dem Begriff Facette beschreiben Madhyastha und Tanimoto (2009) einen Aspekt eines naturwissenschaftlichen Konzepts, der als kleinste Einheit einer korrekten bzw. inkorrekten Schülervorstellung zu diesem Konzept identifiziert werden kann. Ein Beispiel ist das physikalische Konzept „Bewegung". Die Schülerinnen und Schüler haben oft die physikalisch falsche Vorstellung, dass bewegte Gegenstände irgendwann einmal zur Ruhe kommen. Dies widerspricht dem Newton'schen Gesetz, dass Gegenstände sich so lange gleichförmig weiterbewegen, bis eine Kraft auf sie einwirkt. Die Schülerfehlvorstellung kommt zustande, weil die Facette „Reibung bremst einen Gegenstand ab" noch nicht vorhanden ist, was sich möglicherweise auf die mangelnde Anschaulichkeit von Reibung zurückführen lässt.

Konzepte unterscheiden sich allerdings im Hinblick auf ihren Erfahrungsbezug. Im naturwissenschaftlichen Unterricht operiert man mit erfahrungs- bzw. alltagsbasierten Fehlkonzepten. Im Mathematikunterricht resultieren Fehlkonzepte oft vom vorausgehenden Unterricht. Die für das Verständnis eines Konzeptes relevanten Facetten formieren ein Cluster. Liegen diese Facetten eines Konzeptes vor, können sehr einfach geschlossene Testitems zur Diagnose von konzeptuellem Wissen konstruiert werden. Ein Beispiel hierfür ist die folgende Aufgabenstellung:

Welche der nachfolgenden Antworten ist physikalisch korrekt?
Der Apfel fällt auf den Boden, weil …
a) ihn die Erde mit ihrer großen Masse anzieht.
b) die Masse der Erde und die Masse des Apfels sich gegenseitig anziehen.
c) seine Masse kleiner ist als die der Erde.
d) er von der Gewichtskraft nach unten gedrückt wird.

Es wird geprüft, ob die Schülerinnen und Schüler das Konzept der Gravitation verstanden haben. Gravitation bedeutet, dass sich zwei Körper mit Masse gegenseitig anziehen. Im Beispiel entspricht die Antwortalternative b dem physikalisch korrekten Konzept. Die Distraktoren werden so formuliert, dass sie mögliche Fehlvorstellungen des physikalischen Konzeptes abbilden. Eine Fehlvorstellung wäre beispielsweise, dass der Apfel zu Boden fällt, weil ihn die Erde anzieht. Dies ist falsch, weil der Apfel ebenfalls Masse hat und diese, auch wenn sie um ein Vielfaches geringer ist als die Masse der Erde, ebenfalls eine Anziehungskraft auf die Erde ausübt. Auf diese Weise kann ein sehr anspruchsvolles Conceptest-Item entwickelt werden (McConnell et al. 2006; Donovan 2008; Madhyastha/Tanimoto 2009).

Mehrstufige Testitems
Eine Weiterentwicklung von Conceptests sind sog. zweistufige Conceptests. Ein Beispiel hierfür ist der Test von Chandrasegaran et al. (2007) zum konzeptuellen Verständnis von chemischen Reaktionen (weitere Beispiele: Lin 2004; Cheong et al. 2010). Die Items sind nach folgendem Schema konstruiert: Zunächst wird ein chemischer Versuch dargestellt, bei dem ein bestimmtes Phänomen zu beobachten ist. Zum Beispiel:

• Verdünnte Schwefelsäure wird auf schwarzes Kupferoxidpulver gegeben und erwärmt. Das Kupferoxid löst sich auf und es entsteht eine blaue Flüssigkeit.

Nach dieser Versuchsbeschreibung werden verschiedene Beschreibungen für das Phänomen angeboten:

• Das Kupferoxid löst sich in der Schwefelsäure auf und es entsteht eine blaue Lösung (falsch).
• Das Kupferoxid reagiert mit der Schwefelsäure und es entsteht Kupfersulfat, ein lösliches Salz (richtig).

In einem zweiten Schritt werden nun die Gründe für diese Beschreibung erfragt. Sowohl den richtigen als auch den falschen Beschreibungen werden plausible Gründe zugeordnet.

- Die Kupferoxidionen sind wasserlöslich (falsch).
- Die Kupferionen reagieren mit den Schwefelionen zu einem löslichen Salz (richtig).

Durch dieses zweischrittige Vorgehen wird erstens die Ratewahrscheinlichkeit reduziert und zweitens kann vertieftes konzeptuelles Verständnis geprüft werden. Ein weiteres Beispiel für die Kombination von Lösung und Begründung ist die Klebebildaufgabe von Sjuts (2008, 2) in Abbildung 2. Die Schülerinnen und Schüler müssen sowohl die passende Gleichung ankreuzen als auch bei jeder Gleichung argumentieren, warum diese der Sachsituation entspricht oder auch nicht entspricht.

Klebebilder

David sammelt Klebebilder. Am Wochenende hat er 15 Klebebilder bekommen. Jetzt hat er 89 Klebebilder. Wie viele Klebebilder hatte er vorher?

Kreuze jeweils an und begründe, ob man mit der Gleichung das Ergebnis ermitteln kann.

(A)	$89 = 15 + \square$	☐ Ja, weil ...
		☐ Nein, weil ...
(B)	$\square - 15 = 89$	☐ Ja, weil ...
		☐ Nein, weil ...
(C)	$89 - 15 = \square$	☐ Ja, weil ...
		☐ Nein, weil ...
(D)	$15 = 89 - \square$	☐ Ja, weil ...
		☐ Nein, weil ...
(E)	$\square - 89 = 15$	☐ Ja, weil ...
		☐ Nein, weil ...

Abb. 2: Kombination aus geschlossenen und halboffenen Testaufgaben bei Sjuts (2008, 2)

Abbildung 3 zeigt ein mehrstufiges, geschlossenes Testitem aus einem eigenen Forschungsprojekt zum Thema formative Diagnostik im naturwissenschaftlichen Unterricht. Konzeptuelles Wissen ist die Verknüpfung von vielen Einzelfakten und die Einbindung dieser Einzelfakten in übergeordnete Zusammenhänge. Das Beispielitem prüft in einem zusammenhängenden Kontext sowohl was die Schülerinnen und Schüler über den Unterschied im Aufbau der Knochen zwischen Säugetieren und Vögeln wissen als auch wie dies mit der Anpassung an den Lebensraum zusammenhängt (leichte Knochen als Voraussetzung für das Fliegen). Dabei handelt es sich nicht um vier einzelne Testitems, sondern um eine inhaltlich zusammenhängende Erfassung von konzeptuellem Wissen.

8. Worin besteht der genaue Unterschied zwischen Säugetier- und Vogelknochen? Kreuze die richtigen Satzteile an, so dass eine wahre Aussage entsteht und ordne das jeweils richtige Bild durch Ankreuzen zu (*Vorsicht*: Manchmal können auch mehrere Satzteile richtig sein!):							
Vogelknochen	○ sind mit Knochenmark gefüllt.	Ihre Stabilität erhalten sie,	○ durch Knochenbälkchen, die das Knocheninnere durchziehen wie ein Netz.	Säugetierknochen hingegen	○	○ sind mit Knochenmark gefüllt.	
	○ sind innen hohl und haben mit Knochenmark gefüllte Hohlräume.		○ durch Stabilisationskammern, die mit Knochenmark gefüllt sind.		○	○ sind innen hohl und haben mit Knochenmark gefüllte Hohlräume.	
	○ sind mit Knochenmaterial gefüllt.		○ durch dicke, stabile Knochenwände.		○	○ sind mit Knochenmaterial gefüllt.	
	○ sind innen hohl und haben mit Luft gefüllte Hohlräume.		○ weil die Stellen, wo es aufgrund der auftretenden Kräfte wirklich nötig ist, mit Knochenmaterial ausgefüllt sind.			○ sind innen hohl und haben mit Luft gefüllte Hohlräume.	

Abb. 3: Beispiel für ein mehrstufiges, geschlossenes Testitem (Abbildung: Nicole Wolf 2012)

Testaufgaben zur Diagnose von prozeduralem Wissen

Prozedurales Wissen lässt sich nicht mit schriftlichen Tests prüfen. In welchem Grad eine Prozedur oder Handlungsabfolge von Schülerinnen und Schülern beherrscht wird, lässt sich letztendlich nur durch eine genaue Beobachtung und Protokollierung der Prozedur feststellen (Shavelson/Ruiz-Primo 1999). Testaufgaben zur Diagnose von prozeduralem Wissen bestehen damit immer aus folgenden Komponenten:

- Einem Stimulus zur Ausführung einer Handlung oder automatisierten Prozedur
- Der Möglichkeit, die Ausführung der Handlung genau beobachten bzw. das Produkt der Handlung bewerten zu können
- Einer Protokollierung der Beobachtungen bzw. der Bewertungen in Form von Indikatoren, die niedrig-inferent oder hoch-inferent formuliert werden können. Niedrig-inferente Beobachtungsindikatoren geben ganz genau vor, welches Verhalten wie beobachtet werden muss (z.B. Haltung der Hände beim Kraulschwimmen). Hoch-inferente Beobachtungsindikatoren erlauben eine eher holistische Bewertung einer Handlung (z.B. guter Kraulstil auf einer Skala von 0 bis 5). Vor allem komplexe Handlungsprozeduren, die sich nicht in Teilschritte komplett auflösen lassen, machen hoch-inferente Beobachtungsindikatoren erforderlich. Damit steigt allerdings die Gefahr der subjektiven Verzerrung (Inferenz durch Urteilsfehler).

In der Literatur spricht man in diesem Fall von einem performanzorientierten Test. Für die Literaturrecherche stehen eine Reihe von ähnlichen ERIC-Deskriptoren zur Verfügung: „Authentic Assessment, Performance Based Assessment, Direct Assessment, Performance Based Evaluation: Evaluation of achievement, learning etc. that requires direct demonstration of knowledge and skills via the construction of responses and for which scoring can be based on the processes of the response construction as well as the final product – typically, performance-based assessments are designed to elicit and strengthen examinees' critical-thinking skills, problem-solving strategies, self-evaluation skills, and other higher-order thinking skills" (www.eric.ed.gov).

Die Beschreibung der Deskriptoren macht deutlich, dass performanzorientierte Tests sowohl motorische Fertigkeiten und Prozeduren als auch kognitive Fertigkeiten und Prozeduren erfassen können. Rein motorische Prozeduren lassen sich leichter beobachten (Turnübung, Kraulschwimmen, Stricken oder Zeichnen). Ebenso kann das Produkt der Handlung sehr augenscheinlich bewertet werden. Rein kognitive Prozeduren wie z.b. metakognitive Strategien, kritisches Denken etc. lassen sich nicht direkt beobachten. Die Lehrkräfte müssen hierbei letztendlich aus einer Vielzahl von Beobachtungen und Arbeitsprodukten auf das Vorhandensein einer kognitiven Prozedur schließen.

In der Schule sind jedoch Handlungsprozeduren, die sowohl einen kognitiven als auch einen motorischen Anteil haben und zudem noch mit deklarativem Wissen verknüpft sind, die Regel. Ein Beispiel hierfür wären experimentelle Fertigkeiten im naturwissenschaftlichen Unterricht: Können die Schülerinnen und Schüler einen Versuch aufbauen, durchführen und eigenständig auswerten? Eine performanzorientierte Leistungsmessung für dieses Lernziel besteht aus einer Experimentieraufgabe, einer Berichts- oder Protokollvorgabe und einem Bewertungssystem, das sowohl die Ergebnisse als auch die Vorgehensweise der Schülerinnen und Schüler beurteilt.

Performanzorientierte Tests sind natürlich mit einem erhöhten Vorbereitungs-, Durchführungs- und Auswertungsaufwand für Lehrkräfte verbunden. Zudem müssen bei diesem Beispiel sowohl die Handlungsabläufe beim Experimentieren (Versuche aufbauen) als auch die Ergebnisse (Versuchsprotokolle, Schlussfolgerungen) bewertet werden. Während einzelne Handlungen beim Aufbau von Versuchen (einen Bunsenbrenner anzünden) als überwiegend motorische Prozeduren bezeichnet werden können und somit beobachtbar sind, gibt es bei anderen Handlungsabläufen wie beispielsweise der Protokollierung von Versuchsergebnissen große Konfundierungen zwischen prozeduralem und deklarativem Wissen. Wie genau eine Schülerin beispielsweise Messergebnisse abliest und in eine Tabelle einträgt, hat viel mit Psychomotorik zu tun und kann von der Lehrkraft beobachtet werden. Wenn Zahlen jedoch falsch eingetragen werden oder eine falsche Tabellierung vorliegt, kann dies auf Defizite beim konzeptuellen Wissen hindeuten. Eine Beobachtung stößt hier an Grenzen. Die Lehrkraft müsste durch Nachfragen die Wissensstruktur bei den Schülerinnen und Schülern weiter ergründen.

Performanzorientierte Tests wurden vor allem in den USA in den 1990er Jahren großflächig als Alternative zu geschlossenen Testformaten erprobt (Baker/O'Neil 1994; Firestone et al. 1998). Man versprach sich durch die Einführung von performanzorientierten Tests (v.a. Schreibaufgaben) als Teil der zentralen, staatlichen Tests eine validere Erfassung des Wissens, das Schülerinnen und Schüler im späteren Leben auch tatsächlich anwenden müssen.

Transferweite und Anwendungskontext

Die Frage des Transfers spielt eine sehr wichtige Rolle bei der Konstruktion von Testaufgaben. Je weiter der Transfer, desto anspruchsvoller und damit auch schwieriger wird eine Aufgabe (vgl. Abschnitt 2.4). Die Transferweite kann man vergrößern, indem man einen neuen oder komplexeren Anwendungskontext wählt. Folgende Möglichkeiten sind denkbar:

- Reproduktionsaufgaben sind identisch mit den Aufgabenstellungen im Erwerbskontext (z.B. Faktenwissen wiedergeben, eine Definition aufschreiben etc.)
- Naher Transfer ist gegeben, wenn sich Erwerbs- und Anwendungskontext lediglich in Details unterscheiden. Ein Beispiel hierfür wäre, wenn bei Sachrechenaufgaben die Zahlen oder die Personen variiert werden, die Situation strukturell jedoch gleich bleibt.
- Von weitem Transfer würde man sprechen, wenn sich Anwendungs- und Erwerbskontext deutlich unterscheiden aber dennoch klar ist, welches Wissen zur Anwendung kommen soll. Die Schülerinnen und Schüler lernen am Beispiel eines Unfalls, einen Bericht zu schreiben. Im Test wird dagegen gefordert, einen Bericht über ein Sportereignis zu verfassen.
- Von Problemlöseaufgaben kann man sprechen, wenn das Wissen in einem völlig neuen Kontext zur Anwendung kommen soll und den Schülerinnen und Schülern nicht unbedingt von Anfang an klar ist, welches Wissen sie anwenden sollen. Dies wäre bei mathematischen Sachaufgaben der Fall, wenn verschiedene Konzepte und Rechenstrategien kombiniert werden müssen.

Berücksichtigung und Variation von Enkodierungsmodalitäten

Gute Testaufgaben kombinieren die für einen Wissensbestand sinnvollen und hilfreichen Enkodierungsmodalitäten. Vielfältige Beispiele hierfür findet man in diagnostischen Verfahren zum frühen Schriftspracherwerb. Zur Überprüfung der phonologischen Diskrimination erhalten die Schülerinnen und Schüler beispielsweise einen Bild-Stimulus (Bild eines Elefanten). Sie sagen das Wort zum Bild leise oder stellen sich die Phonemfolge im Kopf vor („Elefant"). Daraufhin lokalisieren sie z.B. das „E" am Anfang des Wortes. Eine weitere Möglichkeit wäre, den Schülerinnen und Schüler das Wort vorzulesen oder es bei einem computergestützten Test über einen Kopfhörer einzuspielen. Welche Kombination von Enkodierungsmodalitäten für welche Testsituation geeignet ist, muss vor dem Hintergrund der Wissensanalyse diskutiert werden.

Itemstichprobe, Ratekorrektur und Itemanalyse

Die Klasse von Situationen und Verhaltensweisen, die ein bestimmtes Merkmal repräsentieren, bezeichnet man als Itemuniversum (Rost 2004). Wie groß das Itemuniversum ist und ob es sich vollständig beschreiben lässt, hängt von dem zu diagnostizierenden Wissen ab. Das Itemuniversum zum Wissen „Einmaleinsaufgaben auswendig können" lässt sich vollständig beschreiben. Selbst wenn man Umkehraufgaben noch hinzunimmt, vergrößert es sich lediglich. Will man jedoch die „Anwendung von Einmaleinsaufgaben" testen, eröffnet sich eine beliebig umfangreiche Menge von Testitems. Das Itemuniversium lässt sich nicht mehr in vollem Umfang beschreiben.

Eine Itemstichprobe ist eine Teilmenge des Itemuniversums. Wenn das Itemuniversum bekannt ist, kann die Itemstichprobe zufällig gezogen werden. Ein Test mit dieser (genügend großen) Itemstichprobe würde das Wissen dann recht zuverlässig und valide prüfen, weil Schwierigkeit bzw. inhaltliche Abdeckung der Itemstichprobe der Verteilungen im Itemuniversum entsprechen würde. Der schulische Regelfall sind allerdings nicht vollständig erfassbare Itemuniversen zu einzelnen Wissenselementen. Vor allem bei komplexerem Wissen und Anwendungswissen muss deshalb die Schwierigkeit von Items inhaltlich bestimmt werden (siehe Überlegungen oben). Wenn bereits Testergebnisse zu einzelnen Items vorliegen, kann die empirische Bestimmung der Itemschwierigkeit die inhaltlichen Überlegungen ergänzen bzw. notfalls auch korrigieren.

Bei dichotomen Testaufgaben (richtig/falsch) kann die Itemschwierigkeit p für ein Item i wie folgt berechnet werden:

$$p_i = \frac{N_{korr}}{N_{ges}}$$

N_{korr} : Anzahl der Personen, die das Item korrekt gelöst haben
N_{ges} : Anzahl aller getesteten Personen

Der Schwierigkeitsindex variiert damit zwischen 0 und 1. Ein Schwierigkeitsindex nahe bei 1 bedeutet, dass das Item sehr leicht ist und von nahezu allen Testpersonen gelöst wurde. Ein Schwierigkeitsindex, der gegen Null geht, zeigt ein sehr schweres Item an. Im Grunde genommen hat man damit einen „Leichtigkeitsindex", weil mit Zunahme des Index auch die Leichtigkeit zunimmt. In der Testpraxis hat es sich jedoch eingebürgert, von Testschwierigkeit zu reden und diese so anzugeben. Es empfiehlt sich aber auf jeden Fall bei Schwierigkeitsangaben noch einmal genau die Berechnungsmethode zu prüfen. Der Leichtigkeitsindex lässt sich in einen wahren Schwierigkeitsindex auch einfach umwandeln, indem man ihn von 1 abzieht.

Bei Testitems mit einer Maximalpunktzahl X_i (nicht dichotom, partial credits) kann mit Hilfe eines Tabellenkalkulationsprogrammes der Mittelwert berechnet werden. Der Mittelwert kann zwischen 0 und X_i (z.B. 5 Punkte) schwanken. Ein Mittelwert nahe 0 würde auf ein schwieriges Item, ein Mittelwert nahe 5 Punkten auf ein sehr leichtes Item hindeuten. Teilt man den Mittelwert durch X_i, erhält man wiederum den zwischen 0 und 1 variierenden Schwierigkeitsindex p_i.

Itemschwierigkeiten p (wie oben in der Formel definiert) zwischen 0,2 und 0,8 mit einem Schwerpunkt auf mittlerer Schwierigkeit (um 0,5) sind für einen Leistungstest, der unterschiedliche Ausprägungen eines Leistungsmerkmals prüfen soll, gut geeignet. Dies lässt sich wie folgt begründen: Würde man nur Items mit einer Schwierigkeit von 0,5 auswählen, würde dies zu einer maximalen Varianz führen, d.h. man hätte eine sehr breite Streuung zwischen den Testteilnehmern. Der Nachteil wäre allerdings, dass der Test im oberen und unteren Leistungsbereich weniger differenziert. Oder pädagogisch gewendet: Leistungsstarke und leistungsschwächere Schülerinnen und Schüler wären gelangweilt bzw. demotiviert durch zu einfache bzw. zu schwierige Testaufgaben.

Ein Problem für die Berechnung von Itemschwierigkeiten bei geschlossenen Testaufgaben ist die Ratewahrscheinlichkeit. Bei einer Single-Choice-Aufgabe mit vier Lösungsalternativen hat ein Schüler bzw. eine Schülerin eine Ratewahrscheinlichkeit von 25%. Eine richtige Lösung steht drei falschen Lösungen gegenüber. Bei einem Test mit 20 Aufgaben könnte eine völlig unfähige Person im Schnitt fünf Aufgaben allein durch Raten richtig lösen. Um dies für den einzelnen Testteilnehmer in Rechnung zu stellen, werden folgende Ratekorrekturformeln vorgeschlagen: Ratekorrektur bei Ja/Nein-Fragen:

$$X = N_{korr} - N_{falsch}$$

N_{korr}: Anzahl korrekt gelöster Aufgaben
N_{falsch}: Anzahl falsch gelöster Aufgaben

Ratekorrektur bei Single-Choice-Testitems mit k Antwortalternativen (d.h. k-1 Distraktoren und einer richtigen Antwort)

$$X = N_{korr} - \frac{N_{falsch}}{k - 1}$$

Weitere Ratekorrekturformeln finden sich bei Rost (2004), Bortz und Döring (2006) oder bei Hussy, Schreier und Echterhoff (2010). Für die Berechnung der Itemschwierigkeit können diese Ratekorrekturformeln jedoch nicht angewendet werden. Man weiß ja nicht, welches Item wie „rateanfällig" ist. Die Strategie wäre, die Ratewahrscheinlichkeit bei der Konstruktion der Items möglichst gering zu halten. Bei Single-Choice-Aufgaben müsste man möglichst viele Distraktoren anbieten. Diese müssten zudem so formuliert sein, dass sie mögliche Fehlkonzepte repräsentieren. Die Ratewahrscheinlichkeit sinkt zudem stark ab, wenn man eine beliebige Anzahl von richtigen Antworten auswählen muss.

Die Itemstreuung ist eine weitere, einfach zu berechnende Maßzahl zur Charakterisierung von Testitems. Sie gibt an, ob die Punkte der einzelnen Testteilnehmer bei einem Item stark oder weniger stark um den Mittelwert herum schwanken. Bei einer hohen Itemstreuung hätten relativ viele Schülerinnen und Schüler entweder die volle Punktzahl oder nur sehr wenige Punkte bei dieser Testaufgabe erreicht. Bei einer sehr geringen Itemstreuung hätten sehr viele Schülerinnen und Schüler eine Punktzahl nahe am Mittelwert. Die Analyse der Itemstreuung ist zusammen mit der Itemschwierigkeit sehr hilfreich, um entscheiden zu können, ob ein bestimmter Lerninhalt von allen Schülerinnen und Schülern verstanden wurde oder ob es noch große klasseninterne Unterschiede gibt. Die auf Test- oder Skalenebene aggregierten Punktzahlen oder Notenwerte können heterogene Leistungen in einzelnen Teilbereichen verdecken bzw. nivellieren. Erst die Analyse einzelner Items bzw. Testaufgaben gibt sehr konkret darüber Aufschluss, wo noch große Leistungsunterschiede vorliegen.

4.2 Aufgabe von Testtheorie und Testmodellen

Testmodelle bzw. Testtheorien haben die Aufgabe, Zusammenhänge zwischen dem zu testenden Merkmal (latente Variable: z.B. Leistungsmerkmal, Einstellung oder Persönlichkeitsmerkmal) und dem Testverhalten (manifeste Variablen, Indikatoren, d.h. den empirischen Daten) zu beschreiben (Rost 2004; Hartig/Jude 2007). Aufgrund der theoretisch vermuteten Zusammenhänge zwischen latenten Variablen und Indikatoren soll die Ausprägung der latenten Variablen geschätzt werden.

Das Testmodell hängt damit von dem zu diagnostizierenden Wissen ab (Kapitel 2). Zunächst ist zu fragen, ob Indikatoren (Operationalisierungen) für ein abgrenzbares Wissensgebiet bekannt sind. Im günstigsten Fall kann man das Itemuniversum, d.h. die Menge aller für ein Wissen relevanter Verhaltensweisen, vollständig angeben. Wenn das zu prüfende Wissen beispielsweise die automatisierte Wiedergabe der grundlegenden Multiplikationsaufgaben ist, lässt sich als Operationalisierung eine vollständige Aufgabenmenge beschreiben, mit der das zu diagnostizierende Konstrukt komplett erfasst werden kann. Sofern zeitlich realisierbar, können dann in einem Test alle möglichen Verhaltensweisen, die sich aus einem Wissenskonstrukt ableiten lassen, abgeprüft werden. Weitere Beispiele hierfür sind Vokabeln zu einer Lektion, chemische Formeln oder eine bestimmte Anzahl konkret definierter Tiernamen, die auswendig gelernt werden sollen. Es fällt auf, dass eine vollständige Angabe von Indikatoren für ein Wissensgebiet vor allem dann möglich ist, wenn es sich um Faktenwissen handelt. Für die Prüfung der Anwendung des Faktenwissens in unterschiedlichen Kontexten würde dann die Aufgabenmenge sehr schnell ansteigen.

Schwieriger wird es bei komplexeren Wissensbeständen. Ein typisches Beispiel hierfür sind Fachbegriffe (konzeptuelles Wissen). Sie lassen sich zwar oft eindeutig definieren, aber eine auswendig gelernte Definition, die sich eindeutig abprüfen ließe, hat noch nichts mit dem Verstehen des Fachbegriffs zu tun. Schülerinnen und Schüler müssen zeigen, dass sie Fachbegriffe auf unterschiedliche Situationen anwenden können. Sie müssen eine Transferleistung zeigen, zum Beispiel das Hebelgesetz in unterschiedlichen Alltagssituationen (Nussknacker, Wippe) entdecken können. Gleiches gilt für einfaches aber auch komplexes prozeduralisiertes Wissen. Routinen wie Lesen oder mathematische Rechenstrategien können in unterschiedlich schwierigen Leistungssituationen zur Anwendung kommen.

Für die Diagnostik bedeutet dies, dass aus einer prinzipiell unendlich großen Aufgabenmenge sinnvolle Operationalisierungen gefunden werden müssen. Bei der Entwicklung eines Lesediagnoseverfahrens muss man aus einer prinzipiell unendlich großen Textmenge Sätze, Wörter, Texte auswählen, die ein bestimmtes Niveau und einen bestimmten Kontext der Lesekompetenz repräsentieren. Um zu prüfen, ob eine Schülerin oder ein Schüler das Hebelgesetz verstanden hat, muss die Lehrkraft bestimmte Beispiele aus einer prinzipiell sehr großen Menge an Beispielen auswählen. Zudem kann komplexes deklaratives Wissen wie das Hebelgesetz auf ganz unterschiedliche Weise geprüft werden. Es sind sehr unterschiedliche Aufgabenvarianten denkbar:

- Ein Bild vorgeben und die Hebelarme und Kräfte einzeichnen
- Eine Hebel-Situation verbal beschreiben lassen
- Größen angeben und fehlende Größen berechnen lassen
- Eine Problemstellung vorgeben und dabei verlangen, dass die Schülerinnen und Schüler selbst erkennen, dass hier das Hebelgesetz anzuwenden ist.

Die Operationalisierung von Wissen und die Entwicklung von Testmodellen werden dann in besonderem Maße problematisch, wenn die Komplexität, Vernetztheit und der Abstraktionsgrad des Wissens zunehmen. Dies gilt vor allem für Wissen, das mittlerweile als „Kompetenz" bezeichnet wird. Relativ klar beschreibbare Rechenstrategien lassen sich noch recht gut operationalisieren. Wenn man prüfen möchte, ob ein Schüler Additions- oder Subtraktionsaufgaben unter Zuhilfenahme naheliegender Zehnerzahlen lösen kann (49 + 17 = 50 + 16), kann man relativ einfach repräsentative Aufgaben konstruieren, um diese Fertigkeit zu diagnostizieren. Ganz anders sieht das bei der sog. „flexiblen Rechenkompetenz" aus. Zunächst einmal lassen sich für den Bereich der Grundrechenarten mindestens 10 verschiedene Rechenstrategien finden. Ihre Anwendung hängt dann wiederum von der Grundrechenart und dem Zahlenraum ab. Dann müsste noch geklärt werden, was „flexibel" heißt. Müssen die Schülerinnen und Schüler bei einer Aufgabe mindestens drei verschiedene Rechenwege angeben können? Sollten sie jeweils den günstigsten Rechenweg finden können? Dies genau zu definieren und mit Testaufgaben zu operationalisieren ist sehr schwierig und gelingt nur, wenn man einige Abstriche in Kauf nimmt.

Die Testtheorie hat nun die Aufgabe, diese inhaltlich orientierten Überlegungen zur Operationalisierung von Wissen zu formalisieren. Hierfür gibt es grundlegend differente Ansätze. Die bekannteste und am häufigsten verwendete Testtheorie ist die „klassische Testtheorie", die in Anlehnung an Rost (2004) in diesem Studienbuch unter dem Begriff „Messfehlertheorie" besprochen wird (vgl. Abschnitt 4.3). Die Messfehlertheorie geht davon aus, dass bereits eine inhaltlich begründete Zusammenstellung von einzelnen Testitems vorliegt. Diese „Testskala" gilt als Operationalisierung bzw. Stichprobe aus dem Itemuniversum. Sie eignet sich als Messung für das zu diagnostizierende Wissen. Allerdings ist diese Messung immer mehr oder weniger messfehlerbehaftet. Die Messfehlertheorie hat nun die Aufgabe, diesen Messfehler einzuschätzen.

Die Messfehlertheorie ignoriert allerdings die Zusammenhänge auf Itemebene und geht von Skalen aus, die ein bestimmtes Messergebnis liefern. Wenn Zusammenhänge zwischen latenten Konstrukten und Testverhalten auf Itemebene mathematisch modelliert werden, spricht man von „Item-Response-Theorie (IRT)". Dabei kann zwischen unterschiedlichen IRT-Modellen differenziert werden:

- IRT-Modelle in Abhängigkeit des Skalenniveaus der erfassten Daten (dichotome, ordinale, metrische, nominale Testmodelle)
- Quantifizierende vs. klassifizierende Testmodelle
- Deterministische vs. probabilistische Testmodelle
- Eindimensionale vs. mehrdimensionale Testmodelle

Bei quantifizierenden Testmodellen ist das zu messende Personenmerkmal quantitativer Natur (quantitative latente Variable, mindestens ordinales Skalenniveau), d.h. es sind graduelle Abstufungen theoretisch denkbar. Die Personen können auf einer quantitativen Skala angeordnet werden (Intervallskala, Ordinalskala). Bei klassifizierenden Testmodellen werden Personen qualitativ unterschiedlichen Typen, Mustern oder Stilen (qualitative latente Variable) zugeordnet. Dabei muss die Testtheorie das Antwortmuster beachten, d.h. welche Personen bei welchem Item wie geantwortet haben. Es gibt allerdings auch Testmodelle, bei denen sowohl quantifiziert als auch klassifiziert wird (z.B. Mixed-Rasch-Modelle). Mathematisch sehr komplex wird es, wenn man auch noch die Veränderung von Personeneigenschaften mit IRT-Modellen abbilden möchte (dynamische Testmodelle).

In den nachfolgenden Abschnitten wird zunächst einmal die Messfehlertheorie erläutert, weil sie für standardisierte Diagnoseverfahren im schulischen Einsatz relevant ist. In einem zweiten Schritt werden quantifizierende Testmodelle und hier vor allem quantifizierende, probabilistische Testmodelle an einfachen Beispielen erklärt und diskutiert. Diese Testmodelle spielen vor allem im Rahmen von Large-Scale-Assessments eine wichtige Rolle. Klassifizierende Testmodelle werden bisher in der schulischen Diagnostik noch kaum angewendet, bieten jedoch für die formative Leistungsdiagnostik eine adäquate mathematische Modellierung. Aus diesem Grund werden einige interessante Projekte skizziert.

4.3 Messfehlertheorie und Testgütekriterien

In vielen Lehrbüchern wird zwischen klassischer und probabilistischer Testtheorie unterschieden (z.B. Bortz/Döring 2006). Rost (2004) wendet sich gegen diesen Gegensatz und bezeichnet das, was man unter „klassischer Testtheorie" kennt als Messfehlertheorie. Alles andere sind Testmodelle, die den Zusammenhang zwischen latentem Wissen und Testverhalten auf Itemebene modellieren (siehe 4.2).

Bei der Messfehlertheorie blendet man jedoch die Itemebene aus und geht von Testergebnissen (Summenscores) aus. Diese Testergebnisse werden als messfehlerbehaftet beschrieben. Die Axiome der Messfehlertheorie (oder klassischen Testtheorie) beschreiben nun Bedingungen für den auftretenden Messfehler. Aus diesen Bedingungen lassen sich die wiederum „klassischen" Testgütekriterien ableiten, die Grundlage für die Standardisierung vieler diagnostischer Verfahren sind.

Die Messfehlertheorie geht davon aus, dass sich ein latentes Konstrukt (Lesekompetenz) mit einer gewissen Anzahl von manifesten Indikatoren (Lesetestaufgaben) messen lässt. Dabei wird nicht zwischen den einzelnen Aufgaben differenziert. Vielmehr nimmt man die Summe aller Testaufgaben als Messergebnis für ein Individuum. Analog zu Messungen in der Technik (z.B. Gewichtsmessung) kommt es dabei zu Messfehlern, die sich auf ein mehr oder weniger genaues Messinstrument zurückführen lassen. Eine Waage kann mehr oder wenig genau das Gewicht messen; ein Lesetest kann mehr oder weniger genau die Lesekompetenz erfassen. Die Relation zwischen Testwerten (Summenscore des Lesetests) und wahrer Merkmalsausprägung beim Individuum (Lesekompetenz) wird in der Messfehlertheorie durch fünf Axiome formalisiert (Lord/Novick 1968; Bortz/Döring 2006):

1) Ein Testwert (Score: X) setzt sich immer zusammen aus der realen Ausprägung des Merkmals (True Score: T) und einem Fehleranteil (Error Score: E). Der Fehleranteil besteht aus zufälligen, verzerrenden Einflüssen auf das Testergebnis (z.B. Tagesform oder Störungen beim Test).

2) Der Fehleranteil geht bei ausreichend vielen Messungen gegen 0. Die zufälligen, verzerrenden Einflüsse auf den Testwert mitteln sich aus. Würde man einen Gegenstand mit einer (messfehlerbehafteten) Waage zehnmal nacheinander wiegen und den Mittelwert aller Messergebnisse bilden, hätte man eine recht exakte Schätzung des wahren Gewichts. Bei 100 Wiegevorgängen wäre die Schätzung noch besser. Gleiches nimmt man bei der Messung psychologischer Merkmale an. Würde man einen Lesetest zehnmal nacheinander durchführen, wäre der Mittelwert dieser 10 Messungen eine bessere Schätzung der wahren Lesekompetenz als bei einer einzigen Messung.

3) Der Fehleranteil hängt bei einer Messung nicht vom wahren Merkmalswert ab. Bei einer Waage wäre der Messfehler immer gleich hoch, egal wie schwer ein Gegenstand ist. Bei hoher Lesefertigkeit wäre der Messfehler bei einem Lesetest nicht unbedingt höher oder niedriger als bei geringer Lesefertigkeit.

4) Der Messfehler bei der Messung eines Merkmals T_1 ist unabhängig von einem anderen Merkmal T_2. Der Messfehler bei der Bestimmung des Gewichts eines Körpers sollte nicht von dessen Länge oder von dessen Farbe abhängen. Der Messfehler bei einem Lesetest sollte nichts zu tun haben mit einem bestimmten Aspekt der mathematischen Kompetenz. Auch dieses Axiom kann verletzt werden, wenn abstraktes Wissen sehr stark mit verschiedensten grundlegenden Fertigkeiten und Wissenselementen vernetzt ist.

5) Bei zwei verschiedenen Messungen (intraindividuell und interindividuell) hängen die Fehlerwerte nicht miteinander zusammen. Verzerrende Einflüsse sind zufällig und treten nicht systematisch bei verschiedenen Messungen auf. Verletzt wird dieses Axiom beispielsweise, wenn ein verzerrender Einfluss (z.B. Störung durch Straßenlärm) bei verschiedenen Testzeitpunkten immer wieder auftritt.

Die Axiome beschreiben theoretische Voraussetzungen, denen psychologische Tests genügen müssen. Das heißt noch lange nicht, dass es für alle möglichen Wissensarten oder Konstrukte auch Diagnoseverfahren gibt, die den Axiomen genügen. Dies muss jeweils sehr aufwändig im Rahmen der Pilotierung eines Tests nachgewiesen werden. Dabei gibt es einige grundsätzliche Probleme mit der Analogie zwischen naturwissenschaftlicher und psychologischer Messung. Eine beliebige Wiederholung von Leistungstests ist nicht unbedingt machbar (Ermüdung, Zeitfaktor). Zudem müsste man sicherstellen, dass sich die Wiederholung nicht auf den Messfehler auswirkt. Die Schülerinnen und Schüler würden irgendwann einmal die Testaufgaben und die möglichen Ergebnisse so gut kennen, dass die Messung durch diesen Lerneffekt sehr stark verzerrt werden würde.

Trotz dieser Schwierigkeiten nimmt man an, dass es Testverfahren gibt, mit denen Wissen überprüft werden kann und die annähernd den 5 Axiomen der Messfehlertheorie genügen. Damit lassen sich Kriterien zur Überprüfung der Messgüte entsprechender Testskalen ableiten. Dies sind die sog. „klassischen Testgütekriterien" Objektivität, Reliabilität und Validität (Bortz/Döring 2006; Ingenkamp 1995; Leutner 2001). „Annähernd den Axiomen genügen" bedeutet dann, dass bei der Testentwicklung die Testgütekriterien geprüft und berechnet werden und diese einen bestimmten Schwellenwert nicht unterschreiten sollten. Die Testgütekriterien stehen dabei in einem logischen Zusammenhang. Wenn ein Test nicht objektiv ist, kann er auch nicht reliabel sein. Wenn ein Test nicht reliabel ist, kann er auch nicht valide sein (Rost 2004).

Objektivität

Objektivität bedeutet, dass ein Diagnoseinstrument unabhängig vom Testanwender (z.B. Lehrkraft) immer zu den gleichen Ergebnissen führen sollte. Ein Testverfahren wäre nicht objektiv, wenn der Fehlerwert in Abhängigkeit des Testanwenders variieren würde. Ein Beispiel hierfür wären Strenge- oder Mildefehler. Wenn der Spielraum bei der Auswertung von Testaufgaben sehr groß ist, könnte es sein, dass ein Testanwender sehr großzügig bewertet. Ein anderer Testanwender würde wesentlich strenger bewerten. Dies wäre dann eine Verletzung der Auswertungsobjektivität. Insgesamt wird zwischen Durchführungs-, Auswertungs- und Interpretationsobjektivität unterschieden.

• Durchführungsobjektivität ist gegeben, wenn die Bedingungen der Testdurchführung so weit vorgegeben sind, dass einzelne Testanwender davon nur geringfügig abweichen können.

- Auswertungsobjektivität ist gegeben, wenn die Auswertung der Testaufgaben (Korrektur, Vergabe von Punkten) so weit vorgegeben ist, dass eine bestimmte Aufgabenlösung bei unterschiedlichen Korrektoren zum gleichen Ergebnis führt.
- Interpretationsobjektivität ist gewährleistet, wenn die Zuordnung von Testpunktwerten (Summenscores) zu Prozenträngen, Noten oder kriterial definierten Kompetenzstufen (siehe Abschnitt 5.1) eindeutig ist.

Reliabilität

Die Reliabilität ist der Grad der Genauigkeit einer Messung und lässt sich mathematisch aus den Axiomen der klassischen Testtheorie ableiten:

$$Rel = \frac{Var_T}{Var_X} = \frac{Var_T}{Var_T + Var_E}$$

Die Reliabilität ist das Verhältnis von wahrer Varianz T zur Gesamtvarianz X. Die Gesamtvarianz setzt sich aus der wahren Varianz T und der Fehlervarianz E zusammen. Je geringer der Messfehler (Varianzanteil des Error Score), desto höher die Genauigkeit eines Messinstruments, desto näher die Reliabilität beim Wert 1. Allerdings gilt auch, dass bei hoher Varianz des zu messenden Merkmals die Genauigkeit des Messinstrumentes steigen würde, wenn der Fehlerwert konstant bleibt. Auch dann nähert sich die Reliabilität dem Wert 1 an. Erhöht sich die Messfehlervarianz oder sinkt die Varianz des zu messenden Merkmals, sinkt die Messgenauigkeit und der Reliabilitätswert nähert sich dem Wert 0.

Die Reliabilität kann mit der Retest-Methode ermittelt werden. Dabei wird ein Testverfahren nach einem bestimmten Zeitabstand bei den gleichen Personen unter genau den gleichen Umständen wiederholt. Beispielsweise würde man einen Mathematikleistungstest in einer Schulklasse nach vier Wochen unter den gleichen Rahmenbedingungen (Zeit, Hilfsmittel, Anweisungen etc.) noch einmal durchführen. Es müsste allerdings gewährleistet sein, dass sich die Schülerinnen und Schüler nicht mehr an die Lösungen erinnern und in diesen vier Wochen auch kein Mathematikunterricht zu den Themen des Tests stattfand. Ein sehr reliabler Test würde dann zu annähernd gleichen Ergebnissen für die einzelnen Schülerinnen und Schüler führen. Kommt es zu größeren Abweichungen zwischen den Testergebnissen beim ersten und zweiten Messzeitpunkt, obwohl die Durchführungs- und Auswertungsbedingungen nahezu identisch waren, würde dies für einen hohen, auf das Messinstrument zurückzuführenden Messfehleranteil hinweisen. Die Reliabilität wäre dann gering. Ursachen hierfür könnten beispielsweise unklare Aufgabenformulierungen oder eine zu geringe Anzahl von Testitems sein.

Die Retest-Methode ist für viele diagnostische Anwendungen allerdings wenig praktikabel. Lehrkräfte können selten einen Test unter genau den gleichen Bedingungen im Abstand von wenigen Wochen wiederholt einsetzen. Auch bei der Eichung von standardisierten Diagnoseverfahren stehen die Eichstichproben in der

Regel nicht für wiederholte Messungen zur Verfügung. Für die Testentwicklung werden deshalb eine Reihe weiterer Verfahren zur Ermittlung der Reliabilität vorgeschlagen. Dabei handelt es sich allerdings immer um Hilfskonstruktionen, die lediglich annäherungsweise zur Bestimmung der Reliabilität geeignet sind, wie beispielsweise die Testhalbierungsmethode, die Paralleltestmethode oder die mittlere Iteminterkorrelation (Alpha-Koeffizient). Vor allem die letzte Methode wird gerne als Ersatzverfahren zur Ermittlung der Reliabilität genutzt. Allerdings ist die mittlere Iteminterkorrelation ein Maß für die interne Konsistenz einer Testskala. Sie gibt an, wie hoch die einzelnen Items untereinander korrelieren.

Eng verknüpft mit der internen Konsistenz von Testskalen ist der Begriff der Trennschärfe, der sich auf einzelne Testaufgaben bezieht. Die Trennschärfe von Items gibt an, wie gut eine einzelne Testaufgabe den gesamten Leistungstest ersetzen könnte. Bei einer sehr hohen Trennschärfe würde es theoretisch genügen, dass Testpersonen dieses einzelne Item beantworten, um ihren Gesamttestwert sehr gut vorhersagen zu können. Die Trennschärfe ist mathematisch gesehen die Produkt-Moment-Korrelation zwischen dem Item und dem gesamten Testwert. In Statistikprogrammen können Items, die wenig trennscharf sind, angezeigt werden. Nimmt man diese Items aus der Testskala, so erhöht sich die interne Konsistenz der Skala.

Validität

Die Validität (Gültigkeit) eines Tests ist dann gegeben, wenn die Messung unabhängig von anderen Merkmalen ist (Axiom 4). Der Test misst dann tatsächlich das latente Merkmal, für das er entwickelt wurde. Dabei wird zwischen verschiedenen Bezugsgrößen zur Bestimmung der Validität unterschieden:

Curriculare Validität ist die Übereinstimmung einer Leistungsmessung (bzw. der Aufgaben) mit den Inhalten und Niveaustufen des Lehrplans (z.B. müssen Rechtschreibtests mit den Grundwortschätzen der einzelnen Bundesländer abgestimmt sein: z.B. Stock/Schneider 2008). Die Messfehlervarianz darf nicht mit anderen curricularen Inhalten zusammenhängen. Dies wird man in der Diagnosepraxis allerdings nur schwer verhindern können. Beispielsweise beeinflussen die Lesekompetenz oder die Textverständniskompetenz sehr oft die Fehlervarianz eines Leistungstests.

Konstruktvalidität (auch Kriteriumsvalidität): Ein Test zu einem Konstrukt A korreliert mit einem Test zu einem Konstrukt B hoch, wenn die Wissenselemente A und B theoretisch zusammenhängen (z.B. Dekodiergeschwindigkeit und phonologische Bewusstheit). Diese konvergente Konstruktvalidität wird geprüft, indem man die Korrelation zwischen einem Testverfahren zu Konstrukt A und einem Testverfahren zu Konstrukt B ermittelt. Die Korrelation (der Zusammenhang) sollte möglichst hoch sein. Es gibt jedoch auch noch die diskriminante Konstruktvalidität. Ein Test zu einem Konstrukt A korreliert nicht mit einem Test zu einem Konstrukt C, wenn die Wissenselemente A und C theoretisch nichts miteinander zu tun haben, wie zum Beispiel das Wissen über Zeitformen im Englischen mit dem Wissen über den

Ersten Weltkrieg. Auch hier ermittelt man die Korrelationen zwischen den Testergebnissen. Diese sollte möglichst niedrig sein.

Prognostische Validität bezeichnet die Übereinstimmung des Testergebnisses mit dem zukünftigen Lernverlauf. Ein Test müsste messen, wie erfolgreich ein Schüler beispielsweise im nächsten Schuljahr im Englischunterricht sein wird. Die prognostische Validität spielt vor allem bei selektionsdiagnostischen Verfahren eine Rolle. Einschulungsdiagnosen oder Berufseignungsdiagnosen müssten über die prognostische Validität Auskunft geben.

Die klassifikatorische Validität ist eine Erweiterung der prognostischen Validität (Richter et al. 2012). Bei der prognostischen Validität wird die Übereinstimmung zwischen Testergebnis (Prognose) und später festgestellten Entwicklungsverläufen (z.B. Schulnoten in der Sekundarstufe) ermittelt. Bei der klassifikatorischen Validität unterscheidet man zwischen vier verschiedenen Urteilsmöglichkeiten aufgrund eines förderdiagnostischen Tests. Am Beispiel des Screeningverfahrens zur phonologischen Bewusstheit von Barth und Gomm (2008, 35) sollen die vier Urteilsmöglichkeiten verdeutlicht werden. Der Test soll dazu dienen, das Risiko einer Lese-Rechtschreibschwäche nach dem ersten Grundschuljahr bereits bei der Einschulung zu bestimmen. Dabei sind richtige und falsche Urteile denkbar:

- Valid positiv: Kinder mit vorhergesagter Risikogefährdung (zu Beginn der 1. Klasse), die tatsächlich eine Lese-Rechtschreibschwäche entwickeln (am Ende der 1. Klasse).
- Falsch positiv: Der Test identifiziert eine Schülerin oder einen Schüler als Risikokinder. Am Ende des 1. Grundschuljahres hat dieses Kind allerdings keine LRS entwickelt.
- Falsch negativ: Diese Fälle werden vom Test nicht als Risikokinder klassifiziert, sie entwickeln dennoch eine LRS im Laufe des ersten Schuljahres.
- Valid negativ: Schülerinnen und Schüler, die nicht als Risikokinder vom Test identifiziert wurden und im Laufe des ersten Schuljahres auch keine LRS entwickeln.

Liegen sowohl Testergebnisse als auch Hinweise über die Lernentwicklung vor (ob LRS nach einem Schuljahr oder nicht), können für alle vier Gruppen die prozentualen Anteile ermittelt werden:

Als Prädiktortrefferquote bezeichnet man den prozentualen Anteil P der Kinder mit positivem Test, die tatsächlich eine LRS entwickeln.

$$\text{Prädiktortrefferquote} = P_{\text{valid positiv}}$$

Die Gesamttrefferquote ist der prozentuale Anteil P der richtig klassifizierten Personen, d.h. der valid positiven und valid negativen Urteile.

$$\text{Gesamttrefferquote} = P_{\text{valid positiv}} + P_{\text{valid negativ}}$$

Die Sensitivität S ist der prozentuale Anteil P der Kinder mit LRS, die durch das Screeningverfahren richtig vorhergesagt wurden, geteilt durch den prozentualen Anteil der Kinder, die am Ende des Schuljahres LRS haben:

$$\text{Sensitivität} = \frac{P_{\text{valid positiv}}}{P_{\text{valid positiv}} + P_{\text{falsch negativ}}}$$

Spezifität letztendlich ist der prozentuale Anteil der Kinder ohne LRS, die durch das Screeningverfahren richtig prognostiziert wurden, relativiert an der Summe der prozentualen Anteile der Kinder, die kein LRS entwickelt hatten.

$$\text{Spezifität} = \frac{P_{\text{valid negativ}}}{P_{\text{valid negativ}} + P_{\text{falsch positiv}}}$$

Standardisierungsgrad diagnostischer Verfahren

Wenn ein diagnostisches Verfahren den Axiomen der Messfehlertheorie genügt, spricht man von einem standardisierten Verfahren. In einem Testhandbuch müssen demnach Angaben zur Überprüfung der Objektivität, der Reliabilität und der Validität zu finden sein. Ebenso muss der Prozess der Entwicklung und Eichung des Testverfahrens genau beschrieben werden:

- Definition der zu messenden Fertigkeiten und Kompetenzen
- Operationalisierung und Itementwicklung
- Erste Pilotierung (Stichprobe, Mittelwerte, Standardabweichung etc.)
- Eichung des Tests (Stichprobe, Mittelwerte, Standardabweichung etc.)
- Testgütekriterien und Skaleneigenschaften (Trennschärfe, interne Konsistenz)
- Beschreibung von Normwerten (siehe Abschnitt 5.1)

Sowohl bei der Entwicklung von diagnostischen Verfahren als auch beim unterrichtspraktischen Einsatz muss zwischen Standardisierung und Praktikabilität eine Abwägung stattfinden (Shavelson et al. 2008; Lissmann 2010). Es gibt mittlerweile immer mehr gut geprüfte, standardisierte Leistungstests für den Schulunterricht. Allerdings beziehen sich diese Verfahren in der Regel auf übergreifende Kompetenzen und sind nicht geeignet, um den Wissensstand in einer ganz bestimmten Lehr-Lerneinheit zu diagnostizieren. Aus diesem Grund sind Lehrkräfte in den häufigsten Fällen auf eigens entwickelte Tests oder mit Kolleginnen und Kollegen geteilte Testverfahren angewiesen. Eine Standardisierung kann in diesen Fällen selten geleistet werden. Halbstandardisierte oder nicht-standardisierte Diagnoseverfahren müssen deshalb nicht schlecht sein. Im Gegenteil. Wenn man davon ausgeht, dass in Lehr-Lernprozessen die Intuition eines Experten die beste Diagnostik überhaupt ist, sind nicht-standardisierte Diagnoseverfahren (z.B. eine ad hoc Vokabelabfrage, die Schülerinnen und Schüler einen kurzen Text zu einem Thema schreiben lassen etc.) ein probates Hilfsmittel, um die holistische Diagnostik des Expertenblicks durch einen schnell umsetzbaren Mini-Test zu ergänzen.

Ein Problem ist zudem die mangelnde Eignung der Messfehlertheorie für Wissen, das sich im Rahmen von Lehr-Lernprozessen schnell verändert. Eine korrekte Bestimmung der Reliabilität mit der Retest-Methode ist im Prinzip nur dann möglich, wenn man von einem konstanten, latenten Konstrukt ausgeht (d.h. einem *trait*). Dies ist bei psychologischen Merkmalen wie der Intelligenz oder Persönlichkeitsmerkmalen weitestgehend der Fall. In Bildungsprozessen hat man es jedoch mit variablen Größen zu tun. Die Diagnostik von Wissenserwerbsprozessen macht zudem eine variable Anpassung der Testskalen an Wissenszuwächse erforderlich. Auch dies kann die Messfehlertheorie nicht leisten, weil Testskalen als ein fest definiertes Set aus einzelnen Testaufgaben verstanden werden. Eine adaptive Diagnostik (sowohl an interindividuell differente Wissensstände als auch an intraindividuell differente Wissenszuwächse) ist damit nicht möglich. An dieser Stelle kommen Testmodelle ins Spiel.

4.4 Quantifizierende Testmodelle

Quantifizierende Testmodelle setzen dichotome (Ja/Nein, korrekt/inkorrekt), ordinale oder metrische Daten auf Itemebene voraus. Ziel quantitativer Testmodelle ist es, das empirisch beobachtbare Testverhalten (Punkte für ein Testitem) bei einem bestimmten quantitativen Personenmerkmalswert (Schülerfähigkeit) möglichst gut vorherzusagen. Dies leistet die sogenannte „Itemcharakteristik". Die Itemcharakteristik ist eine Funktion (f), die die Lösungswahrscheinlichkeit eines Testitems (p) in Abhängigkeit der Personenfähigkeit (X) angibt.

$$p = f(X)$$

Es kann zwischen deterministischen und probabilistischen Testmodellen unterschieden werden. Deterministische, quantitative Testmodelle gehen davon aus, dass ab einer bestimmten Personenfähigkeit ein bestimmtes Leseitem A korrekt gelöst wird. Probabilistische Testmodelle hingegen nehmen eine bestimmte Lösungswahrscheinlichkeit eines Items in Abhängigkeit der Personenfähigkeit an.

Deterministische Testmodelle

Ein Beispiel für ein dichotomes, deterministisches, quantitatives Testmodell ist die Guttman-Skala. Bei einer bestimmten Personenfähigkeit (z.B. Lesekompetenzwert X) springt die Lösungswahrscheinlichkeit (p) schlagartig von 0 auf 1. Angenommen man hat einen Lesetest mit fünf Testitems, die unterschiedlich schwierig sind. Eine Person mit der Lesefähigkeit X müsste dann alle Items mit einem Schwierigkeitswert kleiner X lösen. Alle Items mit der Schwierigkeit größer X müsste diese Person falsch beantworten. Personenunterschiede werden damit auf Ordinalskalaniveau angegeben. Maximal können so viele Stufen unterschieden werden wie Testitems plus 1 unter der Annahme, dass der Sprung von 0 auf 1 bei allen Testitems bei unterschiedlichen x-Werten (Personenfähigkeit) auftritt. In unserem Beispiel könnte man 6 Lesefähigkeitsstufen unterscheiden. Die Modellannahmen einer Guttman-Skala sind allerdings sehr streng. Sobald eine Person ein leichtes Item nicht löst, ein schwierigeres dagegen löst, würden die Annahmen bereits nicht mehr gelten.

Ein weiteres deterministisches, quantitatives Testmodell ist das Binomialmodell. Dabei werden die Annahmen der Messfehlertheorie auf Itemebene heruntergebrochen. Man nimmt an, dass alle Items gleich schwierig und gleich trennscharf sind. Es müssen keine einzelnen Itemparameter geschätzt werden. Die Personenfähigkeit entspricht der Lösungswahrscheinlichkeit des Items. Die Itemcharakteristik ist damit eine vom Nullpunkt ausgehende Gerade. Der Test ist eine Aneinanderreihung von Zufallsexperimenten mit gleicher Wahrscheinlichkeit, eine 1 zu erhalten. Der Erwartungswert dieser Zufallsexperimente (Durchschnitt) wird als Personenwert interpretiert. Praktisch heißt dies, dass man bei Binomialtests lediglich den Durchschnitt der Itemwerte bildet und als Personenwert nimmt. Mittels der Binomialverteilung kann dann berechnet werden, mit welcher Wahrscheinlichkeit eine Person mit der Fähigkeit 80% auch die erwartete Anzahl (4 von 5 korrekte Items) an korrekten Items haben wird.

Das Binomialmodell hat den Nachteil, dass man eine einzige Itemcharakteristik für alle Items annehmen muss. Dies entspricht selten der Wirklichkeit. Der Nachteil der Guttman-Skala ist, dass man entweder das Item lösen kann oder nicht. Es sind keine Zwischenwerte zulässig. Einen Ausweg bieten probabilistische Testmodelle.

Probabilistische, quantitative Testmodelle

Probabilistische Testmodelle finden ihre Anwendung beispielsweise bei der Konstruktion von adaptiven Tests oder bei der Kompetenzdiagnostik im Rahmen von *Large-Scale-Assessments*. In beiden Fällen muss ein Diagnoseverfahren in der Lage sein, eine große Bandbreite an Merkmalsausprägungen abzubilden. Dies ist möglich, weil man in probabilistischen Testtheorien den Zusammenhang zwischen Testaufgabe und Merkmalsausprägung auf Itemebene modelliert und somit einen Itempool erhält, der sehr flexibel zu unterschiedlichen Subskalen für ein und dasselbe latente Konstrukt kombiniert werden kann. In diesem Abschnitt sollen die Grundlagen probabilistischer Testmodelle möglichst einfach und kurz erläutert werden (Rost 1996, 2004; Bortz/Döring 2006; Hartig/Jude 2007).

Ziel ist es, den Zusammenhang zwischen korrekter Antwort und Personenmerkmal probabilistisch zu modellieren, d.h. herauszufinden, bei welcher Personenfähigkeit eine Testaufgabe mit welcher Wahrscheinlichkeit korrekt gelöst wird. In einem einfachen probabilistischen Modell (dichotom) wird lediglich zwischen korrekten und inkorrekten Antworten unterschieden. Es werden keine Zwischenpunkte für Aufgabenlösungen vergeben. Um den Zusammenhang zwischen Personenfähigkeit (z.B. Lesekompetenz) und einem Item (Frage innerhalb eines Lesetests) zu modellieren, muss eine mathematische Funktion gefunden werden, die am besten passen könnte. Die einfachste Lösung wäre eine lineare Funktion. Dies würde heißen, dass eine Person mit der Personenfähigkeit 0 (d.h. kann gar nicht lesen) die Aufgabe auch nie lösen könnte (Lösungswahrscheinlichkeit 0). Mit einer mittleren Personenfähigkeit (mittlere Lesekompetenz) wäre die Lösungswahrscheinlichkeit 50%, d.h. die Person würde jede zweite Aufgaben lösen können. Bei höchster Personenfähigkeit (z.B. Lesekompetenz von 100) wäre die Lösungswahrscheinlichkeit 100%. Die Person würde dann diese Art von Aufgabe immer lösen.

Dichotom-logistisches Modell
Dieses einfache, lineare Item-Response-Modell entspricht aber selten der Realität. Zunächst einmal gibt es bei geschlossenen Antwortformaten immer eine gewisse Ratewahrscheinlichkeit. Hat man bei einer korrekten Antwort vier Antworten zur Auswahl, liegt die Ratewahrscheinlichkeit bei 25%. Selbst Personen mit einer Personenfähigkeit von 0 würden das Item mit einer fünfundzwanzigprozentigen Wahrscheinlichkeit lösen. Dann ist unklar, ob der Anstieg immer linear verläuft. Steigt bei einer zehnprozentigen Zunahme der Lesekompetenz auch die Lösungswahrscheinlichkeit der Aufgabe um 10%? Und auch am oberen Ende des Personenfähigkeitsbereichs gibt es Probleme mit einem linearen Modell. Es gibt mit Sicherheit eine ganze Reihe von Lesetestaufgaben, die bereits von Personen mit einer Lesekompetenz von 70 oder 80 nahezu immer korrekt gelöst werden. Die maximale Lösungswahrscheinlichkeit von 100% wird man bereits vor dem Maximum an Personenfähigkeit erreichen.

Um all diese Überlegungen modellieren zu können, muss nach einer mathematischen Funktion gesucht werden, die den skizzierten Einschränkungen annähernd entspricht. Besonders geeignet für die Itemcharakteristik sind monoton steigende Funktionen. Wie oben schon erläutert, wäre eine lineare Funktion allerdings ungeeignet, weil damit einige Annahmen nicht modelliert werden können. Eine Alternative sind die mathematisch wesentlich komplexeren logistischen Funktionen. In der einfachsten Variante hat sie folgende Funktionsgleichung:

$$y = \frac{1}{1 - e^{-x}}$$

Die Funktionsgleichung wird in Abbildung 4 (oben) dargestellt. Der y-Wert entspricht der Lösungswahrscheinlichkeit des Lesetestitems. Diese kann zwischen 0 und 1 schwanken. Der Graph der logistischen Funktion verlässt diesen Bereich nie, sondern nähert sich nach links der 0 an, d.h. der Wahrscheinlichkeit, dass das Item nie gelöst wird, und rechts der 1, d.h. der Wahrscheinlichkeit, dass es immer gelöst wird. Der x-Wert entspricht der Personenfähigkeit, zum Beispiel der Lesekompetenz. Diese kann nach oben und unten beliebig variieren. Es gibt kein absolutes

Minimum oder Maximum für die Lesekompetenz. Vielmehr ist der mittlere Bereich des Graphen interessant. Man würde erst einmal eine mittlere Lesekompetenz festlegen und hierfür den Punkt des Graphen wählen, an dem er am steilsten ist. Personen mit einer Lesekompetenz in diesem Bereich lösen die Aufgabe mit einer fünzigprozentigen Wahrscheinlichkeit (Wert 0,5 auf der y-Achse).

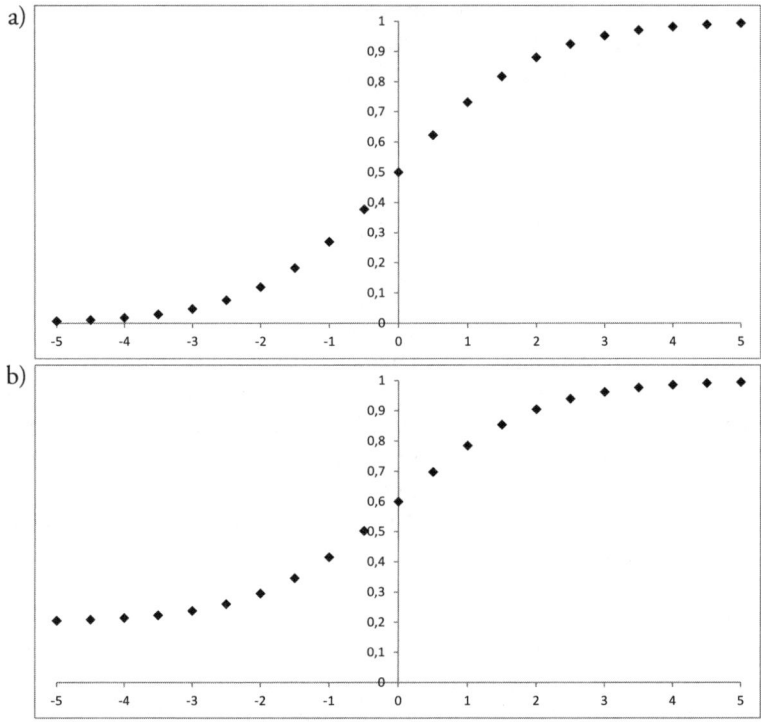

Abb. 4a/b: Itemcharakteristik in einem dreiparametrischen, dichotom-logistischen IRT-Modell (4a: ohne Ratekorrektur ci = 0; 4b: mit Ratekorrektur ci = 0,2)

Um weitere der oben genannten Bedingungen modellieren zu können, müssen drei Parameter eingeführt werden, sodass man zu einem dreiparametrischen logistischen Modell gelangt. In dieser Funktion wird der x-Wert, die Personenfähigkeit, durch den großen griechischen Buchstaben Θ (Theta) ersetzt. Die Lösungswahrscheinlichkeit des Lesetestitems i wird mit p angegeben. p_i ist eine Funktion von Θ (linker Teil der Formel). Dies heißt, dass die Lösungswahrscheinlichkeit mit der Personenfähigkeit variiert. Beschrieben wird dieser Zusammenhang mit der logistischen Funktion (rechter Teil der Formel), die drei Parameter hat. Mit Parametern kann man den Graphen der logistischen Funktion gezielt verändern.

$$p_i(\theta) = c_i + \frac{1 - c_i}{1 + e^{-a_i(\theta - b_i)}}$$

Der Parameter c_i sorgt dafür, dass der Graph nach oben verschoben wird (Abbildung 4b). Bei ganz geringer Personenfähigkeit kann man die Aufgabe immer noch mit einer gewissen Wahrscheinlichkeit lösen. Dies entspricht der Annahme, dass man auch ganz ohne Lesen zu können durch reines Raten eine Lesetestaufgabe mit 5 Distraktoren mit 20% lösen kann.

Der Parameter b_i verschiebt den mittleren Bereich (Wendepunkt der Steigung) nach rechts oder links (Abbildungen 5a und b). Damit kann die Schwierigkeit des Items angepasst werden. Bei einem schwierigen Item ist der mittlere Bereich weiter rechts, d.h. erst bei höheren Personenfähigkeiten (größeren Lesekompetenzwerten) nimmt die Lösungswahrscheinlichkeit zu. Bei leichteren Items ist der mittlere Bereich weiter links, was bedeutet, dass auch schon bei geringer Lesekompetenz die Lösungswahrscheinlichkeit in Richtung 1 ansteigt.

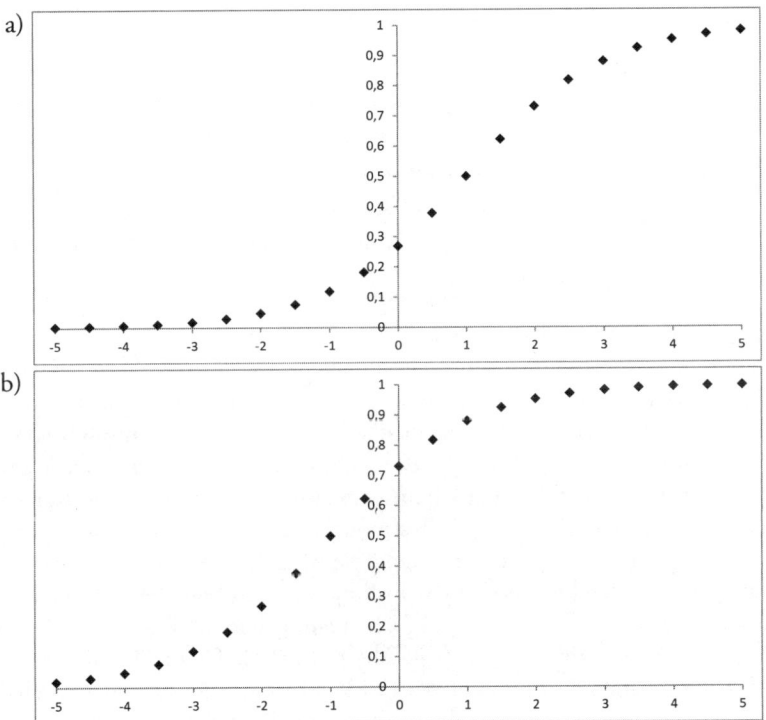

Abb. 5a/b: Itemcharakteristik einer schwierigen Aufgabe (5a: $b_i = 1$) und einer leichten Testaufgabe (5b: $b_i = -1$)

Mit dem Parameter a_i bestimmt man, wie stark der Anstieg im mittleren Bereich der logistischen Funktion sein soll. Bei einem sehr steilen Anstieg differenziert das Item sehr klar zwischen verschiedenen Personenfähigkeitsbereichen (Abbildung 6). Bis zu einer bestimmten Mindestlesekompetenz wird man dieses Item gar nicht lösen können und ab diesem Mindestlesekompetenzbereich wird man es dann ganz einfach lösen können. Eher wahrscheinlich sind allerdings Items mit einem mittleren Anstieg (z.B. 45 Grad). Dies entspricht in unserem Beispiel einem breiten, mittleren Lesekompetenzbereich, in dem die Lösungswahrscheinlichkeit gleichmäßig mit dem Anstieg der Lesekompetenz zunimmt (Abbildung 4 und Abbildung 5).

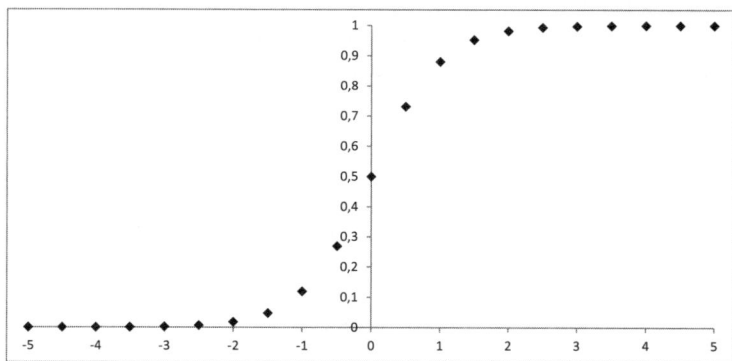

Abb. 6: Item, das sehr stark zwischen hoher und geringer Personenfähigkeit differenziert ($a_i = 2$, $b_i = 0$, $c_i = 0$)

Weitere probabilistische Testmodelle

Es gibt eindimensionale und mehrdimensionale probabilistische Testmodelle. Bei eindimensionalen Modellen geht man von einem latenten, nicht mehr teilbaren Konstrukt aus. Die Lösungswahrscheinlichkeit eines Items wäre dann nur von dieser einen Personenfähigkeit abhängig. Bei mehrdimensionalen Testmodellen wäre die Lösungswahrscheinlichkeit eines Items von zwei oder mehr latenten Konstrukten abhängig. Da mehrdimensionale Testmodelle sehr schwer zu schätzen und zu interpretieren sind, werden meist nur eindimensionale Modelle gerechnet. Allerdings entspricht die Realität eher den mehrdimensionalen Modellen. Man muss davon ausgehen, dass zur Lösung von Aufgabenstellungen in der Regel verschiedenste Wissenskomponenten interagieren (vgl. Abschnitt 2.1). Dennoch wird in vielen Large-Scale-Assessments so getan als sei Lesekompetenz oder naturwissenschaftliche Kompetenz eine eindimensionale, nicht mehr teilbare Wissenseinheit.

Weiter kann man zwischen dichotomen und polytomen probabilistischen Testmodellen unterscheiden. Der einfachste Fall sind die dichotomen Modelle. Diese basieren auf Testaufgaben, die entweder als gelöst oder nicht gelöst bewertet werden. Ein Proband kann bei einer Aufgabe einen Punkt oder 0 Punkte erzielen. Dies ist die Voraussetzung für die oben beschriebene Modellierung des Zusammenhangs zwischen Itemlösung und Personenschwierigkeit mit einer dichotom-logistischen Funktion. Wesentlich komplexer sind polytome Modelle. Diese lassen eine mehrstufige Itemauswertung zu. Man könnte für eine Aufgabe beispielsweise 0, 1, 2 oder 3 Punkte vergeben (partial credits). Oder man könnte bei einem Einstellungstest verschiedene Skalenstufen (stimme zu, stimme teilweise zu, stimme eher nicht zu, stimme nicht zu) modellieren. Die dazu passenden Funktionen sind natürlich wesentlich komplexer, sodass man in der Regel mit dichotomen Modellen rechnet. Das am häufigsten angewendete Testmodell ist damit probabilistisch, eindimensional und dichotom, was zu einer erheblichen Reduktion der Komplexität realer Verhältnisse bei der Diagnostik von Wissen führt.

Eine weitere Besonderheit sind Itemcharakteristiken mit nur einem Parameter b. Auf den Parameter c wird verzichtet, weil man theoretisch annimmt, dass die Probanden einfach nicht raten oder die Ratewahrscheinlichkeit gleich null ist, wie dies beispielsweise bei halboffenen Antwortformaten der Fall ist. Auf den Parameter a wird verzichtet, weil man annimmt, dass die Diskriminierung zwischen Personen mit niedriger und hoher Ausprägung bei jedem Item gleich verläuft. D.h. in diesem Modell haben alle Item-Graphen die gleiche Form, lediglich eine Verschiebung entlang der x-Achse ist möglich. Probabilistische Testmodelle mit diesen Bedingungen (eindimensional, dichotom, einparametrig) nennt man Rasch-Modelle. Rasch-Modelle stellen folgende Anforderungen an die Testentwicklung (vgl. Bortz/Döring 1995, 192f):

• Der Test besteht aus einer endlichen Menge an Items.
• Der Test ist homogen bzw. eindimensional. Alle Items sind Indikatoren für ein latentes Konstrukt.
• Jedes Item hat eine monoton steigende Itemcharakteristik.
• Die Items sind lokal stochastisch unabhängig. Die Lösungswahrscheinlichkeit von Item 1 hängt nicht mit der Lösungswahrscheinlichkeit von Item 2 zusammen.
• Lediglich die Anzahl gelöster Aufgaben bestimmt die Fähigkeit einer Person. Es interessiert nicht, welche Aufgaben gelöst wurden.

Ein Nachteil von Rasch-Modellen ist, dass die Vielzahl von Annahmen zu einer extremen Selektion bei den Testitems führt. Nur ganz bestimmte Testaufgaben genügen diesen Bedingungen. Die Aufgabenvielfalt Rasch-skalierter Leistungsdiagnosen ist deshalb extrem eingeschränkt. Der Vorteil einer Rasch-Skalierung liegt in der Möglichkeit, Personenfähigkeit und Itemschwierigkeit auf einer gemeinsamen Skala abzubilden. Ausgangspunkt dieser gemeinsamen Skala ist die Θ-Achse in der Itemcharakteristik. Die einzelnen Items markieren dort mit dem Wendepunkt der Steigung eine Personenfähigkeit, bei der die Lösungswahrscheinlichkeit über 50% (oder in manchen Modellen 65%) steigt.

Zur Eichung bzw. Kalibrierung eines Rasch-skalierten Tests benötigt man zunächst einmal viele Testaufgaben und ebenfalls viele Testpersonen, die diese Aufgaben bearbeiten. Nun werden Items aussortiert, die den Anforderungen der Itemcharakteristik nicht genügen. Mit den verbleibenden Items können die Personenfähigkeiten jedes Probanden ermittelt werden. Damit wird die Θ-Achse konstituiert. Nun kann man den Parameter b_i für jedes Item bestimmen und die Wendepunkte der Steigung, d.h. ab welcher Personenfähigkeit das Item mit mehr als 50% Wahrscheinlichkeit gelöst wird, auf der Θ-Achse anordnen. Ein leichtes Item hat den Wendepunkt der Steigung weiter links, ein schweres weiter rechts. Diese Anordnung muss wiederum zu den Ergebnissen der Probanden passen. Ein Proband sollte Items, die weiter links von seiner Personenfähigkeit liegen auch im Test eher gelöst haben. Wenn sie weiter rechts liegen, sollte er sie überwiegend nicht gelöst haben. Diese Zuordnung ist ein komplexer, iterativer Vorgang, bei dem man sich nach und nach einer einigermaßen passgenauen Lösung nähert. Um die Passung einer Lösung (model fit) zu schätzen, gibt es bestimmte Schätzverfahren.

Sollte die Modellpassung zufriedenstellend sein, kann man mit einem Rasch-skalierten Test sehr flexibel diagnostizieren. Man kann einem Schüler beispielsweise nur einen Teil der Testaufgaben mit mittlerer Schwierigkeit vorlegen. Wird er diese Aufgaben komplett lösen, kann man ihm schwierigere Aufgaben geben. Löst er hier nur einen Teil der schwierigen Aufgaben, so hat man mit einer geringen Itemanzahl bereits recht schnell und präzise seine Personenfähigkeit diagnostiziert. Er muss nicht weitere, für ihn zu leichte Testitems bearbeiten. Genau dieses Prinzip ermöglicht adaptives Testen (ERIC-Deskriptoren: „Adaptive Testing, Flexilevel Testing, Response Contingent Testing, Stradaptive Testing, Tailored testing: Testing that involves selecting test items according to the examinee's ability as shown by responses to earlier test items", www.eric.ed.gov).

Rasch-skalierte Tests erlauben auch ein Multi-Matrix-Design. Dabei werden unterschiedlich schwierige Testhefte konstruiert. Jedes Testheft enthält identische Ankeritems, um die Schwierigkeitsindizes der Items, die nur in einem Testheft enthalten sind, richtig einschätzen zu können. Der Vorteil ist, dass man bei Large-Scale-Assessments den Schülerinnen und Schülern bereits entsprechend ihrer vermuteten Lernvoraussetzungen, z.B. je nach Schulart, ein passgenaues Testheft zur Verfügung stellen kann.

Wenn ein Leistungstest weder mit einem einfachen Rasch-Modell noch mit mehrdimensionalen, probabilistischen Testmodellen skalierbar ist, gibt es die Option der Mixed-Rasch-Modelle (Rost 1996). Dabei handelt es sich um eine Kombination aus latenter Klassenanalyse und Rasch-Modellierung. Wenn ein Rasch-Modell für eine bestimmte Stichprobe und einen Leistungstest nicht passt, dann könnte dies daran liegen, dass die Stichprobe zu heterogen ist. Es könnte nun sein, dass für einzelne Gruppen der Stichprobe jeweils ein spezifisches Rasch-Modell passt, jedoch sich die Itemparameter der Modelle zwischen den Gruppen unterscheiden. Wenn auch nicht mathematisch, so korrespondiert doch inhaltlich damit die Idee der differenten Itemfunktion (differential item function: DIF). Es wird angenommen, dass Testitems in unterschiedlichen Subgruppen auch unterschiedliche Itemcharakteristiken besitzen. Beispielsweise wird DIF genutzt, um länderspezifische Differenzen bei PISA-Tests zu modellieren und zu erklären.

Grenzen probabilistischer Testmodelle

Die probabilistische Testtheorie ist sehr weit verbreitet, weil es ihr gelingt, Personenfähigkeiten und Itemschwierigkeiten auf einer gemeinsamen Skala abzubilden. Für diesen Vorteil muss man jedoch einige gravierende Nachteile in Kauf nehmen (Pellegrino et al. 2001; Russell 2010; Sainsbury/Benton 2011). Bei der theoretischen Beschreibung komplexer Kompetenzen (Lesekompetenz, fremdsprachliche Kommunikationskompetenz) zeigt sich immer eine sehr hohe Vernetzung von Teilfacetten. Die Konstruktion eines Rasch-skalierten Tests macht jedoch nur Sinn, wenn man von einem eindimensionalen Merkmal ausgehen kann. Man kann es in weiteren Schritten zwar mit komplexeren Testmodellen versuchen. Damit werden aber auch die Voraussetzungen für Items und Stichproben immer größer. Entweder man nimmt diesen steigenden Untersuchungsaufwand in Kauf oder man bleibt bei einfachen Testmodellen und nimmt die testtheoretischen Einschränkungen in Kauf. Zwischen fachwissenschaftlicher oder fachdidaktischer Modellierung einer Kompetenz und messtheoretischer Modellierung entsteht damit oft eine große Diskrepanz. Diese Problematik wird in Kapitel 10 weiter beleuchtet.

Eine weitere Schwierigkeit ist die Annahme der lokalen, stochastischen Unabhängigkeit zwischen einzelnen Testaufgaben. Dies würde in der Testpraxis bedeuten, dass eine Schülerin eine Aufgabe bearbeitet und dann diese Aufgabe komplett wieder vergisst und die nächste Aufgabe völlig unabhängig von der vorangehenden bearbeiten kann. Ein derartiger „Reset" des Arbeitsgedächtnisses ist jedoch sehr unwahrscheinlich. Wenn man von kognitiven Gedächtnistheorien ausgeht, ist die Ausbreitung einer Aktivierung in einem propositionalen Netzwerk geradezu eine Voraussetzung für den Wissensabruf. Es entsteht somit ein weiterer Widerspruch zwischen testtheoretischen Annahmen und gedächtnispsychologischen Erkenntnissen.

Wenn lediglich die Anzahl der gelösten Items über die Personenfähigkeit entscheidet, geht man davon aus, dass alle Testitems qualitativ gleichwertig sind. Dies führt bei der Selektion von Items zu einer gewissen „Monokultur". Es werden eher Items aufgenommen, die einander ähnlich sind. Hinzu kommt die Einschränkung, dass pro Testaufgabe nur 0 oder 1 Punkt vergeben werden können. Eine differenzierte Bewertung von Schülerlösungen entlang von Denkwegen oder Lösungsversuchen ist damit ausgeschlossen. Ob dies aber zu einer validen Prüfung von Wissen in sehr komplexen Domänen führt, ist in vielen Fällen zu bezweifeln.

4.5 Klassifizierende Testmodelle

Die Anwendungsfelder für quantifizierende Testmodelle liegen überwiegend im Bereich der summativen Leistungsdiagnostik bzw. des Bildungsmonitorings. Für die Testkonstruktion benötigt man viele Testitems und noch mehr Probanden. Es entstehen Testskalen, die vor allem übergreifende Kompetenzen oder stabile Personeneigenschaften diagnostizieren. Im Rahmen einer formativen Leistungsdiagnostik ist man jedoch auf kleine, flexibel an eine Lehr-Lernsituation anzupassende Diagnoseverfahren, die zum Teil nur aus wenigen Items bestehen, angewiesen. Zudem müssen formative Diagnoseverfahren in der Lage sein, komplexe Beziehungen zwischen Wissenselementen zu erfassen. Dafür müssen sie auch im Laufe der Anwendung flexibel modifizierbar sein. Für diese Anforderungen sind die bisher besprochenen Testmodelle nicht immer gut geeignet.

Klassifizierende Testmodelle eröffnen nun eine Reihe weiterer Möglichkeiten. Ziel dieser Modelle ist es, Personen entsprechend ihres Antwortmusters einer Kategorie zuzuordnen. Die Zuordnung soll disjunkt (überschneidungsfrei) und exhaustiv (ausschöpfend) sein. Itemfunktionen sind damit nicht mehr geeignet, um den Zusammenhang zwischen latenter Personenvariable und Testverhalten darzustellen. Itemprofile beschreiben dagegen die Lösungswahrscheinlichkeit einzelner Items je nach Klasse, der eine Person zugeordnet wurde. Es handelt sich um bedingte Lösungswahrscheinlichkeiten, d.h. in Abhängigkeit der Klasse, der eine Person zugeordnet wurde.

Für klassifizierende Testmodelle findet man allerdings in der Literatur nur ganz wenige Anwendungsbeispiele. Zwei Modelle, für die publizierte Beispiele vorliegen, sollen hier vorgestellt und diskutiert werden: Cognitive Diagnostic Assessment und Diagnostik mit Verfahren künstlicher Intelligenz.

Cognitive Diagnostic Assessment (CDA)

Ausgangspunkt für die Entwicklung von CDA-Testmodellen ist zunächst einmal die Kritik an der diagnostischen Qualität von quantitativen, probabilistischen Testmodellen wie z.B. der Rasch-Skalierung (Leighton/Gierl 2007; Aryadoust 2011; Karelitz 2008). Leistungsdiagnosen sollten sich immer auf ein Curriculum beziehen, das sich mit kognitiven Theorien in dieser Lerndomäne begründen lässt. Sowohl bei der KTT als auch der PTT reduziert man Wissen auf wenige Dimensionen, um möglichst homogene Skalen konstruieren zu können. CDA-Modelle wurden deshalb in Abgrenzung zu IRT-Modellen entwickelt (Huebner 2010). IRT-Modelle weisen einem Probanden einen Wert auf einer linearen Fähigkeitsskala zu. Die Skala repräsentiert damit eine breit definierte, latente Fähigkeitsvariable (z.B. Lesekompetenz in den Large-Scale-Assessments).

Mit CDA-Modellen lassen sich dagegen Teilfertigkeiten besser erfassen. Für die Entwicklung der Testitems muss zunächst eine genaue Analyse der kognitiven

Grundlagen eines bestimmten Lernbereichs vorgenommen werden. Beispielsweise werden Methoden des lauten Denkens angewandt. Daten werden mit Verfahren explorativer, multidimensionaler Statistik ausgewertet, um verschiedene Facetten einer kognitiven Wissensstruktur erfassen zu können. Beispielsweise erfordert die Subtraktion von Brüchen verschiedene Teilschritte:

- Hauptnenner finden
- Brüche umwandeln
- Zähler subtrahieren

Bei CDA-Modellen wird jede Teilfertigkeit einzeln erfasst und mit einem binären Code versehen:

1 = mastery (Fähigkeit wird beherrscht) oder
0 = non-mastery (Fähigkeit wird nicht beherrscht).

Für eine Fähigkeit aus n Teilfertigkeiten, beispielsweise 3 bei der Subtraktion von Brüchen, entsteht damit ein Vektor aus binären Variablen (z.B. 1 0 1). Bei n Teilfertigkeiten sind 2^n unterschiedliche Vektoren möglich. Diese werden latente Klassen genannt. Erweiterte CDA-Modelle können auch Zwischenstufen (zwischen mastery und non-mastery) berücksichtigen. Alle Vektoren der einzelnen Testitems ergeben zusammen die Q-Matrix:

	F1	F2	F3
Item 1	1	0	1
Item 2	1	1	0
Item 3	0	0	1
etc.			

Die Zeilen repräsentieren Items und die Spalten der Matrix die Fertigkeiten. Für jedes Item wird bestimmt, ob eine Fertigkeit notwendig ist (1) oder nicht (0). Die Erstellung einer Q-Matrix basiert auf einem detaillierten fachdidaktischen Wissen. Zudem muss für jedes Item (Zeile) geschätzt werden, ob alle Teilfertigkeiten notwendig sind (conjunctive models) oder ob schon die Beherrschung bestimmter Teilfertigkeiten mit hoher Wahrscheinlichkeit dazu führt, dass die Aufgabe gelöst wird (disjunctive models).

Es gibt unterschiedliche Erwartungs-Maximierungs-Algorithmen und Softwarepakete, um die theoretisch postulierte Q-Matrix zu schätzen. Ein Problem sind fehlende Werte bzw. adaptive Tests, bei denen nicht alle Probanden alle Items bearbeiten. Je nach Software, Algorithmus und Datenumfang kann die Schätzung des Modells sehr lange dauern. Es gibt grobe Faustregeln für die Stichprobengröße: Bei DINA-Modellen reichen ein paar hundert Probanden für ca. k = 4 bis 6 Teilfertigkeiten. Die Zahl der latenten Klassen (2^k) sollte nicht die Stichprobengröße überschreiten.

Der große Vorteil von CDA-Modellen ist, dass sehr differenzierte Wissensprofile in einer spezifischen Domäne erfasst und miteinander verglichen werden können. Es entsteht also nicht nur ein individuelles Leistungsprofil, sondern es ist auch möglich, Lernergruppen mit ähnlichen Stärken bzw. Verständnisschwierigkeiten zu identifizieren. Bisher wurden Testverfahren auf Basis von CDA-Modellen in einigen gut erforschten kognitiven Domänen entwickelt (z.B. Rechnen mit Brüchen bei De la Torre/Karelitz 2009; Erstlesen: Sainsbury/Benton 2011; Sprachliches Lernen: Jang 2008).

An dieser Stelle soll ein Projekt zu CDA-Modellen aus Deutschland skizziert werden. Kunina-Habenicht et al. (2010) beschäftigten sich im Rahmen des DFG-Schwerpunktprogramms Kompetenzmodellierung mit den Einsatzmöglichkeiten von CDA-Modellen und entwickelten eine Q-Matrix für arithmetische Kompetenzen in der Primarstufe. Auf komplexe Aufgaben bzw. Kompetenzen wie Argumentieren oder Kommunizieren wurde verzichtet, weil hier nicht klar definiert werden konnte, welche Teilfertigkeiten genau zur Anwendung kommen müssen. Für einfache Rechenaufgaben (Grundrechenarten plus Umkehraufgaben) und einfache Sachaufgaben wurde ein atomistisches Klassifikationsschema entwickelt mit folgenden Teilfertigkeiten: Addition, Subtraktion, Multiplikation, Division, Modellieren, Zehnerübertrag, Zahlenraum größer 100, Umkehroperation, unbekannte Anfangsmenge, unbekannte Teilmenge, unbekannte Endmenge.

Dieses Klassifikationsschema enthält somit möglichst viele schwierigkeitsgenerierende Aspekte der Testitems. In drei aufeinanderfolgenden Studien mit über 3000 Dritt- und Viertklässlern wurden die Items getestet. Zunächst einmal ergaben konfirmatorische Faktorenanalysen eine mehrdimensionale Struktur: Punktrechnung, Strichrechnung, Modellierung. Als CDA-Modell wurde ein allgemeines diagnostisches Modell gerechnet. Dieses Modell erlaubte eine Klassifikation der Schülerinnen und Schüler nach Fähigkeitsprofilen (z.B. „Alle vier Grundrechenarten werden beherrscht." „Addition/Subtraktion wird beherrscht, Punktrechnung nicht."). Es werden somit diagnostische Informationen generiert, die sich direkt in Förderstrategien übersetzen lassen.

Diagnostik mit Methoden künstlicher Intelligenz

Es gibt eine Reihe von Computeralgorithmen zur Simulation von Intelligenz (künstliche Intelligenz: KI), die sich auch für diagnostische Zwecke eignen. Innerhalb der KI-Forschung gehört die Modellierung von neuronalen Netzwerken mit dem Satz von Bayes zum Standardrepertoire. Die Grundidee soll ganz kurz skizziert werden. Neuronale Netzwerke sind Modelle, mit denen die Funktionsweise des menschlichen Gehirns in vereinfachter Weise abgebildet werden soll. Ausgangspunkt ist die Idee, dass unser Gehirn ein hoch effizientes System zur Lösung von Problemen ist. Im Gegensatz zu Computern kann das Gehirn eine Vielzahl von Impulsen (Sinneswahrnehmungen) parallel verarbeiten und damit wesentlich schneller äußerst komplexe

Muster in der Umwelt erkennen und mit abgespeicherten Mustern (Langzeitgedächtnis) verknüpfen, um so mögliche Lösungen abwägen zu können. Der Nachteil des Gehirns ist die im Vergleich zum Computer langsame Bearbeitungszeit.

Extrem vereinfacht lässt sich die Architektur des menschlichen Gehirns als ein neuronales Netzwerk beschreiben (Myers 2008). Die einzelnen Neuronen können über eine Vielzahl von Dendriten elektrische Impulse empfangen. Über ein Axon können sie dann selbst einen elektrischen Impuls an verknüpfte Zellen weitergeben. Lernen bedeutet, dass sich das Aktivierungspotenzial zwischen den Nervenzellen verändert. Wissen bedeutet also, dass bei einer bestimmten Kombination von elektrischen Impulsen, die eine Nervenzelle über die Dendriten empfängt, ein Impuls weitergegeben wird. Liegt diese Reizkombination nicht vor, wird kein Impuls weitergegeben. Damit können Nervenzellen bestimmte Sinnesmuster (Reizkombinationen) erkennen. Denkt man sich nun sehr viele parallel miteinander verknüpfte Nervenzellen (neuronale Verbände), so kann man sich ungefähr vorstellen, wie es dem Mensch möglich ist, eine Vielzahl von Impulsen (Ton, Bilder, Gefühle) wahrzunehmen und zu einem Gesamteindruck zu bündeln und ein bestimmtes Verhalten in Gang zu setzen.

Diese grundlegende Funktionsweise macht man sich für die Programmierung neuronaler Netze zunutze. Neuronale Netze bestehen aus Zellen, die wie ein Neuron programmiert werden. Wenn eine bestimmte Inputkombination vorliegt, schaltet die Zelle von 0 auf 1. Nun schaltet man mehrere Zellen parallel und schichtet mehrere parallel geschaltete Zellen übereinander. So entsteht beispielsweise ein dreischichtiges neuronales Netzwerk. Die oberste Schicht entspricht den „Sinneszellen" im menschlichen Nervensystem. Bei einer bestimmten Reizkombination werden Impulse an die zweite, darunterliegende Schicht weitergeleitet. Je nachdem wie die erste mit der zweiten Schicht verschaltet ist und wie die Zellen in der zweiten Schicht programmiert sind (d.h. bei welchem Inputmuster sie von 0 auf 1 schalten), werden nun bestimmte Zellen in Schicht 2 aktiviert oder nicht. Die dritte Schicht des Netzwerks entspricht den Outputneuronen, d.h. den Neuronenverbänden im menschlichen Nervensystem, die unsere Motorik steuern. Je nach Verschaltung der Ebenen 2 und 3 können Outputs in Ebene 3 aktiviert werden.

Ein neuronales Netzwerk kann genauso lernen wie das menschliche Gehirn. Man benötigt hierzu eine Vielzahl von Beispielen. Ein Beispiel sagt dem neuronalen Computernetzwerk, bei welcher Inputkombination welche Outputkombination herauskommen muss. Entsprechend dieser Vorgaben können die Verschaltungen gesetzt werden. Beim nächsten Beispiel funktioniert diese Verschaltung nicht mehr. Jetzt muss eine Verschaltung gefunden werden, die sowohl bei Beispiel 1 als auch bei Beispiel 2 die jeweilige Inputkombination möglichst gut in die jeweils unterschiedliche Outputkombination überführt. Dies ist mit deterministischen Verschaltungen nicht mehr möglich. Man muss dem Netzwerk einen gewissen Entscheidungsspielraum ermöglichen. Dies ist nur durch probabilistische

Verknüpfungen möglich. D.h. bei einer bestimmten Aktivierung einer Zelle steigt die Wahrscheinlichkeit, dass sie von 0 auf 1 umschaltet.

Dieses Verfahren nutzt man bereits sehr erfolgreich für Bilderkennungssoftware. Der große Vorteil von neuronalen Netzwerken ist, dass sie ähnliche Muster zuordnen können. Genau dies ist bei der Erkennung von Gesichtern notwendig. Das Netzwerk lernt z.B. mit einem Passfoto einer Person. Ein anderes Bild dieser Person führt nicht zum identischen Input auf der ersten Ebene des Netzwerkes. Bei einem deterministischen Algorithmus würde der Computer keine Ähnlichkeit erkennen. Beim neuronalen Netzwerk sind über die probabilistischen Verknüpfungen aber Spielräume eingebaut, sodass Farbe oder einige Gesichtsauszüge nicht mit dem Originalbild identisch sein müssen. Es reicht, wenn ein Teil des Inputs mit dem Orginalbild übereinstimmt. Dann wird der Schwellenwert überschritten und der Impuls an die darunter liegenden Ebenen des Netzwerks weitergegeben.

Die Verknüpfung der einzelnen Neuronen im Netzwerk muss jetzt aber mathematisch modelliert werden. Hierfür nutzt man den Satz von Bayes. Am Beispiel eines einfachen Bayes Network soll das Prinzip veranschaulicht werden.

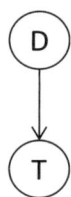

Abb. 7: Variablen in einem probabilistischen Kausalverhältnis

Angenommen D steht für eine Entwicklungsstörung (z.B. Dyscalculie). T steht für einen Test zur Diagnose von Dyscalculie (Abbildung 7). Die Ereignisse „Dyscalculie ist bei einer Person vorhanden (D)" und „ein Test zur Diagnose von Dyscalculie wird positiv (T)" stehen in einem probabilistischen Kausalverhältnis. Die Wahrscheinlichkeit P (D) gibt an, mit welcher Wahrscheinlichkeit ein zufällig ausgewähltes Individuum Dyscalculie hat (prior probability). Im Beispiel wäre P (D) = 0.02, d.h. ein Prozent aller Kinder einer Population hat Dyscalculie. Die Wahrscheinlichkeit, keine Dyscalculie zu haben (¬ D) ist dann 1-0.02 = 0.98.

P (D) = 0.02
P (¬ D) = 0.98

T ist nun ein Test, mit dem Dyscalculie diagnostiziert werden kann. Von Interesse ist die Zuverlässigkeit des Tests. Testmethoden sind so gut wie nie hundertprozentig zuverlässig. Man erprobt den Test bei Probanden, die mit Sicherheit Dyscalculie haben. Wenn nun der Test bei 80% der Probanden, die mit Sicherheit Dyscalculie haben, positiv ist, so gibt man dies als bedingte Wahrscheinlichkeit (conditional probability) an:

$P(T|D) = 0.8$
$P(\neg T |D) = 0.2$

Die Wahrscheinlichkeit, dass der Test irrt, d.h. dass der Test negativ ($\neg$ T) ausfällt obwohl das Kind Dyscalculie hat, ist 20%. Ein Test muss jedoch nicht nur ein vorhandenes Merkmal korrekt diagnostizieren. Er sollte auch das Nichtvorhandensein des Merkmals korrekt erkennen ($\neg$ D). Hierfür würde man Probanden testen, die mit Sicherheit keine Dyscalculie aufweisen. Es könnte dann zum Beispiel sein, dass der Test bei 60% der Probanden tatsächlich auch negativ ausfällt. Bei 40% würde er allerdings fälschlicherweise positiv ausfallen und somit auf Dyscalculie hinwiesen, obwohl keine vorliegt.

$P(T \mid\neg D) = 0.4$
$P(\neg T \mid\neg D) = 0.6$

Sind diese Parameter fix, kann man die zusammengesetzten Wahrscheinlichkeiten (joint probabilities) berechnen. Hier geht man jetzt vom Realfall aus und nicht mehr von einer Population mit Probanden, die alle Dyscalculie haben (oder nicht haben). Der Realfall sieht eben so aus, dass nur ein sehr kleiner Teil der Kinder dieses Merkmal aufweist (prior probability). Folgende Fälle sind möglich:

Der Test wird positiv und es liegt tatsächlich Dyscalculie vor. Um die Wahrscheinlichkeit dieses Falls zu berechnen, muss man die Auftretenswahrscheinlichkeit von Dyscalculie mit der bedingten Wahrscheinlichkeit, dass der Test positiv wird, wenn Dyscalculie vorliegt, multiplizieren:

$P(T, D) = P(D) \bullet P(T \mid D) = 0.02 \bullet 0.8 = 0.016$
$P(\neg T, D) = P(D) \bullet P(\neg T \mid D) = 0.02 \bullet 0.2 = 0.004$
$P(T, \neg D) = P(\neg D) \bullet P(T \mid\neg D) = 0.98 \bullet 0.4 = 0.392$
$P(\neg T, \neg D) = P(\neg D) \bullet P(\neg T \mid\neg D) = 0.98 \bullet 0.6 = 0.588$

Alle vier Kombinationsmöglichkeiten der zusammengesetzten Wahrscheinlichkeit ergeben 1.

Die bisher beschriebene Richtung der Verknüpfung von Zufallsvariablen entspricht der Idee der Kausalität (causal reasoning). Man weiß, dass ein bestimmtes Merkmal D vorhanden ist oder nicht. Der Test T hängt von diesem Merkmal D ab und man beschreibt die Wahrscheinlichkeit, mit der T eintritt, wenn D oder nicht D gilt etc. Nun kann man die Fragerichtung allerdings auch umkehren und fragen, mit welcher Wahrscheinlichkeit das Merkmal vorhanden ist, wenn der Test zum Beispiel positiv wird. Diese Fragerichtung ist für die Diagnostik von Relevanz (diagnostic reasoning). Mathematisch lässt sich die Frage in folgende Formel fassen:

$P(D|T)$

Diese bedingte Wahrscheinlichkeit lässt sich mit dem Satz von Bayes (dessen Herleitung hier nicht erläutert wird) so umwandeln, dass die bereits eingeführten Wahrscheinlichkeitsparameter genutzt werden können:

$$P(D|T) = P(D) \bullet P(T \mid D) / (P(T, D) + P(T, \neg D))$$
$$= P(T, D) / (P(T, D) + P(T, \neg D))$$
$$= 0.016 / (0.016 + 0.392)$$
$$= 0.039$$

Bei einem positiven Test ist die Wahrscheinlichkeit, dass Dyscalculie vorliegt immer noch sehr gering (ca. 4%). Dies liegt zum einen an der geringen Gesamtwahrscheinlichkeit von Dyscalculie in der Gesamtpopulation (2%) und an dem hohen Fehler zweiter Ordnung, d.h. der Test wird positiv obwohl keine Dyscalculie vorliegt.

Dieses einfachste Bayes Netzwerk lässt sich nun durch Kombination weiterer Zufallsvariablen beliebig erweitern (Abbildung 8). Beispielsweise können zwei Tests (T1 und T2) zur Diagnose von Dyscalculie herangezogen werden. Beide Tests haben unterschiedliche Wahrscheinlichkeiten, mit denen sie bei Vorhandensein des Merkmals D positiv reagieren.

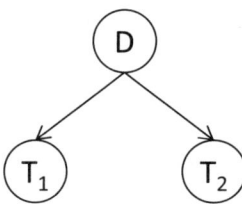

Abb. 8: Zur Diagnose von Dyscalculie werden zwei Testverfahren eingesetzt

Sind alle Parameter bekannt, kann beispielsweise die Wahrscheinlichkeit, dass ein Kind Dyscalculie hat, wenn T1 positiv ist und T2 negativ ist, errechnet werden.

In der Literatur findet man nur wenige, jedoch sehr interessante Anwendungen (z.B. Garcia et al. 2007; Moridis/Economidis 2009; West et al. 2010). Eine jetzt schon praktikable Anwendung ist die automatisierte Textanalyse (vgl. Kapitel 5). An dieser Stelle soll ein weiteres Anwendungsprojekt skizziert werden. Garcia et al. (2007) prüften, ob man mit einem BN-Ansatz die Lernstile von Studierenden in einem Informatikkurs mit webbasierter Lernumgebung genauso gut diagnostizieren kann wie mit einem standardisierten Lernstilfragebogen. Mithilfe von Logfiles wurden die Lernaktivitäten der Studierenden in der webbasierten Lernumgebung ausgewertet: Häufigkeit der Nutzung des Forums, des Chats, Mail oder Kleinschrittigkeit der Aufgabenbearbeitung. Aufgrund von theoretischen Überlegungen wurde ein neuronales Netzwerk modelliert. Die Beobachtungen der Lernaktivitäten dienten als unabhängige Zufallsvariablen, drei Dimensionen nach Felder und

Silverman (processing, perception, understanding) als abhängige Variablen in der mittleren Schicht und Lernstil (sensitive vs. intuitive, active vs. reflective) als Endpunkt des Netzwerks. Die Vorhersage gelang relativ genau für die Dimension Perzeption. Bei den anderen Dimensionen erwies sich vor allem die eingeschränkte Beobachtungsmöglichkeit durch die webbasierte Lernumgebung als problematisch.

Zusammenfassung

Wissen lässt sich nicht direkt messen. Jede Leistungsdiagnose ist ein indirektes Messverfahren, das ein bestimmtes Verhalten bei der Testperson induziert. Dabei wird aufgrund des beobachtbaren Verhaltens (manifeste Variable) auf das für dieses Verhalten (höchstwahrscheinlich) verantwortliche Wissen (latente Variable) geschlossen. Je nach Wissensart kommen sehr unterschiedliche leistungsinduzierende Situationen und damit Operationalisierungen in Frage. Auf Itemebene ist vor allem zwischen Testaufgaben für deklaratives Wissen bzw. kognitive Prozeduren und Beobachtungsindikatoren für beobachtbare Handlungsprozeduren zu unterscheiden. Testaufgaben lassen sich im Hinblick auf Offenheit, Komplexität, Wissensart und Enkodierungsmodalitäten analysieren. Bei Beobachtungsindikatoren spielt vor allem die Unterscheidung zwischen hoch- und niedrig-inferenten Indikatoren eine Rolle. Bereits auf Itemebene können Testergebnisse interessante und diagnostisch wertvolle Hinweise liefern.

Eine zuverlässige Erfassung von Wissen gelingt in der Regel nur, wenn Schülerinnen und Schüler eine Reihe von Testaufgaben zu einem Wissensgebiet bearbeiten müssen oder wenn eine Handlungsprozedur entlang einer Reihe von Beobachtungsindikatoren bewertet wird. Damit stellt sich die Frage, wie diese Bündel von Testitems (Testskalen) mit dem zu diagnostizierenden Wissen zusammenhängen. Die Frage wird von der Testtheorie bearbeitet. Die Messfehlertheorie oder auch klassische Testtheorie nimmt an, dass eine Testskala ein latentes Konstrukt messen kann, dabei allerdings ein Messfehler zu berücksichtigen ist, der mit der Ungenauigkeit des Testverfahrens zusammenhängt. Diese Grundannahme führt zu fünf Axiomen der klassischen Testtheorie, die wiederum eine Ableitung von drei Testgütekriterien erlauben: Objektivität, Reliabilität und Validität. Testskalen lassen sich zudem hinsichtlich ihrer internen Konsistenz und der Itemtrennschärfe analysieren. Bei adaptiven Testverfahren und größeren Leistungsstudien stoßen die Annahmen der Messfehlertheorie jedoch an ihre Grenzen.

Testmodelle auf Itemebene (oder Item-Response-Theorie: IRT-Modelle) modellieren den Zusammenhang zwischen Wissen und einem Einzelitem. Je nach Modell (deterministisch vs. probabilistisch, dichotom vs. polytom, eindimensional vs. mehrdimensional) müssen die einzelnen Testitems einer Itemcharakteristik genügen. Diese gibt vor, mit welcher Wahrscheinlichkeit eine

Person mit einer bestimmten Fähigkeit ein Testitem mit einer spezifischen Schwierigkeit lösen kann. Alle Testitems, die einer Itemcharakteristik genügen, können in den Test aufgenommen werden. Der Vorteil von IRT-Modellen liegt darin, dass Personenfähigkeit und Aufgabenschwierigkeit auf einer gemeinsamen Skala abgebildet werden können. Ebenso müssen nicht alle Testpersonen alle Items des Tests beantworten. Damit ist adaptives Testen oder Multi-Matrix-Testen möglich. Der Nachteil der IRT-Modelle ist die sehr hohe Itemselektion.

Quantifizierende Testmodelle sind von Nachteil für die Entwicklung formativer Diagnoseverfahren. Formative Leistungsmessungen müssen sehr eng am Curriculum entlang entwickelt werden. Nur so können sie den Lehrkräften anzeigen, bei welchen Schülerinnen und Schülern welche Stärken und Schwächen vorliegen. Die für formative Leistungsdiagnosen immer wieder vorgeschlagenen Itemformate würden allerdings den strengen Selektionskriterien der quantifizierenden Testmodelle (v.a. der probabilistischen Testmodelle) nicht genügen. Eine Alternative sind klassifizierende Testmodelle, wie z.B. Cognitive Diagnostic Assessment (CDA). Dabei werden Testaufgaben hinsichtlich der für die Lösung notwendigen Wissenskomponenten analysiert. Es lassen sich unterschiedliche Aufgaben, die verschiedene Wissenskomponenten ansprechen, in einen Test integrieren. Ein CDA-Test kann bei genügend großer Itemzahl anzeigen, welche Schülergruppen welche Teilfertigkeiten beherrschen oder noch nicht beherrschen. Ähnliches leisten Diagnoseverfahren auf Basis von Modellen künstlicher Intelligenz. Allerdings gibt es sowohl für die CDA-Modelle als auch für die KI-Diagnoseverfahren bisher nur wenige Anwendungsbeispiele.

5 Interpretation, Bewertung und Feedback

In diesem Kapitel geht es um
- die Frage, welche Bezugsnormen für die Einordnung von diagnostischen Informationen zur Verfügung stehen. Dabei wird zunächst einmal die Rolle der Bezugsnormorientierung für Lernen und Motivation erläutert. Mit Hilfe der Kausalattributionstheorie lassen sich verschiedene Bezugsnormen im Hinblick auf ihre motivationsfördernde Wirkung einordnen.
- die Einordnung und Bewertung von Testdaten vor dem Hintergrund domänenspezifischer, kognitiver Modelle von Wissen. Dabei muss vor allem zwischen interindividuellen und intraindividuellen sowie zwischen einfachen und komplexen Wissensmodellen unterschieden werden.
- Fehler, die bei der Einordnung und Bewertung von Diagnoseinformationen oder Testwerten gemacht werden können (sog. Urteilsfehler).
- die lern- und motivationsförderliche Gestaltung von Leistungsrückmeldungen im Anschluss an die Durchführung und Auswertung von Diagnosen. Hierbei kann man auf eine umfangreiche empirische Forschung zu Feedbackeffekten zurückgreifen.

Im vorangehenden Abschnitt wurden Theorien zur Messung von Wissen vorgestellt und diskutiert. Ein Messvorgang führt zu Messwerten, die anschließend interpretiert werden müssen. In welchen Bezugsrahmen ordnen wir die Messwerte ein? Welche Konsequenzen erwachsen daraus? Hier muss noch einmal auf den Unterschied zwischen Tests und pädagogisch-diagnostischem Handeln von Lehrkräften oder anderen Personen im Bildungssystem verwiesen werden. Diagnostische Verfahren generieren diagnostische Informationen. Diese Informationen sind ohne Einordnung nichts wert. Sie machen erst im Rahmen von pädagogischen Handlungen und Entscheidungen Sinn. Dies zeigen sehr eindrucksvoll Studien zu diagnostischem Handeln in der Medizin (Gräsel/Mandl 1993; Kopp et al. 2009). Bei Experten (erfahrene Ärzte) wurde eine vorwärts gerichtete Diagnosestrategie beobachtet. Aufgrund weniger Symptome können die Experten eine Hypothese aufstellen und durch weitere Informationen bestätigen. Für Novizen (Medizinstudenten) ist diese Strategie allerdings eher ungünstig, weil sie noch nicht über ein dichtes Erfahrungswissen verfügen. Sie nutzen eine rückwärtsgerichtete Diagnosestrategie, bei der zunächst mehrere konkurrierende Hypothesen zu den Ursachen von Symptomen aufgestellt werden. Dann werden systematisch weitere Informationen gesammelt, modelliert und überprüft.

Experten können aufgrund ihrer Erfahrung bereits wenige Diagnoseinformationen so einordnen, dass bestimmte Erklärungen sofort ausgeschlossen werden können (vgl. auch Krolak-Schwerdt et al. 2009). Damit müssen sie nicht unbedingt alle zur Verfügung stehenden Testverfahren ausschöpfen. Es genügen eventuell schon informelle Beobachtungen. Je geringer die Fachexpertise, desto eher muss man systematisch bei der Diagnose von Krankheitsursachen vorgehen. Dieser Effekt kann auch in pädagogischen Handlungsfeldern beobachtet werden. Sehr erfahrene Fachlehrkräfte können bereits nach wenigen Tagen in einer neuen Klasse die Potenziale der Schülerinnen und Schüler gut einschätzen. Sie erkennen oft an Kleinigkeiten, wo Schwierigkeiten sind und was gut beherrscht wird. Standardisierte Diagnoseverfahren würden im Fall hoher Fachexpertise keinen zusätzlichen Gewinn an Diagnosegenauigkeit bringen. Die Beobachtungsgabe des Experten ist bereits ein höchst zuverlässiges Diagnoseinstrument.

Neben der Fachexpertise hängt die Interpretation, Bewertung und Nutzung diagnostischer Informationen aber auch vom Zweck des Diagnostizierens, der Wissensart und der Messmethode ab. Will man den Erfolg von deutschen Schülerinnen und Schülern im internationalen Vergleich messen (Funktion: Bildungsmonitoring) und erfasst hierfür mathematische und sprachliche Kompetenzen (Wissensart) mit Messmethoden, die auf probabilistischer Testtheorie basieren (Messmethode), dann folgert daraus eine ganz bestimmte Bandbreite der Interpretation und Nutzung von Diagnoseinformationen. Beispielsweise wird man die Testbefunde auf einem hoch aggregierten Niveau betrachten (Länderebene oder bestimmte Subgruppen: Geschlecht, sozialer Status etc.). Die Interpretation von Large-Scale-Assessments auf Schul-, Klassen- oder gar Individualebene macht teststatistisch und funktional dagegen keinen Sinn. Misst man eine eindimensional modellierbare Kompetenz, können kriteriale Niveaustufen definiert werden. Man ordnet bestimmte Testwertbereiche einer inhaltlich sinnvollen Kompetenzstufe zu. Bei größeren Stichproben ist zudem eine soziale Bezugsnorm möglich. Dabei werden Subgruppen (z.B. Schülerinnen und Schüler einer Schulart) mit einer repräsentativen Stichprobe der Gesamtpopulation (beim Bildungsmonitoring: die Gesamtheit der Alterskohorte in einem Land) verglichen. Die korrekt interpretierten Messwerte können in eine funktional adäquate Nutzung münden, wenn beispielsweise Bildungspolitikerinnen und Bildungspolitiker aufgrund der Testrückmeldungen gefährdete Subgruppen im Schulsystem identifizieren und gezielt Ressourcen zur Förderung spezifischer Kompetenzen für diese Subgruppe einsetzen.

Ganz anders sind die Bedingungen der Nutzung und Interpretation von diagnostischer Information, wenn man vielfach miteinander vernetzte Lehrplaninhalte (Wissensart) zum Zweck der individuellen Förderung (Zweck: formativen Diagnose) in einer einzelnen Schulklasse mit unterschiedlichen Messverfahren diagnostiziert. Die Diagnoseinformationen werden in diesem Fall auf der Individualebene interpretiert. In der Regel kann man höchstens die Lerngruppe als soziale Bezugsnorm nutzen. Eine kriteriale Bezugsnorm ergibt sich aus der Definition individueller oder gruppenspezifischer Lernziele (Schülerin XY sollte dies können). Ideal wäre eine individuelle Bezugsnorm, die auf die Lernentwicklung einzelner Schülerinnen und Schüler blickt. Eine sinnvolle Nutzung wäre dann gegeben, wenn die Diagnoseinformation den weiteren Lehr-Lernprozess unterstützen kann.

Die hier angeführten Beispiele zeigen die Bandbreite möglicher Interpretations- und Nutzungsformen von Messwerten auf. Diese gilt es nun zu systematisieren. Dabei werden folgende Fragen zu klären sein:

- Welche Bezugsnormen gibt es zur Einordnung von Testwerten?
- Welche Urteilsfehler sollte man bei der Interpretation von Testwerten vermeiden?
- Ist eine Interpretation von Testwerten im Rahmen eines kognitiven Modells möglich?
- Wie können Leistungsrückmeldungen gestaltet werden?

5.1 Bezugsnormorientierung und Bezugsnormen

In der schulpädagogischen Literatur wird für die Einordnung und Bewertung von Testwerten sehr häufig auf die drei klassischen Bezugsnormen zurückgegriffen: soziale, kriteriale und individuelle Bezugsnorm. Grundlage hierfür ist die Theorie der Bezugsnormorientierung.

Bezugsnormorientierung

Mit Bezugsnormorientierung bezeichnet man die Präferenz, die eine Person (Lehrkraft, Schülerin bzw. Schüler) zeigt, wenn sie zwischen Bezugsnormen zur Einordnung von Testwerten frei wählen kann (Heckhausen 1974; Rheinberg 2001). Recht deutliche Unterschiede zeigten sich hier beispielsweise zwischen Lehrkräften. Dies ist pädagogisch relevant, weil die Bezugsnormorientierung von Lehrkräften wesentlich darüber entscheidet, wie Leistungserfolge und Leistungsmisserfolge erklärt werden. Bei der Erklärung von Leistungen kann grundsätzlich zwischen vier Kausalattributionsmustern unterschieden werden (Tabelle 1).

Tab. 1: Muster der Kausalattribution von Erfolgen bzw. Misserfolgen

		Person	
		internal	external
Zeit	stabil	Begabung	Aufgabenschwierigkeit
	variabel	Anstrengung	Zufall

In der Schule möchte man eigentlich erreichen, dass die Schülerinnen und Schüler sowohl ihre Erfolge als auch ihre Misserfolge auf Anstrengung bzw. mangelnde Anstrengung zurückführen. Die Ursachen für Erfolg oder Misserfolg werden damit als personenabhängig („Ich habe die Kontrolle über mein Handeln, es ist nicht vom Zufall oder externen Faktoren abhängig.") und zeitlich variabel betrachtet („Bei einem Erfolg kann ich mich nicht auf meinen Lorbeeren ausruhen; bei einem Misserfolg habe ich immer wieder eine Chance."). Erfolgsmotivierte Schülerinnen und Schüler attribuieren Leistungserfolge deshalb in der Regel internal/stabil und Leistungsmisserfolge werden auf mangelnde Anstrengung oder Zufall zurückgeführt. Misserfolgsmotivierte Schülerinnen und Schüler attribuieren Leistungserfolge external/variabel (Zufall) und Misserfolge werden internal/stabil erklärt (mangelnde Begabung). Dieses Attributionsmuster sollte man in der Schule nicht unterstützen.

Lehrkräfte können bei der Interpretation und Kommunikation von diagnostischen Informationen sehr viel dazu beitragen, dass Schülerinnen und Schüler günstige Attributionsmuster aufbauen. Hier spielt die Bezugsnormorientierung von Lehrkräften eine wichtige Rolle. Betont eine Lehrperson bei der Bewertung von Leistungsmessungen ausschließlich die soziale Bezugsnorm, so werden die von Haus aus eher begabten Schülerinnen und Schüler immer belohnt. Auch wenn sie sich vielleicht einmal nicht so sehr angestrengt haben, werden sie im Vergleich zu ihren Mitschülerinnen und Mitschülern immer besser abschneiden. Schülerinnen und Schüler mit grundlegenden (d.h. zeitlich sehr stabilen) Leistungsdefiziten werden immer enttäuscht sein und können die negative Bewertung ihrer Leistungen nur dann psychohygienisch verarbeiten, wenn sie die Ursachen auf externale Faktoren zurückführen. Sehr ungünstig wird es dann, wenn sie internal stabil attribuieren: „Ich bin eben nicht begabt. Ich kann kein Mathe."

Diese ungünstigen Attributionsmuster können dagegen aufgebrochen werden, wenn Lehrkräfte eher die individuelle oder kriteriale Bezugsnorm nutzen, um Leistungsmessungen zu interpretieren und zu bewerten. Auch eine sehr begabte Schülerin kann dann die Erfahrung machen, dass sie im Vergleich zu ihren bisherigen Leistungen bei mangelnder Anstrengung eine nicht zufriedenstellende Leistung erbracht hat. Eine Schülerin mit großen Lernschwierigkeiten kann Erfolg erleben, wenn sie sich bemüht, weil dann eine Leistungssteigerung im Vergleich zu ihren bisherigen Testwerten erkennbar ist. Gleiches gilt für die kriteriale bzw. sachliche Bezugsnorm. Auch hier können individuelle Lernfortschritte im Hinblick auf das Lernziel deutlich gemacht werden.

Empirische Studien zeigen, dass man Lehrkräfte nicht der einen oder anderen Bezugsnorm zuordnen kann (Rheinberg 1980). Vielmehr kann man eine gewisse Orientierung in Richtung einer Bezugsnorm feststellen. Zudem zeigten die Studien, dass Lehrkräfte mit einer Tendenz zur individuellen Bezugsnorm im Rahmen der Notengebung dennoch die soziale Bezugsnorm zur Anwendung bringen. Hier wird das Spannungsverhältnis zwischen Selektionsfunktion und Förderfunktion sehr deutlich. Diesen Lehrkräften gelingt es aber zumindest über weite Strecken des Lehr-Lernprozesses, die Schülerinnen und Schüler beim Aufbau motivational günstiger Kausalattributionen zu unterstützen.

Im Folgenden werden Beispiele und Berechnungsregeln für die einzelnen Bezugsnormen vorgestellt.

Soziale Bezugsnorm

Bei der sozialen Bezugsnorm wird ein Testergebnis mit einer Testwerteverteilung in einer Population oder einer für die Population repräsentativen Eichstichprobe verglichen. Diese Vorgehensweise ist sinnvoll, wenn das zu messende Merkmal in der Population gleich verteilt ist (z.b. Schuhgröße, Intelligenz, Lesekompetenz aller 15-Jährigen). Entsprechende Diagnoseverfahren werden normorientierte Tests genannt. Von einer sozialen Bezugsnorm spricht man in der Literatur auch, wenn eine Lehrkraft Noten aufgrund der Punkteverteilung eines Tests innerhalb der Schulklasse vergibt. Der soziale Referenzrahmen ist dann die Verteilung innerhalb der Klasse.

Für die Berechnung der sozialen Bezugsnorm gibt es verschiedene Möglichkeiten:

- Prozentränge
- Quartilsbereiche
- z-Werte
- T-Werte

Bei der Prozentrangnorm wird angegeben, welcher Punktwert welchem Prozentrang (PR) in einer Eichstichprobe entspricht. Prozentrang 63 bedeutet beispielsweise, dass in der Eichstichprobe 63% der Probanden einen gleich hohen oder geringeren Testwert hatten. Der Nachteil von Prozenträngen ist, dass sie von der Häufigkeitsverteilung abhängen und der Abstand zwischen zwei Prozenträngen nichts über den eigentlichen Punkteabstand aussagen muss. Die Differenzen zwischen Prozenträngen in der Mitte (z.B. zwischen PR 50 und PR 60) sind punktemäßig wesentlich kleiner als die Differenzen an den Rändern (z.B. zwischen PR 90 und PR 100).

Quartilsbereiche sind im Prinzip das gleiche wie Prozentrangnomen, nur dass hier lediglich die Prozenträge 25%, 50%, 75% und 100% definiert werden. Somit ist eine grobe Einordnung des individuellen Testwerts in die vier Quartile einer Leistungsverteilung möglich.

Eine weitere Möglichkeit der Darstellung der sozialen Bezugsnorm ist die Standardnorm (z-Wert). Dabei wird angenommen, dass sich die Leistungen von Schülerinnen und Schülern bei einem Test normal verteilen. Die Häufigkeitsverteilung in der Eichstichprobe würde dann idealerweise der Gauß'schen Normalverteilungskurve entsprechen. Im Bereich einer Standardabweichung links und rechts des Mittelwerts liegen dann 2/3 der Testwerte. Mit dem Mittelwert (M) und der

Standardabweichung (SD) lässt sich der z-Wert eines beliebigen Testwertes (X) berechnen:

$$z = \frac{X - M}{SD}$$

Der z-Wert gibt an, um wie viele Standardabweichungen ein Testwert vom Mittelwert abweicht. Liegt der Mittelwert beispielsweise bei 100 Punkten und beträgt die Standardabweichung 10 Punkte, dann hat eine Schülerin mit einem Testwert von 120 Punkten einen z-Wert von 2, d.h. sie befindet sich schon sehr weit im oberen Bereich. Ein Schüler mit dem Testwert 95 hat die Standardnorm –0,5.
Da sich z-Werte in der Regel im Kommabereich bewegen, wird in vielen diagnostischen Verfahren der T-Wert angegeben. Diesen erhält man über eine weitere lineare Transformation. Bei einer T-Norm (50/10) wird der Mittelwert auf 50 und die Standardabweichung auf 10 festgesetzt. Ein z-Wert kann über folgende Formel in eine T-Wertnorm umgerechnet werden:

$$T = 50 + (10\ z)$$

Bei *Large-Scale-Assessments* wie PISA oder dem IQB-Ländervergleich wählt man in der Regel eine T-Norm (500/100). Dies hat natürlich den Vorteil, dass auch sehr kleine Differenzen zwischen Ländern und Bundesländern als ganze Zahlen angegeben werden können.

Individuelle Bezugsnorm

Bei der individuellen Bezugsnorm (auch: ipsative Bezugsnorm) wird das Testergebnis mit der bisherigen Lernentwicklung eines Schülers bzw. einer Schülerin verglichen. Dies ist natürlich nur dann möglich, wenn Messwerte vorliegen, die mit dem gleichen diagnostischen Verfahren erfasst wurden. Diese Bezugsnorm ist vor allem dann sinnvoll, wenn man annimmt, dass sich Dispositionen intraindividuell verändern. Viele in der Schule zu erwerbende Fertigkeiten und Wissensbestände bauen sich kumulativ auf. Konsequent wäre insofern eine Erfassung der Veränderung von Grundkompetenzen wie beispielsweise Lesen, Texte verfassen, Grundrechenarten beherrschen etc. über einen längeren Zeitraum und auf individueller Vergleichsbasis. Man spricht in diesem Fall von einer Lernverlaufsdiagnostik.
Obwohl die individuelle Bezugsnorm in der pädagogischen Literatur gerne als „ideal" beschrieben wird, findet man nur wenige überzeugende Beispiele, die eine technische Umsetzung dieser Bezugsnorm vorstellen. Eines dieser Beispiele ist die Lernverlaufsdiagnostik zu Grundrechenarten in der Primarstufe. Strathmann und Klauer (2010; Klauer/Strathmann 2013) griffen hierzu auf die in den USA entwickelte Idee des curriculumbasierten Testens zurück (Deno et al. 2001). Dabei sind folgende Prinzipien zu beachten:

- Die Lernverlaufsdiagnostik fokussiert einen curricular relevanten Inhalt (z.B. Grundrechenarten).
- Der einzelne Test darf nicht lange dauern.
- Es sollte möglich sein, eine ganze Reihe von Paralleltests zu konstruieren. Basis der Konstruktion von Paralleltests ist eine möglichst umfangreiche Aufgabenbasis.
- Die Paralleltestreliabilität sollte möglichst hoch sein.

Entlang dieser Kriterien entwickelten und erprobten Strathmann und Klauer (2010) eine formative Lernverlaufsdiagnostik für Grundrechenfertigkeiten (Mündliche Subtraktion, Addition, Schriftliche Subtraktion, Addition, Multiplikation, Division, Rechnen mit Größen). Die Stichprobe bestand aus 190 Grundschulkindern (Klassen 2-4, auch Sonderschule). Es gab eine zweiwöchentliche Datenerhebung über ein ganzes Schuljahr mit insgesamt 20 Erhebungszeitpunkten. Bei jedem Testdurchgang wurden für jedes Kind separate Testaufgaben per Zufall generiert. Innerhalb der einzelnen Bereiche wurden noch einmal Aufgabenformen nach Schwierigkeiten unterschieden (Stratifikation der Grundgesamtheit). Die Daten wurden im Projekt mit dem PC erfasst und die Lehrkraft konnte die Ergebnisse in Form von Lernverlaufskurven für jedes Kind per Internet einsehen.

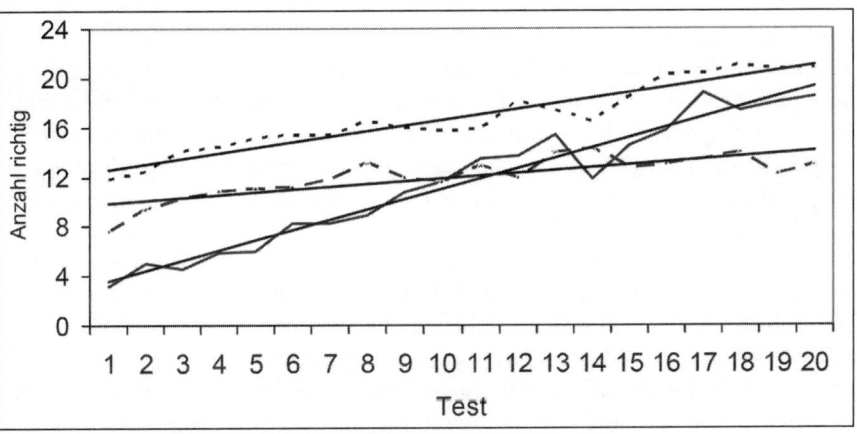

Abb. 9: Beispiele für Lernverlaufskurven von drei Schülerinnen und Schülern (Strathmann/Klauer 2010, 117)

Die Pseudo-Paralleltestreliabilität wurde als Korrelation zwischen zwei aufeinander folgenden Tests ermittelt (Mittlere Reliabilität von $r = .73$ mit $SD = .09$). Mit Hilfe von Regressionsgleichungen war es möglich, die Verlaufskurven jedes Schülers bzw. jeder Schülerin in vier Gruppen einzuteilen. Dabei wurde zwischen folgenden Merkmalen differenziert: Zeigt die Lernverlaufskurve einen Deckeneffekt (Schülerin oder Schüler löst ab einem gewissen Zeitpunkt alle Aufgaben korrekt)? Ist die Lernverlaufskurve linear ansteigend oder gibt es eine Auf- und Abbewegung? Ein überwiegender Teil der Schülerinnen und Schüler in der Studie zeigte linear ansteigende Lernverläufe mit unterschiedlichen Steigungskoeffizienten (Abbildung 9). Dennoch gab es einen überraschend hohen Anteil an Schülerinnen und Schülern mit nur sehr geringen Zuwächsen bzw. einer Stagnation.

Kriteriale oder sachliche Bezugsnorm

Soziale und individuelle Bezugsnorm sind Realnormen, weil ein Messwert mit Daten aus bereits durchgeführten Messungen verglichen wird. Die kriteriale oder sachliche Bezugsnorm ist eine Idealnorm. Sie wird aus der Sache selbst heraus begründet und definiert eine ideale, wünschenswerte Vorstellung einer Schülerleistung. Bei einer kriterialen Bezugsnorm wird deshalb ein Testwert mit einem vorher festgesetzten, sachlich begründeten Kriterium verglichen. In der Schule sind dies in der Regel die Lernziele. Diese Vergleichsbasis ist sinnvoll, wenn Mindestanforderungen feststehen (z.B. Fahrprüfung; Lesekompetenz am Ende der Primarstufe) oder wenn bekannt ist, in welchen konkret messbaren Stufen sich der Wissenserwerb vollzieht.

Mit Hilfe eines IRT-skalierten Tests sollten kriteriale Bezugsnormen möglich sein. Bei der Rasch-Skalierung werden Personenfähigkeitsparameter und Schwierigkeitsparameter von Testaufgaben auf der gleichen Skala abgebildet. Damit können anhand von inhaltlichen Überlegungen zu den kognitiven Anforderungen von Testaufgaben Kompetenzstufen definiert werden. Schülerinnen und Schüler mit einer Personenfähigkeit innerhalb dieser Kompetenzstufe sollten mit einer großen Wahrscheinlichkeit Aufgaben bzw. Anforderungen auf dieser Kompetenzstufe bzw. auch die Anforderungen aller darunter liegenden Kompetenzstufen bewältigen.

Eine aktuell viel diskutierte Methode zur Realisierung einer kriterialen Bezugsnorm in Schulen sind Kompetenzraster (ERIC-Deskriptoren: Assessment rubrics; Scoring rubrics). Es handelt sich um Tabellen, die einzelne Lernziele bzw. Wissensbereiche nach unterschiedlichen Niveaustufen aufgliedern (Beispiele siehe 8.2). Die grundsätzliche Problematik von Kompetenzrastern ist der Auflösungsgrad. Werden Lernziele und Niveaustufen zu fein untergliedert, wird die Tabelle unübersichtlich für die Bewertungspraxis. Fasst man die Lernziele und Niveaustufen zu allgemein bzw. abstrakt, so kann man konkrete Beobachtungen, Aufgabenstellungen oder Messdaten nur schlecht einzelnen Tabellenkästchen zuordnen.

Unverzichtbar sind Kompetenzraster, wenn man komplexe Lernziele prüfen möchte und dabei handlungsorientierte Diagnoseaufgaben (performance assessments) einsetzen muss (z.B. Experimentierkompetenz; Präsentationskompetenz). Für handlungsorientierte Leistungsdiagnosen müssen überschaubare und doch differenzierte Beurteilungsraster entworfen werden (scoring rubrics). Wie diese Beurteilungsraster gestaltet werden sollten, wurde bereits gut erforscht. Jonsson und Svingby (2007) fassen in einer Metaanalyse Studien zusammen, die klären, wie sich die Verwendung von Beurteilungsrastern auf Reliabilität, Validität und Lernförderung auswirkt. Grundlage der Metaanalyse sind 75 empirische Studien zum Einsatz und den Effekten von Beurteilungsrastern. Wenn die Raster analytisch und domänenspezifisch angelegt sowie mit Beispielen hinterlegt sind, können sie die Reliabilität der Messung erhöhen. Die Validität der handlungsorientierten Leistungsdiagnosen wird allerdings nicht per se erhöht. Beurteilungsraster können die lernförderliche Wirkung erhöhen, weil sie Kriterien explizieren und damit die Rückmeldungen besser genutzt werden können. Dies gilt vor allem, wenn Leistungsdiagnosen die eigene Selbsteinschätzung unterstützen.

5.2 Bezugsnormen und domänenspezifische Modelle des Wissenserwerbs

Kriteriale Bezugsnormen gelten als ein Element aktueller Schul- und Unterrichtsreformen. Im Zuge der Diskussion über einen kompetenzorientierten Unterricht stellt man sich vor, dass Kompetenzraster oder Kompetenzstufenmodelle eine wesentliche Orientierungshilfe für die Planung und Analyse von Lehr-Lernprozessen werden könnten. Diese Idee wird sowohl in der pädagogischen Psychologie als auch in den Fachdidaktiken und der Schulpädagogik sehr kontrovers diskutiert (Leuders 2006; Klieme/Rakoczy 2008; Tesch 2009; Arnold 2013). Aus diesem Grund sei an dieser Stelle noch einmal auf das von Pellegrino (2003) beschriebene „assessment triangle" verwiesen. Ergebnisse von Leistungstests lassen sich nur dann sinnvoll kriterial oder individuell interpretieren, wenn ein domänenspezifisches Modell über die kognitive Repräsentation und Entwicklung des Wissens existiert. Sowohl die Entwicklung von Testaufgaben als auch die Interpretation der einzelnen Messwerte oder Beobachtungen geschieht dann vor dem Hintergrund dieses kognitiven Modells.

Interindividuelle vs. intraindividuelle kognitive Modelle
Bei der Diagnose interindividueller Unterschiede geht man davon aus, dass ein bestimmtes psychisches Merkmal innerhalb einer Population variiert und es pädagogisch relevant sein kann, die Varianz dieses Merkmals in der eigenen Klasse oder die Ausprägung dieses Merkmals bei einzelnen Schülerinnen und Schülern zu kennen. Das prägnanteste Beispiel hierfür wäre die Definition von Intelligenz als das, was ein Intelligenztest misst. Man unterstellt also, dass Intelligenz eine einheitliche Größe ist, die zwischen Individuen variiert. Die Frage, wie sich Intelligenz intraindividuell entwickelt, wird ausgeblendet. Man nimmt einfach an, dass es sich

um ein zeitstabiles, psychisches Merkmal handelt. Ebenso schließt man bei dieser simplen Betrachtung von Intelligenz auch aus, dass es verschiedene Aspekte und Teilfacetten von Intelligenz gibt.

Dieses eindimensionale Modell der zu diagnostizierenden Wissensgröße entspricht einem einfachen, naturwissenschaftlichen Messvorgang: z.B. der Bestimmung der Masse eines Körpers. Die Größe (das Konstrukt) ist klar definiert und variiert zwischen weniger oder mehr. Die numerischen Messwerte eines Diagnoseverfahrens können damit auf einer eindimensionalen Skala angeordnet werden. Bei physikalischen Größen hat man in der Regel lineare Skalen mit einem Ursprung (Nullpunkt). Bei der Bestimmung von Intelligenz würde man sich schwertun, den Nullpunkt inhaltlich zu definieren. Man ordnet allerdings die Intelligenztestwerte auf einer linearen Skala von z.B. 60 bis 150 an. Jetzt stellen sich erste Fragen:

- Sind die numerischen Intervalle auf dieser Skala gleich groß (Äquidistanz)?
- Bedeutet der Abstand zwischen den Intelligenztestwerten 70 und 80 das gleiche wie der Abstand zwischen einem IQ von 120 und 130?

Diese Fragen sind nicht einfach zu beantworten. Man nimmt an, dass die numerischen Abstände auch mit entsprechenden Differenzen zwischen den Merkmalsausprägungen korrespondieren. Akzeptiert man all diese Annahmen, hat man eine soziale Bezugsnorm. Man kann Intelligenzdifferenzen zwischen Personen beschreiben oder Gruppenmittelwerte berechnen. Ebenso ist man in der Lage, die Intelligenz einer Einzelperson mit Maßen der zentralen Tendenz (z.B. Mittelwert oder Median) oder Streuungsmaßen (z.B. Perzentilränge) zu vergleichen. Die Zuverlässigkeit dieser statistischen Berechnungen basiert aber immer auf den vorher getroffenen Annahmen, die bei psychologischen Konstrukten immer sehr brüchig sind.

Die Entwicklung von Kompetenzen oder der Erwerb von Wissen kann durch statische, differenzielle Wissensmodelle allerdings nicht abgebildet werden. Es werden lediglich Personenunterschiede modelliert, diagnostiziert und beurteilt. Für eine kriteriale und/oder individuelle Interpretation von Messwerten, benötigen wir Modelle der intraindividuellen Entwicklung von Kompetenzen oder Wissen. Diese Modelle findet man beispielsweise in der Entwicklungspsychologie (z.B. kognitive Entwicklungsstufen nach Piaget oder Moralentwicklungsstufen nach Kohlberg). Sie gehen davon aus, dass es so etwas wie eine abgrenzbare psychische Größe gibt, die im Laufe der Kindheit und Jugend wächst, reift oder sich entwickelt. Um die jeweilige Entwicklungsstufe eines Individuums bestimmen zu können, hat man entweder durch theoretische Vorarbeiten Entwicklungsstufen festgelegt und muss Diagnoseinstrumente konstruieren, deren Messwerte eine eindeutige Zuordnung zu einer bestimmten Stufe erlauben. Oder man geht induktiv vor, entwickelt Diagnoseinstrumente und definiert die Entwicklungslinie entlang der ansteigenden Messwerte. So hat man beispielsweise Intelligenz-entwicklung beschrieben.

Eindimensionale vs. mehrdimensionale Wissensmodelle

Ein zweites Problem bei der Interpretation von diagnostischen Informationen durch Experten ist die Dimensionalität von Wissensmodellen. Die Psychologie orientierte sich lange Zeit an den Naturwissenschaften und setzte sich das Ziel, möglichst eindimensionale, psychische Größen zu beschreiben und zu erfassen. Man findet in einem Bereich (z.B. der Mechanik) die basalen Größen (Masse, Energie, Zeit) und kann dann alle weiteren Größen daraus berechnen (Beschleu-nigung, Kraft, Arbeit oder Leistung). Beim menschlichen Denken und Wissen ist dies allerdings nur bedingt realisierbar. Die Psychologie hat zwar sehr differenziert grundlegende mentale Konstrukte wie Motivation oder Intelligenz beschrieben und Instrumente zur Erfassung dieser Konstrukte entwickelt. Allerdings gibt es immer noch zahlreiche Facetten dieser Konstrukte und die Vernetzungen mit an-deren Konstrukten sind sehr hoch. Ganz unübersichtlich wird es beim schulischen Wissen oder bei fachspezifischen Kompetenzen. So etwas wie fremdsprachliche Kommunikationskompetenz lässt sich nicht eindimensional fassen. Man benötigt sehr viele Kompetenzfacetten, um diese abstrakt formulierte Kompetenz über-haupt einigermaßen adäquat abbilden zu können. Hierfür gibt es verschiedene Varianten (vgl. Tabelle 2).

Man hat es tatsächlich mit einer eindimensionalen Größe zu tun bzw. mit einem eindimensionalen psychischen Merkmal. Ein Beispiel hierfür wären klar abgrenz-bare, prozedurale Fertigkeiten: Dekodiergeschwindigkeit beim Lesen oder Sprint-schnelligkeit. In diesen Fällen ist die Entwicklung von Tests und die Einordnung von Testwerten einfach. Man kann auf lineare Skalierungen zurückgreifen und die Testwerte entweder interindividuell oder intraindividuell interpretieren.

Der schulische Regelfall sind allerdings eher vielschichtige Kompetenzen bzw. kom-plex vernetztes Wissen. Das kognitive Modell muss dann möglichst genau die ein-zelnen Wissensfacetten beschreiben können. Es muss andererseits so übersichtlich und sparsam sein, dass eine Entwicklung von Diagnoseverfahren und eine Ein-ordnung von Testwerten gelingt. Bei der Interpretation von Testwerten kann dann ein Kompetenzprofil entstehen. Noch differenzierter wird es, wenn das kognitive Modell als Netzwerk dargestellt wird (sog. Concept-Maps). Das Diagnoseverfahren muss dann die einzelnen Netzwerkpunkte beim Lernenden erfassen. Intervallska-lierte oder ordinalskalierte Testwerte machen dabei keinen Sinn mehr. Vielmehr muss bei jedem Netzwerkknoten entschieden werden, ob diese Verknüpfung kor-rekt vorhanden ist oder nicht (dichotome Messwerte). Diese einzelnen dichotomen Messwerte lassen sich grafisch oder vektoriell darstellen (siehe CDA: Abschnitt 4.5). Oder man beschreibt ausführlich in einem Text, welches Wissen vorhanden ist und wo Verknüpfungen fehlen oder falsch sind.

Tab. 2: Interpretation von Testwerten in Abhängigkeit des kognitiven Modells

	Interindividuelle Differenzen	Intraindividuelle Entwicklung
Eindimensionales Konstrukt	*Datenart:* Intervall- oder ordinalskalierte Interpretation von Testwerten *Standards:* a) Aggregierte Merkmalsausprägungen in einer definierten Vergleichsgruppe (entspricht der sozialen Bezugsnorm) b) Numerisch definierte Standards als kriteriale Bezugsnorm: Ab welcher Zeit im 100m-Lauf gehört man zur Weltelite? *Anwendung/Zweck:* Differenzielle Psychologie; Selektionsdiagnostik (z.B. Feststellung von Förderbedarf, Diagnose von Entwicklungsverzögerungen, Auswahltests); Bildungsmonitoring	*Datenart:* Intervall- oder ordinalskalierte Interpretation von Testwerten *Standards:* a) Typische Entwicklungsverläufe in einer sozialen Gruppe (entspricht der sozialen Bezugsnorm) b) Bisherige individuelle Entwicklung (entspricht der individuellen Bezugsnorm) c) Numerisch definiertes Kriterium: Welche Zeit sollte man in der 8. Klasse für 100 m höchstens benötigen: Note 4; um wie viele Hundertstel kann man sich nach einer bestimmten Trainingseinheit verbessern? *Anwendung/Zweck:* Evaluation individueller Förderkonzepte; Lernverläufe in Grundlagenbereichen (Lesen, physische Kondition etc.)
Mehrdimensionales Konstrukt; Teilfacetten jedoch eindimensional	*Datenart:* Intervall- oder ordinalskalierte Interpretation von Subskalenwerten (Darstellung z.B. in Form von Kompetenzprofilen oder *rubrics*) *Standards:* a) Aggregierte Ausprägungen der Teilfacetten in einer definierten Vergleichsgruppe, d.h. der Vergleich mit einem typischen Kompetenzprofil (entspricht der sozialen Bezugsnorm) b) Unterschiedliche Kombinationen von kriterialen Bezugsnormen sind denkbar: Mindestwerte in allen Teilfacetten erreichen; Teilfacetten können sich kompensieren; Mindestkriterien in bestimmten Teilfacetten etc. *Anwendung/Zweck:* Lernvoraussetzungen bestimmten (z.B. mit einem standardisierten Mathematiktest; Selektionsdiagnostik, wenn verschiedene Teilfacetten eine Rolle spielen; Lernzielüberprüfung)	*Datenart:* Intervall- oder ordinalskalierte Interpretation von Subskalenwerten (Darstellung z.B. in Form von Kompetenzprofilen oder *rubrics*) *Standards:* Intraindividueller Vergleich mit vorangehenden Kompetenzprofilen oder *rubrics* *Anwendung/Zweck:* Individuelle Lernverlaufsdiagnostik auf Basis von *rubrics* (z.B. Facetten der Schreibkompetenz); längsschnittlich angelegte Schulleistungsstudien zu unterschiedlichen Teilkompetenzen in einem Fach (z.B. DESI)

	Interindividuelle Differenzen	Intraindividuelle Entwicklung
Wissensnetz: Mehrdimensional und komplex vernetzte Teilfacetten	*Datenart:* qualitativ, grafisch oder vektoriell *Standards:* Vergleich mit einem Wissensnetz eines Experten oder einem Erwartungshorizont (wird in bestimmten Mindmapping-Programmen auch auf einen numerischen Wert reduziert; ideal ist jedoch die grafische Gegenüberstellung); entspricht am ehesten einer kriterialen Bezugsnorm *Anwendung/Zweck:* Formative Diagnostik; fachdidaktische Grundlagenforschung zu Fehlkonzepten	*Datenart:* qualitativ, grafisch oder vektoriell *Standards:* Vergleich mit eigenem Wissensnetz oder bisherigen qualitativen Beschreibungen der eigenen Leistung (entspricht am ehesten einer individuellen Bezugsnorm) *Anwendung/Zweck:* Formative Lernverlaufsdiagnostik; Unterrichtsevaluation

Standardisierte Leistungstests findet man vor allem zum linken, oberen Kasten in der Tabelle. Lehrkräfte haben es in ihrem Alltag jedoch überwiegend mit dem rechten unteren Kasten zu tun. An dieser Stelle kann wieder an die eingangs geäußerte These, dass die aufmerksame Beobachtungsgabe eines erfahrenen Fachexperten die beste Diagnostik ist, angeknüpft werden. Eine Mathematiklehrkraft mit hervorragenden Fachkenntnissen, fachdidaktischen Kenntnissen und einer guten Beobachtungsgabe kann am ehesten erkennen, welches Wissen fehlt, wenn eine Schülerin oder ein Schüler an einer mehrschrittigen Rechenaufgabe scheitert. Er oder sie hat das Netz an möglichen Rechenschritten aufgrund der fachwissenschaftlichen Expertise parat. Er oder sie kann aufgrund von fachdidaktischem Wissen einschätzen, welche Rechenschritte weniger schwierig sind und welche Rechenschritte den Kindern in der Regel Probleme bereiten. Ein Experte kann damit selbst das komplexe Wissensnetz durchwandern und mit dem vergleichen, was er bei einem Schüler oder einer Schülerin beobachtet. Dies kann bisher kein Testverfahren leisten.

5.3 Fehler bei der Interpretation von Testwerten

In Abschnitt 4.2 wurde bereits auf Fehlerquellen bei der Erfassung von Wissen hingewiesen. Diese Messfehler können vor allem entlang der drei klassischen Testgütekriterien aufgelistet werden:

- Mangelnde Durchführungs-, Auswertungs- und Interpretationsobjektivität
- Mangelnde Reliabilität, d.h. Genauigkeit des Messinstruments. Der Test ist sehr stark von zufallsbedingten Schwankungen (Situation, Testperson) abhängig
- Mangelnde Validität (Passung zwischen Messinstrument und zu diagnostizierendem Wissen ist nicht gegeben)

Fehler entstehen jedoch nicht nur beim Messvorgang, sondern auch im Zuge der Interpretation von Messwerten. In der Literatur wird eine Reihe von Beurteilungsfehlern beschrieben, die vor allem bei der schulischen Notengebung gut untersucht wurden (Ingenkamp 1995; Leutner 2001; Sacher 2007; Lissmann 2010). Die Beurteilungsfehler lassen sich in drei Kategorien einteilen.

Ungleichmäßige Ausschöpfung des Beurteilungsspielraums

Ein Teil der Urteilsfehler kann auf eine ungleichmäßige Ausschöpfung des Beurteilungsspielraums zurückgeführt werden. Ein Mildefehler liegt vor, wenn eine Lehrperson Testwerte systematisch zu gut, ein Härtefehler, wenn die Lehrperson systematisch zu streng bewertet. Von einer Tendenz zur Mitte spricht man, wenn der Notenspielraum kaum ausgeschöpft wird und vorwiegend Noten im mittleren Bereich vergeben werden. Das Gegenteil ist eine Tendenz zu Extremurteilen.

Inferenzen im Urteil

Eine weitere Urteilsfehlerkategorie sind Reihungsfehler. Diese kommen in der Regel bei der Testauswertung zustande, gehen also auf eine mangelnde Auswertungsobjektivität zurück. Gedächtnispsychologisch sehr gut erforscht sind Primacy-Effekte und Recency-Effekte (Myers 2008). Beim Primacy-Effekt wird die zuerst eingehende Information besser erinnert als weitere Informationseinheiten. Bei der Auswertung von Tests oder bei der Beobachtung von Schülerinnen und Schülern führt dies dazu, dass der erste Eindruck bzw. die erste Aufgabe den Gesamteindruck sehr stark beeinflussen und damit auch verfälschen kann. Der Recency-Effekt beschreibt das Phänomen, dass auch die zuletzt eingehende Information alle vorangehenden Informationseinheiten überlagern kann. Der letzte Eindruck wird damit überbewertet, was ebenfalls zu Urteilsverzerrungen führen kann.

Der logische Fehler besagt, dass von einem beobachteten Merkmal eines Schülers oder einer Schülerin auf ein weiteres, eher schlecht zu beobachtendes Merkmal geschlossen wird. Ein Beispiel wäre der Fehlschluss von Verhaltensauffälligkeit (ist gut zu beobachten) auf Uninteressiertheit (schlecht beobachtbar). Auch der Halo-Effekt kann als Inferenzfehler bezeichnet werden. Er liegt vor, wenn ein sehr bedeutsames Merkmal alle anderen Merkmale einer Person überstrahlt. Beispielsweise wenn ein sympathischer Schüler in verschiedenen Leistungsbereichen besser beurteilt wird als ein unsympathischer Schüler.

Referenzrahmeneffekte

Eine dritte Kategorie von Urteilsfehlern kann als Referenzrahmeneffekte bezeichnet werden. Beispielsweise könnte eine Lehrkraft von anderen Kolleginnen und Kollegen langfristig dazu gebracht werden, Schülerleistungen zunehmend strenger zu beurteilen. Dies wäre der Fall, wenn sich in einem Lehrerkollegium eine kollektiv geteilte Überzeugung, dass die Ansprüche an dieser Schule sehr hoch sind, durchsetzt und immer wieder kommuniziert wird. Eine weitere Variante für Referenz-rahmeneffekte wären institutionelle Einflüsse auf den Beurteilungsmaßstab. Gut empirisch untersucht sind beispielsweise schulartspezifische Beurteilungsmaßstäbe (vgl. Kapitel 7).

5.4 Gestaltung von Leistungsrückmeldungen

Die Interpretation und Nutzung von diagnostischen Informationen kann durch die Gestaltung von Leistungsrückmeldungen beeinflusst werden. Wie bereits dis-kutiert, sind in der Regel verschiedene Bezugsnormen für die Einordnung von Leistungsdaten denkbar und möglich. Neben der Bezugsnormorientierung von Lehrkräften und den Kausalattributionsmustern von Schülerinnen und Schülern spielt aber auch die Gestaltung von Leistungsrückmeldungen eine Rolle, um eine möglichst motivations- und lernförderliche Interpretation und Nutzung von dia-gnostischen Informationen zu erzielen. Um diese Gestaltungsoptionen zu begrün-den, kann auf zahlreiche Befunde der Feedbackforschung zurückgegriffen werden. Zunächst einmal soll ganz elementar überlegt werden, welche Funktion Rückmel-dungen überhaupt für das Lernen haben. Entlang von unterschiedlichen lernpsy-chologischen Perspektiven zeigt sich, dass Rückmeldungen immer Bestandteile von Lernprozessen sind.

Neurowissenschaftler beschreiben Lernvorgänge als sich verstärkenden Kreislauf neuronaler Aktivitäten (Myers 2008). Aufgrund eines äußeren Reizes werden neu-ronale Aktivitäten ausgelöst. Beispielsweise ein Hund erscheint und eine Bezugs-person sagt „Hund". Im visuellen Speicher entsteht das Bild des Hundes und im Sprachzentrum entsteht eine Repräsentation des gehörten Wortes „Hund". Ver-sucht nun das Kind, das Wort selbst auszusprechen, erfährt es unter optimalen Umständen eine zweifache, positive Rückmeldung. Einmal eine Selbstbestätigung: Es nimmt selbst wahr, dass es die Laute der Bezugsperson nachbilden kann. Zudem erfährt es eine positive Bestätigung der Bezugsperson, die Freude über das Nach-sprechen des Wortes zeigt. Diese positive Rückmeldung führt zu einer Belohnung im Gehirn durch entsprechende Botenstoffe. Damit führt die Rückmeldung der Umwelt dazu, dass im Gehirn die Verknüpfungen zwischen der visuellen Repräsen-tation des Hundes, der auditiven Repräsentation des gesprochenen Wortes „Hund" und der sprechmotorischen Repräsentation für das Wort „Hund" verstärkt werden. Es wurde etwas gelernt. Dieser Lernvorgang kann als ein verschachtelter Feedback-kreislauf erklärt werden.

Aus einer behavioristischen Perspektive wird Verhalten stabil erlernt, wenn häufige, positive Rückmeldungen (neurophysiologisch: positive Emotionen) zu bestimmten Handlungen (neurophysiologisch: Aktivierung von Neuronenverbänden) gegeben werden. Operantes Konditionieren nach Skinner bedeutet im Kern, dass Lernen dann stattfindet, wenn ein positiver Verstärker (z.b. positive Rückmeldung) möglichst schnell nach einem zu erlernenden Verhalten erfolgt (z.b. richtige Aufgabenlösung). Gleiches beschrieb Thorndike (1913) in seinem Effektgesetz: Verhaltensweisen, die angenehme Konsequenzen zur Folge haben, treten häufiger auf. Verhaltensweisen, denen unangenehme Konsequenzen folgen, werden allmählich seltener gezeigt. Auch hier sind sowohl positive als auch häufige Rückmeldungen entscheidend für den Lernerfolg.

Rückmeldungen haben nicht nur in behavioristischen, sondern auch in kognitiven und konstruktivistischen Lerntheorien eine zentrale Bedeutung für die Erklärung von Wissenszuwachs. In kognitiven Lerntheorien sind Rückmeldungen bedeutungshaltige Informationen, die dem eigenaktiven Lerner einen Rückschluss auf seinen Aufgabenbearbeitungs- bzw. Lernprozess erlauben (z.B. Aebli 1993). Rückmeldungen können selbst wieder Ausgangspunkt neuer Aufgaben oder einer Korrektur der Aufgabenbearbeitung werden. Diese lernpsychologische Tradition steckt hinter der Forderung, dass man aus Fehlern lernen solle. Bei Konzeptwechseltheorien werden Rückmeldungen (z.b. Fehler, bisherige Konzepte führen zu keinen Lösungen) als Anlass für kognitive Umstrukturierungen gesehen (Posner et al. 1982). Auch aus einer konstruktivistischen Sicht auf Lernen spielen Rückmeldungen eine wesentliche Rolle (z.B. Duit 1995). Konstruktivistische Lerntheorien betonen vor allem die Eigenaktivität des Lernenden, die Bedeutung der Lernumwelt und des sozialen Kontextes für die Eigenkonstruktion von Wissen. Es wird angenommen, dass Schülerinnen und Schüler Wissen nur dann später flexibel in Alltagssituationen anwenden können, wenn bereits im Unterricht mit authentischen Problemstellungen gearbeitet wurde. In diesen Lernsituationen erhalten Schülerinnen und Schüler durch die komplexe, authentische Lernumgebung sowohl Input als auch ständige Rückmeldung, wenn die gefundene Problemlösung in der realen Situation tatsächlich erprobt werden muss. Hinzu kommt, dass konstruktivistische Lerntheorien die soziale Konstruktion von Wissen betonen. Schülerinnen und Schüler sollen Problemstellungen in einer Kleingruppe diskutieren und erhalten dabei sowohl Input als auch Feedback von Mitschülerinnen und Mitschülern. Theorien selbstgesteuerten Lernens gehen noch einen Schritt weiter. Sie sprechen erst dann von einem eigenständigen Lernenden, wenn eine Person in der Lage ist, den eigenen Lernprozess zu überwachen und zu korrigieren, wenn jemand also selbst Rückmeldungen einholen und diese auch nutzen kann (z.B. Boekaerts 1997).

Rückmeldeformate

Schaut man sich Lernmaterialen, Tests und informelle Diagnoseverfahren genau an, findet man eine ganze Reihe unterschiedlicher Rückmeldeformate. Jacobs (2002) systematisierte wichtige Rückmeldeformate, die immer wieder in der Literatur diskutiert werden und die auch für die Entwicklung von Rückmeldungen innerhalb eines diagnostischen Verfahrens instruktiv sein können (Tabelle 3). Dabei wird zunächst zwischen einfachen und komplexen Rückmeldungen unterschieden. Einfache Rückmeldungen beziehen sich direkt auf die korrekte Lösung. Die korrekte Lösung wird entweder gleich nach dem ersten Versuch angezeigt oder es wird lediglich angezeigt, ob die Aufgabe falsch oder korrekt gelöst wurde und wie viele weitere Versuche möglich sind. Diese Unterscheidungen sind vor allem bei der Programmierung von geschlossenen Testaufgaben in computergestützten Diagnosesystemen relevant (Kapitel 9). Komplexe Rückmeldungen gehen über die eigentliche Lösungsmenge hinaus und geben weitere Hinweise (Lösungsschritte, weitere Beispiele, weitere Instruktionen). Am anspruchsvollsten sind adaptive Rückmeldungen, die gezielt auf den diagnostizierten Leistungsstand und eine qualitative Fehleranalyse eingehen.

Tab. 3: Rückmeldetypen nach Jacobs (2002)

Art des Feedbacks					
Einfache Rückmeldungen		Komplexe Rückmeldungen			
					Adaptive Rückmeldung
		Statische Rückmeldung			
Knowledge of result (KOR)	Answer until correct (AUC)	Knowledge of correct result (KCR)	Instruction based elaboration	Extra instructional elaboration	Bug related feedback
Zeigt an, ob die Lösung richtig oder falsch ist	Lösungsversuche wiederholen, bis richtige Antwort kommt	Nach der Antwort wird die richtige Lösung angezeigt	Lösungsschritte werden aufgezeigt und begründet	Neue Beispiele, Hinweise, Analogien werden präsentiert	Adaptive Rückmeldung aufgrund empirischer Fehleranalysen

Es gibt eine ganze Reihe von empirischen Studien zur Bestimmung von Feedbackeffekten in Abhängigkeit der Feedbackformate. Exemplarisch soll diese Forschungsrichtung an einer Studie veranschaulicht werden. Lipnevich und Smith (2009) führten mit Psychologiestudentinnen und -studenten eine quasiexperimentelle Studie zu Effekten der Variation von Feedback auf die Examensleistung durch (N = 464). Hierfür wurden drei Feedbackbedingungen für eine Schreibaufgabe während des Semesters realisiert:

• Kein Feedback
• Detailliertes Feedback vom Dozent übermittelt
• Detailliertes Feedback vom Computer übermittelt

Die Gruppe mit dem detaillierten Feedback hatte signifikant bessere Abschlussnoten. Die Übermittlungsmodalität (Dozent vs. Computer) hatte keinen Einfluss. Der positive Effekt des detaillierten Feedbacks wurde jedoch gemindert, wenn die Studierenden zusätzlich eine Ziffernnote oder ein verbales Lob erhielten.

Diese Einzelstudie deutet darauf hin, dass eine bestimmte Art von Rückmeldung lernwirksamer sein kann als eine andere Art von Rückmeldung. Einzelbefunde können jedoch nicht generalisiert werden. Aus diesem Grund wurde die Forschungslage zu Feedbackstudien von einer Reihe von Autorinnen und Autoren in Metaanalysen zusammengefasst (Anderson et al. 1971; Kulik/Kulik 1988; Bangert-Drowns et al. 1991; Kluger/DeNisi 1996, 1998; Hattie/Timperley 2007). Die Metaanalysen konnten wichtige Befunde herausarbeiten, deuten allerdings auch auf bestimmte Inkonsistenzen der Forschungslage hin (Kluger/DeNisi 1996; Shute 2008). Ein großer Teil der Feedbackstudien führte beispielsweise zu keinen oder sogar negativen Lerneffekten. Dies bedeutet, dass Rückmeldungen nicht per se lernwirksam sind. Sie müssen gezielt gestaltet werden, um nicht etwa negativ zu wirken. Die wichtigsten Befunde zur Gestaltung von Feedback werden in den nachfolgenden Abschnitten herausgearbeitet.

Wissensart und Feedback
Die Gestaltung effektiven Feedbacks hängt wesentlich von der Komplexität des zu diagnostizierenden Wissens ab (vgl. Abschnitt 2.2). Für einfache Aufgaben haben Rückmeldungen in der Regel substanzielle Effekte. Bei komplexen Aufgaben findet man eher geringe oder keine Effekte. Dies wird theoretisch damit erklärt, dass man mit zusätzlicher Anstrengung vor allem bei einfachen Aufgaben Leistungssteigerungen erzielen kann (z.B. mehr Üben, Auswendiglernen etc.). Bei komplexeren Aufgaben ist dies weniger der Fall (Kluger/DeNisi 1996). Es gibt ebenso Hinweise, dass bei motorischen Aufgaben Rückmeldungen weniger effektiv sind als bei Wissensaufgaben. Rückmeldungen können bei komplexeren Lernzielen nur dann zu Leistungssteigerungen beitragen, wenn Feedback zu vertieftem Verständnis führt (Hattie/Jaeger 1998). Die Rückmeldeinformationen müssen in diesen Fällen so genutzt werden, dass vorhandenes Wissen umstrukturiert werden kann. Dies erklärt auch den Befund, dass Formen des Verstärkungslernens in eher behavioristischen Lernkontexten relativ hohe Lerneffekte aufweisen können. Hierzu zählen Feedbackformen wie sie z.b. von Bloom (1974) als Teil von Mastery Learning beschrieben wurden (vgl. Kapitel 8). Auch materielle Belohnungen führen zu Lerneffekten, jedoch mit eher geringen Effektstärken.

Zeitpunkt der Rückmeldung
Ein weiterer, nicht zu vernachlässigender Aspekt für die Gestaltung effektiver Leistungsdiagnosen und Leistungsrückmeldungen ist die Frage des Zeitpunktes einer Rückmeldung innerhalb des Lehr-Lernprozesses. Aus lern- oder neurophysiologischer Sicht wäre zu fragen, wie schnell eine erwünschte neuronale Aktivierung bei einem Lernenden durch einen positiven emotionalen Zustand bestätigt und damit eher gefestigt werden sollte. Dabei kann man folgende Zeithorizonte unterscheiden:

- Bereits innerhalb des neuronalen Aktivierungszyklus kommt es zu positiven Emotionen, z.B. wenn eine Schülerin über eine Knobelaufgabe nachdenkt und bereits das ständige Durchspielen verschiedener Lösungsmöglichkeiten ihr Spaß bereitet, oder wenn beim Lösen eines Kreuzworträtsels allein das Ausfüllen einzelner Felder als Erfolgserlebnis wahrgenommen wird. In diesem Fall erfolgt eine positive Rückmeldung bereits innerhalb einer Aufgabe und die Schülerin kann sich selbst positiv verstärken. Gleiches kann auch für prozedurales Wissen gelten. Beispielsweise wenn ein Schüler im Turnunterricht einen Purzelbaum macht und noch während des Bewegungsablaufs (aufgrund der inneren Wahrnehmung von motorischen Abläufen) selbst erkennt, dass der Purzelbaum diesmal sehr gleichmäßig und harmonisch war. Eine Bestätigung durch die Lehrkraft kann die Verstärkung innerhalb der Aufgabe zwar noch ergänzen, könnte aber auch kontraproduktiv sein, weil damit die Selbstbeobachtung des Schülers wieder untergraben wird. Ein Schüler, der weiß, dass er nach jeder Turnübung einen Kommentar des Lehrers zu erwarten hat, verlässt sich weniger auf die eigene Selbstwahrnehmung.
- Schülerinnen und Schüler haben nicht immer bereits während des Nachdenkens, des Tuns oder des Bearbeitens von Aufgaben ein Gefühl für die Korrektheit. Viele Rückmeldungen erfolgen deshalb aus der Umwelt direkt nach Abschluss einer Handlung. Beispielsweise wenn eine Schülerin nach dem Zusammenbauen eines Holzhockers dessen Stabilität prüft und erkennt, dass die Holzverbindungen noch locker sind. Während des Zusammenbauens erhielt sie dazu noch keine Rückmeldung, erst direkt nach Abschluss der Handlungsabfolge.
- Der schulische Regelfall ist allerdings, dass Lernende auf bewusst erzeugte Rückmeldungen von außen angewiesen sind. Dies ist vor allem dann wichtig, wenn eine Aufgabe zu keinen eindeutigen emotionalen Zuständen führt (z.B. Schülerinnen und Schüler während der Bearbeitung lediglich ein diffuses Gefühl haben, dass das schon richtig sei, was sie tun) und die Umwelt keine direkte Rückkopplung zur Verfügung stellt. Auf einen Großteil der schulischen Lern- und Übungsaufgaben, deren Ergebnis zunächst einmal auf dem Papier steht und auf Kontrolle bzw. Korrektur wartet, trifft dies zu. Eine bestätigende oder korrigierende Rückmeldung muss entweder selbst erzeugt werden (aktive Selbstkontrolle) oder wird von einem Akteur aus dem Umfeld (Lernprogramm, Lehrerin oder Lehrer, Mitschülerin oder Mitschüler) zur Verfügung gestellt. Dabei kommt es notwendigerweise zu Verzögerungen zwischen neuronaler Aktivierung und emotionalem Zustand. Diese Verzögerung kann von wenigen Sekunden (sofortiges Feedback durch ein Lernprogramm oder einen sehr schnell reagierenden Lehrer) bis hin zu sehr großen Zeitintervallen (eine Klausur wird erst nach Wochen besprochen) reichen.

In der Lernforschung gibt es mittlerweile recht eindeutige Aussagen zur Frage des optimalen Zeitpunkts von Rückmeldungen. Einige Studien deuten darauf hin, dass sofortiges Feedback besser als verzögertes Feedback ist. Dihoff et al. (2002) ließen beispielsweise Studenten während des Seminars mehrere umfangreiche Multiple-Choice-Tests unter verschiedenen Feedbackbedingungen bearbeiten. Feedback unmittelbar nach jeder Aufgabenbeantwortung bewirkte signifikant bessere Behaltensleistungen als Rückmeldungen unmittelbar im Anschluss an die Bearbeitung des gesamten Tests sowie 24 Stunden nach der Bearbeitung des Tests.

Wenn die Lernenden die richtige Lösung vor dem Durchführen eines eigenen Lösungsversuchs prinzipiell einsehen können, führt dies zu schlechteren Lernergebnissen als eine strikte Kontrolle des Feedbacks (Anderson et al. 1971). Dieser Befund ist relativ konsistent, gilt aber für weniger komplexe Aufgaben und stammt vor allem aus Studien zur programmierten Instruktion. Die Kontrolle der Sichtbarkeit einer Lösung ist relevant bei der Entwicklung von Selbstlernmaterialien. Bei der Gestaltung elektronischer Tests lässt sich die Sichtbarkeit bzw. das Timing von Feedback ebenfalls kontrollieren.

Die Frage des Zeitpunkts von Rückmeldungen interagiert auch mit der Komplexität des Wissens. Bei weniger komplexen Lerninhalten (z.B. einfache Prozeduren, Rechenalgorithmen oder einfaches Faktenwissen wie Vokabeln) sind sofortige Rückmeldungen von Vorteil (Kulik/Kulik 1988). Vor allem wenn es um basale Fähigkeiten wie Einmaleins, Vokabelwissen, Rechtschreibstrategien etc. geht, ist schulisches Lernen folglich auf schnelle Rückmeldungen angewiesen. Bei komplexeren Lerninhalten (z.B. einen Text verfassen, ein Projekt durchführen etc.) müssen Rückmeldungen notwendigerweise auch komplexer sein und können somit nicht sofort gegeben werden. Im Gegenteil: Es ist eher störend, wenn ein Schüler beim Schreiben einer Geschichte sofort auf alle sprachlichen, stilistischen und inhaltlichen Fehler aufmerksam gemacht werden würde. Dies wäre demotivierend und würde auch nicht der Vorstellung von Schreiben als komplexem Problemlöseprozess entsprechen. Rückmeldungen sollten dann sukzessive erfolgen und dem Schüler ermöglichen, sich auf bestimmte Aspekte des Textes in einzelnen Überarbeitungsschritten zu konzentrieren.

Mit der Rückmeldung transportierte Informationen

Die Feedbackformate (Jacobs 2002) unterscheiden sich dahingehend, wie viel zusätzliche Information mit der Rückmeldung transportiert wird. In empirischen Studien zeigte sich, dass dies die Wirksamkeit von Feedback moderieren kann. Zusätzliche Informationen im Feedback bestimmen, welcher Standard (bzw. welches Lern- oder Handlungsziel) beim Empfänger des Feedbacks aktiviert wird. Hattie und Timperley (2007) unterscheiden hierfür zwischen vier Ebenen der Aufmerksamkeitsfokussierung:

- Ebene der Aufgabenlösung (FT: feedback about task performance)
- Ebene der Aufgabenbearbeitungsprozesse (FP: feedback about the process of understanding how to do a task)

- Ebene der Selbstregulation (FR: feedback about metacognitive regulation)
- Ebene der selbstbezogenen Kognitionen (FS: feedback about the self)

Das unmittelbare Feedback auf der Aufgabenebene führt bei wenig komplexen Aufgaben (z.B. Silben memorieren) zu hohen Effekten (vgl. Bangert-Drowns et al. 1991). Diese Effekte sind allerdings nicht auf andere Aufgaben transferierbar. Auch die Feedback-Valenz spielt eine Rolle. Positive Rückmeldungen zur Aufgabenlösung (FT) sind hoch effektiv; negative Rückmeldungen zur Aufgabenlösung (FT) sind nur dann hoch effektiv, wenn Korrekturhinweise gegeben werden.

Feedback zum Aufgabenlösungsprozess (FP) regt die Schülerinnen und Schüler an, ihre Lösungswege zu überprüfen, Fehler zu reflektieren und neue Lösungsansätze zu erproben. Diese Art von Feedback führt zu einem vertieften Verständnis. Rückmeldungen zum Aufgabenbearbeitungsprozess sind effektiver, wenn sie zeitverzögert erfolgen. Ebenso wird angenommen, dass FP zwar zu geringeren Lernraten im Vergleich zu FT führt, jedoch Transfer auf ähnliche Aufgabenstellungen eher möglich ist und damit FP zu nachhaltigerem Lernen beitragen kann.

Feedback zur Selbstregulation (FR) betrifft die Frage, wie Schülerinnen und Schüler ihren Lernprozess bezogen auf das Lernziel organisieren, überwachen und adjustieren. Zur Selbstregulation gehören konkrete Handlungsstrategien, Einstellungen und Wahrnehmungsmuster. FR ist weit von den fachlichen Aufgabenbearbeitungsprozessen bzw. von der konkreten Aufgabenlösung entfernt. In der Feedbackinterventionstheorie wird deshalb angenommen, dass sich Effekte einer Rückmeldung zu Selbstregulationsstrategien nur über einen längeren Zeitraum feststellen lassen. Die Feedbackinterventionstheorie sagt, dass bei einer Aufmerksamkeitsverlagerung auf das Selbst (FS), z.B. durch Lob oder eine auf die Person bezogene Kritik, eine geringere Leistungssteigerung zu erwarten ist, weil durch affektive Reaktionen kognitive Ressourcen für die Aufgabenbearbeitung gebunden werden. Diese Annahme wird gestützt durch Teilbefunde der Metaanalysen, die zeigen, dass computerbasierte Rückmeldungen effektiver sind als verbale Rückmeldungen. Auch normative Hinweise (z.B. Vergleiche mit anderen Personen, Normen etc.) führen zu einer Verlagerung der Aufmerksamkeit auf das Selbst. Dagegen sind rein kriteriumsbezogene Rückmeldungen effektiver. Allerdings muss eine Interaktion mit der Aufgabenkomplexität beachtet werden. Bei komplexen Aufgaben kommt es zu einer Reduktion der Leistung durch FS, weil kognitive Kapazität durch selbstbezogene Gedanken gebunden wird. Dagegen gibt es empirische Hinweise, dass selbstbezogenes Feedback (v.a. Lob) bei einfachen Aufgaben aufgrund der sozialen Kontrolle und der damit verbundenen Erhöhung der Anstrengung zu einer Leistungssteigerung führt.

Interaktionen zwischen Rückmeldungen und personale Voraussetzungen
Von hoher Bedeutung für die Effektivität von Rückmeldungen sind auch personale Variablen. Wenn sich der Lernende klare, spezifische und anspruchsvolle Ziele bezüglich der rückgemeldeten Leistung setzt, vor allem bei komplexen Aufgaben,

führt dies zu Leistungssteigerungen. Persönlichkeitsvariablen, die den Effekt von Rückmeldungen beeinflussen sind zudem Selbstwertgefühl, Kontrollüberzeugungen und Leistungsorientierung (Kluger/DeNisi 1996). Beispielsweise tendieren Personen mit geringem Selbstwertgefühl und hoher Ängstlichkeit dazu, negative Stimuli zu vermeiden. Bei Feedbackschleifen mit negativem Vorzeichen wird somit eher Aufmerksamkeit auf die Ebene des Selbst verlagert.

Ebenso hängen Leistungssteigerungen durch Feedback davon ab, ob es Schülerinnen und Schülern gelingt, mit Feedback ihre Selbsteinschätzungen zu korrigieren, anstatt diese nur zu bestätigen (Hattie/Jaeger 1998). King und Young (2002) sprechen in diesem Zusammenhang von Feedback-Sensibilität von Personen. Personen unterscheiden sich hinsichtlich ihrer Reaktion auf externe Stimuli, die Gefahr bedeuten könnten. Feedback, vor allem bei einer hohen Feedback-Standard-Differenz, ist immer bedrohlich für das Individuum. Wenn psychische Abwehrmechanismen nicht aktiviert sind, ist Lernen in Folge von Feedback allerdings wahrscheinlicher. Ab einer bestimmten Intensität des Feedbacks werden die Abwehrmechanismen aktiviert und Lernen wird unwahrscheinlich. Ideal sind sensitive Personen mit positiven Attributionsmustern (internal, nicht zufällig).

Zusammenfassung

Leistungsdiagnosen liefern neutrale Informationen, die nur durch eine Interpretation an Wert gewinnen können. Sowohl Messdaten aus standardisierten Diagnoseverfahren als auch informelle Beobachtungen während des Unterrichts müssen deshalb vor dem Hintergrund eines bestimmten Referenzmaßstabs eingeordnet und bewertet werden. Hierfür stehen zunächst einmal drei verschiedene Bezugsnormen zur Verfügung. Eine soziale Bezugsnorm kommt zur Anwendung, wenn Messdaten mit Vergleichsdaten anderer Schülerinnen und Schüler oder einer größeren Eichstichprobe verglichen werden. Von einer individuellen Bezugsnorm spricht man, wenn die Leistungsdaten eines Schülers oder einer Schülerin mit vorangehenden Leistungsdaten verglichen werden. Eine kriteriale Bezugsnorm liegt vor, wenn die Messwerte entlang von sachlich begründeten Kriterien (in der Regel konkret operationalisierbare Lernziele) angeordnet werden können.

Welcher Standard bzw. welche Bezugsnorm gewählt werden kann, hängt allerdings von den theoretischen Modellen des Wissenserwerbs bzw. der kognitiven Wissensstrukturierung ab. Die meisten standardisierten Leistungstests basieren auf eindimensionalen Wissensmodellen und ermöglichen interindividuelle Vergleiche. In schulischen Lerndomänen haben es Lehrkräfte jedoch mit komplex vernetzten Wissensstrukturen zu tun. Wissenserwerbsmodelle existieren zudem nur für einen kleinen Teil der schulischen Lerndomänen. Damit bleibt die Expertise der Lehrerinnen und Lehrer der wichtigste Bezugsmaßstab für die Einordnung und Interpretation von Messdaten.

Bei der Interpretation von Messdaten können Fehler auftreten. Diese lassen sich in drei Urteilsfehlerkategorien sortieren: Ungleichmäßige Ausschöpfung des Beurteilungsspielraums, Inferenzfehler und Referenzrahmeneffekte.

Ein wesentlicher Teil von Leistungsdiagnosen sind die Rückmeldungen an Schülerinnen und Schüler. Studien zeigen, dass die Lernwirksamkeit einer Leistungsdiagnose (im Sinne einer formativen Diagnostik) je nach Rückmeldeformat erheblich variieren kann. Die wichtigsten Befunde lassen sich wie folgt zusammenfassen:

- Besonders leistungsförderlich sind häufige, positive Rückmeldungen direkt nachdem ein Schüler ein gewünschtes Lernverhalten gezeigt hat.
- Leistungsrückmeldungen wirken dann am nachhaltigsten und können zu vertieftem Lernen beitragen, wenn sie die Aufmerksamkeit von der Ebene der reinen Aufgabenlösung auf die Ebene der Bearbeitungsprozesse lenken können. Dies kann vor allem die mit dem Feedback transportierte Information leisten (Hinweise auf Lösungswege, Fehlerquellen etc.).
- Leistungsrückmeldungen, die auf die Ebene des Selbst zielen (z.B. Lob oder globale, destruktive Kritik), haben nur geringe bzw. sogar negative Effekte. Vor allem wenn die Rückmeldung so gestaltet wird, dass der Rezipient entweder gelobt oder getadelt wird, sind die Effekte gering.
- Auch die personalisierte Rückmeldung birgt Nachteile im Vergleich zu einer schriftlichen Rückmeldung oder Rückmeldungen durch den Computer. Der Lernende fühlt sich weniger normativ evaluiert und kann sich besser auf die Details der Rückmeldung konzentrieren.
- Leistungsförderlich sind Rückmeldungen zur Aufgabenbearbeitung und Rückmeldungen, die sich auf eine vorausgehende Leistung beziehen (individuelle Bezugsnorm). Allerdings muss es dem Lernenden möglich sein, das eigene Lernverhalten mit der Rückmeldung in Verbindung zu bringen.
- Auch die Art der Aufgabenstellung spielt eine Rolle. Bei einfachen Aufgaben sind häufige Rückmeldungen sehr wirksam. Bei komplexeren Aufgaben findet man eher keine Effekte. Dies wird theoretisch damit erklärt, dass man mit zusätzlicher Motivation vor allem bei einfachen Aufgaben Leistungssteigerungen erzielen kann, was bei komplexeren Aufgaben weniger der Fall ist.
- Wenn sich der Lernende klare, spezifische und anspruchsvolle Ziele bezüglich der zurückgemeldeten Leistung setzt, vor allem bei komplexen Aufgaben, führt dies zu Leistungssteigerungen.
- Die Wirkung von Rückmeldungen hängt auch von Persönlichkeitsvariablen ab (z.B. Selbstwertgefühl, Kontrollüberzeugungen oder Leistungsorientierung). Beispielsweise tendieren Personen mit geringem Selbstwertgefühl und hoher Ängstlichkeit dazu, negatives Feedback zu vermeiden.

6 Nebengütekriterien: Testökonomie, Fairness und Effizienz diagnostischer Verfahren

▶ In diesem Kapitel geht es um weitere Kriterien zur Beurteilung der Güte von Leistungsdiagnosen.
- Für den Einsatz in der täglichen Praxis müssen Diagnoseverfahren praktikabel sein. Die in Bildungseinrichtungen begrenzt zur Verfügung stehenden Ressourcen müssen berücksichtigt werden.
- Ein zweites Nebengütekriterium ist die Testfairness. Es muss vor allem gefragt werden, ob man Schülerinnen und Schülern mit besonderen, dauerhaften Schwierigkeiten in grundlegenden Wissensbereichen gewisse Hilfen bei der Testdurchführung gewähren sollte.
- Nicht zuletzt gilt es auch die Effizienz von diagnostischen Verfahren zu hinterfragen. Steht der Durchführungs- und Auswertungsaufwand in einem vertretbaren Verhältnis zum Ertrag, d.h. zum Mehrwert an diagnostischer Information oder zu den Effekten auf den weiteren Lernprozess?

Es gibt eine lange Forschungstradition in der pädagogischen Psychologie, die sich mit der Güte von Ziffernnoten in der Schule auseinandersetzt (z.B. Ingenkamp 1995). Dabei konnte immer wieder gezeigt werden, dass schulische Leistungsmessungen nicht immer den psychometrischen Testgütekriterien entsprechen. Andererseits wird argumentiert, dass die klassischen Gütekriterien Objektivität, Reliabilität und Validität auch nicht die einzigen Maßstäbe zur Beurteilung von Leistungsdiagnosen sein können. Jede Leistungsdiagnose muss diesen Testgütekriterien zwar zu einem bestimmten Maß genügen. Es kommt aber genauso auf weitere Gütekriterien, sog. Nebengütekriterien an. Cronbach (1988) forderte z.B. eine Ausweitung des Begriffs Validität. Die Funktion eines Tests sowie dessen Nutzen und Konsequenzen sollten stärker in das Blickfeld genommen werden. Diese Forderung gilt vor allem für den schulischen Bereich, weil sich hier unterschiedliche Funktionen von Leistungsdiagnosen oft diametral gegenüberstehen (Förderung vs. Zertifizierung). Hargreaves (2007) spricht in diesem Zusammenhang von „consequential validity". Führt eine Leistungsdiagnose zu weiterem Lernen (vgl. formative Leistungsdiagnostik)? Oder allgemeiner: Ist die Diagnose vereinbar mit den Werten und Normen der sozialen Praxis, in der sie durchgeführt wird?

Es macht also Sinn, zur Beurteilung von diagnostischen Verfahren noch weitere Gütekriterien bzw. Beurteilungsdimensionen heranzuziehen:

- Testökonomie bzw. Praktikabilität
- Testfairness
- Effektivität und Effizienz

Diagnostische Verfahren werden nur dann in der Bildungspraxis nachhaltig aufgegriffen und implementiert, wenn sie diesen Nebengütekriterien auch genügen.

6.1 Praktikabilität und Testökonomie

Die in den vorangehenden Kapiteln dargestellten Kategorien zur Analyse und Gestaltung pädagogischer Diagnostik lassen die Ressourcenknappheit in der Bildungspraxis zunächst einmal außer Acht. Jede diagnostische Intervention unterliegt, wie jegliches Handeln in der pädagogischen Praxis, aber finanziellen, zeitlichen und organisatorischen Beschränkungen. Diese gilt es bei der Gestaltung von diagnostischen Verfahren genauso zu berücksichtigen wie Fragen der Testtheorie oder der Interpretation von Messwerten.

Ein wesentliches Problem der Praktikabilität von diagnostischen Verfahren ist ihre Verfügbarkeit. Die Praxis schulischer Leistungsdiagnostik ist geprägt von Leistungstests, die von Lehrkräften weitgehend eigenständig erstellt und im Laufe der Jahre modifiziert wurden. Dies liegt zunächst einmal an der Notwendigkeit, die auf Notengebung ausgerichtete Leistungsbeurteilung gezielt auf die Lehrplaninhalte auszurichten. Da die Vorgehensweise im Unterricht wenig standardisiert ist, können auch die Leistungsdiagnosen nicht standardisiert werden. Ein erster Schritt hin zu einer leichteren Zugänglichkeit zu Leistungsdiagnosen sind Schulbücher und die dazu passenden Lehrermaterialien. Die Schulbuchverlage entwickeln zunehmend Lehrwerke, die den Lehrkräften diagnostische Verfahren sowohl zu formativen als auch summativen Zwecken zur Verfügung stellen.

Ein großes Problem sind weiterhin die standardisierten, kommerziellen Diagnoseverfahren, z.B. zu spezifischen Entwicklungsstörungen oder zur Übergangsdiagnostik. Von Lehrkräften wird zunehmend verlangt, dass sie vor dem Hintergrund zahlreicher neuer Herausforderungen (z.B. Inklusion) auch individualdiagnostisch arbeiten können. Hierzu fehlen aber häufig sowohl die pädagogisch-diagnostischen Kenntnisse als auch ein einfacher und für Schulen kostengünstiger Zugang zu standardisierten Testverfahren.

Ein weiteres Kriterium zur Beurteilung der Praktikabilität bzw. der Testökonomie ist die Zeit, die für die gesamte Anwendung eines diagnostischen Verfahrens benötigt wird. Lehrkräfte werden nur dann eine systematische Diagnose der Lernvoraussetzungen zu Beginn eines Schuljahres durchführen, wenn sich der zeitliche Aufwand hierfür in Grenzen hält. Man hat es im Schulsystem bisher noch nicht geschafft, den zeitlichen Aufwand für die Durchführung von Eingangsdiagnosen,

Förderdiagnosen aber auch Selektionsdiagnosen gesondert auszuweisen und organisatorisch zu regeln. Aus diesem Grund mussen Lehrkräfte sehr gut planen, in welchem Zeitumfang und in welchem Zeitfenster welche Diagnoseverfahren durchgeführt werden können.

Ebenso ist zu überlegen, wie der Durchführungs- und Auswertungsaufwand reduziert werden kann. Hierzu einige Stichworte:

Computergestützte Testverfahren nutzen (vgl. Kapitel 9)

Wiederholt einsetzbare, formative Lernverlaufsdiagnosen (vgl. Abschnitt 8.3)

Schülerinnen und Schüler befähigen, den eigenen Lernstand gut einzuschätzen (self assessment)

Gruppentests sind ebenfalls ökonomisch und bieten oft neue Perspektiven auf das Wissen der Kinder (z.B. der Gruppentest zur Früherkennung von Lese- und Rechtschreibschwierigkeiten PB-LRS von Barth/Gomm 2008)

Ein weiteres Problem ist die Praktikabilität der Dokumentation von Testergebnissen. Das klassische Verfahren im Schulbereich ist das berühmte „rote Notenbuch" der Lehrerin bzw. des Lehrers. Noten aus mündlichen oder schriftlichen Leistungsmessungen werden in winzigen Tabellen schriftlich fixiert und dienen am Ende eines Schulhalbjahres für die Berechnung eines Notendurchschnitts. Bei Elterngesprächen oder gelegentlichen Rückfragen von Schülerinnen und Schülern ist dann dieses Notenbüchlein oft die einzige Datengrundlage für ein beratendes Gespräch. Mit einer zeitgemäßen und schülerorientierten Diagnostik hat diese Art der Dokumentation nichts mehr zu tun. Die Anwendung differenzierter diagnostischer Instrumente führt auch zu einer Vielfalt unterschiedlichster Messwerte und Beobachtungsdaten bis hin zu qualitativen Beschreibungen oder Beurteilungen. Dies lässt sich nicht mehr in kleinen Tabellen handschriftlich sammeln. Einfache Alternativen hierzu sind EXCEL-Tabellen, die es ermöglichen, eine beliebig große Datenmenge systematisch, tabellarisch zu ordnen und zu verwalten. Eine Deutschlehrkraft könnte in einer entsprechenden EXCEL-Tabelle beispielsweise sowohl Noten als auch schriftliche Beobachtungen oder qualitative Fehleranalysen, die im Rahmen der Korrektur von Schreibprodukten entstehen, einfach und übersichtlich archivieren.

6.2 Testfairness und individuelle Anpassungen

Die Testfairness hängt zunächst einmal mit der Objektivität von diagnostischen Verfahren zusammen (4.2). Ist das gesamte diagnostische Verfahren für Lehrkräfte, Schülerinnen und Schüler sowie weitere beteiligte Personen (Eltern, Kolleginnen und Kollegen etc.) verständlich und nachvollziehbar? Dies betrifft vor allem die Handreichungen zur Durchführung, Auswertung und Interpretation von standardisierten Diagnoseverfahren.

Testfairness hängt zwar wesentlich von einer objektiven, standardisierten Durchführung, Auswertung und Interpretation ab, ist jedoch mehr als reine Objektivität. Aus Gründen der Fairness kann es auch einmal notwendig sein, auf eine Gleichbehandlung aller Testteilnehmerinnen und Testteilnehmer zu verzichten. Dies wird vor allem in mehr und mehr inklusiven Lernsettings der Fall sein. Je nach individuellen Bedingungen oder Einschränkungen können weitere Lernhilfen während eines Tests gewährt werden. Auch die Bearbeitungszeit kann an individuelle Lernlagen angepasst werden.

Internationale Literatur zu dieser Thematik findet man unter dem ERIC-Deskriptor „Accommodations for Testing/Testing Accommodation: Alteration of standardized or otherwise typical procedures that are employed in the administration of tests to facilitate test taking by persons with physical or learning disabilities, limited English proficiency, or other special needs" (www.eric.ed.gov).

6.3 Effektivität und Effizienz

Effektivität bedeutet, dass man mit einer Maßnahme auch das Ziel erreicht, das die Maßnahme zu erreichen vorgibt. Diagnostische Verfahren werden je nach Funktion mit sehr unterschiedlichen Zielen in Verbindung gebracht. Eine individuelle Rechtschreibdiagnostik für Klasse 5 ist dann effektiv, wenn man mit diesem Verfahren das Rechtschreibwissen sowie Fehlerschwerpunkte einzelner Schülerinnen und Schüler sehr genau erfassen und dokumentieren kann. Die Kosten des Tests und die Durchführungs- und Auswertungszeit spielen dabei keine Rolle. Eine Abiturprüfung ist dann effektiv, wenn die Leistungsunterschiede zwischen Schülerinnen und Schülern am Ende der Gymnasialzeit deutlich sichtbar gemacht werden können und dies von der überwiegenden Mehrheit der beteiligten Personen auch akzeptiert wird. Ein (formativer) Vokabelübungstest ist dann effektiv, wenn sich die Schülerinnen und Schüler nach dem Test anstrengen, die nicht korrekten Vokabeln nachzulernen.

Studien zur Effektivität von diagnostischen Verfahren müssen sich somit an den Zielen eines Tests orientieren. Die Messgüte individualdiagnostischer Verfahren wird in der Regel in aufwändigen Pilotierungsstudien mit Eichstichproben geprüft. Die prognostische Qualität von Zeugnisnoten oder Bildungsempfehlungen ist ebenfalls Gegenstand einer ganzen Forschungsrichtung (vgl. Kapitel 7.1). Empirische Studien zu formativer Leistungsdiagnostik betrachten dagegen nicht die Diagnosegüte der Verfahren, sondern deren Effekte auf nachfolgende Lernprozesse und Lernleistungssteigerungen (vgl. Kapitel 8.1).

Bei der Effektivität von Leistungstests lässt man allerdings die für das diagnostische Verfahren aufgewendeten Kosten außer Acht. Bei einem effizienten Diagnoseverfahren hätte man zu möglichst geringen Kosten einen sehr hohen Effekt. Für die

Schätzung der Effizienz von Leistungstests müssen Kosten und Nutzen allerdings exakt beziffert werden. Die Schätzung der Kosten ist in der Regel noch eine gut überschaubare Angelegenheit. Wenn man an einer Schule einen standardisierten Rechtschreibtest anschaffen möchte, kann man die Kosten in Abhängigkeit der Klassengrößen und der geplanten Einsatzhäufigkeit bestimmen. Auch die für die Testdurchführung benötigte Zeit lässt sich einschätzen. Wie aber kann man den Nutzen bzw. den Ertrag diagnostischer Verfahren ermitteln? Klassische Verfahren der Leistungsbewertung in Schulen dienen der Notengebung und man würde sagen, dass dies Teil eines gesetzlich geforderten Selektionsauftrags von Schulen ist. Die hierfür notwendigen Lehrerzeitstunden sind in das allgemeine Stundendeputat eingepreist. Man fragt nicht nach der Effizient einer Maßnahme, die „naturgegeben" erscheint.

In der internationalen, empirischen Lehr-Lernforschung zu Assessment-Verfahren sieht man dies anders. In einem betrieblichen Kontext würde man zum Beispiel fragen, ob ein aufwändiges Assessment-Verfahren für die Auswahl von Bewerberinnen und Bewerbern tatsächlich zu einer besseren Personalrekrutierung beiträgt und wie sich dies wohl über die Jahre hinweg bezahlt machen würde. Erst wenn diese Effizienzabschätzung im positiven Bereich ist, würde sich eine Firma entscheiden, in ein neues Assessment-Verfahren zu investieren. Für den Schulbereich wird diese Frage virulent, wenn man so etwas wie eine „Währung" hat und nicht mehr von fixierten, gesetzlichen Aufträgen, die es abzuarbeiten gilt, ausgeht. Bereits seit Jahrzehnten hat das amerikanische Schulsystem in den nationalen Tests diese Währung zur Beurteilung schulischer Leistungen eingeführt. Damit werden auch Investitionen jeglicher Art in das Bildungssystem direkt messbar. Und deshalb stellt man in diesem Kontext nicht nur die Frage, ob ein diagnostisches Verfahren zur Verbesserung der Lernleistungen beitragen kann, sondern wie groß die Leistungssteigerungen bei einem bestimmten Mitteleinsatz sein können.

Dies führte zu einem eigenen Forschungszweig innerhalb der Lehr-Lernforschung. Man vergleicht die Effizienz unterschiedlicher Bildungsinvestitionen miteinander und schließt darin auch verschiedene diagnostische Verfahren ein (z.B. Yeh 2007, 2009). Basis dieser Effizienzberechnungen sind differenzierte Angaben für die Kosten diagnostischer Verfahren einerseits und Effektstärken aus Studien zur Evaluation diagnostischer Interventionen andererseits. Effektstärken zu unterschiedlichen Arten von diagnostischen Interventionen werden in zahlreichen Metaanalysen erster und zweiter Ordnung berichtet (z.B. Kulik et al. 1990; Hattie 2009). Mastery Learning ist beispielsweise ein Lernprogramm mit häufigen, kurzen Leistungsüberprüfungen und darauf ausgerichteten Hilfestellungen und erzielt eine substanzielle Effektstärke von .58 (Effektstärken über .40 werden von Hattie als substanziell, d.h. praktisch relevant bezeichnet). Die Häufigkeit der Durchführung von Tests erreicht dagegen nur eine Effektstärke von .34. Die höchsten Effekte erzielt man mit formativer Leistungsdiagnostik (.90).

Die Berechnung von Effektstärken für einzelne pädagogische Interventionen ist natürlich nicht ganz unproblematisch und die Zahlen dürfen nicht eine exakte Objektivität vortäuschen. Es handelt sich sehr häufig um Studien aus dem US-amerikanischen Kontext, weil hier mit einer langjährigen Tradition zentraler Tests auch eine „Währung" vorliegt, die Vergleichsuntersuchungen zur Effektivität unterschiedlicher Interventionen überhaupt erst ermöglicht. Hinzu kommt, dass die Datenbasis vieler Metaanalysen Jahrzehnte zurückreicht und fachspezifische Effekte in aggregierten Daten verschwinden. Trotz dieser Einschränkungen erlauben Effektstärken zumindest eine grobe Abschätzung von Effektivität und zusammen mit der Kostenberechnung eine grobe Abschätzung der Effizienz pädagogischer Maßnahmen. Und von diesen Effizienzüberlegungen dürfen auch Leistungsdiagnosen im Schulsystem nicht ausgeschlossen werden, weil sie genauso Ressourcen in Anspruch nehmen wie jede andere Unterrichtsmaßnahme.

Zusammenfassung
Für die pädagogische Praxis spielen die sog. „Nebengütekriterien" Praktikabilität bzw. Testökonomie, Testfairness sowie Effektivität und Effizienz diagnostischer Verfahren eine sehr große Rolle.
Praktikabilität und Testökonomie bedeuten, dass ein diagnostisches Verfahren in einem angemessenen Zeitrahmen, mit angemessenen finanziellen Mitteln oder anderweitigen Ressourcen durchgeführt werden kann.
Testfairness hängt vom Ziel des diagnostischen Verfahrens und den Schülerinnen und Schülern ab. Geht es um eine Auswahl von Besten, so erwartet man ein transparentes, objektives und für alle gleiches Diagnoseverfahren. Geht es um die Zertifizierung von schulischen Leistungen (Noten, Abschlusszertifikate etc.), so kann eine Anpassung der Durchführungsmodalitäten an individuelle Einschränkungen die Testfairness gewährleisten (z.B. Nachteilsausgleich bei LRS-Kindern, längere Bearbeitungszeit bei Schülerinnen oder Schülern mit körperlichen Behinderungen etc.).
Effektivität bedeutet, dass mit einem diagnostischen Verfahren auch die damit verknüpften Ziele erreicht werden können. Ziele diagnostischer Verfahren können je nach Funktion sehr unterschiedlich sein: Genaue Individualdiagnostik, breite Erfassung von Kompetenzständen, Bestenauslese oder Steigerung der Motivation und damit der zukünftigen Schulleistungen.
Effizienz bedeutet, dass die für ein diagnostisches Verfahren aufgewendeten Ressourcen (Zeit, Geld, psychische Kosten wie z.B. Versagensängste der Schülerinnen und Schüler) in einem günstigen Verhältnis zu den Erträgen stehen.

7 Summative Leistungsdiagnostik

Unter summativer Diagnostik versteht man die abschließende Beurteilung des Erfolges von Lehr-Lernprozessen. In der Regel wird die summative Diagnostik mit Zertifizierungsentscheidungen (Noten, Zeugnisse) oder Bildungswegent-scheidungen (Schulwechsel, Eignungsprüfungen) verknüpft. Folgende Aspekte und Problemfelder der summativen Diagnostik im Bildungssystem, speziell im Schulsystem sollen besprochen werden:

- Was weiß man aus der empirischen Bildungsforschung über die Güte sum-mativer Diagnoseverfahren? Hierbei geht es sowohl um die Verfahren, die zur Notengebung herangezogen werden, als auch um die Praxis der Noten-gebung selbst.
- Die Praxis summativer Leistungsdiagnostik wird als ein wesentlicher Grund für die hohe soziale Selektivität des deutschen Schulsystems genannt. Die Hauptargumentationslinie für diese These sowie wichtige empirische Befun-de hierzu werden skizziert.
- Es gibt eine Fülle von Vorschlägen, die summative Diagnosepraxis vor allem an Schulen zu verbessern, d.h. vor allem gerechter zu gestalten. Einige dieser Vorschläge werden exemplarisch vorgestellt.

Schulen haben in modernen Gesellschaften nicht nur die Aufgabe, den Nachwuchs zu erziehen und für das spätere berufliche Leben zu qualifizieren, vielmehr ist eine ihrer Hauptfunktionen die möglichst leistungsgerechte Zuteilung von beruflichen Chancen. Schultheoretiker sprechen in diesem Zusammenhang von einer Selek-tionsfunktion (Aussortieren) bzw. Allokationsfunktion (Zuweisen von Chancen) des Schulwesens (z.B. Fend 1980). Betrachtet man die Geschichte des Schulwe-sens, gewinnt diese Aufgabe eine noch größere Bedeutung. Es zeigte sich immer wieder, dass sich Schularten dann gesellschaftlich etablieren und an Prestige und Bedeutung gewinnen, wenn sie ein für den individuellen Karriereweg bedeutsames Zertifikat vergeben können. Dies gelang zunächst den Gymnasien. Mit der schritt-weisen Einführung des Abiturs als Zulassungsvoraussetzung für die universitären Studien konnte ein Rekrutierungsweg für den höheren Beamtenstand im Staat gebahnt werden, der vor allem vom Bürgertum des 19. Jahrhunderts genutzt wur-de, um sich neben dem Adel als gesellschaftlich bedeutsame Gruppe auf Dauer zu etablieren. Gegen Ende des 19. Jahrhunderts gelang es dann den Oberrealschulen bzw. Realgymnasien nach langwierigen Auseinandersetzungen ebenfalls die Hochschulreife vergeben zu können. Eine Volksschule hatte man dagegen lange Zeit ohne Zertifikat verlassen. Die Einführung einer beruflich relevanten Hauptschulabschlussprüfung im Zuge der Bildungsreformen in den 1960er Jahren führte auch hier zu einer Aufwertung der Schulart.

Da schulische Abschlusszertifikate schon immer sehr bedeutsam waren, konnte sich ein differenziertes und justiziables System der Generierung und Begründung von Zertifikaten bzw. Schulformzuweisungen etablieren. Wichtige selektionsdiagnostische Verfahren hängen dabei in der Regel mit Übergängen im Bildungssystem zusammen:

- Diagnose von Entwicklungsstörungen im vorschulischen und schulischen Bereich. Es muss entschieden werden, ob ein sonderpädagogischer Förderbedarf angemeldet werden kann oder eine Beschulung in einer sonderpädagogischen Einrichtung erfolgen soll.
- Diagnose der Schulfähigkeit im Zuge der Einschulung. Soll ein Kind frühzeitig eingeschult werden? Muss es aufgrund von Entwicklungsverzögerungen zurückgestellt werden? Kann die Einschulung trotz bestimmter Entwicklungsverzögerungen vorgenommen werden, wenn in der Schuleingangsphase individuell darauf reagiert werden kann?
- Diagnosen im Rahmen der Empfehlung für eine weiterführende Schulart. Obwohl die verbindliche Grundschulempfehlung in den meisten Bundesländern aufgehoben wurde, spielt die Empfehlung der Lehrkräfte eine wichtige Rolle bei der Selektionsentscheidung, die dann letztendlich von den Eltern getroffen wird.
- Versetzungsentscheidungen am Ende eines jeden Schuljahres basieren auf kontinuierlichen Leistungsmessungen in den Schulfächern.
- Abschlussprüfungen sind immer noch die wichtigsten Zertifikate für den späteren Berufsweg: Hauptschulabschluss, Mittlerer Schulabschluss, Abitur.
- Berufseignungsprüfungen oder Studieneingangsprüfungen ergänzen zunehmend die Abschlussprüfungen bei der Auswahl von Bewerberinnen und Bewerbern für Studienplätze, Ausbildungsplätze und Stellen.

Je nach Übergang und Diagnoseverfahren stehen einmal mehr die Selektion und einmal mehr die Zertifizierung im Vordergrund. Das Abitur ist ein Zertifikat, das einen erfolgreich abgeschlossenen Bildungsgang dokumentiert. Es kann, muss aber nicht zu einer Selektionsentscheidung beitragen. Selektionsdiagnostische Relevanz erhält das Abitur als Zugangsvoraussetzung für Studiengänge. Schulfähigkeitstests haben dagegen ganz den Charakter einer Selektionsdiagnostik. Es soll entschieden werden, ob ein Kind eingeschult werden soll oder nicht. Überwiegt die Funktion der Zertifizierung, spielt vor allem die curriculare Validität eine Rolle, um die Güte des diagnostischen Verfahrens zu beurteilen. Das Abitur muss das prüfen, was in den Lehrplänen des Gymnasiums vorgeschrieben ist. Überwiegt die Funktion der Selektionsdiagnostik, dann spielt das Kriterium der prognostischen Validität eine Rolle, um die Güte des Diagnoseverfahrens beurteilen zu können. Ein Schulfähigkeitstest muss valide prognostizieren können, ob eine Schülerin oder ein Schuler die Eingangsstufe der Grundschule erfolgreich absolvieren kann oder nicht.

7.1 Testgüte summativer Diagnoseverfahren

Die Bedeutung von Noten und Abschlusszertifikaten führte zu einer umfangreichen empirischen Forschung über die Güte schulischer Leistungsdiagnosen. Wie geforscht wurde und welche Mängel bei vorwiegend selektionsdiagnostischen Verfahren festgestellt wurden, soll wieder beispielhaft gezeigt werden. Prototypisch ist die kontroverse Diskussion über Diktate als Instrument der Selektionsdiagnostik im Schulsystem. Diktate gelten als ein sehr objektives Diagnoseverfahren und werden deshalb auch gerne zur Begründung von Noten herangezogen. In der Deutschdidaktik wird die Sinnhaftigkeit von Diktaten als Diagnoseverfahren allerdings stark angezweifelt (z.B. Brinkmann 2004; Fix 1994, 2004; Birkel 2009). Wesentliche Argumente sind, dass es sich um einen unnatürlichen Kontext handelt, die Aussprache der Lehrkräfte nicht der natürlichen Sprache entspricht, Texte mit einer unnatürlichen Häufung bestimmter Rechtschreibphänomene eingesetzt werden und letztendlich eher eine Memorierleistung getestet wird. Sehr oft wird das Diktat auch als Disziplinierungsmaßnahme herangezogen.

Studien zur Prüfung der Objektivität von Diktaten fundieren diese Kritik. Bereits Zillig (1928) fand heraus, dass Lehrkräfte bei leistungsschwächeren Schülerinnen und Schülern weniger Fehler im Diktat übersehen als bei leistungsstärkeren Schülerinnen und Schülern. Die Erwartung, mit vielen Fehlern konfrontiert zu werden, schärft die Aufmerksamkeit der Lehrkräfte beim Korrigieren. Birkel (2009) stellte fest, dass Lehrekräfte Fehler in Diktaten sehr unterschiedlich identifizieren und bewerten. Mit Mehrfachfehlern in einem Wort wird unterschiedlich verfahren. Viele Lehrkräfte gaben eine Umrechnungsformel für die Benotung eines Diktats an. Die Herkunft dieser Formel konnte nicht ermittelt werden. Zudem fanden Lehrer weniger Fehler als Lehrerinnen. Jüngere Lehrkräfte gaben mildere Noten als ältere Lehrkräfte.

Das Beispiel der Diktatkritik macht deutlich, dass vor allem die Anforderungen an summative Diagnoseverfahren (Objektivität, Fairness etc.) im schulischen Kontext oft nicht eingehalten werden können. Viele weitere Studien zu unterschiedlichen Lernbereichen führten zu ähnlichen Befunden (Schmitz 1964; Ingenkamp/Lissmann 2005; Leutner 2001; Gage/Berliner 1996; Harlen 2005; Helmke et al. 2004; Sacher 2007; Artelt/Gräsel 2009; Südkamp/Möller 2009; Dünnebier et al. 2009). Ein Teil der Befunde wurde durch große Datensätze wie z.B. PISA-E noch einmal gut repliziert (Baumert et al. 2003; Klieme 2003). Hier einige zentrale Ergebnisse, die auch wesentlich zur Beschreibung der in Abschnitt 5.3 aufgelisteten Urteilsfehler beitragen konnten:

- Es gibt einen Informationsverlust durch Noten. Die Rückmeldequalität von Noten ist wesentlich geringer als die von Gesprächen oder schriftlich formulierten Rückmeldungen.
- Die Transparenz und Vergleichbarkeit von Noten ist oft nur eine Scheinobjektivität; im Grund können Noten genauso subjektiv sein wie andere Formen der Rückmeldung.
- Bei der Notengebung gibt es einen Referenzrahmeneffekt. Höhe und Verteilung der Schulnoten sind abhängig von der Klassenzugehörigkeit und noch wesentlich stärker von der Schulzugehörigkeit.
- Es gibt aber auch einen sehr deutlichen Referenzrahmeneffekt durch das Bundesland. Dies zeigen aktuelle Analysen der PISA-E Daten.
- Wenig verwunderlich ist eine schulartspezifische Differenz in der Notengebung.
- Externe Testergebnisse entsprechen nicht immer den Schulnoten. Dies lässt sich vor allem auf die soziale Bezugsnormorientierung der schulischen Notengebung zurückführen. Lehrkräfte nutzen hingegen kaum kriteriale, allgemein festgelegte Maßstäbe für die Beurteilung von Schülerleistungen.
- Es gibt Unterschiede in der Benotungspraxis zwischen Haupt- und Nebenfächern aufgrund von Milde- und Härtefehlern. Eine strengere Benotung findet man vor allem in den Hauptfächern. Dort wird auch der Benotungsspielraum wesentlich stärker ausgenutzt als in den Nebenfächern.
- Man kann eine Verschlechterung der Noten im Verlauf der Schuljahre feststellen. Auch die Streuung der Noten steigt kontinuierlich an.
- Vergleiche zwischen Notengebung und externen Schulleistungstests zeigen, dass Mädchen in der Regel die besseren Schulnoten erhalten, obwohl Schulleistungstests diesen Unterschied nur zum Teil bestätigen. Als Grund hierfür geht man von einem Einfluss sachfremder Kriterien (z.B. Schriftbild, Verhalten) auf die Schulnote aus.
- Das Engagement der Eltern am Schulleben kann sich positiv auf die Noten der Kinder auswirken.
- Korrekturzeiten können sich auf den Beurteilungsmaßstab von Lehrkräften auswirken. Am Anfang der Korrekturarbeit wird noch wesentlich strenger beurteilt als dies unabhängige Experten tun würden. Gegen Ende einer längeren Korrekturphase sinkt der Beurteilungsmaßstab (Reihungsfehler).

Es gibt aber auch Befunde, die zu einer Verteidigung der schulischen Notengebung herangezogen werden können. Immer wieder konnte gezeigt werden, dass die Rangreihe der Schülernoten innerhalb der Klasse mit der Rangreihe bei externen Tests gut korreliert (z.B. Hoge/Coladarci 1989). Die von Lehrkräften selbst entwickelten und durchgeführten Leistungsmessungen führen recht gut zu einer Differenzierung zwischen leistungsstarken und leistungsschwächeren Schülerinnen und Schülern, sie erfüllen also sehr gut die Funktion einer klasseninternen Selektion. Ebenso gibt es Hinweise aus den Analysen der PISA-E Daten, dass die sachfremden

Kriterien (Herkunft, Geschlecht, sozialer Status etc.) im Vergleich zu den leistungs-nahen Kriterien (kognitive Grundfähigkeit, Selbstkonzept) nur einen vergleichs-weise geringen Teil der Notenvarianz erklären (Klieme 2003).

Auch Alternativen zur Notengebung sind kein Allheilmittel. Beispielsweise gibt es in der Primarstufe mittlerweile Verbalbeurteilungen, die eine wenig aussagekräftige Ziffernnote durch eine differenzierte, verbale Beschreibung und Beurteilung der Schülerleistungen in einem Lernbereich ersetzen sollen. Empirische Studien zeigen aber auch hier, dass die selektionsdiagnostische Funktion von Verbalbeurteilungen zu einer Korrumpierung dieser Rückmeldevariante führen kann. Valtin und Wagner (2002) fanden zudem keine Effekte der Verbalbeurteilung auf die Schulleistungen der Grundschülerinnen und Schülern (im Vergleich zu Klassen mit Ziffernnoten). Insgesamt sind die tatsächlichen Effekte von Verbalbeurteilungen im Vergleich zu den damit verbundenen Hoffnungen eher enttäuschend.

7.2 Summative Diagnostik und soziale Selektivität

Während aus einer pädagogisch-psychologischen Perspektive vor allem die Güte von Noten untersucht wurde, haben Soziologen und Pädagogen verstärkt die Zusammen-hänge zwischen summativer Diagnostik im Schulsystem und sozialer Selektivität des Schulsystems thematisiert. Vor allem der Übergang von der Primar- in die Sekun-darstufe ist eine zentrale Schnittstelle, an der herkunftsspezifische Differenzen zwi-schen Schülerinnen und Schülern die weitere Bildungslaufbahn bestimmen (Bloss-feld 1988). Bezieht man zudem noch die internationale, vor allem US-amerikanische Literatur mit ein, werden Befunde aber auch Begriffe für dieses Phänomen noch deutlicher: Schulische Selektionsdiagnostik ist ein wesentlicher Mechanismus einer institutionellen Diskriminierung von Kindern aus den unteren sozialen Schichten bzw. aus benachteiligten Migrationsgruppen in einer Gesellschaft (Gomolla 2003).

Hierfür gibt es zahlreiche Erklärungsansätze. Beispielsweise argumentieren Bourdieu und Passeron (1971), dass das für eine erfolgreiche Schullaufbahn erforderliche kulturelle und soziale Kapital von Familien der Unterschicht nicht aufgebracht werden kann. Damit sinkt auch die Wahrscheinlichkeit, dass diese Kinder über Noten und Bildungszertifikate selbst ein entsprechendes kulturelles Kapital aufbau-en können. Chancengleichheit im Schulsystem ist damit eine Illusion. Zum bes-seren Verständnis dieser Mechanismen können zwei Effekte bei der Reproduktion sozialer Ungleichheit im Bildungssystem unterschieden werden (Boudon 1974; Breen/Goldthorpe 1997):

- Der primäre Herkunftseffekt besagt, dass Bildungsungleichheit über unterschied-liche Leistungen reproduziert wird. Schülerinnen und Schüler haben je nach Be-gabung unterschiedliche Startchancen und die schulische Zertifizierungspraxis hat die Aufgabe, diese Begabungen sichtbar zu machen.

- Diese Unterschiedlichkeit wird aber durch den sekundären Herkunftseffekt weiter verstärkt. Unabhängig von der erreichten Leistung werden Kosten und Nutzen von Bildungsentscheidungen in Abhängigkeit der sozialen Position berücksichtigt. Ein weniger begabtes Kind aus einem Elternhaus mit hoher Bildungsaspiration wird optimal gefördert. Dies antizipieren Lehrkräfte bei ihren Selektionsentscheidungen und eröffnen diesem Kind eher den Weg in eine anspruchsvollere Bildungslaufbahn.

Es gibt eine ganze Reihe von empirischen Arbeiten aus unterschiedlichen Disziplinen, die diese Theorien auch mit Zahlen und Daten stützen (Steinkamp 1967; Undeutsch 1969; Heller et al. 1978; Köhler 1992; Block 2006; Stubbe/Bos 2008). Diese Studien gehen bis in die 1960er Jahre zurück, d.h. soziale Selektionseffekte des Schulsystems sind nicht erst seit PISA bekannt. Wichtige Befunde sind:

- Kinder konzentrieren sich sehr früh in ihrer schulischen Laufbahn auf Ziffernnoten und werden damit sozialisiert, diese Form der Bewertung zu internalisieren. Die fachspezifischen Fähigkeitsselbstkonzepte werden durch Noten besonders stark festgelegt und frühzeitig zementiert.
- Leistungsfremde Kriterien bei der Notengebung (z.B. sozialer Hintergrund, Schülerverhalten, Geschlecht, Migrationshintergrund etc.) sind wesentlich dafür verantwortlich, dass es zu einem sekundären Herkunftseffekt kommen kann.
- Vergleiche zwischen Bildungsempfehlung und objektiven Schulleistungstests zeigen immer wieder, dass Leistungsstandards für eine gymnasiale Bildungsempfehlung sehr stark von Schule zu Schule schwanken können.
- Auch die von Eltern verantworteten Bildungsentscheidungen sind zu einem gewissen Teil von sachfremden Kriterien geleitet, d.h. tragen zum sekundären Herkunftseffekt bei.

7.3 Ansätze zur Verbesserung summativer Diagnoseverfahren

Den in den beiden vorangehenden Abschnitten dargelegten Kritikpunkten kann und muss natürlich entgegengehalten werden, dass Lehrkräfte letztendlich gezwungen sind, summativ zu diagnostizieren und die konkrete Praxis der Notengebung in einem gewissen Maß auch pädagogisch sinnvoll gestaltet werden kann. Lüders (2001) konnte in qualitativen Analysen beispielsweise herausarbeiten, dass Lehrkräfte trotz hoher Regelungsdichte viel Spielraum für eine eigene Notengebungspraxis haben. Zaborowski, Meier und Breidenstein (2011; Breidenstein et al. 2012) beschreiben in ihren ethnographischen Studien, dass die Notenproduktion im Schulalltag sehr hoch ist und in der Regel deutlich das übersteigt, was in Verordnungen festgelegt ist. D.h. Lehrkräfte sind nicht Spielball von Verordnungen, sondern können ihren Umgang mit Zensuren selbst gestalten.

Ein Vorteil von Ziffernnoten ist beispielsweise ihre universelle Verständlichkeit. Sie ermöglichen eine schnelle und allgemein verständliche Einordnung von und Kommunikation über Schülerleistungen. Selbst bei ausführlichen verbalen oder schriftlichen Rückmeldungen werden Lehrkräfte von Schülerinnen und Schülern oder Eltern oft gefragt, welcher Note diese Rückmeldung entsprechen würde. Dem Argument der Informationsqualität kann begegnet werden, indem man eine Leistung unter verschiedenen Aspekten bewertet und pro Aspekt eine Note vergibt. Dies ist zum Beispiel bei der Bewertung von Schülertexten sehr gut möglich. Ebenso zeigen Studien immer wieder, dass Noten trotz aller Kritik an ihrer Messgüte ein hervorragender Prädiktor für Studien- und Berufserfolg sind (Schrader 2006).

In der schulpädagogischen und didaktischen Literatur gibt es eine Reihe von Hinweisen und Vorschlägen, wie man die summative Diagnosepraxis an Schulen so gestalten kann, dass es zumindest fair zugeht und Leistungstests, die primär zur Notenfindung gedacht sind, auch einen formativen, förderorientierten Charakter entwickeln können. Sacher (2007) beschreibt beispielsweise wichtige Punkte, die man bei der Vorbereitung von summativen Leistungstests oder Prüfungen beachten sollte:

- Mit einer Inhalts-Ziel-Matrix die curriculare Validität sicherstellen
- Prüfungsbedingungen festlegen (Zeit, Raum, Hilfsmittel etc.)
- Eindeutige Aufgabenformulierungen
- Die Anzahl der Aufgaben sollte möglichst hoch sein
- Musterlösung und Punktevergabe festlegen
- Den Schwierigkeitsgrad der Testaufgaben variieren (viele mittelschwere Aufgaben)
- Bei der Korrektur eine Aufgaben- und Fehleranalyse durchführen
- Mindestanforderung für die Note ausreichend festlegen
- Eine lineare Benotungsskala wählen, wenn der Zusammenhang zwischen Punkteanstieg und Schülerfähigkeitsanstieg nicht bekannt ist (was der schulische Regelfall sein wird).

Darüber hinaus gibt es Überlegungen, wie Bildungsstandards und standardbasierte Tests zu einer Verbesserung der selektionsdiagnostischen Praxis an Schulen beitragen können (z.B. Lehmann 2002; Strietholt/Bos 2010). In dieser Diskussion verlangt niemand, dass Noten oder Bildungsentscheidungen in Zukunft nur noch auf Basis externer, standardisierter Testverfahren vergeben werden dürfen. Es wird eher argumentiert, dass es bei wichtigen Bildungsentscheidungen im Sinne von Transparenz, Objektivität und Fairness nie schaden kann, wenn Lehrkräfte ihr Urteil zumindest teilweise auf externe Tests stützen können. Für dieses Argument gibt es auch schon eine Reihe empirischer Fundierungen.

Sauer und Gamsjäger (1996) berichten beispielsweise, dass der Erfolg in der Allgemeinbildenden Höheren Schule in Österreich nach einem Jahr zu 51% durch Grundschulnoten und einen externen, d.h. nicht von den Lehrkräften selbst entwickelten Schulleistungstest erklärt werden konnte. Andere Vorhersagevariablen haben dagegen so gut wie keinen Erklärungswert. Ein weiteres Beispiel für die Kombination von Grundschulnoten und objektiven Leistungstests ist das Deutschfreiburger Übergangsmodell (Baeriswyl et al. 2006). Mit dem Einsatz eines standardisierten Tests als zusätzlicher Entscheidungsgrundlage für die Bildungsempfehlung am Ende der Primarstufe konnte vor allem der Effekt des familialen Hintergrunds auf die Übergangsentscheidung reduziert werden. Durch die Ergänzung der eigenen Notengebung mit einem standardisierten Schulleistungstest erhalten die Lehrkräfte so einen Vergleichsmaßstab, der über die soziale Klassenzusammensetzung hinausweist und eventuell auf Ungleichgewichte in der eigenen Beurteilung aufmerksam macht.

Das Deutschfreiburger Übergangsmodell machte in der Schweiz Schule. Mittlerweile werden auch im Kanton Solothurn Vergleichsarbeiten in Klasse 6 nicht nur als Rückmeldeinstrument für Lehrkräfte, sondern für die Selektion nach der Primarstufe genutzt. Die Ergebnisse der Vergleichsarbeit in Deutsch und Mathematik geht zu 40% in den Selektionsentscheid beim Übertritt in einen gymnasialen oder nichtgymnasialen Sekundarstufenzweig nach Klasse 6 ein. Eine leitfadengestützte Befragung von Lehrpersonen (Quesel et al. 2013) deutet darauf hin, dass Lehrkräfte diese selektionsdiagnostische Funktion von Vergleichsarbeiten akzeptieren und die Aussagekraft der Testergebnisse hoch einschätzen. Da das Übertrittsverfahren sehr stark von örtlichen Regelungen geprägt ist, hängt die Bewertung der Lehrkräfte von der Vorgeschichte der Schule ab. An Schulen, die bisher ein prüfungsfreies Übertrittsverfahren praktiziert hatten, wird die Vergleichsarbeit kritischer gesehen.

Zusammenfassung
Summative Leistungsdiagnosen prägen den Schulalltag von Lehrkräften, weil damit letztendlich die gesellschaftlich bedeutsame Selektionsfunktion des Schulsystems verbunden ist. Pädagogisch-psychologische Studien zeigen jedoch, dass selektionsdiagnostische Verfahren nur teilweise den Testgütekriterien entsprechen. Lehrkräften fehlt in der Regel ein kriterialer und über die Klasse hinausweisender sozialer Bezugsmaßstab. Zudem führt die Verdichtung von Schülerleistungen in Noten zu einer Reduzierung der Rückmeldequalität, was eine Einschränkung für die formative Nutzung summativer Diagnoseverfahren zur Folge hat. Bildungssoziologische Studien deuten vor allem darauf hin, dass die soziale Selektivität des Bildungssystems wesentlich von der Praxis summativer Leistungsdiagnostik gestützt wird.

Es gibt eine Reihe von Vorschlägen und Möglichkeiten, die summative Leistungsdiagnostik im Schulsystem fair zu gestalten. Die Ergänzung der summativen Leistungsdiagnostik durch standardisierte Leistungstests ist dabei noch völliges Neuland, könnte aber in Zukunft verstärkt erprobt und eingeführt werden. Zumindest zeigen Pilotprojekte, dass externe, standardisierte Verfahren die Bildungsentscheidung am Ende der Primarstufe objektivieren können.

8 Formative Leistungsdiagnostik

▶ Formative Leistungsdiagnostik bedeutet, dass entweder die Testverfahren selbst oder die daraus gewonnenen Diagnoseinformationen den laufenden Lernprozess voranbringen können. In diesem Kapitel sollen hierzu folgende Fragen geklärt werden:
Welche empirischen Befunde stützen die These, dass formative Leistungsdiagnostik zur Verbesserung von Lernleistungen und Motivation beitragen kann? Es werden vor allem die einschlägigen Metaanalysen zur Thematik aber auch Einzelstudien zu bestimmten Methoden der formativen Diagnostik zusammengefasst.
Was macht formative Leistungsdiagnostik aus? Hierzu werden wesentliche Handlungsschritte und Merkmale einer formativen Diagnosepraxis systematisiert.
Welche Beispiele formativer Leistungsdiagnostik findet man in einzelnen Lerndomänen? Entlang der Unterscheidung zwischen verschiedenen Wissensarten (Kapitel 2) werden einzelne Beispiele für formative Diagnosepraxis vorgestellt (Naturwissenschaften, Lesen, Schreiben). Es wurden Beispiele mit einer gut dokumentierten Evaluation ausgewählt.
Abschließend wird der Frage nachgegangen, auf welche Herausforderungen Lehrkräfte bei der Implementation formativer Leistungsdiagnostik in einem stark von summativer Diagnostik geprägten Schulsystem stoßen. Es werden Studien skizziert, die erfolgreiche Wege im Bereich Schulentwicklung und Lehrerfortbildung aufzeigen.

Die Hauptaufgabe von pädagogisch Handelnden ist die möglichst optimale Förderung der kognitiven und psychosozialen Entwicklung von Kindern und Jugendlichen. Summative Leistungsdiagnosen spielen hierfür an Übergängen im Bildungssystem eine wichtige Rolle. Sie müssen fair und motivierend sein und sie müssen die getroffenen Bildungsentscheidungen gut prognostizieren, um die Entwicklung der Schülerinnen und Schüler möglichst optimal fördern zu können. Allerdings hat die Qualität der pädagogischen Arbeit zwischen den Übergängen einen wesentlich größeren Effekt auf die Entwicklung von Kindern und Jugendlichen. Diagnostik hat in diesem Zusammenhang eine formative Funktion (vgl. Abschnitt 3.3). Lehrkräfte sammeln Informationen über den Wissenserwerb der Schülerinnen und Schüler, um diese besser unterstützen zu können. Diese formative Funktion von Leistungsdiagnostik kollidiert oft mit der summativen, müsste aber nicht. Tests können sowohl zur Notengebung herangezogen werden, als auch eine Aussage darüber machen, wie der weitere Unterricht gestaltet werden kann.

Der Begriff formative Leistungsdiagnostik ist in der deutschsprachigen Literatur relativ neu (Köller 2005; Smit 2008; Prengel et al. 2009; Maier 2010; Maier et al. 2012) und umfasst die in der internationalen Literatur verwendeten Begriffe „formative assessment", „assessment for learning" oder „assessment as learning". „Formative assessment" bringt zum Ausdruck, dass diagnostisches Handeln nicht evaluativ ist, sondern zur Verbesserung eines laufenden Lehr-Lernprozesses herangezogen werden kann. „Assessment for learning" bedeutet, dass diagnostische Informationen den Lernprozess unterstützen sollen. Der Begriff „assessment as learning" weist noch einmal verstärkt darauf hin, dass der diagnostische Prozess als Lernprozess bzw. Teil des Lernprozesses betrachtet werden kann. Der Begriff formative Leistungsdiagnostik sollte jedoch klar vom Begriff alternative Leistungsmessung bzw. alternative Leistungsbeurteilung abgegrenzt werden. Bei den letzten beiden Begriffen geht es eher um Alternativen zum klassischen Testen in Schulen (Klassenarbeiten, Kurztests, mündliche Prüfungen) wie z.B. Portfolios oder Projektprüfungen. Alternative Leistungsdiagnosen können immer auch summativ sein. Ebenso können summative Tests formativ genutzt werden, beispielsweise wenn bei einem Diktat eine qualitative Fehleranalyse für jede Schülerin und jeden Schüler durchgeführt wird.

8.1 Empirische Befunde zu formativer Leistungsdiagnostik

Formative Leistungsdiagnostik ist nichts Neues. Die grundlegende Idee ist bereits in dem von Bloom (1974) entwickelten und sehr gut erforschten Unterrichtskonzept Mastery Learning angelegt (Guskey 2007). Zentrale Aktivität bei Mastery Learning sind häufige Leistungsüberprüfungen mit schülerspezifischem Feedback während einer Unterrichtseinheit. Die Rückmeldungen werden als Grundlage für die Planung individueller Unterstützungsmaßnahmen genutzt. Bloom hatte die Utopie, dass jede Schülerin und jeder Schüler mit dieser Methode die wichtigsten Lernziele bis zu einem gewissen Grad erreichen kann.

Es gibt eine Reihe von Studien und Metaanalysen, die sich mit der Effektivität formativer Leistungsdiagnostik beschäftigen. Vorab muss erwähnt werden, dass das Verständnis von formativer Leistungsdiagnostik von Studie zu Studie in einer gewissen Bandbreite variieren kann. Zweitens muss man wissen, dass in diesen Studien nicht die Diagnosegüte im Mittelpunkt steht, sondern die Effekte der Diagnose auf die weitere Entwicklung des Wissenserwerbs, gemessen in der Regel mit standardisierten Leistungstests. Dieser Forschungsansatz ist sehr bedeutsam, weil damit ein wesentlich wichtigeres Kriterium für die Beurteilung von diagnostischer Praxis ins Spiel kommt: der Beitrag von Diagnoseverfahren zum Wissenserwerb.

Die internationale, sonderpädagogische Forschung beschäftigte sich bereits sehr früh und sehr intensiv mit Möglichkeiten der formativen Leistungsdiagnostik. Dies ist natürlich auch dem Umstand geschuldet, dass die große Heterogenität von Schülerinnen und Schülern in sonderpädagogischen Einrichtungen eine Eingangsdiagnostik bzw. eine kontinuierliche Verlaufsdiagnostik zwingend erforderlich macht. Eine Metaanalyse von Fuchs und Fuchs (1986) deutet auf substanzielle Effekte formativer Leistungstests zur Adaption individueller Lernprogramme im Bereich der sonderpädagogischen Förderung hin. Dies war allerdings nur dann der Fall, wenn Lehrkräfte wussten, wie sie die Diagnoseinformationen zur Verbesserung der individuellen Lernprogramme nutzen konnten. In einer sehr allgemeinen Literaturübersicht beschreibt Crooks (1988) besonders lernförderliche Gestaltungsprinzipien von Leistungsmessungen:

- Prüfung von vertieftem konzeptuellem Wissen und von Transferleistungen im Gegensatz zum Abfragen von Faktenwissen.
- Informelle, weniger bewertende Leistungsmessungen, die in den Lehr-Lernprozess integriert werden können.
- Die Rückmeldungen lenken die Aufmerksamkeit der Schülerinnen und Schüler auf den eigenen Lernfortschritt (sozialer Vergleich wird reduziert; internale Kausalattribution und Fähigkeitsselbstkonzept werden gestärkt).
- Rückmeldungen erfolgen zeitnah, direkt nach der Aufgabenbearbeitung, sind sparsam und genau an den Lernbedürfnissen der Schülerinnen und Schüler orientiert (sparsames Lob, nicht zu viele Hinweise, keine Kritik).
- Kooperatives Lernen fördert die Kompetenz zur Beurteilung eigener Leistungen und Leistungen anderer Schülerinnen und Schüler.
- Bewertungsstandards müssen anspruchsvoll aber realistisch sein. Diese Forderung führt notwendig zu differenzierten Lernangeboten und differenzierten Leistungsmessungen. Mit den Lernenden sollten die Anforderungen und die Bewertungskriterien vorher besprochen werden.

Black und Wiliam (1998a) berichten in ihrer Literaturübersicht von Effektstärken zwischen 0,4 und 0,7. Eine durchschnittliche Effektstärke ließ sich aufgrund der Verschiedenartigkeit der Untersuchungen und unterschiedlichster Realisierung von formativer Leistungsmessung nicht berechnen. Bennett (2011) kritisiert allerdings, dass in der Literatur vor allem die Metaanalyse von Black und Wiliam (1998a) viel zu unkritisch rezipiert und die nur angedeuteten Effektstärken (einiger Studien) als Metaanalyse missverstanden werden. Für Bennett (2011) sind Metaanalysen in einem so weiten und heterogenen Feld wie der formativen Leistungsmessung wenig sinnvoll, weil die aufgearbeiteten Studien zu disparat sind, um sie vergleichen zu können.

Kingston und Nash (2011) leisteten mit ihrer jüngsten Metaanalyse zu Effekten formativer Leistungsmessung einen weiteren Beitrag zur Klärung dieser Problematik. Sie begutachteten über 300 Studien zu formativer Leistungsdiagnostik und kamen zu dem Ergebnis, dass nur 13 Studien klar interpretierbare Befunde mit insgesamt 42 Effektstärken liefern. Auswahlkriterien für diese Studien waren:

• Eine Intervention lässt sich als formative Leistungsmessung beschreiben
• Die Probanden sind im Schulalter
• Es liegt ein Kontrollgruppendesign vor
• Die Auswertung lässt die Berechnung einer Effektstärke zu
• Publikationen ab 1988 und jünger

Auf Basis dieser Studien kommen Kingston und Nash (2011) zu einer deutlich geringeren, durchschnittlichen Effektstärke von 0,2 mit einem Median von 0,25 für formative Leistungsmessung. Trotz dieses Befundes sehen die Autoren formative Leistungsmessungen weiterhin als ein bedeutsames und praktikables Instrument zur Steigerung von Schülerleistungen. Analog zu Kluger und DeNisi (1996) bzw. Hattie und Timperley (2007) betonen sie die hohe Varianz an Umsetzungsmöglichkeiten. In ihrer Moderatorenanalyse hat das Unterrichtsfach den größten Einfluss auf die Höhe der Effektstärke. Studien in sprachlichen Fächern kommen mit 0,32 zu wesentlich höheren durchschnittlichen Effektstärken als Studien in Mathematik mit 0,17. Besonders gering sind die Effekte von formativen Leistungsdiagnosen in naturwissenschaftlichen Fächern (0,09). Kingston und Nash (2011) erklären dieses Ergebnis mit der Feedback-Interventionstheorie (FIT: feedback intervention theory, vgl. Abschnitt 5.4), die davon ausgeht, dass Rückmeldungen bei eher bekannten und einfachen Aufgaben (wie z.B. Vokabeln lernen oder Grammatik) effektiver sind als bei komplexeren und ungewohnten Aufgaben. Auch computergestützte Rückmeldungen und formative Leistungsdiagnosen führen zu einer eher höheren durchschnittlichen Effektstärke von 0,28.

Aber auch die Metaanalyse von Kingston und Nash (2011) wurde in methodischer Hinsicht bereits kritisiert. McMillan et al. (2013) argumentieren, dass die sehr rigide Auswahl der Studien dazu führt, dass bestimmte Aspekte formativer Diagnostik nicht berücksichtigt werden. Aus diesem Grund macht es immer Sinn, einzelne Studien zu bestimmten Methoden formativer Diagnostik in bestimmten Fachdomänen genauer anzusehen. In Einzelstudien besonders gut untersucht wurden sog. „rapid formative assessment"-Formate. Dies sind sehr häufig eingesetzte, teilformalisierte Leistungskontrollen zu grundlegenden Fertigkeiten in den Hauptfächern (Sprache, Mathematik) in Kombination mit Differenzierungsmaterialien. Schülerinnen und Schüler lesen Bücher, die ihrem Fähigkeitsniveau entsprechen. Anschließend werden Leseverständnistests durchgeführt. Lehrkräfte können entsprechende Lesematerialien zur Verfügung stellen und damit die Schülerinnen und Schüler gezielt mit Übungen fördern. Ein Pendant hierzu ist das in Deutschland bekannte Lesediagnosesystem „antolin.de", über das allerdings noch keine Evaluationsergebnisse publiziert wurden.

Eine Reihe von Studien deutet darauf hin, dass diese Art der formativen Leistungsdiagnostik zu elementaren Kompetenzen sehr effektiv sein kann (Nunnery et al. 2006;

Yeh 2006). Ebenso ergibt sich eine hohe Effizienz aufgrund der geringen Implementationskosten (zum Begriff der Testeffizienz: Abschnitt 6.3). Yeh (2007) führte hierfür eine Kosten-Nutzen-Abschätzung durch. Mit Schulungen für Lehrkräfte und Computerprogrammen belaufen sich die Kosten pro Schülerin bzw. Schüler auf ca. 30 Dollar pro Schuljahr, während der Lerngewinn den Effekt von wesentlich teureren Maßnahmen (z.B. Reduktion der Klassengröße) bei weitem übersteigt (Yeh 2009).

Es gibt ebenfalls eine Reihe von Einzelstudien zu Portfolios und Lerntagebüchern, die als formative Leistungsdiagnostik angesehen werden können. Portfolios sind eine Sammlung von Lernprodukten, die einen Blick auf die Lernentwicklung ermöglichen sollen. Lerntagebücher sind vorwiegend Reflexionsinstrumente. Schülerinnen und Schüler sollen mit Portfolios und Lerntagebüchern ihren Lernprozess dokumentieren, reflektieren und so zu selbständigem Lernen geführt werden (z.B. Winter 2006; Hascher/Astleitner 2007).

In den USA wurden zentrale Portfolios (sog. large scale portfolio assessments) in Folge der Diskussion über negative Konsequenzen von zentralen Tests großflächig eingeführt und auch evaluiert (Mills 1996; Black/Wiliam 1998a; Calfee/Perfumo 1996; Slater et al. 1997; Courts/McInerney 1993). Ziele dieser zentralen Portfolios in den USA waren eine validere Messung von Schülerleistungen in zentralen Testverfahren. Man wollte damit auf den Vorwurf reagieren, dass die Testwerte inflationär steigen, weil sich die Schülerinnen und Schüler immer besser auf die standardisierten Multiple-Choice-Aufgaben vorbereiten können. Ein weiteres Ziel war die Verbesserung des Unterrichts, d.h. die überwiegend formative Nutzung der diagnostischen Information aus einem Portfolio.

Koretz (1998) fasste eine Reihe von Studien zur Validität von zentralen Portfolios und zu den Auswirkungen auf Unterricht zusammen. Die Validität der Portfoliobewertungen (verglichen mit NAEP-Werten oder anderen Leistungsindikatoren) war nicht zufriedenstellend. Koretz sieht die Zukunft von Portfolios eher bei der klasseninternen Leistungsdiagnostik. Die unterschiedlichen Ziele von zentralen Portfolios (Rechenschaftslegung vs. Unterrichtsentwicklung) standen deutlich im Konflikt zueinander. Stecher (1998) berichtete, dass die Einführung von zentralen Portfolios in vielen Schulen zu einer neuen Form von gezielter Testvorbereitung (teaching to the test) führte. Lehrkräfte bereiteten die Schülerinnen und Schüler sehr intensiv auf das Führen und Überarbeiten der Portfolios vor. Im positiven Sinne wurden damit neue Aktivitäten im Unterricht angeregt. Ein großer Teil der Unterrichtszeit musste allerdings auch für organisatorische Aktivitäten rund um das Portfolio aufgebracht werden. Auch die Schulung der Lehrkräfte für die Bewertung der Portfolios war mit einem sehr hohen Aufwand verbunden.

Über den Kontext der zentralen Portfolios hinaus findet man nur wenige experimentelle Studien zu Effekten von Portfolios als Instrumente der klasseninternen Diagnostik (z.B. Struyven et al. 2006). Die Forschungsbefunde lassen sich wie folgt zusammenfassen:

- Portfolios sind geeignet, um Schülerinnen und Schüler anzuregen, über die eigenen Leistungen und Arbeitsprodukte zu reflektieren.
- Lehrkräfte gewinnen einen neuen Blick auf die Schülerleistungen und Arbeitsprodukte.
- Portfolios können ein wichtiger Schritt hin zu einem schülerzentrierten Unterricht sein.
- Es gibt allerdings eine große Diskrepanz zwischen der Portfolio-Rhetorik und der Interpretation der Schülerprodukte durch Lehrerinnen und Lehrer. Eine Verknüpfung der Schülerleistungen mit nationalen Standards und Rückschlüsse auf Schülerverständnis findet eher nicht statt.
- Befunde von Effektivitätsstudien sind eher enttäuschend und zeigen, dass Portfolios zu keinen substanziellen Lernzuwächsen führen.

Der Vollständigkeit halber seien auch Studien zu Portfolioeffekten aus dem deutschsprachigen Raum erwähnt. Gläser-Zikuda und Lindacher (2007; vgl. auch Gläser-Zikuda et al. 2006) berichten von einer quasi-experimentellen Studie zur Umsetzung und Wirksamkeit von Portfolioarbeit im Geschichtsunterricht. In einer 10. Realschulklasse wurde im Rahmen offenen Unterrichts das Portfoliokonzept eingeführt. Als Kontrollgruppe diente eine von der gleichen Lehrkraft unterrichtete Parallelklasse, in der ebenfalls offener Unterricht praktiziert wurde. Um die Effekte der Portfolioarbeit zu erforschen, wurden prozessbegleitende Schülerbefragungen durchgeführt und Schülerleistungen mit einer regulären Klassenarbeit und einem Behaltenstest nach 5 Wochen erhoben. Es zeigten sich durchweg positive Effekte der Portfolioarbeit sowohl auf die von den Schülerinnen und Schülern berichteten Lernstrategien als auch auf die Verstehens- und Behaltensleistungen. Die Studie hat allerdings methodische Einschränkungen. Die Lernzeit in der Experimentalgruppe wurde nicht kontrolliert und ist nach Angaben der Autorinnen und Autoren vermutlich höher. Nicht klar ist, wie die Schülerinnen und Schüler in der Kontrollgruppe mit offenem Unterricht zurechtkommen bzw. wie gut diese Unterrichtsform in dieser Klasse etabliert war. Die Stichprobengröße schränkt die Aussagekraft der Studie zudem deutlich ein.

Schmidinger (2007) evaluierte ein LesE-Portfolio für die Sekundarstufe I zur Umsetzung der österreichischen Bildungsstandards Lesen in 35 Schulklassen. Dabei handelte es sich um Gymnasien und Hauptschulen, in denen Leseförderung generell einen hohen Stellenwert einnimmt und die Einführung eines LesE-Portfolios möglich war. Erfasst wurden die Perspektiven der Schülerinnen und Schüler, der Lehrerinnen und Lehrer so wie der Schulleiterinnen und Schulleiter auf die Portfolioarbeit. Die Ergebnisse der Befragungen waren durchweg positiv. Es wurden allerdings keine Effekte auf Lernleistung bzw. speziell Zuwächse in der Lesekompetenz untersucht. Ebenso gab es keine Kontrollgruppe. Alle beteiligten Lehrkräfte waren an neuen Formen der Leseförderung und am Einsatz des Portfolios interessiert.

Auch wenn der Forschungsstand zu formativer Leistungsdiagnostik hier nicht vollständig besprochen werden kann, deutet sich dennoch eine Tendenz an. Formative

Leistungsdiagnosen sind nicht per se effektiv. Es kommt sehr stark auf die Lerndomäne (Komplexität des Wissens) und die Ausgestaltung der formativen Diagnostik
(Art des Tests, Form der Rückmeldung) an. Sehr komplexe, formative Diagnoseverfahren führen zwar zu interessanten Einblicken in den Lernprozess der Schülerinnen und Schüler, sind jedoch nachweislich kaum leistungseffektiv. Gezielte, häufige
und mit Fördermaterialen verknüpfte formative Diagnosen zu Grundfertigkeiten
haben dagegen nachweislich eine hohe Effektivität und Effizienz.

8.2 Handlungsschritte und Merkmale formativer Leistungsdiagnostik

Im kurzen Literaturüberblick deutete sich die Vielfalt möglicher Verfahren forma-
tiver Leistungsdiagnostik schon an. Für eine Bewertung und Gestaltung formativer
Diagnosemethoden müssen jedoch konkrete Handlungsschritte und Merkmale benannt werden. Eine einfache und auch unterrichtspraktisch relevante Definition ergibt sich durch folgende Fragen (z.B. Hattie/Timperley 2007; Black/Wiliam 2009;
Wiliam 2011):

• Wo stehen die Schülerinnen und Schüler?
• Welches Lernziel soll angestrebt werden?
• Welches sind die nächsten Schritte?

Hinzu kommt, dass bei formativer Leistungsdiagnostik auch die am Lehr-Lernpro-
zess beteiligten Akteure in den Blick genommen werden: Lehrerinnen und Lehrer,
Lernende sowie Mitschülerinnen und Mitschüler (vgl. Abschnitt 3.4). Aus diesen
Bestimmungsstücken ergeben sich folgende Handlungsschritte bzw. Merkmale for-
mativer Leistungsdiagnostik, die das Kapitel strukturieren (vgl. Hattie/Jaeger 1998;
Leahy et al. 2005; OECD 2005; Black/Wiliam 2009; Maier et al. 2012):

• Lernziele und Bewertungskriterien festlegen und kommunizieren
• Vielfältige Aufgaben und Verfahren mit diagnostischem Potenzial nutzen
• Rückmeldungen, die Schülerinnen und Schüler voranbringen
• Selbstreguliertes und kooperatives Lernen stärken
• Konsequenzen für den weiteren Lehr-Lernprozesses klären

Merkmal 1: Lernziele und Bewertungskriterien festlegen und kommunizieren
Von Lehrkräften wird generell erwartet, dass sie Unterricht und Leistungsmessung vor dem Hintergrund festgelegter Lernziele planen und durchführen. Bei der
formativen Leistungsdiagnostik kommt aber noch die Perspektive der Lernenden
hinzu. Die Lernziele sollten so formuliert sein, dass sie auch Schülerinnen und
Schülern als Folie für die Einordnung sowohl der formativen Tests, der Rückmeldungen als auch der Förderideen dienen können. Ideal wäre eine dialogische Fest-

legung von Lernzielen. Wie könnte das aussehen? Sehr gut geeignet für diese Zwecke sind Kompetenzraster (Beurteilungsraster, Lernzielrubriken). In der Literatur findet man unterschiedliche Beispiele für Kompetenzraster aus unterschiedlichen Fächern (Vogel 2008; Heuer 2007; Bohner 2007; Hagener 2007; Martin 2007). Gute Kompetenzraster sind konkret und fachdidaktisch fundiert. Sie müssen auf einfache und verständliche Weise klären, welche Wissensarten auf welchem Niveau im Unterricht angestrebt werden (siehe Kapitel 2). Anhand von Positivbeispielen können dann für die einzelnen Spalten und Zeilen Bewertungskriterien entwickelt, begründet und veranschaulicht werden, indem z.b. über die Qualität von Schülerarbeiten früherer Jahrgänge gesprochen wird.

Ein Beispiel hierfür liefern Gregory et al. (2011). Sie schlagen vier Schritte vor, wie man mit Schülerinnen und Schülern zusammen Kriterien für die Bewertung mündlicher Präsentationen entwickeln kann:

• Brainstorming: Was ist wichtig bei einer Präsentation? An der Tafel werden alle Schülervorschläge gesammelt (nach vorne schauen, deutlich sprechen, viele Bilder nutzen etc.). Die Lehrkraft ergänzt weitere Kriterien. Die Schülerinnen und Schüler konzentrieren sich allerdings oft auf oberflächliche Details, d.h. man muss als Lehrkraft auf jeden Fall wichtige Bewertungskriterien nachliefern.

• In einem zweiten Schritt sollte man alle Bewertungskriterien ordnen. Dabei finden die Schülerinnen und Schüler zusammen mit der Lehrperson im Gespräch Kategorien. Die zu einer Kategorie passenden Kriterien können farbig markiert werden.

• In einem dritten Schritt wird eine Tabelle angelegt: In der linken Spalte befinden sich die Oberbegriffe für die Kriterien (Ist die Präsentation interessant? Kann man leicht folgen? Wie werden Bilder und Sprache eingesetzt?) und in der rechten Spalte werden Details zur Beobachtung der Kriterien aufgeführt (z.B. zum Kriterium „Kann man leicht folgen?": kleine Notizzettel benutzen, langsam sprechen, Beispiele einfließen lassen, den Schluss nicht vergessen etc.).

• In einem vierten Schritt sollte man erstmals mit dieser Kriterienliste eine mündliche Präsentation bewerten. Dabei können die Kriterien erweitert oder modifiziert werden. Die Schülerinnen und Schüler lernen bei ersten Probedurchgängen auch sehr schnell auf was es ankommt.

Abbildung 10 zeigt, wie ein Kompetenzraster zum Thema Herz und Blutkreislauf aussehen könnte (Gelzenlichter et al. 2014, 165). Die Autorinnen und der Autor haben sich an den von der KMK vorgegebenen Kompetenzbereichen „Fachwissen" und „Erkenntnisgewinn" orientiert und jeweils vier Niveaustufen identifiziert und für inhaltliche Teilaspekte der Thematik konkretisiert. Deutlich wird dabei das Zusammenspiel zwischen deklarativem Wissen (Fachwissen) und prozeduralem Wissen (Erkenntnisgewinnung). Ebenso erkennt man sehr gut, dass mit jeder Niveaustufe (Level) auch die Komplexität des Wissens (Abstraktion, Vernetzung) zunimmt. Auf diese Weise können konkrete Diagnoseaufgaben und Fördermaterialien angeordnet werden. Das Kompetenzraster kann aber auch von den Schülerinnen und Schülern für die Kontrolle und Dokumentation des eigenen Lernfortschritts herangezogen werden.

Level	Fachwissen			Erkenntnisgewinnung		
I	Ich kann die Größe und die Lage des Herzens im Körper bestimmen.	Ich kann die Bauteile des Herzens benennen.	Ich kann die Blutbahnen und ihre Bauteile benennen.	Ich kann mit einem Stethoskop die Herzgeräusche abhorchen.	Ich kann am Modell die Lage des Herzens bestimmen.	Ich kann am Modell den Blutkreislauf erklären.
II	Ich kann die Funktion des Herzens im Blutkreislauf beschreiben.	Ich kann den Kreislauf des Bluts über die Blutbahnen, Herz, Lunge und die anderen Organe des Körpers erklären.	Ich weiß, durch welche Blutbahnen sauerstoffarmes und durch welche sauerstoffreiches Blut transportiert wird.	Ich kann Informationen aus verschiedenen Quellen nutzen, um die Arbeitsblätter zu bearbeiten.	Ich kann das Herz skizzieren und bezeichnen.	Ich kann die Bauteile des Herzens am Schweineherzen bestimmen.
III	Ich kann erklären, warum sich die Frequenz des Herzschlags erhöht, wenn man Sport macht.	Ich kann erklären, warum Ausdauersportler einen geringeren Ruhepuls haben als die durchschnittliche Bevölkerung.	Ich kann erklären, warum der Blutdruck im Lungenkreislauf geringer ist als im Körperkreislauf.	Ich kann mit einem ausgewählten Experiment die Funktion des Herzens und der Herzklappen simulieren	Ich kann Hypothesen für einfache Untersuchungen aufstellen.	
IV	Ich kann die Lebensweise von wechselwarmen und gleichwarmen Lebewesen unterscheiden und mit dem Bau ihrer Herzen in Verbindung setzen.	Ich kann erklären, warum Babys nach der Geburt schreien müssen.	Ich kann erklären, wie es auf Langstreckenflügen zu geschwollenen Beinen kommt.	Ich kann eine Untersuchung entwickeln, die die Hypothese stützt, dass die Herzen von Sportler größer sind als die der Durchschnittsbevölkerung.		

Abb. 10: Beispiel für ein konkretes Kompetenzraster zum Thema Herz und Blutkreislauf nach Gelzenlichter et al. (2014, 165)

Merkmal 2: Aufgaben und Verfahren mit diagnostischem Potenzial nutzen

Wenn die Lernziele und Bewertungskriterien feststehen, müssen Aufgaben und Verfahren mit diagnostischem Potenzial gefunden werden. Je nach Wissensart und Komplexität des zu diagnostizierenden Wissens kommen hierfür unterschiedliche Aufgabenformate in Frage (siehe Abschnitt 4.1). Es können aber auch summative Tests formativ genutzt werden, indem gefragt wird, was man jetzt über den Lernstand weiß und wie weiter gelernt werden kann (Black/Wiliam 2009). Gross (2009) zeigt für den Deutschunterricht beispielsweise, wie im Unterricht eine Klausur zum Thema „Drama" mit den Schülerinnen und Schülern vorbereitet, durchgeführt und dann zum Lernanlass für den nachfolgenden Unterricht wird.

Letztendlich können auch standardisierte Diagnoseverfahren formativ genutzt werden. Ein Beispiel hierfür wären neuere Mathematiktests zur Identifikation von Rechenschwächen im Grundschulalter (Lorenz 2009). Diese Tests differenzieren vor allem im unteren Leistungsspektrum sehr gut, geben qualitative Hinweise zur Fehleranalyse und eignen sich daher als Förderdiagnostik. Sie sind zudem mehrfach einsetzbar und können damit für die Beobachtung von Lernfortschritten bzw. zur Evaluation von Fördermaßnahmen eingesetzt werden. Auch für den Bereich des sprachlichen Lernens könnte man eine ganze Reihe standardisierter Diagnoseverfahren sofort für die formative Diagnostik nutzen. Beispielsweise die linguistische Sprachstandsdiagnostik Deutsch als Zweitsprache (Tracy/Schulz 2012). Dieser Test kann innerhalb von einer Stunde durchgeführt und ausgewertet werden. In einem gewissen Zeitabstand sind Testwiederholungen möglich. Durch Vergleiche mit Normwerten können Abweichungen von einem normalen Spracherwerb identifiziert werden. Damit kann der Verlauf des Spracherwerbs dokumentiert werden. Für jedes Testmodul stehen zudem Förderempfehlungen zur Verfügung.

Ein weiteres Problem ist die Berücksichtigung von Lernhilfen bei der Bearbeitung von Testaufgaben (z.B. Fuchs et al. 2008). Leistungstests betrachten in der Regel nur das Endprodukt eines Leistungsprozesses. Wie die Schülerinnen und Schüler zur Lösung gekommen sind und welche Hilfestellungen dabei notwendig waren, wird ausgeblendet. Objektivität bedeutet ja gerade, dass der Prozess der Testbearbeitung möglichst gleichförmig und standardisiert ablaufen sollte. In klassischen Leistungstests müssen die Schülerinnen und Schüler Aufgaben ohne Hilfestellung bearbeiten. Ein Schüler, der während des Tests durch eine minimale Hilfestellung eine nicht korrekt gelöst Aufgabe eventuell doch gelöst hätte, unterscheidet sich deutlich von einem Schüler, der auch mit Hilfestellung eine falsche Antwort gegeben hätte. Dies führt dazu, dass Leistungstests im unteren Leistungsbereich nur sehr schlecht diskriminieren. In formativen Diagnoseverfahren sollten Hilfestellungen möglich sein bzw. im Sinne von „assessment as learning" direkt angeboten werden können. Ob und wie die Schülerinnen und Schüler einen Hinweis oder eine Hilfestellung nutzen, könnte dann eine weitere Informationsquelle sein, um den Lernfortschritt einschätzen zu können.

Merkmal 3: Rückmeldungen, die Schülerinnen und Schüler voranbringen
Für die Gestaltung von Rückmeldungen im Rahmen formativer Leistungsdiagnostik kann auf den Abschnitt 5.4 verwiesen werden. Leistungsförderliche Rückmeldungen:

• orientieren sich am Zeithorizont des Lehr-Lernprozesses,
• beziehen sich auf die Aufgaben- oder Strategieebene,
• geben Hinweise auf weitere Lernschritte und
• ermöglichen eine individuelle Bezugsnorm.

Der Zeithorizont von Rückmeldungen hängt vom Lernziel und dem damit verknüpften Lehr-Lernprozess ab. Wenn es um das Memorieren von Faktenwissen (z.B. Daten im Fach Geschichte oder Vokabeln in Französisch) geht, hat man es mit sehr kurzen Lehr-Lernzyklen zu tun. Die Schülerinnen und Schüler sollten sich bereits während des Memorierens vergewissern können, welche Fakten behalten wurden und welche nicht. Am anderen Ende der Skala sind Wissensbereiche, die einen jahrelangen Erwerbsprozess voraussetzen, wie z.B. Schreibkompetenz oder fremdsprachliche Kompetenz. In letzterem Fall würde man beispielsweise am Ende eines Bildungsabschnitts erfahren, dass man eine bestimmte Niveaustufe nach dem Europäischen Referenzrahmen für Sprachen (z.B. Niveau B 1 nach der mittleren Reife) erreicht hat und in weiteren Sprachkursen darauf aufbauen kann. Wiliam und Leahy (2007) unterscheiden hierfür sehr grob drei Längen von Feedback-schleifen:

- Kurz: Diagnostik in der Lehrer-Schüler-Interaktion: Genaues Beobachten, Lehrer-Schüler-Gespräch, lautes Denken etc.
- Mittel: Monitoring des Wissenserwerbs innerhalb von Unterrichtseinheiten bzw. Lehr-Lernsequenzen: z.B. Hausaufgabenkontrolle, Vokabeltests, Kopfrechnen etc.
- Lang: Monitoring des langfristigen Wissens- und Kompetenzerwerbs: Rechtschreibdiagnostik, Lesediagnostik, fremdsprachliche Kompetenz etc.

Eine weitere Forderung ist, dass sich Rückmeldungen möglichst konkret auf die Aufgabenebene oder auf die Ebene von Strategien zur Aufgabenbearbeitung beziehen sollten. Ein probates Mittel hierfür sind schriftliche oder mündliche Kommentare. Dabei sollte allerdings auf eine Ziffernnote verzichtet werden. Studien konnten zeigen, dass Kommentare zusammen mit Noten wenig bewirken, weil die Schülerinnen und Schüler dann nur auf die Note schauen und den Kommentar sehr wahrscheinlich ignorieren (Valtin/Wagner 2002). Für eine möglichst konkrete, aufgabenbezogene Rückmeldung sind Bewertungsraster oder *rubrics* eine große Hilfe. Bei der Korrektur von Schülertexten machen Bewertungsraster erstens transparent, welche Beurteilungskriterien relevant sind, und zweitens können Rückmeldungen entlang der Bewertungskriterien bzw. der Niveaustufen gestaltet werden. Bei einem sehr differenzierten Bewertungsraster würde es sogar ausreichen, wenn die entsprechenden Kästchen in der Matrix angekreuzt werden.

Je konkreter die Rückmeldungen sind, desto eher ergeben sich daraus auch Hinweise für die weiteren Lernschritte (siehe Merkmal 5 formativer Leistungsdiagnostik). Eine differenzierte, qualitative Analyse von Schülerfehlern in Texten zeigt auf, an welchen Rechtschreibphänomenen eine Schülerin bzw. ein Schüler noch zu arbeiten hat. Eine Auflistung nicht richtig geschriebener Vokabeln bedeutet, dass diese Wörter noch einmal geschrieben, memoriert und geprüft werden sollten. Um dann tatsächlich zu einer individuellen Bezugsnorm zu kommen, müssen die Rückmeldungen auch über mehrere formative Diagnosezeitpunkte hinweg einheitlich dokumentiert werden. Ein Beispiel hierfür ist die Lernverlaufsdiagnostik mathematischer Grundrechenfertigkeiten nach Strathmann und Klauer (2010), die bereits in Abschnitt 5.1 ausführlich dargestellt wurde. Mittlerweile gibt es immer mehr Diagnoseverfahren, vor allem mathematischer oder sprachlicher Grundfertigkeiten, die wiederholt eingesetzt werden können und somit zu einer Lernverlaufsdiagnostik auf Individualebene geeignet sind.

Merkmal 4: Selbstreguliertes Lernen und kooperatives Lernen stärken

Formative Leistungsdiagnostik entfaltet ihr Potenzial nur dann in vollem Umfang, wenn die Schülerinnen und Schüler damit zu selbstreguliertem Lernen befähigt werden (Boekaerts 1997; Clark 2012). Ein wichtiger Aspekt von selbstreguliertem Lernen ist die metakognitive Regulation. Darunter versteht man die Planung und Überwachung von Lernaktivitäten aber auch die ständige Kontrolle (Monitoring) des eigenen Lernfortschritts und auftretender Schwierigkeiten. Je besser Schülerinnen und Schüler einschätzen können, wie erfolgreich ihr eigenes Lernen tatsächlich ist und an welchen Stellen sie wiederholen, nachfragen oder anders vorgehen, desto mehr werden sie von eigenständigen Lernaktivitäten profitieren.

Die Fähigkeit zur Selbsteinschätzung lässt sich mit ganz unterschiedlichen Methoden und Verfahren verbessern. Am effektivsten ist es natürlich, wenn Schülerinnen und Schüler selbst in die Lage versetzt werden, ihr Wissen direkt zu kontrollieren. Dies ist beispielsweise beim Vokabellernen in der Sekundarstufe unabdingbar. Die Schülerinnen und Schüler müssen hier eine effektive, tägliche Routine entwickeln, wie sie Vokabeln memorieren und anschließend ihren Wissensstand prüfen können. Gerade für das Lernen von einfachem Faktenwissen gibt es mittlerweile eine Vielzahl an Hilfsmitteln (Karteikästen), die mehr und mehr auch auf die Unterstützung des Computers bauen (z.B. Online Vokabellernprogramme: siehe Kapitel 9).

Eine weitere Möglichkeit sind Selbsteinschätzungen nach dem Bearbeiten von Aufgaben. Dies ist vor allem für komplexeres Wissen ein möglicher Weg. Dabei würde man den Schülerinnen und Schülern nach einem Test oder nach einer Aufgabenstellung die Frage stellen, ob sie sich bei dieser Aufgabe sicher oder eher unsicher waren. Der ERIC-Deskriptor hierfür ist „Confidence Testing: Testing technique that determines examinees' knowledge in objective or Multiple-Choice-Tests by requiring them to indicate the degree of confidence they have in their answer" (www.eric.ed.gov). Ein Beispiel sind Selbsteinschätzungsskalen zu einzelnen Aufgaben- und Inhaltsbereichen in Mathematik (Leuders 2004, Abbildung 11). Schülerselbsteinschätzungen machen allerdings nur dann Sinn, wenn sich die Einschätzung auf ein möglichst konkretes Wissen bezieht. Von Vorteil sind deshalb Fragebögen, bei denen zuerst eine Beispielaufgabe gelöst werden muss und dann eingeschätzt werden soll, wie sicher man sich bei der Lösung dieser Aufgabe fühlte.

Wie sicher fühlst du dich in folgenden Situationen?	sicher	ziemlich sicher	unsicher	sehr unsicher
Du sollst eine Strecke messen und die Länge auf verschiedene Weise angeben.				
Du kannst berechnen, wie viele Quadratmeter Teppichboden du für ein Zimmer brauchst.				
etc.				

Abb. 11: Selbsteinschätzungsbogen nach Leuders (2004)

Ähnlich kann man argumentieren, um die Bedeutung formativer Diagnostik für Mitschülerbewertungen (peer assessment) im Rahmen des kooperativen Lernens zu begründen. Eine theoretische Grundlage zur Begründung von Mitschülerbewertungen sind sozial-kognitive Ansätze des Lernens nach Wygotski, in denen man davon ausgeht, dass Lernen in einer Zone der proximalen Entwicklung stattfindet und Gleichaltrige durch ihre Rückmeldungen und Hinweise viel eher die Gedanken und auch Probleme von ihren Mitschülerinnen und Mitschülern verstehen können (Lompscher 1989).

Topping (1998) versteht unter Mitschülerbewertungen ein pädagogisches Arrangement, bei dem Schülerinnen und Schüler die Leistung einer Mitschülerin oder eines Mitschülers entweder quantitativ durch eine Noten bzw. Punktwerte und/ oder qualitativ durch eine schriftliche oder mündliche Rückmeldung bewerten. Ziel ist die Stimulation geteilter Verantwortung für Lernerfolge und gemeinsamer Reflexion bzw. Diskussion der Lernergebnisse.

Es gibt mittlerweile eine Fülle unterschiedlicher Methoden auch eine Reihe von empirischen Studien zur Genauigkeit und Effektivität von Leistungsbewertungen und Leistungsrückmeldungen durch Mitschülerinnen und Mitschüler (van den Berg et al. 2006; van Zundert et al. 2010). Wichtige Merkmale von effektiven Bewertungen durch Mitschülerinnen und Mitschüler sind:

- Zeitpunkt des Feedbacks: Die Bewertung durch Mitschülerinnen und Mitschüler sollte nicht parallel zur Lehrerbewertung stattfinden, bzw. die Lehrerbewertung sollte in dieser Phase unterbleiben.
- Bewertungen durch Mitschülerinnen und Mitschüler sollten immer reziprok sein, d.h. jede Schülerin oder jeder Schüler in einer Lerngruppe sollte bewerten und zugleich bewertet werden.
- Eine optimale Gruppengröße liegt bei drei bis vier Schülerinnen und Schülern.
- Die Qualität der Rückmeldungen von Mitschülerinnen und Mitschülern kann durch Erfahrung und Training verbessert werden.

Wenn Schülerinnen und Schüler auf der Grundlage von informativem Feedback ihre Arbeiten bzw. Aufgabenlösungen verbessern, kann dies zu einer Verbesserung der domänenspezifischen Fertigkeiten führen. Die Einstellungen der Schülerinnen und Schüler zur gegenseitigen Bewertung hängen ebenfalls mit Erfahrung und Training zusammen. Je mehr Erfahrung und Übung die Lernenden mit Methoden der Partnerkontrolle haben, desto eher schätzen sie diese Form der formativen Leistungsdiagnostik.

Merkmal 5: Konsequenzen für den weiteren Lehr-Lernprozess

Eine formative Diagnostik macht letztendlich nur dann Sinn, wenn auch Konsequenzen für den nachfolgenden Lehr-Lernprozess folgen. Wird das eigenständige Lernen von Schülerinnen und Schülern durch formative Tests unterstützt, ist dies bereits eine wichtige Konsequenz bzw. Optimierung des weiteren Lehr-Lernprozesses. Aber auch die Lehrkräfte sollten ihre weiteren Planungsentscheidungen von den Ergebnissen einer formativen Diagnostik abhängig machen. Je nach Lernziel, Testformat und Feedbackzyklus kann man sich hier sehr unterschiedliche Reaktionsweisen vorstellen:

- Die Lehrkraft prüft mit der Ampelmethode (Single-Choice-Frage stellen und drei Antwortalternativen geben: rot, gelb, grün; Schülerinnen und Schüler halten entsprechendes Schild hoch), ob ein Begriff verstanden wurde. Hierzu reichen oft zwei oder drei Single-Choice-Fragen aus. Sofort kann die Lehrkraft auf Verständnisschwierigkeiten reagieren.
- Die Lehrkraft wertet eine diagnostische Aufgabenstellung (Matheaufgabe mit ausführlichen Lösungsschritten und Begründung, Schülertext etc.) aus und reagiert in der nachfolgenden Stunde, indem auf bestimmte Fehler noch einmal genau eingegangen wird und Übungsaufgaben angeboten werden.
- Ein Leseförderprogramm für einen Teil der Klasse wird kontinuierlich mittels einer formativen Lesediagnostik evaluiert. Man erkennt bei einem Teil der Schülerinnen und Schüler kaum Fortschritte in den ersten vier Wochen. Es wird überlegt, wie man das Leseförderprogramm für diese Schülerinnen und Schüler modifizieren könnte: z.B. andere Lesetexte, Schwierigkeitsgrad der Texte variieren, andere Leseübungen etc.

Mittlerweile gibt es empirische Hinweise, dass Lehrkräfte mit einem genauen diagnostischen Blick auf die Schülerinnen und Schüler eher in der Lage sind, Aufgaben auf dem entsprechenden Leistungsniveau zu stellen und damit eine passgenauere Förderung im Unterricht zu realisieren (Schrader/Helmke 1987; Anders et al. 2010).

8.3 Beispiele formativer Leistungsdiagnostik

In diesem Abschnitt werden ausgewählte Beispiele formativer Leistungsdiagnostik kurz skizziert und im Hinblick auf die Realisierung der im vorangehenden Abschnitt besprochenen Merkmale bzw. Handlungsschritte analysiert.

Formative Diagnose von konzeptuellem Wissen

Zu Aufgaben mit diagnostischem Potenzial gibt es beispielsweise in der Mathematikdidaktik sehr interessante Überlegungen (Leuders 2004, 2006; Sjuts 2006, 2007). Sjuts (2007) kann anhand einer einfachen Mathematikaufgabe zeigen, dass die Analyse von Schülerlösungen zu einer Realisierung sämtlicher mathematischer Kompetenzbereiche führt. Durch eine genaue Aufschlüsselung der zahlreichen Fehlvorstellungen bei nur einer Aufgabe wird die diagnostische Bedeutung sichtbar. Ein Beispiel hierfür ist die Klebebildaufgabe (Sjuts 2008), die bereits in Abschnitt 4.1 besprochen wurde. Damit ergeben sich Prinzipien für die Gestaltung von Aufgaben in diagnostischer Hinsicht (Leuders 2004; Sjuts 2006, 2008):

- Die Aufgaben müssen so offen formuliert sein, dass die Schülerinnen und Schüler unterschiedliche Lösungswege wählen können.
- Die Schülerinnen und Schüler werden aufgefordert, ihre Lösung in einem Begleittext zu erläutern.

- Eine Variante besteht darin, vorgegebene Lösungsbeispiele zu kommentieren.
- Unterschiedliche Bewertungsbereiche spielen eine Rolle: Gestaltung, Nutzung von Mathematik, Sprache, Gründlichkeit. In jedem Bereich können Kreativität und Korrektheit der Leistung gesondert eingeschätzt und rückgemeldet werden.

Eine weitere Möglichkeit zur schnellen Erfassung von konzeptuellem Wissen sind sog. Conceptests (eine Wortkreation aus den englischen Wörtern „concept" und „test"). Das Prinzip und Beispiele hierfür wurden bereits im Abschnitt 4.1 vorgestellt. Ein großer Vorteil von Conceptests ist die schnelle Auswertung. Ebenso kann man im Laufe der Zeit für einen Lernbereich eine Sammlung von Conceptests anlegen, die sowohl für formative als auch summative Zwecke gut genutzt werden kann. McConnell et al. (2006) entwickelten und evaluierten über 300 Conceptests für verschiedene Unterrichtseinheiten in den Geowissenschaften. Die Evaluation der Implementation und Effekte der Conceptests in verschiedenen Unterrichtssettings ergab, dass conceptests einfach zu entwickeln und zu implementieren sind. Sie erhöhen die Aufmerksamkeit und Zufriedenheit der Schülerinnen und Schüler während des Unterrichts. Studien mit Pre- und Posttest-Design zeigten, dass diese Methode der formativen Leistungsdiagnostik zu signifikanten Lerneffekten führen kann.

Eine Variante von Conceptests findet sich in der Materialsammlung Format der Kultusministerkonferenz. Die hier dargestellte Beispielaufgabe (Abbildung 12) kombiniert ein geschlossenes Antwortformat mit einem offenen Antwortformat. Zuerst müssen die Schülerinnen und Schüler die Korrektheit einer Aussage beurteilen, anschließend ihre Entscheidung begründen. Damit kann in einem ersten Schritt relativ schnell geprüft werden, ob grundlegendes Wissen zum Thema Salze erworben wurde. Eine weiterführende Auswertung der Begründungen gibt der Lehrkraft Einblicke in die Denk- und Verstehensprozesse der Lernenden. Mögliche Fehlvorstellungen können somit eher identifiziert werden.

	richtig	falsch	Begründung
Zur Herstellung von Kochsalz benötigt man festes Natriumhydroxid und Chlorgas.			
Die Formel für Chlorgas ist Cl_2.			
Die Formel von Kochsalz ist $NaCl_2$.			
Natrium ist ein silbrig glänzendes Metall.			
Natriumchlorid ist ein Gemisch aus Chlor und Natrium.			

Abb. 12: Beispielaufgabe Naturwissenschaft aus der Materialsammlung des KMK-Projektes Format. Verfügbar unter http://www.kmk-format.de/Nawi-Einleitung.html (KMK o.J.)

Eine wesentlich aufwändigere, jedoch genauere Erfassung von konzeptuellem Wissen leisten Concept-Maps. Ziel von Concept-Maps ist es, die komplexen Beziehungen zwischen beispielsweise naturwissenschaftlichen Begriffen abzubilden (Shavelson/Ruiz-Primo 1999). Sie sollen domänenspezifisches, deklaratives Wissen sichtbar machen. Indirekte Concept-Maps fordern Schülerinnen und Schüler zum Vergleich von Konzepten auf; Ähnlichkeiten sollen beurteilt werden. In direkten Ansätzen werden die Lernenden aufgefordert, ein Begriffsnetz selbst zu entwerfen. Zur graphischen Darstellung des Begriffsnetzes werden bestimmte Symbole benutzt (Ovale, Pfeile, Knoten), die einzelne Begriffe, Relationen und Verzweigungen abbilden. Ruiz-Primo und Shavelson (1996) entwickelten ein System zur Bewertung von Concept-Maps, das zwischen verschiedenen Aufgabenstellungen, Antwortformaten (wie die Concept-Map zu erstellen ist) und Bewertungskriterien differenziert. In verschiedenen empirischen Untersuchungen weisen die Autoren nach, dass sich mit diesem Auswertungsverfahren reliable und valide Messergebnisse erzielen lassen.

Conceptests und Concept-Maps können den aktuellen Stand des Wissens in einer Lerndomäne abbilden. Für die formative Leistungsdiagnostik ist es jedoch auch wichtig, dass Lehrkräfte Lernentwicklungen abschätzen können. Hierfür würde man Conceptests oder Concept-Maps wiederholt durchführen. Die Lehrkräfte benötigen zur Einordnung dieser Diagnosen dann aber eine Vorstellung von der Lernentwicklung und möglichen Lernschwierigkeiten. Vor allem in den Naturwissenschaftsdidaktiken gibt es eine Reihe von sehr weit fortgeschritten Projekten zur Diagnose von Lernentwicklungen und konzeptuellen Fehlvorstellungen. Das Prinzip ist immer ähnlich. Zunächst einmal wird im Sinne einer didaktischen Rekonstruktion ermittelt, welche Stufen der konzeptuellen Entwicklung bei Schülerinnen und Schülern in einer bestimmten Domäne zu erwarten sind (sog. „learning progressions"). Alonzo und Steedle (2009) prüften beispielsweise ein 6-stufiges Wissenserwerbsmodell zum Aufbau von Begrifflichkeiten in der Mechanik (Kraft und Bewegung). Auf jeder Stufe lassen sich sehr differenziert die typischen Schülerfehlvorstellungen beschreiben.

Am Beispiel einer Studie zum Aufbau von Wissen im Bereich der Evolution soll die Vorgehensweise etwas näher erläutert werden. Furtak (2012) evaluierten die Nutzung eines Wissenserwerbsmodells für den Begriff der „Selektion" in 6 Biologieklassen. Auf einer horizontalen Achse wurden dabei die wissenschaftliche Erklärung natürlicher Auslese und Anpassung an die Umwelt mittels fünf Fakten und drei Schlussfolgerungen dargestellt:

- Alle Populationen können sich exponentiell vermehren (Fakt 1).
- Die meisten Populationen erreichen eine bestimmte Größe und bleiben dann stabil (Fakt 2).
- Die natürlichen Ressourcen für Populationen sind begrenzt (Fakt 3).
- Nicht alle Nachkommen einer Spezies erreichen das Reproduktionsalter aufgrund des Wettbewerbs um Ressourcen (Schlussfolgerung 1).

- Individuen innerhalb einer Population variieren im Hinblick auf unterschiedliche Merkmale (Fakt 4).
- Viele aber längst nicht alle dieser Merkmale sind vererbbar (Fakt 5).
- Individuen mit Merkmalen, die einen Vorteil beim Überleben bringen, können sich besser reproduzieren als ihre Artgenossen ohne dieses Merkmal (Schlussfolgerung 2).
- Populationen ändern sich mit der Zeit, wenn die Häufigkeit vorteilhafter Merkmale zunimmt (Schlussfolgerung 3).

An verschiedenen Stellen dieser Kette logischer Argumente können Fehlvorstellungen von Schülerinnen und Schülern dazu führen, dass die Kette unterbrochen wird. Ein Problem ist beispielsweise der Begriff der genetischen Variabilität (Fakten 4 und 5). Auf einer vertikalen Achse lassen sich folgende Fehlvorstellungen bis hin zur wissenschaftlich korrekten Vorstellung unterscheiden:

- Kein expliziter Veränderungsmechanismus
- Bedürfnisorientierte Veränderung (Tier will sich anpassen)
- Bedürfnisorientierte Mutation (Gene verändern sich aufgrund der Umwelteinflüsse)
- Undefinierte Mutation
- Zufällige Mutation und Rekombination der Gene (korrektes Konzept).

Die an der Studie beteiligten Lehrkräfte wurden angeleitet, diagnostische Gespräche (sog. assessment conversations) zu führen. Die Lernenden bekamen Aufgabenstellungen in der folgenden Art: „Gabelbockantelopen können schneller rennen als jedes heute lebende Raubtier. Es gab einmal einen nordamerikanischen Geparden, der mittlerweile ausgestorben ist." Die Schülerinnen und Schüler antworteten mündlich auf die Fragen. Die Lehrkräfte sollten bei unklar geäußerten Ideen oder offensichtlichen Fehlvorstellungen nachfragen. Die Unterrichtsstunden wurden videografiert und anschließend qualitativ analysiert. Für die Auswertung der Schülerantworten konnte das Wissenserwerbsmodell herangezogen werden.

Es zeigte sich, dass die meisten Schüleräußerungen ein Amalgam verschiedener Ideen sind. In vielen Fällen gelang es, die Äußerung zu dekonstruieren und den einzelnen Elementen des Wissenserwerbsmodells zuzuordnen. Fehlvorstellungen bzw. teilweise korrekte Vorstellungen mit Fehlvorstellungen überwiegen. Auf den Videos und auch über die Lehrerinterviews wurde ersichtlich, dass die Lehrkräfte die diagnostischen Informationen sehr unterschiedlich nutzen. Einige Lehrkräfte nutzten das Wissen über fehlerhafte Schülervorstellungen, um die Schülerinnen und Schüler direkt auf den Fehler hinzuweisen und quasi „zu verbieten", solche Erklärungen weiterhin zu nutzen. Andere Lehrkräfte machten sich dagegen Gedanken über weitere Lernangebote, die zu einer Auseinandersetzung bei den Schülerinnen und Schülern führen können.

Ein weiteres, ähnliches Beispiel für eine diagnostische Aufgabenstellung ist die Erfassung von Schülerkonzepten über Evolution im Biologieunterricht über narrative

Methoden (Koslowski/Zabel 2013). Schülerinnen und Schüler werden aufgefordert, in einem kurzen Text zu erklären, wie sie sich die Entwicklung von Walen aus landlebenden Vorfahren vorstellen können. Diese Art der Erfassung von konzeptuellem Vorwissen hat sich in der Forschung bewährt (z.B. Halldén 1988). Allerdings ist die Auswertung der Texte mit einem großen Zeitaufwand verbunden. Um den Auswertungsaufwand zu reduzieren lassen Koslowski und Zabel (2013) die Schülerinnen und Schüler ihre Texte selbst analysieren. Hierfür erhalten die Lernenden 24 Aussagen auf kleinen Kärtchen. Es handelt sich um insgesamt 8 Aussagentripletts, von denen ein Triplett die biologisch korrekte Erklärung repräsentiert. Alle anderen Tripletts sind in sich konsistente Erklärungen, die aus der Forschung zu konzeptuellen Fehlvorstellungen im Bereich der Evolutionslehre entwickelt wurden. Die Schülerinnen und Schüler müssen die Kärtchen auf ein grünes, gelbes und rotes Feld verteilen:

• Grün bedeutet: „Diese Aussage steht in meinem Text."
• Gelb bedeutet: „Diese Aussage steht nicht in meinem Text. Ich kann sie mir aber vorstellen."
• Rotes Feld bedeutet: „Diese Aussage steht nicht in meinem Text und ich kann sie mir auch nicht vorstellen."

Die Schülerinnen und Schüler werden nach der schriftlichen Darstellung ihrer konzeptuellen Vorstellungen somit noch einmal zum Nachdenken angeregt. Die Lehrkräfte können recht schnell erkennen, wo die drei richtigen Aussagen zugeordnet wurden und welche konzeptuellen Vorstellungen beschrieben wurden bzw. sich die Schülerinnen und Schüler sonst noch vorstellen können.

Von großer Bedeutung für die Nachhaltigkeit formativer Diagnoseverfahren ist auch die intelligente Verknüpfung mit dem Unterricht und Verfahren der summativen Diagnostik. Ein Projekt, das diese Problematik in den Blick nimmt, wurde von Hickey et al. (2012) beschrieben. Die Autorinnen und Autoren entwickelten und evaluierten verschiedene formative Diagnoseformate und -strategien für drei Unterrichtseinheiten in den Fächern Astronomie, Biologie und Ökologie. Dabei werden Leistungsmessungen auf drei Abstraktionsstufen (direkt im Unterricht, nach einer Lerneinheit, nach einem Schuljahr) systematisch weiterentwickelt und sowohl formativ als auch summativ genutzt. Ziel der Leistungsmessungen, die direkt in den Unterricht eingebettet sind, ist die Stimulation von Gruppengesprächen über die naturwissenschaftlichen Konzepte (Wettervorhersagen, Luftdruck etc.).

Ein Testitem besteht beispielsweise aus einer Problemsituation (Wetterbild), einer geschlossenen Frage (Welches Wetter ist zu erwarten?) und einer halboffenen Frage (Erkläre deine Antwort). Nach dem Test werten die Schülerinnen und Schüler ihre Tests in Gruppenarbeit aus. Hierfür erhalten sie ein Raster mit Antworten und Erklärungen, in dem die wichtigsten Begriffe und Zusammenhänge noch einmal erläutert werden. Ebenso werden die Schülerinnen und Schüler angeleitet, wie sie gemeinsam jedes Quiz-Item auswerten sollen (Antworten erklären und vergleichen, gemeinsame Antwort finden, Erklärung durcharbeiten, Verständnis aller Gruppenteilnehmer feststellen). Sowohl die Testitems als auch die Implementation der Leistungsmessungen in den Unterricht wurden schrittweise optimiert. Grundlage hierfür waren sowohl die Beobachtungen der Lehrkräfte als auch die Ergebnisse standardisierter Tests. Nach zwei Entwicklungszyklen konnten signifikante Lernzuwächse im Vergleich zu einer Kontrollgruppe erzielt werden.

Summative Tests formativ nutzen

Summative Tests (z.B. Klausuren, Klassenarbeiten, Kurzarbeiten) formativ zu nutzen ist eine Möglichkeit der praxisorientierten Implementation formativer Leistungsdiagnostik. Der Aufwand hierfür ist nicht sonderlich hoch, weil Lehrkräfte ohnehin sehr viele Leistungsmessungen für die Notengebung durchführen. Eine formative Nutzung dieser Leistungsmessungen bedeutet, dass man sowohl die Vorbereitung auf den Test als auch die Nachbereitung eng mit dem Unterricht verknüpft. Hierzu zwei Beispiele aus der fachdidaktischen Literatur.

Eckes-Boehmer (2012) zeigt auf, wie man Klassenarbeiten im Englischunterricht formativ nutzen kann. Die Tests werden dabei gemeinsam mit den Schülerinnen und Schülern geplant. Dabei werden vor allem noch einmal die Lernziele, Inhalte und Aufgaben des vorangehenden Unterrichts besprochen. Nach der Planung wird gemeinsam geübt. Eine Methode hierfür wäre das „Big Paper": Auf einem großen A3-Papierbogen werden die wichtigsten Inhalte noch einmal zusammengefasst und geordnet. Dieser Papierbogen kann von den Schülerinnen und Schülern zur Vorbereitung genutzt werden. Ebenso werden die Modalitäten des Tests und die Anforderungen genau besprochen (Anzahl der Aufgaben, wie viele Antworten werden verlangt, welche Wörter sind genau zu lernen etc.). Eckes-Boehmer (2012) schlägt sogar vor, die Schülerinnen und Schüler bei der Korrektur zu beteiligen. Dabei markiert die Lehrerin bzw. der Lehrer die Fehler mit rot. Die Schülerinnen und Schüler vergeben dann Punkte für die einzelnen Aufgaben, d.h. werden zum Nachdenken über die Gewichtung ihrer korrekten Antworten und der Fehler angeregt. Die Autorin machte mit dieser Methode gute Erfahrungen. Zur formativen Nutzung einer Klassenarbeit gehört selbstverständlich auch die Nachbesprechung und Korrektur des Tests. Die Korrektur sollte ebenfalls benotet werden, um Schülerinnen und Schüler zu motivieren, aus ihren Fehlern zu lernen.

Auch Büker (2009) denkt, dass man die Lernmotivation und das selbstregulierte Lernen fördern kann, indem Leistungsaufgaben bereits in der Grundschule mit Schülerinnen und Schülern dialogisch geplant und ausgewertet werden. Nach freien Lesezeiten präsentieren die Schülerinnen und Schüler beispielsweise ihr Buch und stellen es zur Diskussion. Diese Leistungsaufgabe wird gemeinsam geplant und ritualisiert. Die Aufgabe enthält Freiheitsgrade (Auswahl des Buchs, Art der Vorstellung, Ort, Zeit etc.) aber auch genaue Bewertungskriterien. Die Bewertungskriterien werden veranschaulicht (gutes vs. schlechtes Beispiel), eine für Kinder verständliche Kriterienliste wird erstellt und es gibt einen Probevortrag mit Peer-Feedback.

In der Leistungssituation wird die Kriterienliste zum Beobachtungsbogen. Die Rückmeldung erfolgt mündlich und abweichende Meinungen werden diskutiert. Die Lehrkraft nimmt ebenfalls eine Bewertung vor und bespricht diese sowohl mit der zu bewertenden Schülerinnen bzw. dem zu bewertenden Schüler als auch der Jury. Nur die Bewertung der Lehrkraft wird schriftlich fixiert und in eine Lerndokumentation aufgenommen. Dabei vereinbaren die Lehrperson und die Schülerin bzw. der Schüler, was als nächstes zu tun ist und was jeder beitragen kann.

Beispiele formativer Lesediagnostik
Das Lesen eignet sich in besonderem Maße für die formative Leistungsdiagnostik. Lesen ist ein relevanter Teilaspekt des Schriftspracherwerbs, der sich über mehrere Schuljahre hinweg erstreckt. Ein kontinuierliches Monitoring des Lesen Lernens (speziell der Teilfertigkeiten Leseflüssigkeit und Leseverständnis) ist deshalb unabdingbar, um die individuelle Lernentwicklung in der Primarstufe und zu Beginn der Sekundarstufe zu dokumentieren und bei Bedarf mit Fördermaßnahmen reagieren zu können. Bei der formativen Lesediagnostik muss jedoch genau analysiert werden, welche Teilprozesse des Lesens genau in den Blick genommen werden, wie daraufhin die Testaufgaben konstruiert wurden und welche Anschlussförderung möglich ist. Ein Beispiel hierfür sind Studien zur Diagnose und Förderung von Leseflüssigkeit. Eine zu geringe Leseflüssigkeit ist oft die Ursache für mangelndes Textverständnis (Rosebrock et al. 2011). Dies gilt auch für Schülerinnen und Schüler der Sekundarstufe. Dort finden sich häufig folgende Defizite:

• Ungenaues Dekodieren auf der Wortebene
• Mangelnde Automatisierung beim Dekodieren von Wörtern
• Zögerliches Vorlesen auf Satzebene (prosodische Segmentierung)
• Geringe Lesegeschwindigkeit

Textverstehensprozesse auf hierarchisch höheren Ebenen (Kohärenzbildung) sind damit stark eingeschränkt. Förderung von Lesekompetenz bedeutet deshalb auch, Leseflüssigkeit formativ zu diagnostizieren und entsprechend zu fördern. Ein sehr einfaches Verfahren zur formativen Diagnose von Leseflüssigkeit ist die Lernfortschrittsdiagnostik Lesen (LDL) von Walter (2010). Bei der LDL stehen insgesamt 28 vergleichbare Lesetexte zur Verfügung. Die 28 Lesetexte bilden insgesamt eine Geschichte. Die LDL kann als individuelle Lernverlaufsdiagnostik im Abstand von ein oder zwei Wochen (oder größeren Abstand) eingesetzt werden. Gemessen wird die Anzahl der in einer Minute richtig erlesenen Wörter als Maß für die Leseflüssigkeit. Die individuellen Testwerte ergeben in einem Verlaufsdiagramm eine recht zuverlässige Messung des Lernfortschritts eines Schülers bzw. einer Schülerin. Es stehen zudem Normwerte für die Klassen 1 bis 9 (unterschiedliche Schularten) zur Verfügung. Damit ist auch ein sozialer Vergleichsmaßstab möglich. Ziel der LDL ist die kontinuierliche Überwachung des Leselernfortschritts sowie die Evaluation von individuellen Lesefördermaßnahmen.

Aber auch die klassischen, standardisierten Testverfahren eignen sich für eine formative Lesediagnostik. Die Würzburger Leise-Lese-Probe (WLLP) ist ebenso ein ökonomisches Verfahren für die Erfassung der Lesegeschwindigkeit (Dekodiergeschwindigkeit) in ganzen Grundschulklassen (Küspert/Schneider 1998). Einem geschriebenen Wort stehen vier Bildalternativen gegenüber. Die Schülerinnen und Schüler müssen das Wort erlesen und das richtige Bild markieren. Die Distraktoren sind dabei dem zu erlesenden Zielwort phonologisch ähnlich. Der Test kann mehrfach durchgeführt werden und ist deshalb auch für die Beschreibung von Lernverläufen geeignet. Hinzu kommt, dass Normwerte für die Jahrgangsstufen 1 bis 4 vorliegen. Erfasst wird die Lesegeschwindigkeit, jedoch nicht die Lesegenauigkeit. Der Test gibt lediglich Hinweise auf individuelle Probleme beim Lesen. Um jedoch konkrete Fördermaßnahmen planen zu können, sind weitere Diagnosen erforderlich (Art der Lesefehler). Es gibt weitere Verfahren, die zwar wiederum mit einem größeren Bearbeitungsaufwand verbunden sind, jedoch wesentlich genauer die Teilprozesse beim Lesen aufschlüsseln können und sich damit als vertiefende, formative, förderdiagnostische Verfahren eignen. Bisherige Lesetests prüfen entweder das Leseverständnis (produktbezogene Kontrolle der mentalen Repräsentationen nach dem Lesen) oder die Lesegeschwindigkeit (Speed-Tests, WLLP). Einzelne kognitive Teilprozesse des Lesens sind zwar gut erforscht, bisher aber noch nicht Gegenstand in einem gut einsetzbaren Lesediagnostikum. Richter et al. (2012) entwickelten deshalb das computergestützte Lesediagnostikum ProDi-L. Es besteht aus 6 Subtests, die jeweils spezifische kognitive Teilprozesse auf Wortebene, Satzebene und Textebene des Lesens abbilden:

- Phonologische Rekodierung: Die Testperson hört ein Pseudowort („banufego") und muss entscheiden, ob die anschließend dargebotene visuelle Darstellung des Wortes passt. Es werden phonotaktisch und orthographisch plausible Pseudowörter durch Kombination von Silben erzeugt.
- Orthographischer Vergleich: Die Testperson vergleicht eine Graphemfolge mit einer lexikalisch gespeicherten Repräsentation eines Wortes. Die Schwierigkeit der Testitems kann hierbei durch die orthographische Nähe variiert werden.
- Zugriff auf Wortbedeutungen: Die Testperson muss Wörter einer semantischen Kategorie zuordnen (Apfel-Obst).
- Syntaktische Integration: Die Testperson muss syntaktisch wohlgeformte Sätze von Sätzen mit Regelverletzungen unterscheiden (Wortstellung, fehlerhafte Zeiten und Fälle).
- Semantische Integration: Die Testperson muss die Richtigkeit eines Satzes vor dem Hintergrund des eigenen Weltwissens beurteilen. Die Schwierigkeit wird über die Anzahl der miteinander verknüpften Propositionen erzeugt. Propositionen sind die elementaren Aussageeinheiten, aus denen ein Satz besteht.
- Lokale Kohärenzbildung: die Testperson muss die Plausibilität von kleinen Geschichten (bestehend aus 2 Sätzen) beurteilen. Dies gelingt nur dann, wenn ein Situationsmodell konstruiert wird (z.B. kausale Beziehung).

Bei jedem Item werden die Reaktionszeit und die Antwortrichtigkeit erfasst. Der Test wird auf einem Notebook mit Kopfhörer bearbeitet und dauert ca. 1 Stunde. Eine Querschnittsuntersuchung (10 Grundschulen, n = 536 Kinder, Alter 5 bis 11) belegt die faktorielle, die Konstrukt- und Kriteriumsvalidität des Instruments. Die Reaktionszeiten können zusätzliche Varianz der Leseleistung erklären.

Eine differenzierte, formative Lesediagnostik bleibt jedoch wirkungslos, wenn keine darauf angepasste Förderung erfolgt. In der Frankfurter Hauptschulstudie (Rosebrock et al. 2010) wurden deshalb im Anschluss an eine differenzierte Lesediagnostik zwei Leseförderstrategien (lautes Lesen in Kleingruppen und Erhöhung der Lesemenge) einer empirischen Überprüfung unterzogen (31 Schulklassen; Jgs. 6; 527 Schülerinnen und Schüler). Das Leseverständnis und die Leseflüssigkeit wurden mit standardisierten Screeningverfahren erfasst (ELFE 1-6 und SLS 5-8). Für die Treatmentgruppe konnten bedeutsame Effekte erzielt werden: Leseflüssigkeit (d = .84); Textverständnis (d = .36); Selbstkonzept Lesen (d = .30). Vor allem das laute Lesen hat sich als einfaches und wirksames Förderkonzept bewährt.

Auch Müller et al. (2012) entwickelten ein Lesetraining für Grundschulkinder, das auf einer gezielten Analyse von kognitiven Teilprozessen des Lesens basiert. Zunächst wurden 1600 Grundschulkinder mit einem globalen Lesescreeningverfahren (ELFE 1-6) getestet. Anhand der Testwerte wurden klassenweise Trainingsgruppen mit den 5 schwächsten und stärksten Schülerinnen und Schülern gebildet. Im zweiten Schritt wurden die Teilprozesse mit dem Lesediagnostikum ProDi-L (Richter et al. 2012) geprüft. Anschließend wurde ein kooperatives Lesetraining durchgeführt. In Kleingruppen wurden Lesetandems aus leistungsschwachen und leistungsstarken Schülerinnen und Schülern gebildet. Es gab drei Treatmentbedingungen:

1) Im Phonicstraining wurde vor allem die Buchstaben-Laut-Korrespondenz unterhalb der Wortebene geübt (Silben, Affixe).
2) Das Fluencytraining zielte auf die Leseflüssigkeit ab. Diese ist eine wichtige Voraussetzung, um genügend Gedächtniskapazität für die semantischen Prozesse des Lesens zur Verfügung zu haben. Als Methode wurde das abwechselnde Lautlesen eingesetzt.
3) Im Strategietraining wurde vor allem die inhaltliche Strukturierung eines Textes geübt: Absatzüberschriften finden, Vorwissensaktivierung, Formulieren von Zusammenfassung.

Die Kontrollgruppe erhielt Trainingsmodule zum visuellen Arbeitsgedächtnis, das laut Leseforschung eine eher untergeordnete Bedeutung für den Leseprozess besitzt. Nach der mehrwöchigen Trainingsphase wurden die Lesefähigkeiten erneut mit ProDi-L differenziert erfasst. Die Nachtestwerte deuteten auf trainingsspezifische Unterschiede hin, die sich differenziert erfassen ließen. Das Fluency-Training erwies sich sowohl in Klasse 2 als auch Klasse 4 als effektiv.

Beispiele formativer Schreibdiagnostik

Ein weiteres Beispiel für die Nutzung formativer Diagnostik ist die Förderung der Schreibkompetenz von Schülerinnen und Schülern. In der Deutschdidaktik gibt es eine lange Diskussion über die Willkür von Aufsatznoten. Untersuchungen zeigten immer wieder, dass Aufsatzkorrekturen für Lehrkräfte vor allem zeitaufwändig sind und kaum eine lernförderliche Wirkung entfalten (z.B. Fix 1999). Auch schriftliche Anmerkungen unter den Aufsatznoten werden kaum gelesen und/oder genutzt. Eine Alternative zur herkömmlichen Aufsatzerziehung sind sog. Schreibkonferenzen (process writing approach), die den Schreibprozess folgendermaßen strukturieren (z.B. Graham/Sandmel 2011):

• Texte planen, Skizze erstellen, schreiben, überarbeiten
• Reale Schreibanlässe nutzen
• Selbstreflexion über das eigene Schreibprodukt stärken
• Gemeinsame Arbeit an den Texten (Feedback durch Lehrkräfte und Mitschülerinnen bzw. Mitschüler)
• Schreibinstruktion wird gezielt erteilt, wenn nötig.

Der Ansatz geht auf Scardamalia et al. (1984) zurück. Schreiben wird als ein komplexer, kognitiver Prozess angesehen, der bei Experten durch eine Vielzahl von flexibel einsetzbaren Metastrategien gesteuert wird. Schülerinnen und Schüler dagegen verfügen nicht über diese Schreibstrategien und beginnen in der Regel mit dem assoziativen Schreiben (erste Stufe im Schreibentwicklungsmodell von Bereiter). Um Schülerinnen und Schüler zu unterstützen, wurde der Schreibprozess von Experten detailliert analysiert und in fünf Phasen eingeteilt. In jeder Phase erhalten die Schülerinnen und Schüler Hilfestellungen, Hinweise und werden zum lauten Nachdenken aufgefordert. Dabei zeigt zunächst einmal die Lehrkraft selbst, wie man diese Hinweise und Hilfestellungen nutzen kann. Den Schülerinnen und Schülern wird deutlich, dass Experten wesentlich mehr Zeit damit zubringen, einen Text zu planen. Auch die Überarbeitung von Texten ist neu für Schreibanfänger. Anschließend planen, schreiben und überarbeiten die Schülerinnen und Schüler eigene Texte. Diese werden gemeinsam besprochen (Prinzip der Schreibkonferenzen) und Vorschläge der Mitschülerinnen und Mitschüler werden bei der Überarbeitung aufgenommen. In einer Metaanalyse zur Methode des prozessorientierten Schreibens von Graham und Sandmel (2011) wurden 29 experimentelle und quasi-experimentelle Studien zur Effektivität der Methode „Schreibwerkstatt" ausgewertet. Die Autoren fanden eine durchschnittliche, moderate Effektstärke von $d = .34$ auf die Qualität des Schreibprodukts.

Die Umsetzung der Methode Schreibwerkstatt ist jedoch nur möglich, wenn Lehrkräfte über eine formative Schreibdiagnostik verfügen. Zur Entwicklung von Kriterien- und Beurteilungsrastern für Schülertexte findet man in der Literatur eine Reihe von Ansätzen. Hier soll ein sehr gut evaluiertes Projekt erwähnt werden. Blatt, Ramm und Voss (2009) entwickelten im Rahmen des bundesländerübergreifenden

Projektes Lernstand 6 ein formatives Diagnoseverfahren für die Textkompetenz. Die Analysekategorien basieren auf dem Rahmenmodell zur Schreibkompetenzentwicklung von Bereiter (Inhalt, Aufbau, Sprache, Stil, Schreibkonventionen). Als lebensweltlicher Schreibanlass diente ein persönlicher Brief an einen kranken Mitschüler. Entlang der vier allgemeinen Bewertungskategorien wurden spezifische, auf den Schreibanlass „Brief an kranken Mitschüler schreiben" bezogene Bewertungskriterien entwickelt. Die Kriterien waren dichotom (Ja/Nein) und enthielten Hinweise aus den Schülertexten der Pilotierungsstudie.

Nach der Pilotierung zeigte sich, dass lediglich die Hälfte der theoretisch hergeleiteten Beurteilungskriterien den Testgütekriterien entsprach. Diese gingen in die endgültige Version des Beurteilungsbogens ein. Die Einhaltung der Sprachkonventionen wurde holistisch geschätzt (hoch-inferent; keine Auszählung der Rechtschreibfehler). Die Rückmeldungen aus den Schulen zeigten, dass die Anwendung des Beurteilungsrasters insgesamt als praktikabel eingeschätzt wurde. In den empirischen Daten konnte zwischen einer elementaren und einer entfalteten Schreibkompetenz differenziert werden. Die fünf theoretischen Beurteilungskategorien ließen sich nicht als eigenständige Faktoren in den empirischen Daten nachweisen. Eine didaktische Implikation wäre, bei Schülerinnen und Schülern mit elementarer Schreibkompetenz Übungen zur Übernahme der Leserperspektive durchzuführen.

Aber auch ohne dieses standardisierte Diagnoseverfahren können Lehrkräfte im Deutschunterricht eine formative Schreibdiagnostik realisieren. Abraham und Müller (2009) machen eine Reihe von Vorschlägen, wie man beim Schreiben von argumentativen Texten die formative Diagnostik mit gezielter Förderung verbinden kann:

- Klar abgrenzbare Schreibaufgaben mit Anlass, Adressat und Argumentationsanregungen, jedoch genug Freiraum für eigene Ideen
- Erwartungen im Voraus bereits mithilfe von Beispielargumentationen klären
- Bewertung beginnt bereits dialogisch im Team bei der Entwicklung von Argumenten
- Die Schülerinnen und Schüler an der Festlegung der Bewertungskriterien beteiligen
- Keine vergleichende Beurteilung von Schülertexten, hingegen Vergleich mit früheren Schreibprodukten

In eine ähnliche Richtung gehen auch die Vorschläge von Winkler, Heublein und Theel (2009). Die Autoren fordern, dass die Teilleistungen beim argumentierenden Schreiben (Zielsetzung, Inhalt, Formulierung, Strukturierung) besser sichtbar sein sollten. Die Schreibaufgabe beginnt zunächst mit einer Planungsaufgabe. Die Schülerinnen und Schüler sollen geeignete Argumente auswählen. In einem zweiten Schritt werden die Argumente geordnet. Danach folgt eine adressatenbezogene Auswahl geeigneter Argumente. Abschließend werden die Argumente mit Beispielen angereichert. Durch diese schrittweise Einführung und Bearbeitung der Schreibaufgabe lassen sich Teilleistungen besser diagnostizieren und damit auch passgenauer fördern. Dabei müssen die einzelnen Arbeitsschritte natürlich gesondert dokumentiert werden. Die Lehrkräfte können auch gezielt Übungsaufgaben zu einzelnen Teilleistungen stellen.

8.4 Implementation formativer Diagnostik im Schulsystem

Aufgrund der historischen Bedeutung summativer Leistungsdiagnosen (vgl. Kapitel 3) ist die Praxis der formativen Leistungsdiagnostik bzw. der formativen Nutzung von Diagnosen an Schulen nur sehr gering ausgeprägt. Bereits seit der Reformpädagogik gibt es natürlich zahlreiche Versuche, auch das herkömmliche System der schulischen Leistungsmessung und Leistungsbewertung so zu ändern, dass man Schülerinnen und Schüler eher damit auch in ihrem Lernen unterstützen kann (Köller 2005). Allerdings sind reformpädagogische Leuchttürme nur die eine Seite und die Realität an vielen öffentlichen Schulen die andere Seite. Eine Befragung von Gymnasiallehrkräften zeigte beispielsweise, dass Methoden der systematischen formativen Leistungsdiagnostik und der Dokumentation von Lernverläufen kaum genutzt werden (Maier 2011). In Abschnitt 7.3 wurden bereits die ethnografischen Analysen von Zaborowski et al. (2011; Breidenstein et al. 2012) erwähnt. Diese zeigen sehr differenziert die tiefe Verwurzlung summativer Diagnosepraxis im alltäglichen Unterrichtshandeln sowohl von Lehrkräften als auch von Schülerinnen und Schülern. Aber auch in anderen Bereichen des Bildungssystems sieht es nicht besser aus. Engel (2008) zeigt in einer empirischen Studie zur Alphabetisierungsarbeit in Niedersachsen, dass nur ein Teil der in der Erwachsenenbildung arbeitenden Kursleiter förderdiagnostische Instrumente für eine Lernprozessbegleitung bzw. die Evaluierung von Unterricht nutzt. Auch Grotlüschen und Bonna (2008) kommen in ihrer Studie zum Schluss, dass in der Erwachsenenbildung noch kaum eine formative Diagnosepraxis anzutreffen ist.

Die Implementation formativer Diagnostik im Schulsystem steht mittlerweile auch auf der Agenda der OECD (2005). Es wird angemahnt, dass bildungspolitische Maßnahmen im Bereich Evaluation in Zukunft stärker auf Unterricht und Lernen fokussieren sollten. Die überwiegend summative, auf Notengebung fokussierte Diagnosepraxis an Schulen wird deutlich kritisiert. Der OECD ist aber auch klar, dass dies nur dann geschieht, wenn externe Evaluationssysteme stärker formativ orientiert sind (vgl. Kapitel 10) und Lehrkräfte und Schulen sich im Bereich formative Diagnostik weiterbilden.

Genau hier setzen einige Forschungs- und Entwicklungsprojekte an (z.B. Flexer/ Gerstner 1993; Wiliam et al. 2004; Leahy et al. 2005; Hargreaves 2005; Popham 2009; Mertler 2009; Brookhart et al. 2010). Allerdings wird in diesen Projekten auch deutlich, wie schwer es ist, eine institutionalisierte Praxis der summativen Leistungsdiagnostik zu reformieren. Sowohl das Lehrerkollegium (Brunner et al. 2006; Vogt et al. 2008; Hargreaves 2007), die Schulleitung (z.B. Hollingworth 2012), die Lehrerbildung (Peter-Koop 2006; Kaiser/Rohlfs 2009; DeLuca/Klinger 2010; Hill et al. 2010) als auch externe Faktoren wie Ressourcen (Lee et al. 2012) spielen hierbei eine wesentliche Rolle. Im Folgenden soll an ausgewählten Beispielen gezeigt werden, wie formative Leistungsdiagnostik im Schulsystem implementiert werden kann. Implementationsbemühungen findet man vor allem in der Lehrerfortbildung und der Schul- und Unterrichtsentwicklung.

Lehrerfortbildungen

Auf internationaler Ebene liegen bereits einige Studien zu Effekten von Lehrerfortbildungen, die eine Verbesserung der formativen Diagnosekompetenz von Lehrkräften zum Ziel haben, vor (z.B. Wiliam et al. 2004; Sato et al. 2008; Mertler 2009; Brookhart et al. 2010). In diesen Fortbildungen konnte gezeigt werden, dass man die formative Diagnosekompetenz von Lehrkräften entwickeln kann. Brookhart et al. (2010) berichten beispielsweise von einer Lehrerfortbildung zu formativer Leistungsmessung nach Prinzipien der Handlungsforschung. Die Lehrkräfte erhielten direkte Unterweisung in Prinzipien der formativen Leistungsdiagnostik und hatten gleichzeitig die Aufgabe, ihren Unterricht zu erforschen bzw. einzelne Verfahren der formativen Leistungsdiagnostik direkt zu erproben.

Wiliam et al. (2004) evaluierten ein Fortbildungsprogramm der Schuladministration in London für Lehrkräfte zur Steigerung von Schülerleistungen durch formative Leistungsmessung. Dabei wurde den Lehrkräften nicht vorgeschrieben, wie sie formativ diagnostizieren und unterrichten sollen. Vielmehr wurden in Workshops die Prinzipien der formativen Leistungsmessung diskutiert und erläutert. Daraufhin entwickeln die Lehrkräfte selbst Umsetzungskonzepte formativer Leistungsmessung für ihren Unterricht. Insgesamt wurden 24 Lehrkräfte in England bei der Planung und Umsetzung formativer Leistungsmessung in Kleingruppen über einen Zeitraum von 6 Monaten begleitet und unterstützt. Dann wurden diese Konzepte umgesetzt und die Leistungszuwächse der Schülerinnen und Schüler mit Kontrollklassen derselben Lehrkräfte oder mit Parallelklassen verglichen. Die Effektstärke für die Intervention war 0,32. Das Fortbildungsdesign führte einerseits dazu, dass motivierte Lehrkräfte eigens entwickelte Verfahren der formativen Diagnostik nachhaltig im Unterricht verankert hatten. Andererseits gab es eine sehr hohe Varianz bezüglich der eingesetzten Verfahren und der Nachhaltigkeit.

Sato et al. (2008) untersuchten in den USA in einer dreijährigen, explorativen Längsschnittstudie mit quasiexperimentellem Design, wie sich die Praxis formativer Leistungsmessung von Lehrkräften in Mathematik und Naturwissenschaften durch Lehrerfortbildungen und Zertifizierungen des „National Board Certification" verbesserte. Formative Diagnosekompetenz wurde mit folgenden Dimensionen operationalisiert:

- Sichtweise auf Leistungsmessung, Nutzung von Leistungsmessungen
- Bandbreite, Qualität und Kohärenz von Leistungsmessungen
- Klarheit und Angemessenheit der Lernziele

- Möglichkeiten für Selbstbeurteilungen
- Veränderung des Unterrichts auf Basis von Leistungsrückmeldungen
- Qualität und Passung der Rückmeldungen an die Lernenden

Für jede Dimension wurden Indikatoren definiert. Jeder Einzelindikator wurde von 1 bis 5 geratet. Grundlage des Ratings waren unterschiedliche Dokumente über die Praxis der Leistungsmessung: Videoaufzeichnungen, Unterrichtstagebücher der Lehrkräfte, Schülerarbeiten, Interviews mit Lehrerinnen und Lehrern sowie Schülerinnen und Schülern. Geschulte Rater bewerteten die Dokumente entlang der Dimensionen. Die Fortbildungsgruppe erreichte signifikante Lernzuwächse im Vergleich zur Kontrollgruppe ohne Fortbildung, vor allem in den Bereichen „Vielfalt der eingesetzten Diagnosemethoden" und „Nutzung der Daten für Förderung".

Schul- und Unterrichtsentwicklung

Formative Leistungsdiagnostik ist nicht zuletzt auch ein wichtiges Element in aktuellen Schulentwicklungsprojekten. Smit (2008; 2009) berichtet beispielsweise über ein Schulentwicklungsprojekt zur Veränderung der Beurteilungskultur in der Sekundarstufe I im Schweizerischen Kanton Zug (2003-2007). Themen dieses Projektes waren eine verbesserte Lernzielorientierung sowohl im Unterricht als auch bei der Beurteilung, Formen der Selbstbeurteilung, Orientierungsgespräche und das Gestalten von Selektionsprozessen. Die Schülerinnen und Schüler bewerteten mit einem quantitativen Instrument die implementierten, förderorientierten Beurteilungen in ihren Klassen. Es gab positive Zusammenhänge zwischen förderorientierter Beurteilung und individueller Einschätzung der Lernkompetenzen auf Klassenebene. Die Lernenden in einer Klasse nutzten die Angebote einer förderorientierten Leistungsrückmeldung allerdings sehr unterschiedlich. Die Befunde der Studie geben ebenso Hinweise, dass die eher negativen Selbstattribuierungen von Mädchen durch förderorientierte Leistungsmessung kompensiert werden können.

Im qualitativen Teil der Untersuchung wurden die Formen der förderorientierten Beurteilung genauer untersucht. Als besonders effektiv erwiesen sich formative Lernkontrollen während und am Ende der Unterrichtseinheit, gezielte formative Rückmeldungen (Standortbestimmungen), Rückmeldungen zu Lernkompetenzen und Selbstbeurteilungen. Auch portfolio-ähnliche Formen der Selbstreflexion wurden genutzt, jedoch eher selten. In den Interviews zeigte sich ebenfalls, dass neue Formen der formativen Leistungsbeurteilung und -rückmeldung gerade in Zusammenarbeit mit anderen Lehrkräften entstehen können (Netzwerke, Fachgruppen). Wird bereits offener Unterricht praktiziert, können formative Methoden der Leistungsmessung leichter umgesetzt werden, weil Zeit für Beobachtungen flexibler eingeplant werden kann.

Ein weiteres Beispiel ist die Umsetzung einer inklusiven Beschulung im öffentlichen Bildungswesen. Diese ist nur dann zu leisten, wenn Lehrkräfte sehr differenziert die Lern- und Entwicklungsstörungen ihrer Schülerinnen und Schüler diagnostizieren und darauf reagieren können. Ein interessantes Beispiel hierfür ist das Rügener Inklusionsmodell mit der förderorientierten Lernfortschrittsdiagnostik als einem Kernelement. Das Modell basiert auf dem RTI-Ansatz („response to intervention" bzw. „response to instruction": Walter 2008; Institut für sonderpädagogische Entwicklung und Rehabilitationder Universität Rostock o.J.). Dabei betrachtet man Lernstörungen nicht als generelles Defizit der Schülerinnen und Schüler, sondern als inadäquate, erwartungswidrige Reaktionen auf den Unterricht. Der RTI-Ansatz basiert auf vier zentralen Elementen:

- Mehrebenenprävention in drei Förderstufen: Förderstufen 1 und 2 werden von Grundschullehrkräften unterrichtet, Förderstufe 3 umfasst sonderpädagogische Einzelfallhilfe.
- Evidenzbasierte Praxis: Einsatz von Lernmaterialien, Lernmethoden mit empirisch nachgewiesenen Effekten.
- Diagnostik: Screeningverfahren zur Identifikation von Entwicklungsrisiken; differenzierte qualitative Diagnostik der auffälligen Kinder; monatliche Lernverlaufsdiagnostik in Mathematik und Lesen.
- Lernfortschrittsdokumentation in zentralen Kompetenzbereichen.

Die Umsetzung dieses Ansatzes ist natürlich sehr personalintensiv und erfordert ein hohes Maß an Kooperation zwischen Sonderpädagogen und Fachlehrkräften. Ebenso müssen sich Lehrkräfte in die Diagnostik von Lern- und Entwicklungsstörungen einarbeiten. Von Vorteil ist, dass Lehrkräfte mittlerweile auf eine Vielzahl standardisierter Screeningverfahren für Lern- und Entwicklungsstörungen zugreifen können (z.B. Wagner 2008; Schroeders/Schneider 2008; Bäuerlein et al. 2012; Tracy/Schulz 2012) und auch für die Lernverlaufsdiagnostik grundlegender Fertigkeiten wie Lesen, Grundrechenarten, Rechtschreibung etc. praktikable Verfahren vorliegen, die eine große Bandbreite von Leistungen in diesem Bereich im Längsschnitt auf individueller Ebene erfassen und dokumentieren können (z.B. Walter 2010; Richter et al. 2012).

Zusammenfassung

Leistungsdiagnosen können dann als formativ bezeichnet werden, wenn sie für die Anpassung eines Lehr-Lernprozesses bzw. gezielt für die individuelle Förderung von Schülerinnen und Schülern genutzt werden. Eine formative Nutzung kann damit sowohl für informelle Tests als auch für standardisierte Diagnoseverfahren vorliegen. In der Literatur findet man folgende Merkmale bzw. Handlungsschritte formativer Leistungsdiagnostik:

- Lernziele und Bewertungskriterien festlegen und kommunizieren
- Vielfältige Aufgaben und Verfahren mit diagnostischem Potenzial nutzen
- Rückmeldungen, die Schülerinnen und Schüler voranbringen
- Selbstreguliertes und kooperatives Lernen stärken
- Konsequenzen für den weiteren Lehr-Lernprozesses klären

Es gibt eine umfangreiche, vor allem international ausgerichtete Literatur zu Effekten formativer Leistungsdiagnostik (formative assessment) auf Motivation, Lernen und Schülerleistungen. Die Experten sind sich jedoch nicht immer einig, welche Maßnahmen genau als formative Diagnostik bezeichnet werden können und welche Studien damit in Metaanalysen aufgeführt werden sollten. Trotz dieser Unklarheiten und Debatten zeigen Übersichtsartikel und Meta-analysen immer wieder deutlich, dass formative Diagnostik zu bedeutsamen Leistungssteigerungen beitragen kann. Es kommt allerdings auf die Lerninhalte (Art des Wissens) und die Form der Rückmeldung an. Bei komplexerem Wissen sind die Effekte formativer Diagnostik generell geringer.

Für die formative Diagnose von konzeptuellem Wissen können Lehrkräfte auf unterschiedliche Methoden und Verfahren zurückgreifen: Vertiefte Gespräche mit Schülerinnen und Schülern, Schülertexte, geschlossene Fragenformate (z.B. Conceptests), grafische Darstellungsformate (z.B. Concept-Maps) oder standardisierte Diagnoseverfahren zu konzeptuellem Wissen. Auch bei grundlegenden, vor allem prozeduralisierten Fertigkeiten wie dem Lesen können Lehrkräfte mittlerweile auf eine Reihe standardisierte Diagnoseinstrumente zurückgreifen, die sich für eine formative Lernverlaufsdiagnostik anbieten.

Die Ausbildung einer Praxis der formativen Leistungsdiagnostik wird an den Schulen durch die Dominanz der Notengebung immer noch stark verzögert. Dennoch gibt es eine Reihe von Initiativen und Projekten zur Implementation formativer Diagnostik in Schule und Unterricht. Lehrerfortbildungen zu formativer Diagnostik sind dann besonders effektiv, wenn die Lehrkräfte sowohl mit den Prinzipien vertraut gemacht werden als auch die Möglichkeit haben, selbst eigene Verfahren zu entwickeln und zu erproben. Aufgrund von fachdidaktischen Entwicklungen und einer Stärkung der Bildungswissenschaften wird in Zukunft auch die Lehrerbildung einen wesentlich stärkeren Beitrag zur Implementation formativer Leistungsdiagnosen leisten können.

9 Computergestützte Leistungsdiagnostik

In diesem Kapitel geht es um die Frage, wie digitale Kommunikations- und Informationstechnologie den Prozess des diagnostischen Handelns in Bildungseinrichtungen unterstützen kann. Dabei stehen folgende Aspekte im Mittelpunkt:

- Welche Möglichkeiten der computergestützten Leistungsdiagnostik gibt es überhaupt? In diesem Abschnitt gilt es vor allem, die unterschiedlichen Begrifflichkeiten zu klären.
- Im zweiten Abschnitt sollen Chancen und auch Probleme einer computergestützten Leistungsdiagnostik angesprochen werden. Eine große Chance liegt in der Realisierung neuer und motivierender Itemformate. Fragen der technischen Realisierung und Verfügbarkeit sind auch heute noch große Herausforderungen für die Implementation einer computergestützten Leistungsdiagnostik.
- In den weiteren Abschnitten werden Beispiele computergestützter Leistungsdiagnostik vorgestellt und Befunde empirischer Evaluationsstudien diskutiert. Dabei wird deutlich, dass technisch bereits viel machbar ist und auch in naher Zukunft intelligente Diagnosesysteme für komplexes Wissen zur Verfügung stehen werden. Die praktische Umsetzung in Schule und Unterricht bleibt jedoch ein wenig untersuchtes Feld.

Die Entwicklungen in der digitalen Informations- und Kommunikationstechnologie führen zu der Frage, wie pädagogisch-diagnostisches Handeln durch geeignete Softwareprogramme unterstützt bzw. verbessert werden kann. Zunächst einmal können digital durchgeführte und ausgewertete Tests zu einer Arbeitsentlastung führen. Allerdings ist das zeitökonomische Argument nur eines unter vielen. Bereits in den frühen Jahren der Digitalisierung von Lernen und Unterricht erkannte man, dass Computer adaptives Testen ermöglichen. Der Vorteil adaptiver Tests ist, dass individuell zugeschnittene Testaufgaben schneller zu einem reliablen Ergebnis führen als herkömmliche Testbatterien. Ein weiterer qualitativer Vorteil computergestützter Diagnostik ist ein erweitertes Spektrum an Testaufgabenformaten. Mittlerweile sind Aufgaben mit animierten Grafiken, Drag-And-Drop-Aufgaben, Aufgaben mit Audio-Einspielungen oder komplexe Simulationen fiktiver Situationen möglich.

Mit der Entwicklung mobiler Endgeräte (Smartphones, Tablets, Tablet-PCs, Convertibles etc.) beginnt seit einigen Jahren ein weiterer Entwicklungsschritt in der computergestützten Leistungsdiagnostik. Staaten wie die Türkei, Thailand oder die Niederlande arbeiten an einer flächendeckenden Ausstattung der Schulen mit Tablets. Apple hat eine groß angelegte Strategie zur Versorgung US-amerikanischer Schulen und Hochschulen mit iPads. Diese Entwicklungen werfen beispielsweise die Frage nach der Nutzung von Tablets für die Diagnostik auf. Wie kann es in Zukunft gelingen, eine computergestützte Diagnose sehr flexibel an die jeweilige Lernsituation anzupassen, z.B. über formative Leistungsdiagnosen während des Unterrichts, beim Lernen unterwegs oder auf Exkursionen (vgl. Maier 2014)?

9.1 Einordnungen und Begriffsklärungen

Viele klassische Diagnoseverfahren (Rechtschreibtests, Intelligenztests, Berufseignungstests etc.) können mittlerweile als Computerprogramm erworben oder online durchgeführt werden. Dies ist allerdings nur ein Anwendungsbereich. Computergestützte Diagnostik muss im Zusammenhang mit den umfassenderen Entwicklungen beim E-Learning gesehen werden. Trotz vieler Vorbehalte ist E-Learning ein kontinuierlich wachsendes Innovationsfeld im Bildungsbereich. Petko (2010) fasst Hauptströmungen von E-Learning in Schule, Weiterbildung, Erwachsenenbildung zusammen:

- Herstellung interaktiver und multimedialer Inhalte für das eigenständige Lernen. Zunächst in Form von Lernprogrammen, jetzt zunehmend für offene und problemorientierte Lernformen (Simulationen, Spiele).
- Förderung der Kommunikation mit digitalen Medien und zwar sowohl synchron (Chat, Videokonferenz, Skype) als auch asynchron (E-Mail, Blogs, und Web 2.0-Anwendungen).
- DistancE-Learning bzw. Blended-Learning: Beispiele hierfür sind Fernstudiengänge, bei denen Phasen des Präsenzlernens sinnvoll mit Phasen des eigenständigen, computergestützten Lernens verknüpft werden.
- Digitale Medien als kognitive Tools für die individuelle und kollektive Wissensverarbeitung: Datenbanken, Tabellen, E-Portfolios, Mindmaps etc.

Computergestützte Tests können in allen Bereichen des E-Learning eine Rolle spielen. Lernprogramme oder Lernspiele enthalten sehr oft Diagnosen im Quizformat, um den eigenen Lernstand überprüfen zu können (formative Diagnostik). Lehrbuchverlage bieten Lernsoftware mit diagnostischen Tools zu Grundfertigkeiten in Deutsch und Mathematik an (Überblick bei Lehker 2009). Die digitale Kommunikation zwischen Lehrenden und Lernenden kann Grundlage für informelle Diagnosen sein. Mittlerweile gibt es vor allem für Universitäten Systeme zur Durchführung von Klausuren am PC-Pool (summative Diagnostik).

Eine Hauptanwendung digitaler Tests findet sich jedoch im Rahmen von Lernplattformen, die für Blended-Learning sowohl an Hochschulen als auch immer mehr an Schulen eingesetzt werden. Lernplattformen bilden die klassische Hierarchiestruktur der Schule ab (im Vergleich zu den eher interaktiven und gleichberechtigten Web 2.0-Anwendungen) und stellen wichtige Funktionsbereiche für Blended-Learning zur Verfügung (Petko 2010; Klemm 2011), wie z.B. einen passwortgeschützten virtuellen Raum, Kommunikation zwischen Lernenden und Lehrenden über Foren und Benachrichtigungen, Terminierung von Aufgabenstellungen, Umfragen und Prüfungen sowie vielfältige Möglichkeiten der Darstellung und Analyse von formativen Testergebnissen.

Wenn man Literatur zu computergestützter Leistungsdiagnostik liest oder recherchieren möchte, stößt man auf eine Vielfalt von Termini. Vor allem sollte man die Bedeutung englischsprachiger Suchbegriffe in diesem Feld kennen. In einer Reihe von Überblicksartikeln werden Begrifflichkeiten für Anwendungskontexte technologiebasierter Leistungsdiagnostik im Bildungssystem definiert (Jurecka/Hartig 2007; Breiter/Stauke 2007; Finger/Jamieson-Proctor 2009; Russell 2010; Gikandi et al. 2011; Llamas-Nistal et al. 2013; sowie ERIC-Deskriptoren in www.eric.ed.gov):

- Technologiebasierte Diagnostik, technologiebasiertes Testen („Technology-based Assessment", „Electronic Assessment", „E-Assessment") sind sehr weit gefasste Begriffe. Sie beschreiben jegliche Verwendung von Informationstechnologie (z.B. Computer, PDAs, Handhelds, Tablets, Telefone etc.) im diagnostischen Prozess (Testen, Tests entwickeln, Auswerten, Daten archivieren oder Rückmeldungen geben).
- Computergestütztes Testen, computergestütztes Diagnostizieren („Computer-based Assessment", „Computer-based Testing", „Computer-assisted Testing") meint die Durchführung, Auswertung und Dokumentation pädagogisch-psychologischer Tests am Computer. Dies wurde bisher vor allem bei standardisierten Tests realisiert.
- Adaptives Testen („Computer Adaptive Testing", „Computer Adaptive Assessment", „Tailored Testing") ist eine Untervariante des computergestützten Testens. Die Aufgabendarbietung wird im Testverlauf an die Fähigkeit der Testperson automatisch angepasst.
- Blended E-Assessment umfasst verschiedene Kombinationsmöglichkeiten, z.B. die Kombinationen aus Paper-Pencil-Tests und computerbasierten Tests; einzelne computergestützte Testteile in einem sonst papierbasierten Verfahren; computergestützte Auswertung und Dokumentation eines Paper-Pencil-Tests.
- Internetgestütztes Testen bzw. Diagnostizieren („Internet-based Assessment/Testing", „Web-based Assessment/Testing") meint die Durchführung und Auswertung von Leistungstests über das Internet. Ein Vorteil ist die lokale und zeitliche Unabhängigkeit von Testperson und Tester. Von Nachteil ist, dass die Testbedingungen nicht kontrolliert werden.

- Technologiegestützte formative Diagnostik („Technology-aided Formative Assessment", „Online Formative Assessment") ist die Durchführung und Auswertung formativer Leistungsdiagnosen über Computer oder das Internet.
- Mobiles, computergestütztes Diagnostizieren („Mobile E-Assessment") beschreibt die Nutzung mobiler Endgeräte für diagnostische Zwecke.

Bei der Suche nach Literatur muss zudem berücksichtigt werden, dass es eine Vielzahl von Begriffen für Software oder einzelne digitale Endgeräte gibt (z.B. bei mobilen Endgeräten: Tablets, Handhelds, PDAs etc.).

9.2 Chancen und Herausforderungen einer technologiebasierten Leistungsdiagnostik

Entlang der oben ausgeführten Kategorien zur Beurteilung diagnostischen Handelns können Chancen und Herausforderungen einer computergestützten Leistungsdiagnostik diskutiert werden (Lin/Dwyer 2006; Jude/Wirth 2007; Jurecka/Hartig 2007; Koedinger et al. 2010; Huang et al. 2011).

Itemformate

Zunächst einmal stellt sich die Frage, welches Wissen man über computergestützte Diagnoseverfahren erfassen kann bzw. ob es hier Vor- und Nachteile gegenüber papiergestützten Tests gibt. In sehr vielen computergestützten Testanwendungen spielen geschlossene Fragenformate (Single-Choice, Multiple-Choice, Zuordnungsfragen etc.) eine wichtige bzw. oft die einzige Rolle. Damit sind zunächst einmal eher einfache Zusammenhänge (Faktenwissen, einfaches konzeptuelles Wissen) prüfbar.

Mit der fortschreitenden informationstechnischen Entwicklung sind jedoch zunehmend komplexere und anspruchsvollere Fragen- und Aufgabenformate möglich. Multimediale Test- und Aufgabenformate (Jude/Wirth 2007) ermöglichen eine Einbindung von Videos, Sprachdateien, Bildern, Animation von Abläufen etc. in Testaufgaben. Die Testpersonen können diese Stimuli individuell nutzen, z.B. wiederholt ansehen. Sainsbury und Benton (2011) entwickelten beispielsweise Testskalen für spezielle Teilfertigkeiten beim Schriftspracherwerb wie die phonologische Diskrimination, Reime oder die Wörtererkennung. Die Testitems werden den Schülerinnen und Schülern auditiv und visuell per Computer präsentiert.

Ein weiterer Vorteil computergestützter Testitems ist, dass man Sprachstandsdiagnosen in anderen Muttersprachen durchführen kann. Dies wurde bei SCREEMIK 2 realisiert (Wagner 2008). Dabei handelt es sich um eine computergestützte Individualdiagnose von Sprachentwicklungsstörungen bei Kindern mit russischem oder türkischem Migrationshintergrund ohne dass die Testperson die Muttersprache der

Kinder beherrschen muss. Das Ziel des standardisierten Verfahrens ist die genaue Differenzierung zwischen erwerbsbedingten Auffälligkeiten beim Zweitspracherwerb und einer Sprachentwicklungsstörung, die sich sowohl in der Muttersprache als auch in der Zweitsprache äußern würde. Getestet werden Teilfertigkeiten des Spracherwerbs wie z.B. Aussprache, Grammatik und Wortschatz.

Aber auch die Erfassung von Bearbeitungszeiten sowie die Nutzung von angebotenen Tipps und Hilfsmitteln kann für Lehrpersonen eine sehr wertvolle Informationsquelle sein. Ein Beispiel hierfür ist die exakte Messung von Reaktionszeiten bei Teilprozessen des Lesens (vgl. Richter et al. 2012). Der neueste Trend sind dreidimensionale, virtuelle Testumgebungen (virtuelle Realität) zur Beurteilung von komplexen Problemlösekompetenzen. Ebenso können von Prozessdaten über Eingabegeräte (Maus, Touchscreen, Schaltkonsolen, Mikrofon, Geräte zur Erfassung der Blickrichtung etc.) gesammelt und ausgewertet werden (Bottge et al. 2009).

Ein sehr nützliches Ordnungsschema für computergestützte Testaufgaben haben Scalise und Gifford (2006) vorgeschlagen (Abbildung 13). Damit können Testaufgaben nach den Einschränkungen der Interaktion zwischen Tester und Getestetem geordnet werden. Extrempole sind geschlossene Antwortformate (fully constrained: die bisher das E-Assessment dominieren) vs. komplett freie Antworten (fully constructed). Eine zweite Dimension differenziert zwischen weniger und mehr Komplexität (vgl. Abschnitt 2.2). Scalise und Gifford (2006) definieren dabei den Begriff „Item" in computerbasierten Testprogrammen sehr weit: Jede Interaktion des Lernenden mit dem Computer, die aufgezeichnet werden kann und etwas über den Nutzer aussagt, ist ein Testitem.

Zu den Kategorien im Einzelnen:

1) Multiple Choice: Ja/Nein-Frage, Single-Choice, Multiple-Choice, Multiple-Choice mit Distraktoren aus Grafiken

2) Selection/Identification: Mehrere Ja/Nein-Fragen in einer Reihe, Ja/Nein-Fragen mit Erklärungen, Komplexe Multiple Choice Fragen (Conceptests oder Berechnungen)

3) Reordering/Rearrangement: Einfache Zuordnungsaufgabe (matching), Kategorisierungsaufgabe (einzelne Teile müssen vorgegebenen Kategorien zugeordnet werden), Rangordnungs- bzw. Sequenzierungsaufgabe (etwas in eine Reihe bringen), aus einer Liste mit Vorgaben eine richtige Reihe (z.B. Ablauf eines Beweises) auswählen

4) Substitution/Correction: Lückentexte mit Auswahlantworten, falsche Wörter in einem Text anklicken, eine Grafik vervollständigen

5) Completion: Ein unvollständiger Stimulus (z.B. Rechenaufgabe) soll vervollständigt werden (Zahl eintragen), Wort oder kurzen Antwortsatz ergänzen, Wörter in einen Text eintragen, die in einem Drop-Down-Menü aufgelistet sind (cloze)

6) Construction: Offene oder halboffene Fragen, Concept-Map Items (es wird aber nicht zwischen verschiedenen Concept-Map-Techniken differenziert), Essay-Aufgaben (verschiedene Textanalyseverfahren werden diskutiert)

7) Presentation/Portfolio: Projekte, Demo-Experimente, Portfolios etc. Hier sind keine automatischen Bewertungsverfahren möglich. Der Computer kann allenfalls die Dokumentation unterstützen. Lernplattformen ermöglichen allerdings elektronisches Peer-Feedback und Bewertungen durch asynchrone Kommunikation.

	Most Constrained ⟶						Least Constrained
	Fully Selected		Intermediate Constraint Item Types				Fully Constructed
Less Complex	**1.** Multiple Choice	**2.** Selection/ Identification	**3.** Reordering/ Rearrangement	**4.** Substitution/ Correction	**5.** Completion	**6.** Construction	**7.** Presentation/ Portfolio
	1A. True/False (Haladyna, 1994c, p.54)	2A. Multiple True/False (Haladyna, 1994c, p.58)	3A. Matching (Osterlind, 1998, p.234; Haladyna, 1994c, p.50)	4A. Interlinear (Haladyna, 1994c, p.65)	5A. Single Numerical Constructed (Parshall et al, 2002, p. 87)	6A. Open-Ended Multiple Choice (Haladyna, 1994c, p.49)	7A. Project (Bennett, 1993, p.4)
	1B. Alternate Choice (Haladyna, 1994c, p.53)	2B. Yes/No with Explanation (McDonald, 2002, p.110)	3B. Categorizing (Bennett, 1993, p.44)	4B. Sore-Finger (Haladyna, 1994c, p.67)	5B. Short-Answer & Sentence Completion (Osterlind, 1998, p.237)	6B. Figural Constructed Response (Parshall et al, 2002, p.87)	7B. Demonstration, Experiment, Performance (Bennett, 1993, p.45)
	1C. Conventional or Standard Multiple Choice (Haladyna, 1994c, p.47)	2C. Multiple Answer (Parshall et al, 2002, p.2; Haladyna, 1994c, p.60)	3C. Ranking & Sequencing (Parshall et al, 2002, p.2)	4C. Limited Figural Drawing (Bennett, 1993, p.44)	5C. Cloze-Procedure (Osterlind, 1998, p.242)	6C. Concept Map (Shavelson, R. J., 2001; Chung & Baker, 1997)	7C. Discussion, Interview (Bennett, 1993, p.45)
More Complex	1D. Multiple Choice with New Media Distractors (Parshall et al, 2002, p.87)	2D. Complex Multiple Choice (Haladyna, 1994c, p.57)	3D. Assembling Proof (Bennett, 1993, p.44)	4D. Bug/Fault Correction (Bennett, 1993, p.44)	5D. Matrix Completion (Embretson, S, 2002, p. 225)	6D. Essay (Page et al, 1995, 561-565) & Automated Editing (Breland et al, 2001, pp.1-64)	7D. Diagnosis, Teaching (Bennett, 1993, p.4)

Abb. 13: Aufgabentaxonomie für computergestützte Diagnostik nach Scalise und Gifford (2006, 9)

Das Kategorienschema zeigt zunächst einmal die mittlerweile sehr große Variationsbreite an Testaufgaben für die computergestützte Diagnostik auf. Es sind natürlich sehr unterschiedliche Programme notwendig, um diese Testitems umsetzen zu können. Je komplexer und offener die Aufgabenstellungen, desto weniger automatisiert ist die Auswertung. Bei einer E-Portfolio Software leistet der

Computer lediglich die Dokumentation von Produkten und Prozessen und ermöglicht einen Austausch über Lernprodukte zwischen Schülerinnen bzw. Schülern und Lehrenden. Die Bewertung und Rückmeldung bleibt aber noch Aufgabe der Lehrkraft. Besonders interessant sind jedoch die Entwicklungen, wo relativ komplexes Wissen zunehmend automatisiert bewertet werden kann (vgl. *essay scoring* Programme).

Testgütekriterien

Weiter stellt sich die Frage nach der Einhaltung klassischer Testgütekriterien bei der technologiebasierten Leistungsdiagnostik (Jurecka/Hartig 2007). Hier kann zunächst festgehalten werden, dass Durchführungs-, Auswertungs- und Interpretationsobjektivität beim computergestützten Testen in besonderem Maße gewährleistet werden können. Die automatisierte Auswertung von Kurzantworten erhöht auch in weiteren Kompetenzbereichen die Objektivität gegenüber Tests, die sonst von Menschen ausgewertet werden. Zahlreiche Studien zeigen zudem, dass sich computergestützte Tests von klassischen Testverfahren nicht im Hinblick auf die Reliabilität unterscheiden. Die Validität hängt analog zu klassischen Testverfahren auch bei computergestützten Tests wesentlich vom Inhalts- bzw. Kompetenzbereich ab und muss durch die üblichen Verfahren der Validitätsprüfung abgeschätzt werden (Kriteriale Validität, Konstruktvalidität, inhaltliche Validität, prognostische Validität). In Bezug auf Testfairness sollte allerdings berücksichtigt werden, dass es Leistungsvarianzen in Abhängigkeit von Computerängstlichkeit oder der Fähigkeit, mit einem Computerprogramm umgehen zu können, geben kann.

Äquivalenz und Modalitätseffekte

Sehr gut untersucht wurde die Äquivalenzproblematik (mode effect): Bleibt das zu testende Konstrukt gleich, wenn man den Test nicht mehr auf Papier präsentiert? Poggio et al. (2005) kamen in einer quasi-experimentellen Studie zu dem Ergebnis, dass es keine signifikanten Unterschiede zwischen einem computerbasierten Mathematiktest und einem parallel konstruierten Paper-Pencil-Test gibt. Auch Horkay et al. (2006) zeigten in einer Studie, dass die Vergleichbarkeit zwischen computerbasierten und Paper-Pencil-Tests bei zwei identischen Schreibaufgaben gegeben ist (gleiche Populationsmittelwerte). Die Testleistung beim computerbasierten Test hing jedoch von der Computererfahrung des Getesteten. Schroeders und Wilhelm (2010) zeigten in einer experimentellen Studie mit 157 Gymnasiasten, dass sich ein computergestützter Test zum logischen Denken (Computer und Handhelds) vom entsprechenden Paralleltest auf Papier hinsichtlich Gütekriterien und Dimensionalität nicht unterscheidet.

Wang et al. (2008) führten eine Metaanalyse zu den Effekten der Testadministration (Computer vs. Paper-Pencil) durch (Lesetests, K-12). Es zeigte sich kein signifikanter Effekt des Testadministrationsmodus. Allerdings beeinflussten auch hier die Computererfahrung die Effektstärke zwischen Paper-Pencil-Tests und computerbasierten Tests. In einer weiteren Metaanalyse zu Modalitätseffekten konnte Kingston (2009) die Befunde bestätigen und fand geringe, aber signifikante Fächerunterschiede: Es gibt einen kleinen Vorteil bei computerbasierten Tests in den Fächern Englisch und Sozialwissenschaften. Im Fach Mathematik schneiden Schülerinnen und Schüler eher bei Paper-Pencil-Tests leicht besser ab.

Adaptives Testen

Im Rahmen der probabilistischen Testtheorie wurde ja bereits auf die Vorteile von adaptivem Testen hingewiesen. Das in PISA-Studien eingesetzte Multi-Matrix-Design ist bereits eine Vorstufe des adaptiven Testens. Dabei werden verschieden schwere Testhefte konstruiert. Somit können die Kompetenzen von Schülerinnen und Schülern mit unterschiedlichen Lernvoraussetzungen auf einer einzigen Testskala abgebildet werden. Adaptives Testen auf Itemebene lässt sich allerdings nur mit computergestützter Diagnostik realisieren. Dabei reagiert das Computerprogramm sofort auf die ersten Lösungsversuche und präsentiert je nach Erfolg schwierigere oder einfachere Testitems. Damit kann die Fähigkeit eines Schülers oder einer Schülerin auf einer eindimensionalen Rasch-Skala mit wesentlich weniger Items recht genau ermittelt werden.

Frey und Ehmke (2007) zeigten beispielsweise, dass der Einsatz adaptiver Tests zur Überprüfung der Bildungsstandards doppelt so effizient ist als Papier- und Bleistifttests. Yen et al. (2010) untersuchten die Effizienz, Validität und Reliabilität von „Confidence-Weighting Computerized Adaptive Testing (CWCAT)". Die Idee dabei ist, dass man computerbasiertes, adaptives Testen schneller und reliabler macht, indem man die Schülerinnen und Schüler zusätzlich fragt, wie sicher sie sich bei einer bestimmten Antwort gefühlt haben (hier: Englischer Sprachtest). Mit CWCAT waren im Vergleich zum herkömmlichen adaptiven Test weniger Testitems nötig, um die Schülerfähigkeiten korrekt einzuschätzen.

Rückmeldungen und Verlaufsdiagnostik

Auch im Hinblick auf Interpretation, Rückmeldung und Dokumentation von Testwerten eröffnet die computergestützte Diagnostik neue Optionen. Feinkörnige Diagnosen durch vielfältige und differenzierte Aufgabenstellungen erlauben zugleich auch differenzierte Rückmeldungen (z.B. Trumpower/Sarwar 2010). Dass man mit computergestützten, standardisierten Testverfahren den Lehrkräften eine Reihe von Feedbackinformationen automatisiert mitliefern kann, zeigen Merrell und Tymms (2007) mit einem computergestützten, adaptiven Testverfahren für die Leseflüssigkeit. Der Lesetest besteht aus folgenden Modulen: Bilder-Vokabel-Zuordnung, Wort in Satz einfügen, unbekannt oder Nonsense-Wörter lesen (Dekodieren), Leseverständnis, Buchstabieren, Leseinteresse, Nonverbale Intelligenz. Die einzelnen Module wurden Rasch-skaliert. Damit ist es möglich, den Schülerinnen und Schülern je nach Fähigkeit unterschiedlich schwierige Items zu präsentieren. Die Lehrkräfte erhalten Rückmeldungen in grafischer Form für einzelne Schülerinnen und Schüler als auch für die ganze Klasse mit Vergleichswerten einer altersgleichen Gruppe. Für jedes Testmodul werden Übungsmöglichkeiten empfohlen. Damit können spezifische Lern- und Entwicklungsprobleme beim Lesen gezielt angegangen werden.

Mit computergestützten, standardisierten Diagnoseverfahren ist auch eine zuverlässige und praktikable Lernverlaufsdiagnostik über mehrere Monate oder sogar Schuljahre auf Individualebene möglich. Ein Beispiel hierfür ist FIPS (Bäuerlein et al. 2012), eine deutsche Anpassung des englischen PIPS-Tests (performance indicators in primary schools). FIPS leistet eine breite Schuleingangsdiagnostik sowie eine Lernfortschrittsdiagnostik für das erste Schuljahr. Die einzelnen Testskalen sind adaptiv. Getestet werden die Bereiche Wortschatz, Lautbewusstheit, Lesen und Mathematik sowie weitere motivationale Voraussetzungen für den Schuleintritt.

Eine interessante Entwicklungsperspektive computergestützter Diagnoseverfahren ist die Erstellung automatisierter Gutachten. Ein Beispiel hierfür ist TeDDy-PC (Schroeders/Schneider 2008), eine computergestützte Individualdiagnose zu Dyscalculie für die Primarstufe. Geprüft werden Grundrechenarten, Erkennung geometrischer Figuren, Kopfrechnen und Sachrechnen. Für jede Klassenstufe gibt es eine Testvariante. Der Test wird am Computer durchgeführt. Neben der automatisierten Auswertung der Teilskalen erstellt das Programm auch ein schriftliches Gutachten zum Test.

Es gibt mittlerweile auch eine Reihe von Studien zu Präferenzen bei Rückmeldeformaten. Hier zeigte sich, dass vor allem eine Kombination aus persönlichem Feedback und E-Feedback sinnvoll ist. Ice et al. (2010) untersuchten die Feedbackpräferenzen von Studierenden an drei US-Universitäten (n = 196). Grundlage der Studie waren kriterienorientierte Rückmeldungen zu Hausarbeiten. Die Liste für die Rückmeldungen umfasste globale, mittlere und sehr konkrete Rückmeldekriterien. In der Studie wurden drei unterschiedliche Übermittlungsmodalitäten für die Rückmeldungen untersucht: Die Studierenden gaben ihre Hausarbeiten als PDF ab. Die Instruktoren fügten ihre Rückmeldungen in das PDF-Dokument ein (Audiodateien und schriftliche Rückmeldungen). Zusätzlich wurden die betreffenden Passagen im Text markiert. Drei Rückmeldebedingungen wurden variiert: Nur Text, nur Audio und Kombination von Text und Audio. Die Auswertung der Studierendenbefragung ergab, dass die Kombinationsbedingung am meisten geschätzt wurde. Allerdings wurde auf der Mikroebene der Rückmeldung das schriftliche Feedback bevorzugt. Auch Crews und Wilkinson (2010) befragten Erstsemester nach der aus ihrer Sicht effektivsten Rückmeldemethode zu schriftlichen Hausarbeiten. Die Studierenden präferieren eine Kombination aus visueller, sprachlicher und elektronisch übermittelter Rückmeldung via Tablets.

Effizienz und Praktikabilität

Computergestützte Diagnostik ist hinsichtlich Durchführung und Auswertung wesentlich zeitökonomischer als papiergestützte Testverfahren. Das Internet eröffnete im letzten Jahrzehnt zudem ungezählte Möglichkeiten der formativen Leistungsdiagnostik. Die Idee, den Übungsfortschritt von Schülerinnen und Schülern mit PC-Programmen zu diagnostizieren ist allerdings so alt wie die Computertechnologie selbst. In vielen PC-Lernprogrammen gibt es Quizfragen oder Tests zur Selbstdiagnose. Diese formativen Leistungsdiagnosen sind jedoch immer an ein bestimmtes Programm, das auf einem bestimmten Rechner läuft, gebunden. Die Flexibilität und Schnelligkeit des Internets gibt einer computergestützten, formativen Leistungsdiagnostik einen neuen Schub. Tests können von einer breiten Masse genutzt werden. Studierende sowie Schülerinnen und Schüler können sowohl in der Schule als auch vom häuslichen Arbeitsplatz aus auf die Angebote zugreifen. Neue Möglichkeiten der Visualisierung und des Managements von Benutzern erlauben zudem eine effektive Nutzung für den Lehrbetrieb. In den nachfolgenden Abschnitten sollen technische Entwicklungen angedeutet werden.

Dem steht allerdings der Zeitaufwand, den Lehrkräfte für die Einarbeitung in die Testverfahren, die Software und die Bereitstellung der Hardware investieren müssen, gegenüber. Will man in einer Schule verstärkt computergestützte Diagnoseverfahren nutzen, setzt dies zudem eine gezielte Fortbildung der Lehrkräfte voraus. Beim netzwerkbasierten Testen müssen zusätzlich datenschutzrechtliche Fragen geklärt werden. Dies erfordert Wissen, Zeit und damit zusätzliche Ressourcen. In ihrem Editorial zur Sonderausgabe „Technology-mediated Feedback" des Journal of Educational Computing Research resümieren Ertmer und Richardson (2010), dass die Bedeutung der Lehrkraft bei der technologiebasierten Diagnostik eher zunimmt als abnimmt.

9.3 Beispiele computergestützter Leistungsdiagnostik in einzelnen Lerndomänen

Im deutschsprachigen Raum fällt zunächst auf, dass die meisten Lehr- und Lernmittelverlage in den letzten 10 Jahren verstärkt auf Lernsoftwareangebote v.a. zu Grundfertigkeiten in den Hauptfächern Deutsch, Fremdsprachen oder Mathematik setzen. Beispiele hierfür sind „antolin.de", „Testen, Üben, Fördern: Deutsch", „HSP-online", „fördern@cornelsen", „Online-Diagnose Deutsch" oder die „Münsteraner Rechtschreibanalyse". Ein Überblick für den Deutschunterricht findet sich bei Lehker (2009), eine Übersicht zu förderdiagnostischen Online-Tools für den fremdsprachlichen Unterricht bei Coerlin (2010). Diese Online-Diagnosetools ergänzen in der Regel die für den Unterricht konzipierten Lehrwerke. Internetangebote wie „antolin.de" verknüpfen eine formative Lesediagnostik mit Leseförderung und kommerziellen Interessen von Kinder- und Jugendbuchverlagen.

Ebenso entstehen zunehmend voll kommerzialisierte Lernportale im Internet, die eine computergestützte, formative Leistungsdiagnose in zentralen Bereichen des schulischen Lernens als Ergänzung und Unterstützung für den Unterricht anbieten. Ein Beispiel hierfür ist abfrager.de, eine kostenlose, werbefinanzierte Internetseite zur Lernkontrolle in allen wesentlichen Fächern und Wissensgebieten der Primar- und Sekundarstufe. Zu verschiedensten Lernbereichen werden Single-Choice Fragen bzw. Kurzantwortfragen angeboten. Kostenloses Vokabellernen ist beispielsweise mit dem Online-Wörterbuch leo.org möglich. Auch dieses Portal erweitert die Methoden der formativen Diagnostik stetig. Scoyo.de ist eine kostenpflichtige Lernplattform für die Primarstufe und Sekundarstufe I, auf der Lern- und Testmodule für alle zentralen Fächer und gängigen Unterrichtsthemen angeboten werden. Die Themen werden in multimedial inszenierte Geschichten eingebettet. Danach können Übungsaufgaben und Überprüfungstests bearbeitet werden. Die Schülerinnen und Schüler stellen hierfür ihren eigenen Avatar zusammen, der sie dann durch sämtliche Lerngeschichten begleitet. Wie in einem Computerspiel kann man seine Punkte mit anderen in einer High-Score-Tabelle vergleichen. Jede Schülerin bzw. jeder Schüler kann bei scoyo.de den eigenen Lernfortschritt themenbezogen verfolgen und dokumentieren. Den Lehrkräften werden statistische Auswertungen zu einzelnen Schülerinnen und Schülern, Lernbereichen oder Schülergruppen zur Verfügung gestellt.

Formative Diagnose mathematischer Grundfertigkeiten
Das Internet eröffnet auch neue Möglichkeiten, adaptives Testen für eine formative Diagnostik zu nutzen. Damit wird auf den Umstand reagiert, dass adaptive Tests für die formative Nutzung eine Reihe von Nachteilen haben (Klinkenberg et al. 2011):

- Adaptives Testen basiert auf eindimensionalen Fähigkeitsskalen, die eine Anwendung der probabilistischen Testtheorie notwendig machen. Items für das adaptive Testen müssen in aufwändigen Pilotstudien kalibriert werden. Will man formative Tests entwickeln, d.h. mehrere curriculare Bereiche abdecken, steigt der Pilotierungsaufwand immens.
- Items sind besonders trennscharf und damit für IRT-Modelle geeignet, wenn sie bei durchschnittlicher Personenfähigkeit eine Schwierigkeit um 0,5 aufweisen. Aus Sicht der Lernenden bedeutet dies aber eine Lösungsquote von 50%, was sehr frustrierend sein kann. Je höher der Schwierigkeitsparameter (z.B. 0,7), desto höher die Motivation aber desto mehr Items werden benötigt, um ein reliables Ergebnis zu erzielen.

- Das Verhältnis von Geschwindigkeit und Genauigkeit kann sehr stark interindividuell variieren, wenn man es nicht kontrolliert. Dies betrifft vor allem formativ genutzte adaptive Tests.

Mit dem Diagnoseportal „Maths Garden" soll auf diese Nachteile reagiert werden. Es handelt sich um ein adaptives, webbasiertes Computertestprogramm für Arithmetik (v.a. Grundrechenarten; Kopfrechnen), das vom Kindergarten bis zum Ende der Grundschulzeit eingesetzt werden kann. Die Schülerinnen und Schüler können die Aufgaben sowohl in der Schule als auch von zuhause aus bearbeiten. Neu ist, dass die Itemparameter während des Testens kalibriert und an die Fähigkeit der Schülerin bzw. des Schülers angepasst werden. Dabei werden sowohl Antwortrichtigkeit als auch Antwortzeit berücksichtigt. Damit spart man sich eine aufwändige Kalibrierung der Testitems in Pilotstudien, es können mehr einfache Items präsentiert werden (steigert die Testmotivation) und die Bearbeitungsgeschwindigkeit geht nicht zu Lasten der Genauigkeit des Tests. Nachteilig ist, dass durch die Leistungssteigerung der Schülerinnen und Schüler im Laufe von Schuljahren Items zunehmend häufiger und schneller gelöst werden. Dies führt zu einem Sinken der Fähigkeitseinschätzung. Die Daten werden so aufbereitet, dass sowohl spezielle Schülerfehler als auch individuelle Entwicklungen für die Lehrkräfte sichtbar werden. Im Schüler-Interface wird die eigene Leistung über die Größe von Blumen bzw. zu gewinnende Münzen repräsentiert. Die individuellen Lernverläufe können dokumentiert und von den Lehrkräften eingesehen werden. An der Evaluation von Maths Garden nahmen insgesamt 35 Grundschulen, 8 Nachhilfelehrer, 32 Familien und 334 angehende Erstklässler teil. Die kriteriale Validität von Maths Garden wurde mit dem standardisierten CITO-Test geprüft und ist hoch. Auch die Motivation der Schülerinnen und Schüler war hoch. Es fand vor allem ein hoher Zugriff außerhalb der Unterrichtszeit statt.

Computergestützte Diagnosesysteme für die Mathematik bleiben allerdings oft bei einfachen Rechenalgorithmen stehen. Es gibt mittlerweile Versuche, komplexere Kompetenzen computergestützt zu erfassen. Zoanetti (2010) entwickelte beispielsweise einen computerbasierten Test zu mathematischer Modellierungskompetenz von Schülerinnen und Schülern anhand von grafisch animierten Sachaufgaben. Der Test wurde mit schriftlichen Problemlösungen der Lernenden validiert. Zudem wurde ein Excel-Template entworfen, das zur Dokumentation der Testleistungen einzelner Schülerinnen und Schüler dient und genaue Hinweise auf Stärken und Schwächen beim Problemlösen gibt. Dabei wurde unter anderem auch das Click-Verhalten in dem interaktiven Excel-Template aufgezeichnet und ausgewertet. In einem Schülerbericht wird das individuelle Problemlöseverhalten für Lehrkräfte zusammengefasst: Lesezeit der Problemstellung, Fehlervermeidung, Lösungssuche, Zeit insgesamt etc. Über eine großflächige Anwendung dieses Verfahrens in Schulen ist jedoch nichts bekannt.

Formative Lesediagnostik

Besonders weit entwickelt und gut evaluiert sind computergestützte Systeme der formativen Lesediagnostik und Leseförderung. In der Regel handelt es sich dabei um kommerzielle Testsysteme, die mittlerweile in den USA weitflächig verbreitet sind. In den USA spricht man in diesem Zusammenhang auch von Rapid-Formative-Assessment-Systemen (z.B. Yeh 2006, 2009).

Topping und Fisher (2003) evaluierten das Lerninformationssystem Accelerated Reader (AR). Bei AR lesen Schülerinnen und Schüler Bücher und beantworten anschließend Testfragen zum Inhalt. Lehrkräfte und Schülerinnen bzw. Schüler erhalten ein strukturiertes, elektronisches Feedback. AR wurde in 13 Schulen in Großbritannien erprobt (7-14jährige Schülerinnen und Schüler, sozioökonomisch benachteiligte Schulen). Die Leseleistungszuwächse wurden mit herkömmlichen Papier-Bleistift-Tests erfasst. Es zeigte sich, dass strukturiertes und kriterienorientiertes Feedback zur Steigerung von Lesemotivation und Leseleistung beitragen kann, vor allem bei Jungen waren hohe Leistungssteigerungen zu erkennen. Entscheidend ist aber, dass Lehrkräfte *AR* richtig anwenden und die diagnostischen Informationen auch als Anlass für Interventionen im Unterricht nehmen.

Eine Weiterentwicklung von AR wurde von Topping, Samuels und Paul (2007) an 139 US-Schulen (24 Staaten), 2365 Klassen in allen Jahrgangsstufen (überwiegend jedoch Klasse 1 bis 6) evaluiert. Von über 50.000 Schülerinnen und Schüler wurden im Untersuchungszeitraum ca. 3 Millionen Bücher gelesen. Es handelte sich allerdings um freiwillig teilnehmende Klassen, d.h. die Repräsentativität der Studie ist eingeschränkt. Als Effektmaß (Pre- und Posttest) wurde der standardisierte, adaptive Lesetest STAR Reading eingesetzt. Die Leseleistungen der Schülerinnen und Schüler wurden individuell dokumentiert. Sie erhielten je nach Schwierigkeit des Buches und richtig beantworteten Quizfragen Punkte. Der Test für ein Buch konnte nur einmal pro Nutzer durchgeführt werden. Das Programm dokumentierte für Lehrkräfte zudem sowohl Lesevolumen als auch Qualität des Gelesenen. Wenn eine Schülerin bzw. ein Schüler in diesen Bereichen unter einen gewissen Wert fiel, erschien ein entsprechender Hinweis.

Die Lehrkräfte konnten überdies die Leseziele individuell anpassen und individuelle Rückmeldungen formulieren. Diese Aktivitäten der Lehrkräfte sowie die beiden Leseleistungsindikatoren (Qualität und Quantität des Gelesenen) wurden als Maß für die Implementationsqualität der formativen Lesediagnostik genutzt. Es gab jedoch keine weiteren Daten zum Unterrichtsgeschehen. Die Ergebnisse zeigten, dass die Implementationsqualität mit hohen Werten im Lesetest korreliert. Dies gilt jedoch stärker in den unteren Jahrgangsstufen. Bei höchster Implementationsqualität (über 90%) profitieren jedoch eher die älteren Jahrgangsstufen und sowohl leistungsschwache als auch leistungsstarke Schülerinnen und Schüler. Die Implementationsqualität sinkt mit zunehmender Jahrgangsstufe. Kontrollgruppenvergleiche mit nicht teilnehmenden Klassen ergaben Effektstärken über 1.0 was für eine sehr hohe Effektivität und aufgrund der geringen Kosten auch eine hohe Effizienz dieser Form der Leseförderdiagnostik spricht.

Die Verlaufsdiagnostik sinnerfassendes Lesen (VSL) ist eines der wenigen deutschsprachigen Beispiele für eine standardisierte Lernfortschrittsdiagnose zur Erfassung von Förder- oder Unterrichtseffekten auf die Entwicklung der Lesekompetenz (Walter 2011, 2013). Die VSL wird neben dem Paper-Pencil-Verfahren auch als computergestützter Test angeboten. Die Schülerinnen und Schüler lesen einen Text und müssen jedes siebte Wort in einem Drop-Down-Menü ergänzen. Es stehen 20 äquivalente und sehr kurze Paralleltests zur Verfügung, sodass die Lernentwicklung der Schülerinnen und Schüler sehr engmaschig über einen längeren Zeitraum verfolgt werden kann. Das Diagnoseverfahren wurde im Hinblick auf Testgütekriterien und Praktikabilität erprobt.

Computergestützte Rechtschreibdiagnostik

Besonders technisch ausgefeilt sind neuere Forschungen im Bereich der automatisierten Diagnose von Rechtschreibfähigkeiten. Es gibt eine Reihe standardisierter und in der Schule zeitökonomisch durchführbarer Rechtschreibtests (HSP, DERET, DRT). Eines der bekanntesten Verfahren, die Hamburger Schreibprobe (HSP) ist mittlerweile auch als computergestütztes Testverfahren erhältlich. Dies senkt den Durchführungs-, Auswertungs- und Dokumentationsaufwand. Ebenso liefert das computergestützte Verfahren Fördervorschläge für den weiteren Unterricht. Die HSP ist jedoch ein ursprünglich papiergestütztes Diagnoseverfahren und wurde ohne konzeptionelle Veränderungen in eine computergestützte Version überführt. Aus diesem Grund bleibt die Kritik an dieser Form der Rechtschreibdiagnostik auch bei den computergestützten Verfahren bestehen. Es wird kritisiert, dass diese Verfahren hinsichtlich ihrer Diagnosegenauigkeit nicht optimal sind (Fay et al. 2012). Überaus komplexe Rechtschreibphänomene werden z.B. bei der Hamburger Schreibprobe in drei sehr grobe Strategien eingeteilt. Bei der freien Produktion von Texten ist die Anwendung von Rechtschreibwissen anders als bei standardisierten Tests mit isolierten Wörtern (höhere Dichte an „Fallen"). Eine sehr zeitaufwändige Alternative sind ausgefeilte orthographische Fehlerschlüssel zur Analyse frei verfasster Texte (z.B. ARFA, OLFA).

Bisher gab es eine Reihe von semi-automatischen Verfahren zur Analyse von Rechtschreibfehlern: Computergestützte Tests, die ein vorgegebenes Wort- oder Satzmaterial präsentieren. Vor allem sind dies computergestützte Ergänzungsangebote standardisierter Tests (HSP plus, Münsteraner Rechtschreibanalyse, bzw. weitere Angebote von Lernmittelverlagen). Jedem vorgegebenen Wort werden mögliche Fehlschreibungen zugeordnet, die dann wiederum eine bestimmte Rechtschreibstrategie repräsentieren. Möchte man eine vollautomatisierte Analyse von Schülertexten haben, muss anders vorgegangen werden (Fay et al. 2012). Es müssen zwei Module programmiert werden:

- Eine automatische Rekonstruktion des intendierten Textes (target text) aus dem geschriebenen Text (achieved text) der Schülerin bzw. des Schülers.
- Die automatisierte Klassifikation der Fehler anhand der Differenz zwischen geschriebenem und intendiertem Text.

Vor allem das erste Modul ist aus computerlinguistischer Sicht bisher nicht zufriedenstellend realisiert worden. Eine mögliche Lösung sind Verfahren der automatisierten Spracherkennung, die nicht nur einzelne Wörter, sondern den gesamten Satzkontext in die Analyse mit einbeziehen (Erkennen der Korrektheit grammatikalischer Strukturen). Fay, Berkling und Stüker (2012) arbeiten deshalb an einer automatisierten Erfassung von Rechtschreibfehlern in frei verfassten Schülertexten. Dabei soll nicht nur die Buchstabenfolge, sondern auch die Aussprache in die Analyse mit einbezogen werden. Die Rekonstruktion des intendierten Textes aus dem geschriebenen Text wird durch eine Kombination von Sprachsynthese und Spracherkennung erreicht.

Ausgangspunkt ist die Idee, dass mit Spracherkennungsverfahren auch relativ unsaubere Sprache (Dialekt, Alltagssprache, grammatikalische Fehler etc.) recht gut erkannt und automatisch in Schrift umgewandelt werden kann (vgl. Diagnostik mit künstlicher Intelligenz: Abschnitt 4.5). Die Aussprache (lautes Vorlesen eines Textes) gibt Hinweise auf den intendierten Text, weil sich Lernende im Falle einer inkorrekten Schreibung in der alphabetischen Phase (Vorstufe zur Rechtschreibung) befinden. Ein Text-to-Speech-System (z.B. SMS vorlesen) kann falsch geschriebene Wörter richtig vorlesen, wenn sie auf Basis der alphabetischen Strategie geschrieben wurden („gap" statt „gab"; „Walt" statt „Wald"). Für die Entwicklung der vollautomatisierten Rechtschreibanalyse reicht die Ausgabe der Silbenstruktur, Betonung und Phonemfolge (Ausgabe mittels eines akustischen Modells fällt weg). Spracherkennungsverfahren analysieren ein akustisches Signal auf mehreren Ebenen: Einmal wird berechnet, wie hoch die Wahrscheinlichkeit ist, dass ein bestimmtes Wort ein akustisches Signal hervorbringt. Auf einer zweiten Ebene wird aufgrund der Kontextinformation (Satz) berechnet, wie hoch die Wahrscheinlichkeit für ein bestimmtes Wort in diesem Satzkontext ist.

Sprachsynthese und Spracherkennung werden nun kombiniert. Ein geschriebener (falscher) Satz wird in eine Phonemsequenz umgewandelt (geschriebene Phonemsequenz). Diese wird in ein Spracherkennungssystem als Input gegeben. Dieses gibt den korrekt geschriebenen Satz aus, wenn die Rechtschreibfehler durch eine lauttreue Schreibung verursacht wurden. In einem zweiten Modul werden die Differenzen zwischen geschriebenem und intendierten Text analysiert und die Fehler automatisch kategorisiert. Das System wurde mit einem Korpus an frei verfassten Schülertexten zu einer vorgegebenen Thematik evaluiert. Die Texte liegen jeweils in Schülerfassung (geschriebener Text) und manuell korrigiert (intendierter Text) vor. Das Modul 1 des Programms erkannte deutlich mehr Fehler als ein automatisiertes PC-Rechtschreibprogramm. Am Beispiel der Fehlerkategorie „ie-Schreibung" zeigt sich zudem, dass Modul 2 fast genauso gut kategorisiert wie bei einer manuellen Korrektur.

Diagnose von konzeptuellem Wissen
im mathematisch-naturwissenschaftlichen Unterricht

Viele internetbasierte Diagnoseportale sind auf die Abfrage von Grundfertigkeiten (einfaches prozedurales Wissen, wie z.b. Rechenfertigkeiten) oder Faktenwissen (Vokabeln etc.) beschränkt. Dies ist für schulisches Lernen selbstverständlich von großer Bedeutung. In vielen Fächern benötigen Schülerinnen und Schüler einen Grundstock an Basiswissen, der sich durch einfache, geschlossene Itemformate sehr gut prüfen und damit auch ständig wiederholen lässt. Allerdings stoßen diese computergestützten Testformate an ihre Grenzen, wenn es um die Diagnose von komplexen, konzeptuellen Wissensstrukturen geht (vgl. Pellegrino et al. 2001). Computergestützte, formative Leistungsdiagnosen sollten nach Russell (2010) deshalb helfen, spezifische Denk- und Problemlösestrategien von Lernenden zu identifizieren und dazu beitragen, dass Lehrende und Lernende zusammen über die Denk- und Problemlösestrategien sprechen können.

Die computergestützte Diagnose eröffnet Möglichkeiten der Erfassung komplexen, konzeptuellen Wissens. Die Grundidee dabei ist, über mehrere Diagnoseschritte oder unterschiedliche Testaufgaben die Korrektheit und Vernetzung eines Konstruktes (Begriff) einzuschätzen (vgl. Abschnitt 8.3). Ein Beispiel für diese computergestützte Analyse von Schülerfehlvorstellungen in Mathematik sind Computeralgebrasysteme (Baumann 2000; Blyth/Labovic 2009; Barzel 2012) wie das Diagnostic Algebra Assessment (DAA) von Russell, O'Dwyer und Miranda (2009). Dabei handelt es sich um eine Serie von Online-Tests, die jeweils um ein algebraisches Konzept herum entwickelt wurden. Die Tests wurden so entwickelt, dass Hinweise auf typische Schülerfehlvorstellungen gegeben werden. Die Lehrkräfte erhalten ein sofortiges Feedback: Schülerinnen und Schüler werden in drei Kategorien sortiert (gute Leistungen; schwache Leistungen mit Fehlvorstellungen; schwache Leistungen ohne Fehlvorstellungen). Die Lehrkräfte können zudem auf Unterrichtsstunden und Lernaktivitäten zurückgreifen, um auf die jeweiligen Fehlvorstellungen reagieren zu können.

Das System Diagnoser ist ein Beispiel für die Anwendung mehrstufiger Testitems für die Diagnose konzeptuellen Wissens (Thissen-Roe et al. 2004). Lehrkräfte können ein Schüler-Interface (analog zu Lernplattformen) mit Fragensets zu einem relativ eng umgrenzten physikalischen Gebiet gestalten (Auswahl von Fragen z.B. zu Themen wie Messung und Berechnung von Beschleunigungen, Berechnung von Wellen). Die Distraktoren der Fragen wurden so gestaltet, dass sie den Schülerantworten aus Vortests mit offenen Fragen ähneln (Abbildung typischer Schülerfehlvorstellungen bzw. halbrichtiger Antworten: sog. Facetten: Madhyastha/Tanimoto 2009; vgl. Abschnitt 4.1).

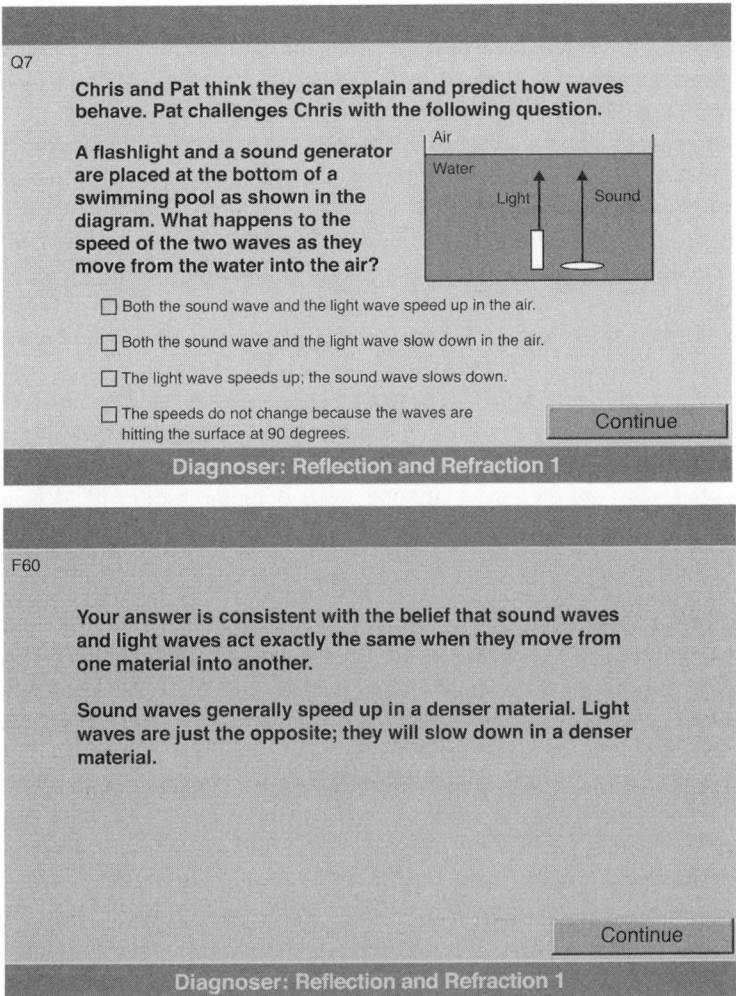

Abb. 14: Physik-Aufgabe im webbasierten Testprogramm Diagnoser (Thissen-Roe et al. 2004, 237)

Einige Fragen erfordern auch die Eingabe von Zahlen bzw. kurzen Antwortsätzen (die allerdings nicht automatisch ausgewertet werden). Nach der Eingabe einer Lösung wird die Schülerin bzw. der Schüler zur gleichen Problematik noch einmal auf einer abstrakteren Ebene gefragt, z.B. welchem Prinzip bei der Beantwortung gefolgt wurde. Beide Antworten werden auf Konsistenz geprüft. Die Abfolge der Testaufgaben ist zudem semi-adaptiv. Die Probanden starten mit den gleichen Aufgaben. Es gibt jedoch Verzweigungsmöglichkeiten. Je nach gewählten Facetten können Aufgaben wiederholt bearbeitet werden. Die Bearbeitungswege und Schülerlösungen werden am Schluss über das Internet an eine zentrale Access-Datenbank geschickt und dort gespeichert. Lehrkräfte können die Schülerdatensätze einsehen, Noten oder Punkte werden jedoch nicht vergeben.

Das Lehrer-Interface von Diagnoser gibt den Lehrkräften einen Überblick über bereits vorhandene Testaufgaben zu physikalischen Konzepten. Ebenso gibt es zu jedem physikalischen Konzept auch Lernmaterialien und Unterrichtsvorschläge, um auf besondere Schülerfehlvorstellungen eingehen zu können. Die Lehrkräfte können in der Ergebnisdarstellung für die ganze Klasse aber auch für einzelne Schülerinnen und Schüler jedes Konzept und jede Facette eines Konzeptes abrufen. Es zeigten sich bei einigen Facetten Konsistenzprobleme, d.h. nicht übereinstimmendes Antwortverhalten auf Schülerebene. Diese Inkonsistenzen werden auf Raten zurückgeführt. In den jährlichen, zentralen Leistungstests des Bundesstaates Washington hatten Schulen mit Diagnoser 14% bessere Leistungsergebnisse in den entsprechenden Testergebnissen im Vergleich zum Landeswert. Allerdings weisen die Autoren selbst auf die Einschränkung dieses Befundes hin. Es handelt sich um eine selbstselektive Gelegenheitsstichprobe, weil der Einsatz von Diagnoser freiwillig war.

Im Zentrum eines ähnlichen Diagnoseverfahrens von Park (2010) steht ein neues Itemformat für computergestütztes Testen (Computerized modified multiple-choice testing: CMMT). Ziel ist es, die Beantwortung einer halboffenen Frage zu simulieren. Eine Frage wird eingeblendet, jedoch noch ohne die Antwortalternativen. Die Testperson denkt nach und überlegt sich eine Antwort. Beim nächsten Click erscheinen die Antwortalternativen für eine festgelegte Zeitspanne. Die Testperson weiß, dass sie/er nur eine bestimmte Zeit hat, sich zu entscheiden. Nach dem Anklicken einer Antwortalternative verschwindet dieses Feld wieder. In zwei Feldexperimenten zeigte Park (2010), dass das CMMT-Itemformat zu höheren Behaltensleistungen führt als ein inhaltsgleicher Test mit traditionellen MC-Items.

Eine weitere Entwicklung sind diagnostische Aufgaben mit direkt in die Aufgabe integrierter Tutoringfunktion. Ein Beispiel hierfür ist ASSISTment (Koedinger et al. 2010). Lehrkräfte können dabei speziell auf ihren Unterricht abgestimmte Testaufgaben auswählen (z.B. zum Themenbereich Geometrie). Unterschiedliche Aufgabenformate sind möglich (nicht nur ja/nein). ASSISTment hat zusätzlich eine Tutoringfunktion. Das für eine Aufgabenlösung benötigte Wissen wird in Faktenwissen und Fertigkeiten untergliedert. Bei einer ersten falschen Antwort wird ein erster Hinweis entlang dieser Wissensanalyse gegeben. Zusätzlich werden Prozessdaten beim Lösen der Aufgaben gesammelt und ausgewertet: Bearbeitungszeit, Anzahl der Lösungsversuche, Anzahl der in Anspruch genommenen Hinweise etc. Lehrkräfte erhalten Auswertungsberichte, die sie online abrufen oder sich automatisch per E-Mail zusenden lassen können. Ob ASSISTment einen positiven Lerneffekt bewirkt, wurde in einer quasiexperimentellen Studie untersucht (4 Sekundarschulen, 1240

Siebtklässler). An drei Mittelschulen (Treatment) arbeiteten die Schülerinnen und Schüler mit ASSISTment. Verglichen wurden deren Leistungszuwächse innerhalb eines Schuljahres mit Schülerinnen und Schülern einer Kontrollschule. Bereinigt um die Vorjahresleistungen ergaben sich signifikante Unterschiede im Lernzuwachs in der Treatmentgruppe. Dies galt vor allem für lernschwache Schülerinnen und Schüler. Es gab zudem Hinweise, dass Lehrerinnen und Lehrer ihren Unterricht entsprechend der Klassenrückmeldung anpassen.

Computergestütztes Concept-Mapping
Auch der Einsatz von Concept-Maps für die formative Diagnose von konzeptuellem Wissen kann durch EDV-Lösungen unterstützt und vereinfacht werden. Dabei kommen allerdings sehr unterschiedliche informationstechnische Lösungen zum Einsatz. Die Anwendung computergestützter Concept-Mapping Verfahren ist mitunter sehr kompliziert und viele Studien beziehen sich lediglich auf Laborversuche. Das grundlegende Prinzip soll an ausgewählten Beispielen veranschaulicht werden. Trumpower und Sarwar (2010) erfassten das konzeptuelle Verständnis grundlegender physikalischer Begriffe wie z.B. Arbeit, Energie, Kraft, Gravitation etc. mit der Concept-Mapping Software Pathfinder. Dabei müssen Lernende die Relation zwischen den einzelnen Konzepten bewerten. Aus diesen Einzelbewertungen wird eine grafische Darstellung der konzeptuellen Repräsentation errechnet (Abbildung 15) und mit einer Standardlösung verglichen (Referenznetzwerk). Je nach Fehlvorstellungen können unterschiedliche Übungs- und Fördermaterialien vorgeschlagen werden. Beispielsweise wurden folgende Fragen gestellt, wenn Lernende die beiden Konzepte Arbeit und Zeit eng verbunden sahen: „Does the work done in raising a box onto a platform depend on how fast it is raised?" (16). In einem einfaktoriellen Quasiexperiment wurde geprüft, ob die Kombination aus Rückmeldung und Fördermaterial effektiver ist als nur die Rückmeldung. Beide Versuchsbedingungen führen zu Lernfortschritten. Die Kombination von formativer Leistungsdiagnose plus Förderung war allerdings effektiver als eine reine Diagnose. Trumpower und Sarwar (2010) denken an die webbasierte Weiterentwicklung des Diagnosetools. Es könnten Referenznetzwerke für weitere Konzepte gesammelt und zur Verfügung gestellt werden.
Eine Variante dieses Verfahrens beschreiben Chang et al. (2005). Dabei werden nicht nur die Knotenpunkte bewertet, sondern auch deren Gewichtung, mit der die Schülerinnen und Schüler die Bedeutung der Relation zwischen zwei Begriffen zum Ausdruck bringen können. Eine weitere Entwicklungsperspektive der Concept-Mapping-Verfahren ist die Verknüpfung mit der automatisierten Textanalyse (vgl. nächster Abschnitt). Clariana (2010) entwickelte auf Basis des Concept-Mapping-Programms Pathfinder eine automatisierte Auswertung von Concept-Maps und Essays zur gleichen Thematik (ALA Reader und ALA Mapper). Bei explorativen Studien zeigten sich jedoch noch Schwierigkeiten.

		Less Related				More Related
Milk	Tractor	(1)	2	3	4	5
Barn	Cow	1	2	3	(4)	5
Tractor	Barn	1	2	(3)	4	5
Cow	Tractor	(1)	2	3	4	5
Milk	Barn	1	2	3	(4)	5
Cow	Milk	1	2	3	4	(5)

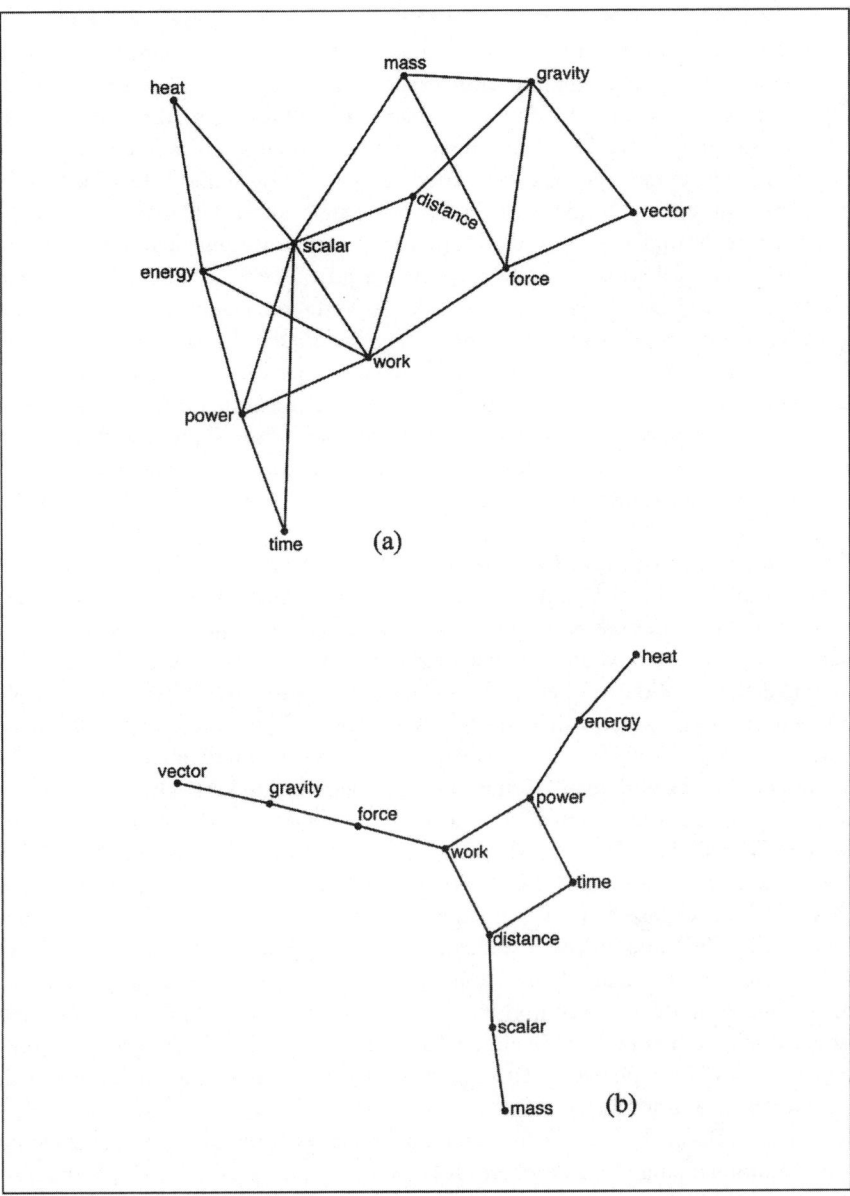

Abb. 15: Beispiel für ein Pathfinder Network (Trumpower/Sarwar, 2010, 12 und 15): (a) Referenznetz-werk, (b) Beispielnetzwerk eines Schülers

In der deutschsprachigen Literatur beschäftigten sich beispielsweise Streule und Lage (2010) mit der Nutzung von computergestützter Concept-Mapping-Software im Rahmen des Psychologiestudiums. Analog zu Trumpower und Sarwar (2010) erprobten sie eine Concept-Mapping-Verfahren auf Basis von Ähnlichkeitsurteilen zwischen Begriffen. Damit konnten sie eine Wissenslandkarte für jeden Studierenden berechnen und mit der Experteneinschätzung grafisch vergleichen. In Simulationsstudien (Online-Kurs Psychopathologie an der Universität Zürich) prüften Streule und Läge (2010) die Kriteriumsvalidität dieser computergestützten kognitiven Wissenskarten. Es zeigten sich gute Werte ab einem bestimmten Niveau an Vorwissen (ca. 60 bis 70%), d.h. das Verfahren eignete sich nicht für das gesamte Leistungsspektrum. Die Autoren argumentieren deshalb, dass man diese Methode der formativen Diagnose erst dann sinnvollerweise im Unterricht einsetzen kann, wenn eine Thematik erarbeitet wurde und die Lernenden einen gewissen Grundstock an Wissen erworben haben. Kognitive Wissenskarten können dann noch Hinweise auf einzelne Lücken geben und werden den Studierenden in dem Online-Kurs zur Verfügung gestellt.

Simulationsaufgaben und Problemlöseaufgaben

Sehr komplex und vielschichtig wird es, wenn man Anstrengungen unternimmt, bestimmte Problemlösekompetenzen oder komplexes konzeptuelles Wissen innerhalb von simulierten Welten zu diagnostizieren. Die Entwicklungen im Bereich der virtuellen Realität machen dies möglich. Taiga beispielsweise ist eine virtuelle Simulation eines ökologischen Konfliktes an einem Fluss (Shute et al. 2010). Es gibt verschieden Gruppen, die das Wachstum bzw. das Aussterben einer Fischpopulation im Fluss beeinflussen (Farmer, Industriebetrieb, Fischer). Die Schülerinnen und Schüler unterstützen einen virtuellen Ranger bei der Suche nach den Ursachen für das Fischsterben. In verschiedenen Missionen können Daten erfragt werden (Wasserwerte) und Modelle für die Erklärung des Fischesterbens entwickelt werden (basierend auf chemischen und biologischen Zusammenhängen). Das Programm erlaubt die Simulation der entwickelten Erklärungsmodelle. Je nach Erfolg im Spielverlauf wird sichtbar, ob die Schülerinnen und Schüler die komplexen Zusammenhänge verstanden haben und entsprechend darauf reagieren können. Fraglich ist natürlich, ob hier nicht auch andere Fähigkeiten (z.B. der Umgang mit Computerspielen, logisches Denken) mit geprüft werden bzw. das eigentlich zu diagnostizierende Wissen überlagern.

Ein weiteres Beispiel ist GenScope, ein interaktives Lernprogramm zur Erforschung von Zusammenhängen im Lernbereich Genetik (Hickey/Zuiker 2012). Schülerinnen und Schüler können in voreingestellten Szenarien bestimmte Variable (Gene) ändern und sehen, wie sich diese auf andere Teile des Systems (Merkmale der nachfolgenden Generation) auswirken. GenScope wurde als Performance-Assessment-Werkzeug entwickelt (alternativ zu MC-Tests, die oft nur Faktenwissen überprüfen). Aufgrund von theoretischen Überlegungen zu Schülerkonzepten über Genetik konnten vier unterschiedliche Aufgabentypen entwickelt werden. Feedback wird auf unterschiedliche Weise gegeben:

- Immediate: sofort innerhalb der Aufgabe
- Close: Diskussionen im Anschluss an die Bearbeitung von Aufgaben
- Proximal: curricular orientierte Tests nach Lernabschnitten
- Distal: standardisierter Test; Teilskalen der zentralen Tests

In einer Serie von Studien arbeiteten Lehrkräfte mehrere Jahre mit der GenScope Lernsoftware. Der Umgang mit der computergestützten Lern- und Assessment-software wurde mit einer Begleitforschung untersucht und in jedem Durchgang situativ angepasst. Die mit einem standardisierten Leistungstest gemessenen Lern-zuwächse über mehrere Jahre waren beträchtlich im Vergleich zu Kontrollgruppen. Allerdings zeigten sich im ersten Jahr der Implementation noch keine deutlichen Effekte bzw. sogar negative Effekte. Hickey und Zuiker (2012, 566) raten deshalb von einer streng experimentellen Überprüfung von Effekten im ersten Implemen-tationsdurchgang ab.

Automatisierte Analyse von Schülertexten

Da die Korrektur und Bewertung von Schülertexten sehr zeitaufwändig ist, wurde bereits seit den 1960er Jahren an Methoden der computergestützten Analyse von schriftlichen Schülerantworten (Automated Essay Scoring: AES) gearbeitet (Russell 2010). Entwicklungen im Bereich der künstlichen Intelligenz ermöglichen mitt-lerweile eine relative gute semantische Analyse von Texten in gut definierten Be-reichen. Unabhängig von den einzelnen Computeralgorithmen hat sich folgende Abfolge an Schritten für die automatisierte Textanalyse etabliert:

Zuerst wird eine kleinere Anzahl von Schülertexten von geschulten Ratern bewer-tet. Wichtig ist, dass Schülertexte zu einer klar definierten Schreibaufgabe vorliegen und diese von menschlichen Ratern entlang von Kriterien (Bewertungsrastern) be-wertet wurden. Danach wird ein Analysemodell auf Basis dieses Ratings generiert (entlang verschiedener Kategorien: Worthäufigkeiten, Wortkombinationen, Fehler etc.). Das Analysemodell des Computers hat die Aufgabe, mit Hilfe von Muster-erkennungsprozeduren (künstliche Intelligenz), die Beispielbewertung des Raters möglichst exakt vorherzusagen. Dabei werden hunderte von Einzelalgorithmen ausgeführt, z.B.:

- Suche alle Wörter in einem Text, die zu einem bestimmten Wortstamm gehören und ersetze diese durch den Wortstamm (gehen, ging, Gang etc.).
- Ermittle die Häufigkeit aller Wortstamm-Paare in einem Text (gehen-Schule); es entsteht eine riesige Liste, da sehr viele Kombinationen möglich sind.
- Vergleiche die Häufigkeitsliste mit der Häufigkeitsliste eines zu bewertenden Textes.

Diese vielen Einzelalgorithmen haben wenig damit zu tun, wie Menschen einen Text lesen. Sie müssen lediglich geeignet sein, die menschliche Bewertung möglichst gut zu replizieren. In einem weiteren Durchgang werden noch einmal neue Texte eingespeist und das Rating des Computers mit dem der geschulten Rater verglichen. Das Analysemodell des Computers wird dabei nachjustiert. In einem vierten Schritt kann dann der Computer eine hohe Anzahl von Schülertexten raten. Mittlerweile gibt es auch Programme, die ungewöhnliche Schreibstile oder Wortkombinationen entdecken können. Diese Essays werden dann wiederum an einen menschlichen Rater weitergeleitet.

Eine weitere AES-Methode ist die Analyse der semantischen Distanz zwischen Begriffen in einem Text Ein Beispiel hierfür ist das Programm T-MITOCAR (Pirnay-Dummer/Ifenthaler 2010). Ein Text wird in ein Eingabefenster kopiert (Beispiel: Wiki-Eintrag über „Philosophy of Science"). Das Programm gibt zunächst eine Liste der häufigsten Begriffe aus. Mit verschiedenen Algorithmen werden Nähe und Distanz einzelner Begriffe zueinander berechnet und gewichtet. Daraus lässt sich eine grafische Repräsentation des Begriffsnetzwerkes erzeugen. In weiteren Schritten erlaubt das Programm Vergleiche zwischen verschiedenen Texten zur gleichen Thematik. Damit sind zwei Einsatzmöglichkeiten denkbar: Vergleich von Schülertexten mit einem Expertentext. Intraindividuelle Vergleiche von Schülertexten zur gleichen Thematik.

Die psychometrischen Qualitäten von AES-Systemen wurden gut untersucht (Dikli 2010). Wang et al. (2008) zeigen, dass man mit einer automatisierten Texterkennung die frei formulierte Schülerantworten im Bereich naturwissenschaftliches Problemlösen reliabel und valide bewerten kann. Ferster et al. (2012) erprobten beispielsweise ein computergestütztes Tool zur Bewertung von Texten in vier Geschichtsklassen in der Mittelstufe. Die Schülerinnen und Schüler mussten sowohl ein Essay zu einem geschichtlichen Thema schreiben als auch ein Web-Projekt erstellen. Beide Arbeiten wurden sowohl von geschulten Personen als auch von einem automatisierten Programm bewertet. Die Studie führte zu hohen Übereinstimmungswerten sowohl zwischen den Bewertungsmethoden als auch zwischen den beiden Aufgabenstellungen.

In den USA wurde mit der automatisierten Textbewertung sowohl im Kontext zentraler Leistungsmessungen als auch im Kontext der Unterrichtsdiagnostik experimentiert. Ein Vorteil in den USA ist, dass große, kommerzielle Testanbieter marktreife Systeme anbieten. Ausgefeilte Systeme ermitteln bereits gesonderte Werte für Inhalt, Stil und Rechtschreibung. Manche Systeme (z.B. IEA) eignen sich nur für kurze Sachtexte (z.B. Beschreibung der Funktion des Herzens) und nicht für längere, kreative Texte. Es gibt mittlerweile eine ganze Reihe von Studien, in denen eine hohe Übereinstimmung zwischen AES und menschlichen Ratern ermittelt wurde. Ein weiterer Vorteil ist, dass viele AES-Systeme auch eine Prüfung auf Plagiate durchführen.

Ein Beispiel für eine bereits marktreife, automatisierte Schreibdiagnostik ist das Projekt WriteToLearn (Landauer et al. 2009). WriteToLearn ist ein Programm zur Verbesserung der Schreib- und Lesekompetenz mit Elementen formativer und summativer Leistungsdiagnostik. Schülerinnen und Schüler erhalten eine Schreibaufgabe:

> „Think of the most exciting, most enjoyable, or weirdest place you have ever visited. What are the qualities and features that give the place its special character? Write a descriptive essay that will allow readers to share your impressions of the place." (www.writetolearn.net/)

Der Text wird in einem Eingabefenster geschrieben, das die Länge des Textes auf 150 bis 650 Wörter beschränkt. Die Webseite generiert automatisch eine Einschätzung des Schülertextes in folgenden Kategorien:

- Ideen
- Organisation
- Redewendungen
- Flüssigkeit
- Wortwahl
- Stil

Zur Veranschaulichung der Bewertungsstufen werden Beispieltexte zur Verfügung gestellt. Ebenso werden Rechtschreibung, Grammatik und Wortwiederholungen analysiert und bewertet. Die Zusammenfassungen werden durch Vokabeltests vorbereitet. Dann ist ein Text zu lesen und eine Zusammenfassung des Textes zu schreiben. Bei den Zusammenfassungen wird bewertet, ob Hinweise auf relevante Inhalte des Lesetextes auffindbar sind. Ebenso werden Rechtschreibung, kopierte Textabschnitte und Wiederholungen erfasst und bewertet. Die Lehrkraft hat folgende Monitoringmöglichkeiten: Klassendurchschnittswerte in den einzelnen Kategorien, einzelne Schülerberichte und Lernverläufe.

Weniger gut erforscht sind die unterrichtspraktischen Implikationen und Nutzungsmöglichkeiten einer automatisierten Analyse von Schülertexten (Dikli 2006). Diese Essay-Scoring-Programme eigenen sich beispielsweise für die formative Leistungsdiagnose, während bei summativen Diagnosen aus rechtlichen Gründen die Bewertung der Lehrkraft weiterhin unverzichtbar ist. Schülerinnen und Schüler können während des Schreibprozesses eigenständig Rückmeldung zu ihren Texten einholen. Einige wenige Studien deuten darauf hin, dass automatisierte Textbewertungsprogramme positive Effekte auf die Textproduktion der Lernenden haben können. Allerdings verhindert der hohe technische Aufwand einen flächendeckenden, schulischen Einsatz. Die automatisierte Textbewertung lohnt sich überdies nur bei hohen Fallzahlen.

Auch an weiteren Stellen gibt es noch Entwicklungsarbeit. Im Rahmen eines Kurses für Englisch lernende Erwachsene an der Universität Kalifornien verglich Dikli (2010) das Feedback einer computergestützten Textbewertung mit dem Lehrerfeedback zum gleichen Text. Dabei zeigten sich deutliche Unterschiede. Das computergestützte Feedback war deutlich länger, redundant und weniger auf bestimmte Kriterien fokussiert als das Lehrerfeedback. Ein weiterer Nachteil ist, dass bei den meisten Programmen keine Interaktion zwischen Lehrenden und Lernenden stattfinden. Textanalyseprogramme benötigen zudem eine große Anzahl an Positivbeispieltexten für das Training, sodass die Entwicklung für spezifische Unterrichtsinhalte sehr zeit- und kostenintensiv ausfällt.

9.4 Computergestützte Diagnosesysteme für den schulischen Einsatz

Im letzten Teilkapitel geht es weniger um einzelne Diagnoseverfahren, sondern mehr um computergestützte Diagnosesysteme in Verbindung mit bestimmten Hardwarekomponenten. Die Hardware bedingt natürlich wiederum die Nutzung der formativen Diagnostik für bestimmte Lernbereiche und bestimmte Anwendungskontexte.

Interaktive Abstimmungssysteme

Interaktive Abstimmungssysteme („Classroom Response Systems", „Audience Response Systems") bestehen aus einem Klassensatz kabelloser Abstimmungsgeräte (sog. „Clickers"), einem Empfangsgerät und einer entsprechenden Software für das Notebook des Lehrenden. Die Anschaffungskosten sind moderat und der technische Aufwand für die Inbetriebnahme und die Bedienung des Systems ist überschaubar. Dies führte dazu, dass interaktive Abstimmungssysteme mittlerweile an US-Universitäten sehr weit verbreitet sind und die Nutzung auch im Sekundarschulwesen zunimmt. Sie ermöglichen eine formative Diagnostik direkt im laufenden Unterrichtsgeschehen (assessment as learning). Wenn einzelne Schülerinnen und Schüler während des Unterrichts abgefragt werden, erhält die Lehrkraft nur ungenaue Hinweise, wie gut die ganze Klasse den Lerninhalt verstanden hat. Mit Clickers können Lehrkräfte das Verständnis aller Schülerinnen und Schüler prüfen und sofort darauf reagieren. Über einen Beamer werden Fragen mit Auswahlantworten projiziert. Die Schülerinnen und Schüler wählen auf einer Art Fernbedienung mit Auswahlknöpfen ihre Antwort aus. Wash (2012) beschreibt ein kostengünstiges System, bei dem kabellose Computermäuse als Abstimmungsgerät genutzt werden können. Die Antworten werden automatisch aggregiert und in Form von Grafiken dargestellt. Die Lehrkraft sieht das Abstimmungsergebnis der ganzen Klasse auf dem Computer bzw. kann es per Beamer allen Schülerinnen und Schüler zeigen. Es gibt auch Clicker-Fragen mit Freiantwortfeldern. Mit einem interaktiven Abstimmungssystem lassen sich zudem emotionale Zustände abfragen: z.B. ob sich Schülerinnen und Schüler bei einem Thema bereits sicher fühlen oder nicht.

Überwiegend an US-Universitäten durchgeführte Studien belegen, dass Clickers zu erhöhter Aufmerksamkeit im Unterricht beitragen können und es damit zu positiven Effekten auf die Lernleistung kommt (Burnstein/Lederman 2001; Bachmann/ Bachmann 2011; Blood 2012). Aber auch in der Sekundarstufe sind die Einstellungen von Schülerinnen und Schülern gegenüber Clickers in der Regel positiv (Fitch 2004). Kay und Knaack (2009) untersuchten beispielsweise die Einstellungen von Sekundarschülerinnen und -schülern in Kanada mittels einer Fragebogenstudie. Die Bewertungen sind insgesamt positiv, Schüler sehen die Abstimmungssysteme jedoch positiver als Schülerinnen. Schülerinnen und Schüler mit hoher Computeraffinität berichten ebenfalls höhere Einstellungswerte.

Auch für die Primarstufe werden positive Effekte von Clickers auf die Schülerleistung berichtet. Agbatogun (2012) berichtet von einer 11-wöchigen, quasiexperimentellen Studie zur Überprüfung der Effektivität eines interaktiven Abstimmungssystems im Englischunterricht in zwei nigerianischen Grundschulen. Die Kontrollgruppe wurde traditionell frontal unterrichtet. In der Experimentalgruppe wurden die Schülerinnen und Schüler durch Clickers aktiviert, sich mit den Mitschülerinnen und Mitschülern auf Englisch auszutauschen. Der Lernzuwachs wurde mit einer Reihe von standardisierten Sprachtests erfasst. In der Experimentalgruppe konnten im Vergleich zur Kontrollgruppe signifikante Lernzuwächse festgestellt werden.

Eine wichtige Moderatorvariable ist das Ausmaß der Nutzung von Clickers für die formative Leistungsdiagnostik im Unterricht (Kay/Knaack 2009). Feldman und Capobianco (2008) untersuchten deshalb mit Methoden der Handlungsforschung, wie Abstimmungssysteme dazu beitragen können, die Praxis der formativen Leistungsmessung von Physiklehrern in amerikanischen Sekundarschulen zu verbessern. Es zeigte sich, dass die Lehrkräfte bestimmte Fertigkeiten benötigen, um das System so zu nutzen, dass formative Leistungsmessung ein integraler Teil des Unterrichts wird. Anfängliche Schwierigkeiten bereiteten vor allem der Umgang mit der Technik (Hard- und Software), die Konstruktion geeigneter Fragen und die Kopplung mit bisher angewandten Unterrichtsmethoden und dem Curriculum. Ebenso müssen die Lehrkräfte die Prinzipien formativer Leistungsmessung verstehen und mit anderen Lehrkräften gemeinsam an der Erforschung und Weiterentwicklung der eigenen Unterrichtspraxis arbeiten.

Beatty und Gerace (2009) beschreiben ein ähnliches Projekt mit dem Ziel, Clickers in den Unterricht so einzubinden, dass im Sinne einer formativen Diagnostik die Lehr-Lernprozesse tatsächlich angepasst werden. Eine wesentliche Komponente in diesem Projekt ist die Metakommunikation über den Einsatz der Abstimmungsgeräte zwischen Lehrkräften und Schülerinnen bzw. Schüler. Erst wenn geklärt ist, welche Lernziele im Zentrum des Unterrichts stehen und welche Möglichkeiten des gemeinsamen Übens bestehen, können auch Rückmeldungen sinnvoll genutzt werden (vgl. Abschnitt 8.2).

Lernplattformen und formative Diagnostik

Eine wesentliche informationstechnische Voraussetzung für E-Learning im Schul-
und Hochschulbereich sind Lernplattformen. Sie bieten einen geschützten und
vorstrukturierten, virtuellen Lernraum, der von Lehrkräften selbst gestaltet werden
kann. Dies kommt den curricularen und datenschutzrechtlichen Erfordernissen im
Bildungssystem sowie den Kompetenzen der Lehrenden an Schulen und Hochschulen entgegen (Petko 2010; Klemm 2011). Neben Funktionalitäten wie Nutzer-
management, Bereitstellen von Lernmaterialien, interaktiven Tools etc. sind Tests
ein wesentlicher Bestandteil von Lernplattformen. Jede gängige Lernplattform (z.B.
Moodle, Blackboard) hat mittlerweile eine Reihe von Testaufgaben- und Rückmel-
defunktionen, die für eine computergestützte, formative Leistungsdiagnostik ohne
Programmierkenntnisse genutzt werden können. Aus Sicht der formativen Nutzung von Leistungsdiagnosen sind vor allem folgende Funktionalitäten (am Beispiel der Lernplattform Moodle) von großem Interesse:

- Verschiedene Testfragenformate stehen zur Auswahl: von geschlossenen Forma-
ten (Single-Choice, Multiple-Choice) über Zuordnungsaufgaben, Drag-and-
Drop Aufgaben etc. bis hin zu Freitextantworten.
- Geschlossene Testaufgabenformate werden automatisiert ausgewertet. Je nach
Anwendungszweck können Punktwerte, Wiederholungsversuche etc. definiert
werden.
- Die Testadministration kann genau festgelegt werden: Zeitraum, Versuche, wel-
cher Versuch zählt, Aufgabenreihenfolge etc.
- Es stehen verschiedene Feedbackvarianten zur Verfügung: Anzeige der erreichten
Punkte, Anzeige der korrekten Antwort, Feedback bei falscher Antwort auf der Auf-
gabenebene, generelles Feedback in Abhängigkeit der erreichten Gesamtpunkte etc.
- Lehrkräfte sowie Schülerinnen und Schüler können verschiedene Dokumenta-
tions- und Berichtsmöglichkeiten nutzen: Testergebnisse auf Individualebene,
Testergebnisse auf Aufgabenebene (Individualwerte und aggregiert auf Klassen-
ebene), Testergebnisse auf Kursebene.
- Interaktives Feedback: Lehrkräfte können Schülerantworten kommentieren,
Schülerinnen und Schüler können Fragen stellen und Kommentare posten, in
Diskussionsforen können Schülerinnen und Schüler Aufgaben besprechen und
Lösungen austauschen.

Lehrkräfte können mit Hilfe von Lernplattformen ohne größeren Aufwand einige
der oben skizzierten Möglichkeiten formativer, computergestützter Leistungsdiagnostik (z.B. Diagnose von Schülerfehlvorstellungen) selbständig erstellen und im
eigenen Unterricht wiederholt durchführen (z.B. Maier et al. 2014).

Lernplattformen können im Sinne eines E-Portfolios zudem für das Sammeln
von Lernprodukten und die Kommunikation über Lernprodukte genutzt werden.
Mittlerweile gibt es auch gesonderte E-Portfoliosoftware. Ziele von Portfolios als
Elemente einer alternativen Leistungsdiagnostik sind die Dokumentation und pro-

zessbegleitende Reflexion von Schülerleistungen oder Lernprodukten. Ein Vorteil von E-Portfolios im Vergleich zu klassischen Papier-Portfolios sind die zahlreichen Interaktionsmöglichkeiten und die größere Bandbreite an Medien, mit denen mehr Sinneseindrücke angesprochen werden können (Finger/Jamieson-Proctor 2009; Meyer et al. 2011; Reinmann/Sippel 2011). E-Portfolios verleiten allerdings verstärkt zu Plagiaten. Um diesem Missbrauch geistigen Eigentums entgegenzuwirken, bieten einige Lernplattformen auch Plagiat-Detektoren an (z.B. Blackboard: safeassign.com oder turnitin.com).

In der Literatur findet man einige empirische Hinweise zur Nutzung und zu den Lern- bzw. Motivationseffekten von Lernplattformen und E-Portfolios. In Schottland wurden E-Portfolios beispielsweise großflächig erprobt (McLaren 2012). Chang (2008) untersuchte die Auswirkungen eines webbasierten Portfolios im Vergleich zu konventioneller Leistungsmessung auf Schülerleistungen und Fähigkeitsselbsteinschätzungen. Das webbasierte Portfolio-System wirkte sich nicht signifikant auf die Schülerleistungen aus, führte jedoch zu einer signifikanten Verbesserung der Fähigkeitsselbsteinschätzung, vor allem bei leistungsschwachen Schülerinnen und Schülern.

In zwei Projekten standen Nutzung und Wirkung von interaktiven Feedbackelementen im Vordergrund. Ertmer et al. (2010) führten beispielsweise eine quasi-experimentelle Studie zum Einfluss von Peer-Feedback in einer Lernplattform durch. Ein Erstsemesterkurs in Informatik wurde durch die Lernplattform Blackboard unterstützt (n = 215). Die Hälfte der Studierenden hatte die Möglichkeit, anderen Studierenden innerhalb eines Diskussionsforums mit einem automatischen Rating-Tool Peer-Feedback zu geben. In einer Studierendenbefragung berichtet die Gruppe mit Peer-Feedback von einem höheren Vertrauen und einer stärkeren Bereitschaft, sich im Diskussionsforum zu engagieren. Allerdings gab es auch eine Reihe von Studierenden, die nach eigenen Angaben nicht vom Peer-Feedback profitierten. Boling und Beatty (2010) untersuchten ebenfalls die Nutzung von Peer-Feedback in einem Diskussionsforum einer Lernplattform. In einem fortgeschrittenen Englisch-Literaturkurs an einer amerikanischen Sekundarschule stellten Schülerinnen und Schülerihre Schreibaufgaben online und die Lehrkraft zeigte beispielhaft durch ihre Posts und Rückmeldungen, wie sie sich ein Peer-Feedback vorstellt. Stil und inhaltliche Aspekte der Rückmeldung wurden dann nach und nach von den anderen Lernenden übernommen. Es zeigte sich, dass im Laufe des Schuljahrs das Peer-Feedback der Mitschülerinnen und Mitschüler spezifischer und komplexer gegeben wurde. Eine offene Frage in dieser Studie blieb allerdings die Interaktion zwischen Online-Feedback und Rückmeldungen bzw. Kommunikation im Klassenzimmer.

Jia et al. (2012) entwickelten ein Moodle-Testmodul für die Überprüfung und Wiederholung von Englischvokabeln und prüften die Effektivität dieses Testmoduls in einer chinesischen Sekundarschule. Das Testmodul wurde im Englischunterricht einer Klasse einmal wöchentlich über ein ganzes Schuljahr hinweg eingesetzt

(Experimentalgruppe). Die Leistungsentwicklung der Experimentalgruppe war besser als die der 15 Parallelklassen in der gleichen Jahrgangsstufe (Kontrollgruppe). Vor dem Experiment war die Klasse auf Platz 8, nach dem Experiment auf Platz 1 von 16 Klassen. In Interviews äußerten die Schülerinnen und Schüler eine hohe Zufriedenheit mit dieser Form des Blended-Learning im Englischunterricht.

In einer Reihe von Studien werden Kombinationen aus unterschiedlichen Diagnose- und Feedbackstrategien, die sich allesamt nur mit Lernplattformen umsetzen lassen, untersucht (z.b. Hatziapostolou/Paraskakis 2010). Effekte verschiedener Feedbackstrategien auf Lernleistungen berichten beispielsweise Wang et al. (2006; Wang 2007). Sie führten eine Serie quasiexperimenteller Studien zur Wirkung webbasierter Strategien der formativen Diagnostik auf die Lernleistungszuwächse im Biologieunterricht durch. Eingesetzt wurde das webbasierte Diagnosemodul WATA. Alle Schülerinnen und Schüler absolvierten den E-Learning Kurs BioCAL zum Thema Verdauung. Die Inhalte wurden überwiegend als Grafiken, Texte und Animationen präsentiert. Die formativen Diagnosestrategien wurden experimentell variiert:

A) Eine Gruppe konnte alle 6 formativen Diagnosestrategien der Lernplattform nutzen (FAM-WATA):
- Testitems kann man solange wiederholen, bis man sie richtig löst
- Anzahl der Fehler werden angezeigt, Lösung wird nicht gegeben, sodass sich Schülerinnen und Schüler selbst auf die Suche nach dem Fehler machen müssen)
- Fragen per E-Mail an Lehrerin bzw. Lehrer senden
- Eigene Punkte und Punkte der Mitschülerinnen und Mitschüler abfragen
- Persönliche Antwort-History eines Items
- Nach Bestehen eines Tests werden die Schülerinnen und Schüler mit einer Flash-Animation belohnt

B) Eine zweite Untersuchungsgruppe nutzte das summative Diagnosemodul (geschlossene Testfragen ohne Feedbackinteraktionen)

C) Eine dritte Versuchsgruppe bearbeitete einen Papier-Bleistift-Test.

Der Lernzuwachs wurde mit einem Pre- und Posttest erfasst. Am erfolgreichsten war Gruppe A. Mit einem Inventar zur Nutzung von Selbstregulationsstrategien konnte zudem gezeigt werden, dass die Auswahl differenzierter Rückmeldestrategien die Anwendung von Selbstregulationsstrategien besser fördert als der summative Test.

Integrierte, computergestützte Diagnostikplattformen

Lernplattformen müssen von den Lehrenden inhaltlich selbst gestaltet werden. Damit wird der Autonomie von Lehrkräften Rechnung getragen. Andererseits müssen Inhalte und Testfragen erst entwickelt werden, was zu einem erhöhten zeitlichen Aufwand führt. Kommerzielle Anbieter reagieren auf diese Problematik und bieten komplett inhaltlich vorstrukturierte Angebote für die computergestützte Diagnostik und Förderung an.

Die Firma Wirelessgeneration bietet beispielsweise eine Reihe webbasierter Diagnosetools für unterschiedliche Lernbereiche (Lesen, Mathematik) sowie Datendokumentationslösungen an. Die curriculare Verortung und Vernetzung einzelner Lernbereiche wird mit interaktiven Landkarten visualisiert. Damit reagiert man auf einen Nachteil vieler kommerzieller Lernportale: Die mangelnde Anpassung der Fragen oder Fragenauswahl an den spezifischen Unterricht einer Lehrkraft. Für einen Lernbereich (z.B. Mathematik, Zahlenlehre) werden auf einer möglichst feinkörnigen Ebene Lernziele definiert: z.b. Visualisierung ganzer Zahlen am Zahlenstrahl; Visualisierung ganzer Zahlen am Koordinatensystem etc. Diese Teillernziele werden aufgrund von inhaltlichen Überlegungen in einem Bienenwabensystem angeordnet (Abbildung 16). Jedem Sechseck werden Testfragen zugeordnet. Lehrkräfte können dann die für ihren Unterricht relevanten Sechsecke auswählen und entsprechende Übungstests bearbeiten lassen. Beim Anklicken eines Sechsecks erscheinen die Lernzielbeschreibung, Items aus den Tests sowie Schülerdaten auf Klassenebene und individueller Ebene. Ein Sechseck ist rot, wenn die Mehrheit der Schülerinnen und Schüler den formativen Test zu diesem Lernziel nicht bestanden hat. Grün bedeutet, dass bis auf Ausnahmen alle Schülerinnen und Schüler die Fragen richtig beantwortet haben. Man kann in einem weiteren Schritt Lerngruppen aufgrund des Lernstands bilden (Matrix: Schüler-Lernstand) und diesen Schülergruppen unterschiedliche Lernmaterialien zuordnen. Das Programm erlaubt zudem Analysen auf Schulebene. Auf der Homepage wird geworben, dass man damit die Effektivität einzelner Lehrkräfte prüfen bzw. den Lernfortschritt ganzer Klassen dokumentieren und so effektiv Ressourcen und Unterstützungsmaßnahmen zuweisen kann.

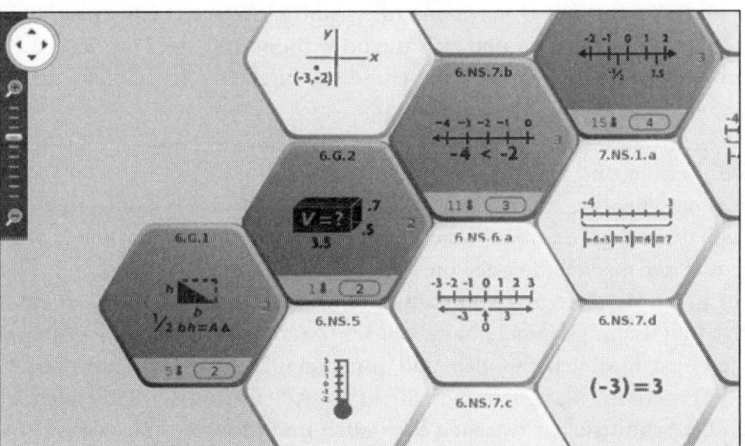

Abb. 16: Learning map aus mClass Beacon, einem standardbasierten, formativen Assessment und Unterrichtsplanungssystem der Firma wirelessgeneration.com (www.wirelessgeneration.com/feature-map/mclass-beacon-map)

An dieser Stelle soll ebenfalls ein Projekt skizziert werden, das zwar noch in den Kinderschuhen steckt, jedoch ersichtlich macht, welche Entwicklungen in Zukunft möglich sein könnten. Su und Wang (2010) programmierten ein computerbasiertes System für Grundschullehrkräfte in Taiwan zur Generierung von curricular ausbalancierten Tests (KMAAS: Knowledge Map Assisted Assessment System). Sie reagieren damit auf die Problematik, dass bei standardisierten Tests oder vorgegebenen formativen Leistungsdiagnosen die curriculare Validität oft nicht gegeben ist. Die zentralen Begriffe sind nicht identisch oder Lehrkräfte legen besonderen Wert auf bestimmte Begriffe oder Aspekte des Wissens, das so nicht in den Tests abgebildet wird. Viele computergestützte Lernprogramme und Testdatenbanken bieten zwar eine Unmenge an Testfragen zu fast allen curricularen Bereichen an. Es fehlt Lehrkräften bei diesen Programmen allerdings oft der Überblick, der zu einer gezielten, auf den Unterricht abgestimmten Auswahl nötig wäre. Aus diesem Grund wurde ein neues System zur Konstruktion und Verwaltung formativer Tests entwickelt. Grundlage dieses Systems ist eine Art Mindmap mit den wichtigsten Konzepten eines Lehrgangs und ihren jeweiligen Relationen zueinander.

Prinzipiell funktioniert das System damit wie die Angebote von Wirelessgeneration (vgl. vorangehender Abschnitt), allerdings mit dem entscheidenden Unterschied, dass ein auf die einzelne Lehrkraft abgestimmtes Netz entstehen soll. Die einzelnen Lerninhalte bzw. Konzepte können zudem entsprechend ihrer Bedeutung im Unterricht gewichtet werden. Diesen Konzepten werden dann jeweils Testitems aus Testdatenbanken zugeordnet. Die Vorgehensweise des Systems ist unabhängig vom Lerninhalt (der Domäne) und kann auf beliebige weitere Lerninhalte übertragen werden. KMAAS wurde in 6 Grundschulklassen in Taiwan evaluiert. Das System wurde im Rahmen einer Unterrichtseinheit zum Hebelgesetz eingesetzt. Die Lehrkräfte äußerten sich positiv und es war eine Verbesserung der Diagnosekompetenz von Lehrkräften erkennbar. Weitere Befunde zu Effekten oder Implementation von KMAAS liegen allerdings noch nicht vor.

Mobiles Lernen und Diagnostik

Mit der massenhaften Verbreitung von mobilen Endgeräten wurde eine neue Ära der Digitalisierung von Lehr- und Lernprozessen eingeläutet (mobile learning). Bisher war der mangelnde oder umständliche Zugang zu PC-Pools ein Hauptargument gegen die Nutzung von Computern in Schule oder Hochschule. Immer leichtere und leistungsfähigere Notebooks und erst recht Tablets ermöglichen mittlerweile einen flexiblen, mobilen und zunehmend auch kostengünstigen Einsatz von Computern im Klassenzimmer, direkt am Arbeitsplatz der Lernenden. Zudem werden die Schnittstellen zwischen Webseiten und mobilen Anwendungen (Apps) immer weiter optimiert. Ein Moodle-Test kann beispielsweise ohne Darstellungsprobleme auf einem Smartphone bearbeitet werden. In diesem Abschnitt sollen Möglichkeiten aber auch Herausforderungen einer mobilen, computergestützten

Diagnose anhand von beispielhaften Projekten angedeutet werden. Mit Sicherheit werden wir in den nächsten Jahren in diesem Bereich noch viele Entwicklungen beobachten können.

Die weiter oben beschriebenen interaktiven Abstimmungssysteme sind bereits ein erster Schritt Richtung mobiler Diagnostik. Allerdings können die Lernenden hier lediglich zwischen wenigen Antwortalternativen wählen. Komplexere Testaufgaben bzw. ein auf den Lernenden abgestimmtes Testen sind nicht möglich. Tablets eröffnen neue Möglichkeiten für eine anspruchsvolle und direkt in den Unterricht integrierte Diagnostik. Gok (2012) untersuchte beispielsweise, wie man mithilfe von Tablets die Problemlöseaktivitäten von Collegestudenten in Physik in Echtzeit erfassen und beobachten kann. Behaltenstests zeigten, dass die Studierenden am Ende des Kurses bestimmte Problemlösestrategien dadurch häufiger anwenden. Bennett und Cunningham (2009) erprobten den Einsatz von Tablets in der Lehrerbildung. Lehramtsstudierende bekamen die Aufgabe, im Praktikum die Effektivität von Übungseinheiten für leistungsschwache Schülerinnen und Schüler zu überprüfen. Hierfür führten sie wöchentliche formative Leistungsdiagnosen mit Tablets durch. Die Daten wurden als Lernverlaufsdiagnosen aufbereitet und konnten so für eine Analyse der Effektivität von Fördermaßnahmen analysiert werden. Die Datenerfassung mittels Tablet wurde von allen Beteiligten als sehr hilfreich eingeschätzt, obwohl die technische Realisierung der formativen Diagnosen nicht immer ganz einfach war.

Empirische Befunde liegen auch zu mClass: Reading, einem Smartphone-Programm zur Erfassung von Lesefertigkeiten und Lesefehlern vor (Russell 2010). Das Programm erstellt schülerspezifische Übersichten zu Lesefehlern. Das Programm erlaubt verschiedene Vergleichsperspektiven (intraindividueller Vergleich, interindividueller Vergleich) und schlägt je nach Leseniveau Bücher vor. Ähnliche Programme gibt es für Mathematik und das Sprachenlernen. Die wenigen, bisher zu diesem Programm in den USA durchgeführten Studien zeigen in eine positive Richtung (Hupert/Heinze 2006; Hupert et al. 2006): Lehrkräfte können das Tool gut einsetzen und es zeigen sich positive Effekte auf die Verbesserung von Lesefertigkeiten der Schülerinnen und Schüler. Vor allem in Beratungsgesprächen mit Schülerinnen und Schülern sowie Eltern konnten die Daten genutzt werden und führten zu zielgerichteten Fördermaßnahmen. Dies galt sowohl für schwache als auch leistungsstarke Leserinnen und Leser.

Career (Computer-assisted Reciprocal Early English Reading) ist ein auf Tablets oder Smartphones laufendes Lernprogramm zur Strukturierung von kooperativen Leseprozessen für EFL-Schülerinnen und Schüler nach dem Muster von Reciprocal Teaching (Lan et al. 2009). Die Lernenden lesen in Kleingruppen Texte und beantworten abwechselnd über das Lernprogramm Fragen zum Text. Das computergestützte Testprogramm besteht aus Übungs- und Testmodulen zu Leseprozessen (Hören, Lesen, Abschnitte organisieren, Inhalt des Textes strukturieren).

Dabei wird der Lernprozess sequenziell strukturiert: Zunächst erfolgt eine individuelle Instruktion, dann eine Phase des kooperativen Lernens und zum Schluss ein formativer Test. Lan et al. (2009) führten eine experimentelle Studie in einer Grundschule in Taiwan durch (52 Schülerinnen und Schüler in 2 Klassen, Jgs. 4). Die Schülerinnen und Schüler wurden stratifiziert nach Eingangsvoraussetzungen per Zufall in eine Kontroll- und Experimentalgruppe eingeteilt. Als abhängige Variable wurden „Flüssigkeit beim Lesen" und „Flüssiges Nacherzählen" mittels standardisierter Tests erfasst. Kontroll- und Experimentalgruppe beschäftigten sich mit den gleichen Lesematerialien und führten auch die gleichen Leseaktivitäten durch. Variiert wurde lediglich die Durchführung der formativen Tests (Tablets vs. Paper-Pencil-Test). Die Schülerinnen und Schüler in der Experimentalgruppe hatten einen signifikant höheren Lernzuwachs als die Schülerinnen und Schüler in der Kontrollgruppe.

Roschelle et al. (2010) beschäftigten sich mit der Frage, ob man mit Tablet PCs das Lösen von Bruchrechenaufgaben in Kleingruppen unterstützen und strukturieren kann. Hierfür entwickelten sie das System TechPALS (Technology-mediated, Peer-Assisted Learning), das auf einem Tablet betrieben werden kann. Die Schülerinnen und Schüler arbeiten an Bruchrechenaufgaben und erhalten über das Tablet Hinweise, Hilfestellungen und können die Lösung kontrollieren. Das Programm entscheidet jeden Tag per Zufallsgenerator von neuem, mit welchen anderen Schülerinnen und Schülern in Kleingruppen gearbeitet werden muss. In diesen Kleingruppen werden die Aufgaben bearbeitet und die Lösungen gemeinsam über die Tablets kontrolliert. In einer quasi-experimentellen Studie an drei Grundschulen wurde die Kleingruppenarbeit mit TechPALS (Experimentalgruppe) mit einem herkömmlichen Lernprogramm zum Bruchrechnen, bei dem die Schülerinnen und Schüler einzeln an PCs arbeiteten (Kontrollgruppe), verglichen. Es werden Effektstärken zwischen 0,14 und 0,44 zu Gunsten der Experimentalgruppe TechPALS berichtet.

Nedungadi und Raman (2012) sehen in der massenhaften Verbreitung von Smartphones und Tablets eine Möglichkeit, E-Learning auch in weniger entwickelten Ländern und an sozioökonomisch benachteiligten Schulen zu fördern. Wenn sich Schulen keine teuren Computerpools leisten können, ist m-Learning via Smartphones eine mögliche Alternative. Problematisch ist bisher noch die technische Umsetzung im Bereich der Software. Es gibt nur wenige adaptive Lernsysteme, die sowohl für Desktopcomputer als auch für mobile Geräte programmiert wurden. Aus diesem Grund entwickelten die beiden Inder Nedungadi und Raman das System ALAS (Adaptive Learning and Assessment System). ALAS ermöglicht eine formative und adaptive Leistungsdiagnostik sowie Rückmeldungen für Lehrkräfte und Lernende in Echtzeit. Ebenso erkennt ALAS das Gerät des Nutzers automatisch und passt die Oberfläche entsprechend an. Die Schülerinnen und Schüler können auch eine laufende Session unterbrechen und an einem anderen Gerät weiterarbeiten.

ALAS wurde in einer quasiexperimentellen Studie an einer indischen Schule evaluiert. Die Kontrollgruppe nutzte ALAS lediglich am Computerpool der Schule. Die Treatmentgruppe nutzte ALAS auf mobilen Endgeräten und am Computerpool. Als weitere unabhängige Variable wurden die Schülerinnen und Schüler zu Einstellungen und Praktikabilität der Lernumgebung befragt. Da sie jeweils zu unterschiedlichen Themenbereichen arbeiteten, konnte kein gemeinsamer Leistungstest durchgeführt werden. Ausgewertet wurden deshalb folgende Maße: Zahl der bearbeiteten Aufgaben, Korrektheit der Antworten, Anzahl der genutzten Hinweise, Antwortzeiten.

Die Ergebnisse der Befragung zeigten, dass E-Learning (nur Computerpool) und M-Learning kombiniert mit E-Learning (Smartphones) sich hinsichtlich der Schülermotivation nicht unterscheidet. Die Verweildauer bei M-Learning ist deutlich höher als beim Arbeiten im Computerpool. Dies liegt allerdings größtenteils an der umständlicheren Navigation auf einem kleinen Bildschirm. Die Leistungen der M-Learning Gruppe sind leicht geringer. Allerdings wurden die Vorteile von M-Learning nicht voll ausgeschöpft. Die Schülerinnen und Schüler könnten auch außerhalb des Klassenzimmers auf die Lernumgebung zugreifen.

Die Autoren schreiben auch über die Rahmenbedingungen für die Durchführung dieser Studie. Bei dem Projekt gab es beispielsweise zunächst Schwierigkeiten mit der Schulleitung, weil Smartphones verboten waren. Speziell für diese Pilotstudie wurden 25 Smartphones zur Verfügung gestellt und für einen bestimmten Zeitraum wurde der Zugriff dieser Smartphones auf das Intranet der Schule freigeschaltet. Ebenso mussten Lehrkräfte sowie Schülerinnen und Schüler in die Technik und die Benutzung der Lernumgebung zunächst einmal eingeführt werden.

Abschließend soll noch ein Projekt skizziert werden, bei dem die mobile Diagnostik tatsächlich auch außerhalb der Schule zum Einsatz kommt. Hung, Lin und Hwang (2010) erprobten mit Methoden der Handlungsforschung den Einsatz von PDAs (Personal Digital Assistant) für den Feldeinsatz im Biologieunterricht (Ökologie, Mangrovensümpfe). Die PDAs sind dabei sowohl Lernmedium als auch Diagnoseinstrument. Schülerinnen und Schüler der Jahrgangsstufen 5 und 6 gingen innerhalb eines viermonatigen Zeitraums mit mobilen Computern auf drei Exkursion (einmal geführt sowie zweimal selbständig mit Beobachtungsaufträgen). Auf den Geräten stand eine elektronische Bibliothek mit Tiere und Pflanzen zur Verfügung. Die Feldbeobachtungen konnten während der Exkursion in den PDA eingetragen werden. Insgesamt wurden drei Exkursionen mit folgenden Aktivitäten durchgeführt:

1) Eine 6-stündige, geführte Exkursion mit Multiple-Choice und Kurzantwortfragen auf dem PDA (Feedback: Korrektheit und Faktenwissen).
2) Eine dreistündige, selbständige Exkursion mit MC-Fragen, Ja/Nein-Fragen und Kurzantwortfragen (Feedback: Korrektheit und adaptives Feedback in drei Stufen).
3) Eine dreistündige Exkursion mit einem bestimmten Schwerpunkt mit MC-Fragen, Ja/Nein-Fragen und Kurzantwortfragen (Feedback: automatische Be-

wertung der Kurzantworten, z.B. Beschreibung von Tieren und Pflanzen). Vom elektronischen Arbeitsblatt führt ein Link zu einem Notizbuch für die Feldbeobachtungen, dem auch Fotos hinzugefügt werden können.

Zurück im Klassenzimmer wurden die Daten auf einen Computer überspielt und konnten dort in ein elektronisches Lerntagebuch übernommen und weiter ausgewertet werden (z.B. Weiterarbeit an der Bestimmung der Pflanzen). Die Begleitforschung zeigte, dass die computergestützte formative Leistungsdiagnose zur Fokussierung der Aufmerksamkeit beitrug und die Schülerinnen und Schüler ausdauernd an den Beobachtungsaufträgen arbeiteten. Über 80% der beteiligten Schülerinnen und Schüler konnten ihre Beobachtungsfähigkeiten deutlich verbessern. Als Maß diente die Korrektheit der Beschreibungen bei den Kurzantwortfragen.

Zusammenfassung

Es gibt mittlerweile eine ganze Reihe von Möglichkeiten, Computer für die Leistungsdiagnostik im Bildungssystem zu nutzen. Das Internet und mobile Endgeräte eröffnen zudem ganz neue Einsatzbereiche computergestützter Diagnostik.

Von computergestützter Diagnostik verspricht man sich zunächst eine Reihe von Vorteilen. Die Testökonomie wird durch eine automatisierte Durchführung und Auswertung von Leistungstests deutlich gesteigert. Ebenso garantieren computergestützte Diagnoseverfahren ein hohes Maß an Durchführungs- und Auswertungsobjektivität. Fehler oder Veränderungen der Merkmale eines Tests bei der Überführung von einer papiergestützten Version in eine computergestützte Version (Modalitätseffekte) sind kaum nachweisbar bzw. treten nur vereinzelt auf. Auch aus testtheoretischer Sicht gibt es Vorteile. Beispielsweise ist adaptives Testen nur computergestützt möglich. Ebenso können ganz neue Testaufgabenformate zum Einsatz kommen, beispielsweise Items mit animierten Grafiken, Drag-and-Drop-Aufgaben, auditive Aufgabenelemente etc. Eine ganz neue Welt des formativen Diagnostizierens eröffnet sich durch die immer weiter verbreiteten mobilen Endgeräte.

Mit computergestützter Diagnostik sind natürlich auch eine Reihe von Nachteilen verbunden. Zunächst einmal müssen Schulen und Lehrkräfte auf die entsprechenden technischen Voraussetzungen zurückgreifen können. Zudem ist die Zahl der für den Unterricht nutzbaren Leistungstests sehr beschränkt. Für die formative Diagnostik können Lehrkräfte jetzt schon auf Lernplattformen wie Moodle zurückgreifen. Allerdings erfordert der Einsatz einen dauerhaften Internetzugriff und von den Lehrkräften eine gewisse Einarbeitung in die Handhabung der Lernplattform.

Die Einsatzmöglichkeiten computergestützter Leistungstests sind sehr vielfältig und sollen stichwortartig zusammengefasst werden:

- Vorwiegend formative Nutzung beispielsweise als Teile von Lernprogrammen oder innerhalb von Lernplattformen (z.B. im Rahmen von Onlinekursen oder Blended-Learning)
- Standardisierte Testverfahren, z.B. computergestützte Lese- und Rechtschreibtests
- Einsatz für die summative Leistungsdiagnostik: Prüfungen am PC an Hochschulen
- Großer Markt an Online-Tests unterschiedlichster Anbieter, allerdings mit heterogener Qualität
- Diagnose von konzeptuellem Wissen mit neuen Testitemformaten: mehrstufige, geschlossene Testitems, grafische Analyseverfahren (über Lernplattformen)

Im Bereich der computergestützten Diagnostik gibt es eine Reihe von interessanten und vielversprechenden Entwicklungen, die allerdings noch kaum schulpraktisch genutzt werden können. Von großer Bedeutung sind Programme zur automatisierten Analyse von Schülertexten. Diese sind allerdings noch auf ganz bestimmte Inhaltsgebiete beschränkt. Die Entwicklungen im Bereich der künstlichen Intelligenz schreiten jedoch sehr schnell voran, sodass in Zukunft auch aufwändige Korrekturen von halboffenen oder offenen Testitems maschinell erledigt werden können. Eine weitere, interessante Entwicklung sind integrierte Diagnosesysteme, die Lernziele vernetzt darstellen und zu einzelnen Lernzielelementen oder Wissenselementen formative Diagnosen anbieten. Damit können sowohl individuelle Lernverläufe bei einzelnen Schülerinnen und Schülern als auch Wissensstrukturen in Lerndomänen auf individueller Ebene und auf Klassenebene abgebildet werden. Aber auch hier gibt es für den deutschen Markt noch kein praktikables, breit nutzbares System.

10 Testdatenbasierte Schul- und Unterrichtsentwicklung

Relativ neu ist die Nutzung von schulischen Leistungstests für die Schul- und Unterrichtsentwicklung auf Organisationsebene und Systemebene. Unter den Stichworten „Bildungsmonitoring" und „testdatenbasierte Schulentwicklung" wurden in den letzten Jahren verschiedene diagnostische Verfahren entwickelt und auch im Hinblick auf ihre Nutzung und Veränderungswirkung untersucht. In diesem abschließenden Kapitel sollen folgende Teilaspekte einer testdatenbasierten Schul- und Unterrichtsentwicklung vorgestellt und diskutiert werden:

- Internationale Schulleistungsstudien wie PISA sind Ideengeber für alle weiteren Verfahren testdatenbasierter Schul- und Unterrichtsentwicklung. Sie sind durch ein spezifisches Testkonzept geprägt und liefern Evaluationsdaten auf Schulsystemebene.
- Eine direkte Folge der PISA-Studien war die Einführung von Bildungsstandards und die Entwicklung bzw. Erforschung von Kompetenzmodellen für einzelne Lerndomänen.
- Nationale Vergleichsstudien (z.B. IQB Ländervergleich) folgen der PISA-Testkonzeption und liefern ebenfalls Evaluationsdaten auf hohem Aggregationsniveau.
- Vergleichsarbeiten sollen die Idee der testdatenbasierten Schul- und Unterrichtsentwicklung flächendeckend in alle Schulen transportieren. Es werden Vor- und Nachteile erörtert, die aus der Orientierung am Testkonzept von Large-Scale-Assessments resultieren.
- Abschließend wird mit einem Modell aufgezeigt, wie die auf unterschiedlichen Schulsystemebenen angesiedelten Testverfahren aufeinander abgestimmt werden können, um ihrem Anspruch besser gerecht zu werden.

Anfang der 2000er Jahre wurden in Deutschland nationale Bildungsstandards eingeführt. Anstoß hierfür waren ernüchternde Leistungsergebnisse deutscher Schülerinnen und Schüler in internationalen Leistungsstudien. Neben anderen Reformmaßnahmen (z.B. Einführung von Ganztagsschulen oder Sprachförderprogramme für Schülerinnen und Schüler mit Migrationshintergrund) versprach man sich von der Einführung verpflichtender Standards eine Anhebung der Leistungsanforderungen in allen Bundesländern und damit einen positiven Effekt auf Lern- und Unterrichtsanstrengungen in den Schulen (Zeitler et al. 2010). Diese Idee wurde in der Expertise zur Einführung nationaler Bildungsstandards (Klieme et al. 2003) formuliert und anschließend in verschiedenen Beschlüssen der Kultusministerkonferenz in den Jahren 2003 und 2004 umgesetzt.

Parallel zur Einführung nationaler Bildungsstandards für die Primarstufe, den Hauptschulabschluss und den Mittleren Schulabschluss wurden in den Bundesländern bereits zentrale Leistungstests zur Überprüfung der Standards erprobt und anschließend flächendeckend eingeführt. Einige Bundesländer hatten hier eine Vorreiterrolle (z.B. Lernstand in NRW oder die Kompetenztests in Thüringen), während andere Bundesländer sich nach und nach diesen Entwicklungen anschlossen. Mittlerweile hat man sich mit VERA 3 und VERA 8 auf ein einheitliches Verfahren geeinigt. Das von der KMK gegründete Institut zur Qualitätsentwicklung im Bildungswesen (IQB) entwickelt für alle Bundesländer Vergleichsarbeiten zur Überprüfung der Bildungsstandards in den Jahrgangsstufen 3 und 8. Diese Tests werden dann in eigener Regie von den Länderinstituten an für ganz Deutschland festgesetzten Terminen durchgeführt. Die Auswertung und Berichterstattung erfolgt ebenfalls nach den jeweiligen Vorgaben der Bundesländer.

Vergleichsarbeiten und Bildungsstandards sind jedoch nur ein Element einer groß angelegten Reformanstrengung der deutschen Bildungspolitik. Nationale Bildungsstandards, zentrale Vergleichsarbeiten aber auch Large-Scale-Assessments wie z.B. PISA gehören zur Gesamtstrategie der KMK für das Bildungsmonitoring (KMK 2006). Hinter dieser Gesamtstrategie verbirgt sich eine einfache, jedoch prägnante Logik, die sich mit dem Begriff der testbasierten Schulreform (test-based school reform) zusammenfassen lässt (vgl. Baumert 2001; Maier 2009; Altrichter 2010). Es wird angenommen, dass sich die Leistungen von Schülerinnen und Schülern durch eine Steigerung der Ansprüche und durch kontinuierliches Testen der Lernergebnisse verbessern lassen. Damit können all diese testbasierten Reformelemente in eine internationale Bewegung eingeordnet werden. Vor allem in angloamerikanischen Ländern wird seit den 1980er Jahren massiv an einem Ausbau zentraler Standards und Tests zur Optimierung des Schulsystems gearbeitet. Auch wenn sich die Bedingungen in den Ländern unterscheiden, kann man dennoch eine gemeinsame Grundphilosophie erkennen: Optimierung durch hohe Standards und kontinuierliches Prüfen dieser Standards.

Wie soll das funktionieren? In der Expertise zur Entwicklung nationaler Bildungsstandards (Klieme et al. 2003) sowie in anderen KMK-Papieren bzw. fachdidaktischen Publikation wird die Theorie einer testdatenbasierten Schul- und Unterrichtsentwicklung skizziert (z.B. Blum et al 2006; Klieme 2007; Bürgermeister et al. 2011). Zunächst einmal erhöhen nationale Bildungsstandards die Transparenz von Leistungszielen. Es wird klar formuliert, was Schülerinnen und Schüler nach einem Bildungsabschnitt unbedingt können sollten. Zweitens wird das Erreichen dieser Ziele gemessen, d.h. alle an Schule beteiligten Personengruppen erhalten eine jeweils spezifische Rückmeldung darüber, wie nahe man den hoch gesteckten Zielen gekommen ist bzw. wo es noch etwas zu tun gibt. Sowohl Transparenz der Ziele als auch Transparenz der Lernerfolge bzw. Misserfolge sollen dazu führen, dass sich alle Beteiligten angesprochen und angespornt fühlen. Wenn Erfolge erzielt wurden, sollen diese verstärkt werden. Wenn Defizite in bestimmten Bereichen festgestellt wurden, sollen alle Akteure gleichermaßen überlegen, wie man in Zukunft besser reagieren könnte.

Diese Logik testbasierter Schulreformen lässt sich auf alle Ebenen des Bildungssystems herunterbrechen (vgl. Tabelle 4):

- Supranationale Organisationen (EU, OECD, IEA) veranstalten Schulleistungsstudien mit dem Ziel eines internationalen Bildungsmonitorings. Ziel ist die Berechnung von Indikatoren für die Leistungsfähigkeit des Bildungswesens als Faktor für die Erklärung wirtschaftlicher Prosperität. Gleichzeitig sollen die Daten in den Ländern zu gezielten Reformanstrengungen führen.

- Nationale Organisationen (KMK, IQB) führen landesinterne Schulleistungsstudien mit dem Ziel eines nationalen Bildungsmonitorings durch. Die Ländervergleiche stehen dabei im Geiste des kompetitiven Föderalismus (PISA-E, IQB-Ländervergleiche), der den Ländern aber auch genug Freiräume eröffnet, um eigene Schwerpunkte in der datenbasierten Qualitätssicherung zu setzen. Test- und Rückmeldesysteme auf Ebene des Schulsystems (d.h. der Länder) sind die indikatorengestützte Bildungsberichterstattung, nationale und internationale Vergleichsstudien (z.B. IQB-Ländervergleich) sowie die Länderberichte zu Vergleichsarbeiten.

- Die Landesinstitute führen in Zusammenarbeit mit dem IQB Studien auf Länderebene (LAU, QUASUM, MARLKUS) und Vergleichsarbeiten (VERA 3 und VERA 8) mit dem Ziel eines länderinternen Bildungsmonitorings sowie einer datenbasierten Schul- und Unterrichtsentwicklung durch. Im Vergleich zu PISA oder den IQB-Ländervergleichen handelt es sich dabei um flächendeckende Erhebungen mit ausführlichen Rückmeldeinformationen für Lehrkräfte, Schülerinnen bzw. Schüler, Eltern, Schulleitung und Bildungspolitik. Auf Schul- und Unterrichtsebene ist die datenbasierte Weiterentwicklung von Unterricht damit das Ziel der KMK-Gesamtstrategie zum Bildungsmonitoring. Vor allem die länderspezifischen Vergleichsarbeiten sollen zur gezielten Förderung von Schülerinnen und Schülern genutzt werden. Damit sich Förder- und Entwicklungsmaßnahmen anschließen können, werden VERA 3 und VERA 8 auch zu einem intermediären Testzeitpunkt, im Schuljahr und ein Jahr vor Abschluss des Bildungsabschnitts, durchgeführt. Innerhalb der Schulen sollen die zahlreichen Evaluationsergebnisse genutzt werden, um Lehr- und Lernprozesse kontinuierlich zu verbessern. Dabei spielen Schulleitung, Fachkonferenzen und Lehrkräfte eine zentrale Rolle.

Tab. 4: Unterschiede zwischen Schulleistungsstudien (einen gutem Überblick gibt die Tabelle auf der IQB-Homepage https://www.iqb.hu-berlin.de/vera)

	Internationale Schulleistungsstudien (PISA, PIRLS/IGLU, TIMSS)	Nationale Schulleistungsstudien (KMK-Ländervergleiche)	Vergleichsarbeiten/ Lernstandserhebungen (VERA-3 und VERA-8)
Design	Stichprobenerhebung	Stichprobenerhebung	Vollerhebung: alle Schülerinnen und Schüler einer Jahrgangsstufe
Häufigkeit	alle 3-5 Jahre	alle 5 (Grundschule) bzw. 6 (Sekundarstufe) Jahre	jährlich
Hauptziel	Systemmonitoring	Systemmonitoring	Unterrichts-/ Schulentwicklung
Evaluationsebene	Staaten	Länder der Bundesrepublik Deutschland	Schulen, Lerngruppen bzw. Klassen
Durchführung	externe Testleiterinnen und Testleiter	externe Testleiterinnen und Testleiter	in der Regel Lehrkräfte
Auswertung	zentral	zentral	Lehrkräfte dezentral sowie Landesinstitute
Ergebnisrückmeldung	nach ca. 3 Jahren	nach ca. 1 Jahr	Sofortrückmeldungen im Anschluss an die Dateneingabe; differenzierte Rückmeldungen mit multiplen Vergleichswerten nach wenigen Wochen

Die Logik testdatenbasierter Schul- und Unterrichtsentwicklung stößt bei der Umsetzung in einem sehr komplexen sozialen System allerdings schnell an Grenzen. Es müssen zahlreiche Fragen gestellt und beantwortet werden: Können diagnostische Verfahren auf unterschiedlichen Ebenen die Akteure überhaupt zur Innovation anspornen? Welche Voraussetzungen müssen jeweils gegeben sein, dass es zu einer datenbasierten Schulentwicklung kommt? Was müssen Lehrkräfte wissen und können? Wie müssen die Tests und die Rückmeldedaten aufgebaut sein? Welche Unterstützungsleistungen müssen vorhanden sein? Die zu Beginn des Studienbuchs skizzierten grundlegenden Kategorien zur Analyse pädagogisch-diagnostischen

Handelns können zur Beurteilung datenbasierter Schul- und Unterrichtsentwicklung herangezogen werden:

- Welche Funktionen erfüllen internationale Schulleistungsstudien, nationale Vergleichsstudien und schulweite Vergleichsarbeiten?
- Welches Wissen wird im Rahmen einer testdatenbasierten Schul- und Unterrichtsentwicklung getestet?
- Mit welchen Verfahren wird dieses Wissen erfasst?
- Wie gelingt den Akteuren eine Interpretation und Bewertung der diagnostischen Informationen aus den Leistungstests?
- Wie sind Rückmeldeinformationen (z.B. Schulberichte für Vergleichsarbeiten) zu gestalten?
- Was weiß man über die Praktikabilität und Effizienz zentraler Tests? Lohnt der Aufwand?

Um den diagnostischen Mehrwert testdatenbasierter Schul- und Unterrichtsentwicklung einschätzen zu können, ist zunächst eine Analyse internationaler Schulleistungsstudien wichtig. Diese sind Takt- und Ideengeber für weitere Testsysteme auf nationaler Ebene (VERA, IQB-Ländervergleiche). Abschließend soll überlegt werden, wie eine testdatenbasierte Schul- und Unterrichtsentwicklung zu gestalten wäre, dass tatsächlich auch Verbesserungen auf der Ebene der Lehr-Lernprozesse resultieren.

10.1 Internationale Schulleistungsstudien

Internationaler Schulleistungsstudienbeziehen sich auf einen ganz bestimmten Zeitpunkt innerhalb der Lernbiografie. Bei PISA sind dies der Abschluss der Pflichtschulzeit bzw. der Sekundarstufe I und der Übergang in eine berufliche Ausbildung oder die Sekundarstufe II. Damit lassen sich die Befunde im Hinblick auf Lernbiografien von Schülerinnen und Schülern in den einzelnen Ländern sinnvoll einordnen.

Funktionen

Welche Hierarchieebenen in der Mehrebenenstruktur des Schulsystems sind in das diagnostische Handeln involviert? PISA ist zunächst einmal eine international vergleichende Studie. Da in Deutschland Bildung Ländersache ist, wurden sofort Zusatzstudien (PISA-E) durchgeführt, um die PISA-Befunde auf Länderebene diskutieren zu können.

Geht es um interindividuelle Unterschiede (differenzielle Diagnostik) oder um intraindividuelle Unterschiede (Lernverlaufs- oder Entwicklungsdiagnostik)? Bei PISA geht es ganz eindeutig um interindividuelle Unterschiede. Es wird abgeschätzt, inwiefern sich Schülerpopulationen zwischen Ländern unterscheiden. Eine

Diagnostik von Lern- und Entwicklungsverläufen kann PISA nicht leisten. Die quasi-längsschnittliche Interpretation von verschiedenen PISA-Erhebungen im Lauf der Jahre darf darüber nicht hinwegtäuschen.

Wie ist das Verhältnis zwischen Diagnostik und pädagogischem Handeln der jeweiligen Akteure (summativ vs. formativ)? PISA spricht Akteure auf Ebene der Kultusverwaltung an. Für Bildungspolitiker hat PISA zunächst einmal eine summative Funktion. Bisherige Anstrengungen zur Reform von Schule und Unterricht können aufgrund von PISA-Daten beurteilt werden. Damit erfüllt die Diagnostik im öffentlichen Raum die Funktion der externen Rechenschaftslegung. PISA-Daten können und sollen auch zur Weiterentwicklung des Schulsystems genutzt werden (formative Funktion). Dass die alles überlagernde summative Funktion dies oft konterkariert, zeigen differenzierte Analysen ministerieller Arbeitspapiere im Anschluss an PISA-Veröffentlichungen (z.B. Dedering et al. 2003; Dedering 2008). Eine instrumentelle Nutzung der PISA-Befunde wird in der Regel von parteipolitischen Überlegungen überlagert (strategische Nutzung von Rückmeldedaten).

Wie sind die Rollen im diagnostischen Prozess verteilt (Fremd- vs. Selbstbeurteilung)? PISA ist eine komplett fremdgesteuerte Diagnostik. Die Akteure im Bildungssystem (Schulen, Ministerien) haben keine Mitsprachemöglichkeit bei der Auswahl von Testaufgaben oder anderen konzeptionellen Fragen (Testzeitpunkt, Auswertung etc.). PISA ist ein von internationalen Experten gesteuertes Unternehmen, das sich zwar wissenschaftlich höchsten Qualitätsstandards verpflichtet fühlt, den Abnehmern der Diagnostik (Kultusverwaltungen) aber praktisch keine Mitsprachemöglichkeit eröffnet.

In welchem Zeithorizont wird diagnostiziert und agiert? Die Diagnosezyklen bei PISA sind auf drei Jahre ausgelegt. Dies ist bei den hier skizzierten Funktionalitäten mit Sicherheit ein adäquater Zeitraum zur Wiederholung der Messungen.

Was wird diagnostiziert?

In den PISA-Studien werden grundlegende Kompetenzen, die für das lebenslange Lernen und für die berufliche Bildung unabdingbar sind, gemessen: Lesen, mathematische und naturwissenschaftliche Grundkompetenzen. Es soll geprüft werden, ob die Schülerinnen und Schüler in den an PISA beteiligten Ländern mit den basalen Sprachen (literacies) moderner Gesellschaften umgehen können, diese entziffern können. Die Kritik an dem, was bei PISA gemessen und nicht gemessen wird, ist natürlich immens. Viele für lebenslanges Lernen wichtige Grundkompetenzen werden ausgeklammert, weil dies sonst nicht mehr in ein enges Zeitkorsett passen würde (Lernstrategien, Schreibkompetenz etc.). PISA prüft auch keine schulischen Lerninhalte im engeren Sinne. Der Test ist und will auch nicht curricular valide sein, weil dies für eine internationale Messung nur schwer zu realisieren wäre. Damit entsteht ein weiteres Einfalltor für Kritik. Im naturwissenschaftlichen Unterricht steht beispielsweise der Erwerb zentraler Konzepte im Mittelpunkt. Schülerinnen und Schüler lernen Definitionen, Formeln und Anwendungen dieser Konzepte. Bei PISA spielt dieses deklarative und prozedurale Wissen aber keine Rolle mehr bzw. die Aufgaben werden so formuliert, dass man auch ohne domänenspezifisches Konzeptwissen eine Lösung finden kann.

Wie wird das Wissen erfasst?

Die Testtheorie und ihre methodische Umsetzung ist das Herzstück der PISA-Studien. Neben der Größe der Studie ist die Nutzung und Weiterentwicklung der probabilistischen Testtheorie ein Markenkern von PISA. Mit Hilfe raschskalierter Testitems ist es überhaupt erst möglich, eine sehr große Bandbreite an Schülerleistungen innerhalb eines Landes zu erfassen und anschließend Ländermittelwerte auf einer Vergleichsskala abzubilden (Hartig/Jude 2007; Köller et al. 2012). In der Zielpopulation (hier 15-Jährige in den an PISA beteiligten Ländern) wird der Mittelwert einer Leistungsskala üblicherweise auf 500 und die Standardabweichung auf 100 festgelegt. Eine Normalverteilung der Testwerte in der Zielpopulation wird angenommen. Die IRT-Skalierung führt somit zunächst einmal zu einer sozialen Bezugsnorm.

Darüber hinaus möchte man mit der IRT-Skalierung aber auch eine kriteriale Bezugsnorm berichten. Die Testitems werden deshalb so konstruiert bzw. ausgewählt, dass sie sich zusammen mit den Personenparametern auf einer Skala abbilden lassen. Für jedes Item muss eine bestimmte Itemkurve gelten. Zudem wird definiert, mit welcher Wahrscheinlichkeit eine Person mit der Fähigkeit X ein Item mit der Schwierigkeit X lösen kann: 0,50 oder 0,625. Die Verortung von Items und Personenfähigkeit auf einer gemeinsamen Skala kann zur Einteilung der Skala in Kompetenzstufen herangezogen werden. Hierfür müssen Items innerhalb eines Schwierigkeitsbereichs im Hinblick auf ihre kognitiven Anforderungen analysiert und gruppiert werden. Ziel ist, durch quantitativ beschreibbare Grenzen (sog. cut scores) qualitativ bzw. theoretisch voneinander abgrenzbare Niveaustufen zu generieren. Diese Niveaustufen können dann mit Beispielaufgaben illustriert werden. Eine empirische Überprüfung der Validität von Kompetenzstufen für die Individualdiagnostik steht allerdings noch aus (Köller et al. 2012).

Eindimensionale IRT-Modelle gehen zudem davon aus, dass das Antwortverhalten mit einem latenten Merkmal erklärt werden kann. D.h. Kompetenzunterschiede zwischen Personen können auf einer Dimension (Skala) dargestellt werden. Dies ist bei sämtlichen internationalen Schulleistungsstudien der Fall: TIMSS, PISA, PIRLS. Diese Modelle sind einfach handhabbar, reduzieren jedoch komplexe Fähigkeiten auf eine einzelne Dimension. Dies entspricht selten der Komplexität kognitiver Prozesse und Fähigkeiten (vgl. Kapitel 2).

Ein weiterer Nachteil des eindimensionalen Rasch-Modells ist, dass man innerhalb eines Kompetenzbereichs nur Testitems zulassen darf, die aufgrund ihrer Itemcharakteristik in das Modell passen. Dies führt dazu, dass viele Testaufgaben, vor allem fachdidaktisch interessante Items, aussortiert werden müssen. Dieses Verfahren führt letztendlich zu uniformen Testitems innerhalb eines Kompetenzbereichs. Die curriculare Validität der Testaufgaben und der fachdidaktische Innovationsimpuls sinken damit deutlich. PISA-Aufgaben werden auch inhaltsleerer, weil das Abfragen von konkreten Konzepten oder Faktenwissen sofort zu einer Verzerrung der Item-charakteristik führen würde. Somit entsteht schnell der Eindruck, dass bei PISA mehr oder weniger nur eine Art kognitive Grundfertigkeit, ähnlich der Intelligenz, abgeprüft wird und nicht das in der Schule erworbene domänenspezifische Fach-wissen.

Interpretation und Feedback
Wie sieht es mit der Interpretation und Bewertung der diagnostischen Informatio-nen bei PISA aus? Auch hier spielt die Rasch-Skalierung wiederum eine sehr wich-tige Rolle. Dieses Verfahren ermöglicht eine kriteriale Einordnung von mittleren Fähigkeitswerten, welche den Ländermittelwerten entsprechen. Unterteilt man die Fähigkeitsskala entlang von inhaltlichen Erwägungen a posteriori in einzelne Stu-fen, erhält man die in den PISA-Berichten dargestellten Kompetenzstufenmodelle. Damit ist es möglich, die Mittelwerte von einzelnen Schülergruppen inhaltlich zu interpretieren.
Welche Rückmeldungen erhalten die Akteure? Die PISA-Berichte werden in einer zeremoniell anmutenden Weise über Pressekonferenzen, die Publikation im Inter-net und Tagungen sehr breit gestreut. Bestimmt sind die PISA-Rückmeldungen allerdings für die Bildungspolitik, die daraus Schlüsse ziehen soll. PISA-Rückmel-dungen sind äußerst ausdifferenziert. In der Presse werden zwar oft nur die wich-tigsten Befunde rezipiert, wie Veränderungen im Länderranking, soziale Selektivität oder Leistungen von Schülerinnen und Schülern mit Migrationshintergrund. Es sind aber unzählige Detailergebnisse verfügbar, wie Untergruppenvergleiche, Zeit-reihenvergleiche mit vorangehenden PISA-Erhebungen, Regressionsanalysen zur Erklärung von Leistungsunterschieden oder Teilstudien zu schulischen und unter-richtlichen Kontextfaktoren. Die PISA-Rezeption in der Öffentlichkeit lebt aller-dings weitgehend von schlechten Nachrichten.
Bei der Veröffentlichung der PISA 2012 Befunde wurden Erfolgsmeldungen wesent-lich stärker betont als kritische Tendenzen. Die Mittelwerte der deutschen Schüle-rinnen und Schüler liegen Mittlerweile alle über dem OECD-Mittelwert. Allerdings kann PISA nicht eindeutig klären, auf welche Entwicklungen oder Innovationen diese Erfolge zurückzuführen sind. Viele Faktoren sind denkbar. Dabei ist auch nicht auszuschließen, dass an deutschen Schulen, vor allem den Gymnasien, eine Art „teaching to the test" stattfindet. Langsam ist bekannt, wie PISA-Testaufgaben aussehen und wie man Schülerinnen und Schüler gezielt darauf vorbereiten kann.
Was weiß man über die Praktikabilität und Effizienz internationaler Schullei-stungsstudien? PISA ist zunächst einmal ein großes Subventionsprogramm für die

empirische Bildungsforschung in Deutschland und auch in anderen Ländern, Die Teilnahme an internationalen Leistungsstudien wurde von der KMK in den Konstanzer Beschlüssen auf Dauer gestellt. Große Forschungsinstitute leben von der Durchführung dieser Studien. Damit kommt es stellenweise zu einem Interessenkonflikt. Studien zur Effizienz internationaler Schulleistungsstudien liegen noch nicht vor. Hierzu müsste man den Netto-Lerneffekt, der auf die Durchführung der Studie zurückzuführen ist, mit den verursachten Kosten in Relation setzen.

10.2 Bildungsstandards, Kompetenzmodelle und Fragen einer standardbasierten Diagnostik

PISA hat die Hoffnung genährt, für weitere Lerndomänen Kompetenzmodelle und Diagnoseverfahren entwickeln zu können (Klieme 2004). Die Problematik beginnt allerdings bereits beim Begriff „Kompetenz" selbst. Im Grunde genommen sind Kompetenzen nichts anderes als komplexe Verflechtungen verschiedener Wissenskomponenten (deklaratives und prozedurales Wissen auf unterschiedlichem Abstraktionsniveau), die in bestimmten Handlungs- bzw. Leistungssituationen zum Einsatz kommen können (Kontext der Wissensanwendung, Transfer). In den Fachdidaktiken konnte man domänenspezifisches Wissen sowie den Erwerb von Wissen in der Regel auch ohne den Kompetenzbegriff differenziert beschreiben und darauf hin Diagnoseverfahren entwickeln. Was ist der Mehrwert des Kompetenzbegriffs für die Leistungsdiagnostik? In den meisten Fachdidaktiken wird darüber kontrovers debattiert, beispielsweise die Diskussionen über Kompetenzmodellierung und Kompetenzdiagnostik in der Politikdidaktik (Schattschneider 2007), in der Deutschdidaktik (Ossner 2006) oder in den Naturwissenschaftsdidaktiken (Schecker/Parchmann 2006; Aufschnaiter/Rogge 2010).

In den nachfolgenden Abschnitten wird zunächst einmal auf die generelle Problematik des vorherrschenden Kompetenzbegriffs und der damit verbundenen Schwierigkeiten eingegangen. Anschließend werden Versuche einer Kompetenzmodellierungen aus dem fremdsprachlichen Lernbereich und der Mathematik vorgestellt.

Problematik der Kompetenzmodellierung

Zur Begründung von Kompetenzmodellierungen berufen sich Wissenschaftlerinnen und Wissenschaftler sehr häufig auf die Definition von Weinert. Dieser versteht Kompetenzen als

> „die bei Individuen verfügbaren oder durch sie erlernbaren kognitiven Fähigkeiten und Fertigkeiten, um bestimmte Probleme zu lösen, sowie die damit verbundenen motivationalen, volitionalen und sozialen Bereitschaften und Fähigkeiten, um die Problemlösungen in variablen Situationen erfolgreich und verantwortungsvoll nutzen zu können." (Weinert 2001, 27f)

Gegen diese Definition kann eigentlich niemand etwas einwenden. Wer wünscht sich nicht Schülerinnen und Schüler, die in ihrem jetzigen und zukünftigen Leben in der Lage und motiviert sind, alle möglichen Problemstellungen in ihrem Alltags- und Berufsleben mit dem in der Schule erworbenen Wissen (hier Fähigkeiten und Fertigkeiten) zu lösen?

Schwierig wird es erst, auf Basis dieser Definition Kompetenzen in konkreten Lerndomänen zu modellieren. Dies sollen Kompetenzmodelle leisten. Die Aufgabe von Kompetenzmodellen ist nach Klieme et al. (2003) sowohl die Vermittlung zwischen abstrakten Bildungszielen und konkreten Aufgabensammlungen als auch eine Orientierungshilfe für einen Unterricht, der sich an den Lernprozessen der Schülerinnen und Schüler und nicht nur an fachlicher Systematik orientiert. Auch dies ist eine Vorstellung, die allen Bildungsplanern entgegenkommt. Wer würde nicht gerne von allgemeinen Bildungszielen konkrete Inhalte, Fertigkeiten und am Ende konkrete Lern- und Testaufgaben deduzieren?

Um von Kompetenzmodellen zu Testaufgaben zu gelangen, sind jedoch weitere Einschränkungen nötig. Hartig und Klieme (2006) klammern mittlerweile die motivationalen und affektiven Voraussetzungen für das Handeln aus und beschränken sich in der Beschreibung von Kompetenz auf die kognitive Dimension. Ebenso wird die Abhängigkeit der Kompetenzen vom Kontext bzw. der Lerndomäne betont. Damit können Hartig und Klieme den Kompetenzbegriff von Intelligenz oder Schlüsselqualifikationen abgrenzen. Kompetenzen sind damit nach Hartig und Klieme (2006; Klieme/Leutner 2006) kontextspezifische, kognitive Leistungsdispositionen. Dieser Kompetenzbegriff liegt dem DFG-Schwerpunktprogramm zur Kompetenzerfassung zu Grunde: Kompetenzen als erlernbar, kognitive, kontextspezifische Leistungsdispositionen, die sich funktional auf bestimmte Situationen beziehen (z.B. Jude et al. 2008).

Problematisch wird es, wenn man diese allgemeinen Vorstellungen über Kompetenz und Kompetenzmodellierung fachdidaktisch konkretisieren und anschließend empirisch überprüfen möchte. Wichtig sind dabei die Unterscheidungen zwischen Kompetenzstrukturmodellen und Kompetenzentwicklungsmodellen sowie zwischen normativen und deskriptiven Kompetenzmodellen (Schecker/Parchmann 2006):

• Ein normatives Kompetenzstrukturmodell beschreibt zueinander in Beziehung stehende Dimensionen oder Facetten einer übergreifenden Kompetenz über die Schülerinnen und Schüler am Ende eines bestimmten Bildungsabschnitts verfügen sollten, um bestimmte Aufgaben lösen zu können. Die nationalen Bildungsstandards sind normative Kompetenzmodelle.

• Ein deskriptives Kompetenzstrukturmodell basiert auf empirischen Daten und beschreibt Dimensionen oder Facetten einer typischen Kompetenzausprägung mit der ein bestimmtes Set an Aufgaben lösbar ist. An deskriptiven Kompetenzstrukturmodellen wird gerade in einigen Fachdidaktiken gearbeitet. Dabei werden in der Regel bestimmte Items erst nach der empirischen Überprüfung in Dimensionen untergliedert. So ist man beispielsweise auch bei den Lesekompetenzstufen für die PISA-Tests vorgegangen.

- Normativ-präskriptive Kompetenzentwicklungsmodelle beschreiben, in welchen Stufen man sich den Aufbau einer Kompetenz wünscht. Dabei geht man in der Regel von curricularen Vorgaben aus und begründet z.B. die zeitliche Anordnung von Lerninhalten nach fachwissenschaftlichen Gesichtspunkten.

- Analytisch-deskriptive Kompetenzentwicklungsmodelle beschreiben typische Muster einer tatsächlich beobachtbaren Entwicklung von Kompetenzen bei Schülerinnen und Schülern.

Lediglich in bestimmten Lerndomänen (z.B. fremdsprachliche Kompetenz, Lesekompetenz etc.) liegen bereits elaborierte, theoretisch fundierte und empirisch geprüfte Kompetenzstrukturmodelle vor, auf die sich Praktiker beim Einsatz diagnostischer Verfahren beziehen können. Kompetenzentwicklungsmodelle sind dagegen domänenspezifische Vorstellungen von Lern- und Entwicklungsprozessen. Hier wird beispielsweise nicht gefragt, aus welchen Facetten fremdsprachliche Kommunikationskompetenz besteht, sondern auf welchen Wegen oder auch Umwegen Lernende diese Kompetenz erwerben können. Kompetenzentwicklungsmodelle lassen sich damit auf basale Lerntheorien zurückführen (instrumentelles Lernen, Lernen am Modell, kognitive Umstrukturierung) bzw. integrieren entwicklungspsychologische Erkenntnisse (z.B. Stufen der kognitiven Entwicklung nach Piaget). Von Aufschnaiter und Rogge (2010) kritisieren, dass man den vorherrschenden, statischen Kompetenzbegriff zwar gut für Vergleichsstudien nutzen kann, er jedoch wenig Hinweise zu Lernverläufen bzw. zur Gestaltung von Lehr-Lernprozessen gibt. Diese müssen nicht den Kompetenzstufen folgen. Dies gilt auch für die Forschung zu Kompetenzentwicklungsmodellen, die sich auf die Untersuchung von Veränderungen in relativ großen Zeiträumen konzentriert (Schecker/Parchmann 2006). Eine Ableitung von didaktischen Konsequenzen ist damit schwierig. Damit stellt sich für von Aufschnaiter und Rogge (2010) auch die Frage, ob das Versprechen, mit Bildungsstandards und Kompetenzmodellen den Unterricht kriteriengeleitet verbessern zu können, überhaupt eingelöst werden kann.

Standardbasierte Diagnostik im Fremdsprachenlernen

Die Expertise zur Entwicklung nationaler Bildungsstandards (Klieme et al. 2003) hebt den Gemeinsame europäische Referenzrahmen für das Sprachenlernen (GER) als ein Musterbeispiel für die Kompetenzmodellierung hervor. Aus diesem Grund lohnt es sich, den GER näher zu beleuchten und seine Bedeutung für eine standardbasierte Diagnostik im Bereich des Fremdsprachenlernens einzuordnen. Die in diesem Abschnitt folgenden Zitate sind der Homepage des Gemeinsamen Europäischen Referenzrahmen für Sprachen entnommen und wurden am 7.6.2012 unter http://www.goethe.de/Z/50/commeuro/i2.htm abgerufen.

Der GER definiert Kompetenz zunächst sehr allgemein wie folgt: „Kompetenzen sind die Summe des (deklarativen) Wissens, der (prozeduralen) Fertigkeiten und der persönlichkeitsbezogenen Kompetenzen und allgemeinen kognitiven Fähigkeiten, die es einem Menschen erlauben, Handlungen auszuführen." Interessant an dieser Definition ist, dass analog zu Weinert die Ausführung von Handlungen das Ziel von Kompetenz ist. Ebenfalls wird angenommen, dass sowohl kognitive als auch persönlichkeitsbezogene Aspekte zusammenkommen müssen. Anders als bei Weinert wird an kognitionspsychologische Termini angeknüpft. Kompetenz wird als die Summe des deklarativen Wissens und der prozeduralen Fertigkeiten in einer Domäne verstanden. Damit liegt dem GER explizit ein wissenspsychologisches Modell zu Grunde (vgl. Kapitel 2).

In einem weiteren Schritt werden verschiedene Teilfacetten der fremdsprachlichen Kompetenz unterschieden. Im Fokus des GER ist die kommunikative Sprachkompetenz, die sich wiederum aus allgemeinen Kompetenzen und den spezifisch sprachbezogenen Kompetenzen zusammensetzt:

Allgemeinen Kompetenzen sind:

- Weltwissen (Gesprächspartner müssen über ein gemeinsam geteiltes Weltwissen verfügen)
- Fertigkeiten und prozedurales Wissen (soziale Konventionen, berufliche Fertigkeiten etc.)
- Persönlichkeitsbezogene Kompetenzen (Einstellungen gegenüber Gesprächspartnern, Selbstbild etc.)
- Lernfähigkeit (z.B. sich auf Neues einlassen)

Spezifische kommunikative Sprachkompetenzen sind ebenfalls ein Zusammenspiel aus deklarativem und prozeduralem Wissen und lassen sich in mehrere Teilfacetten aufgliedern:

- Linguistische Kompetenzen: lexikalische (Wortschatz, Redewendungen etc.), phonologische, orthografische und syntaktische Kenntnisse und Fertigkeiten
- Soziolinguistische Kompetenzen: In welchen Situationen wähle ich welche Redewendungen; Wissen über Höflichkeitsregeln; Wissen über kulturelle Differenzen
- Pragmatische Kompetenzen: Welche Funktion hat Sprache in welcher Situation? Wie verhalte ich mich in einem Gespräch? Welche Funktion und Struktur haben bestimmte Textsorten?

Bis hierher werden verschiedene Facetten des sprachlichen Wissens, im Sinne von deklarativem und prozeduralem Sprachwissen, beschrieben. Ein Kompetenzmodell ist jedoch nur komplett, wenn es auch konkrete Anwendungssituationen definiert, in denen dieses Wissen bzw. dieses Können gezeigt werden kann. Man spricht hier von Sprachverwendung. In weiteren Schritten definiert der GER für Sprachen deshalb sprachliche Aktivitäten und den Kontext, in dem diese Aktivitäten stattfinden können: Öffentlicher Bereich, privater Bereich, beruflicher Bereich und Bildungswesen. Im Modell werden zudem drei Typen von mündlicher oder schriftlicher Sprachaktivität (Modalitäten) unterschieden: Rezeption (Hören, Lesen), Produktion (Schreiben, Sprechen), Interaktion und Sprachmittlung (insbesondere Dolmetschen und Übersetzung).

Eine weitere Frage, die man sich bei der Erstellung des GER gestellt hatte, war die nach der vertikalen Einteilung von Sprachkompetenz in Niveaustufen. Bisher wurde eine Art horizontale Einteilung in einzelne Teilfacetten der Sprachkompetenz geliefert. Wie aber lässt sich die Sprachkompetenz einzelner Personen einer bestimmten Fähigkeitsstufe zuordnen? Im PISA-Lesekompetenzmodell wird diese Frage beispielsweise positivistisch beantwortet. Man gibt einfach vor, dass es für die Lesekompetenz ein eindimensionales Fähigkeitskontinuum gibt, auf dem man sowohl Leseaufgaben als auch die Fähigkeit von Personen platzieren kann. Die Autoren des GER sind dagegen viel vorsichtiger. Eine Beschreibung von Niveaustufen müsste zumindest multidimensional erfolgen, d.h. in den einzelnen Kompetenzbereichen könnten Personen durchaus unterschiedliche Niveaustufen erreichen. Dies würde aber zu einem äußerst komplexen und wohl kaum praktikablen Niveaustufenmodell führen: „Die grafische Darstellung der Multidimensionalität sprachlichen Handelns wäre theoretisch zwar reizvoll, praktisch aber wohl nicht möglich." Trotz dieser Komplexität wird versucht, eine vertikale Dimension in das Kompetenzmodell einzuziehen. Damit muss man gezwungenermaßen mit Vereinfachungen leben. Der Vorteil von Niveaustufen der Sprachkompetenz für den fremdsprachlichen Unterricht und vor allem für die Einschätzung der Sprachkompetenz von Lernenden ist jedoch so groß, dass man diese Ungenauigkeiten in Kauf nimmt. Niveaustufen erlauben vor allem eine formative und summative Evaluation von sprachlichen Lernprozessen. Abschlusszertifikate von Sprachkursen werden mittlerweile standardmäßig den Niveaustufen des GER zugeordnet. Aber auch die Einordnung von Lernvoraussetzungen für Sprachkurse oder die Beurteilung des Lernfortschritts während eines Sprachkurses können sich an den Niveaustufen orientieren. Gemeinsame Referenzniveaus sind:

- Elementare Sprachverwendung (A1, A2)
- Selbstständige Sprachverwendung (B1, B2)
- Kompetente Sprachverwendung (C1, C2)

Wählt man eine Kompetenzfacette sowie eine Sprachverwendungsmodalität, so lassen sich Deskriptoren für die einzelnen Niveaustufen formulieren. Ein Beispiel für den Deskriptor der Stufe A1 wäre:

> „Kann vertraute, alltägliche Ausdrücke und ganz einfache Sätze verstehen und verwenden, die auf die Befriedigung konkreter Bedürfnisse zielen. Kann sich und andere vorstellen und anderen Leuten Fragen zu ihrer Person stellen – z.B. wo sie wohnen, was für Leute sie kennen oder was für Dinge sie haben – und kann auf Fragen dieser Art Antwort geben. Kann sich auf einfache Art verständigen, wenn die Gesprächspartnerinnen oder Gesprächspartner langsam und deutlich sprechen und bereit sind zu helfen."

Es wird deutlich, dass die verschiedenen Teilfacetten der kommunikativen Sprachkompetenz in die Beschreibung der Niveaustufe mit einfließen (Wortschatz, soziale Kompetenzen etc.). Man wird mit Sicherheit Lernende finden, die sich dieser Niveaustufe zuordnen lassen bzw. auf deren Sprachkompetenz diese Niveaustufe am besten passt. Allerdings ist ein allgemeiner Deskriptor für das Niveau A1 noch zu wenig konkret, um spezifische Lernmaterialien für Sprachkurse oder diagnostische Materialien zu entwerfen. Aus diesem Grund werden für die verschiedenen Sprachaktivitäten (Hören, Lesen etc.) weitere Deskriptoren formuliert. Hier ein Beispiel für den Deskriptor zur Selbsteinschätzung der Sprachkompetenz im Bereich Hören:

> „Ich kann vertraute Wörter und ganz einfache Sätze verstehen, die sich auf mich selbst, meine Familie oder auf konkrete Dinge um mich herum beziehen, vorausgesetzt es wird langsam und deutlich gesprochen."

Der GER liefert somit auch für die formative Diagnostik sehr gut begründete Kompetenzraster, um Schülerleistungen im Englisch- oder Französischunterricht kriterial einschätzen zu können. Die Deskriptoren sind dabei als „I can"-Standards formuliert, sodass sie prinzipiell bei älteren Schülerinnen und Schülern auch für die Selbstbeurteilung herangezogen werden können.

Leucht et al. (2012) gingen dann auch der Frage nach, inwiefern Englischlehrkräfte in der Lage sind, mit dem GER die Englischleistungen ihrer Schülerinnen und Schüler am Ende der Sekundarstufe zu beurteilen. Der GER ist als externer und kriterialer Bewertungsmaßstab doppelt neu für Lehrkräfte. Die Autoren nutzten für ihre Studie die Globalskala des GER (elementare, selbständige, kompetente Sprachverwendung: rezeptiv, interaktiv und produktiv) und befragten die Lehrkräfte nach der Nutzung dieser Globalskala sowie nach der Einschätzung der Leistungen ihrer Schülerinnen und Schüler auf der Globalskala. Unabhängig davon bearbeiteten die an der Studie beteiligten Personen einen auf den GER bezogenen Leistungstest. Die Studie wurde in verschiedenen Bundesländern mit ca. 1400 Schülerinnen und Schülern in Klasse 9/10 sowie 56 Lehrkräfte (RS, Gy, Gesamtschule) durchgeführt. Nur ein kleiner Teil der befragten Lehrkräfte gibt an, den GER schon einmal zur Beurteilung von Schülerleistungen herangezogen zu haben. Die Lehrkräfte unterschätzten (erwartungswidrig) die Schülerleistungen im Vergleich zu einem auf den GER bezogenen Leistungstest. Dies würde bedeuten, dass diese Lehrkräfte eher dazu neigen, ihre Schülerinnen und Schüler zu unterfordern. Eine standardbezogene Diagnostik könnte in diesem Fall tatsächlich zu einem Denkanstoß für Lehrkräfte und damit zu einer testdatenbasierten Schul- und Unterrichtsentwicklung führen.

Standardbasierte Diagnostik in Mathematik

Seit der Einführung von nationalen Bildungsstandards gibt es vor allem in der Mathematikdidaktik eine rege Diskussions- und Forschungstätigkeit über standardbasierte Diagnostik.

Zunächst einmal sollen Entwicklungen aus dem Bereich der Grundschulmathematik berichtet werden (z.B. Winkelmann/Robitzsch 2009; Winkelmann et al. 2012; Köller et al. 2012). Für die Diagnose von Mathematikleistungen in der Primarstufe gibt es bereits eine Reihe standardisierter Testverfahren. Ein Beispiel hierfür ist der DEMAT 4 (Gölitz et al. 2006), bestehend aus drei Subskalen (Geometrie, Sachrechnen und Arithmetik), die wesentliche Gebiete der Grundschulmathematik abdecken. Köller et al. (2012) argumentieren jetzt, dass neue kompetenzorientierte Ansätze der Diagnostik in diesen Tests nicht berücksichtigt sind. Herkömmliche, standardisierte Mathematiktests eignen sich somit nicht, um die Kompetenzfacetten der KMK-Standards für den Primarbereich abzuprüfen. Zudem möchte man mit einer standardbasierten Prüfung der Bildungsstandards keine Individualdiagnostik betreiben, sondern den Lehrkräften und Schulen eine aggregierte Rückmeldung zur Effektivität des eigenen Unterrichts präsentieren.

Erste Ansätze einer standardbasierten Kompetenzdiagnostik sind im TIMSS-Grundschultest erkennbar, der auf einer Matrix mit den Dimensionen Inhalt (number, geometric shapes and measures, data display) und kognitive Prozesse (knowing, applying, reasoning: in Anlehnung an Bloom) basiert. Für die Entwicklung von Tests auf Basis der KMK-Standards in Mathematik wurde diese Matrix weiter differenziert in 5 inhaltliche Kompetenzen (Leitideen: Zahlen/Operationen, Größen/Messen, Raum/Form, Muster/Struktur, Häufigkeit/Wahrscheinlichkeit) und 6 prozessbezogene Kompetenzen (argumentieren, problemlösen, modellieren, darstellen, technisch arbeiten, kommunizieren). Die einzelnen prozessbezogenen Kompetenzen lassen sich wiederum in Teilfertigkeiten aufgliedern. Beispielsweise umfasst das technische Arbeiten die Kenntnis von Formeln (deklaratives Wissen) sowie prozedurales Wissen über den Umgang mit Formeln oder Regeln (Umstellen, Rechenvorschriften). Mathematisches Modellieren umfasst eine Reihe von Teilkompetenzen, die sich entlang des Modellierungskreislaufes beschreiben lassen. Als dritte Dimension werden in den KMK-Standards drei Niveaustufen unterschieden: Anforderungsniveau I (Reproduzieren), Anforderungsniveau II (Zusammenhänge herstellen), Anforderungsniveau III (Verallgemeinern und Reflektieren). Diese Anforderungsniveaus sind mit der Schwierigkeit von Aufgaben assoziiert und liegen quer zu den beiden ersten Dimensionen des Kompetenzmodells.

Auf Basis dieser Überlegungen wurde unter der Federführung des IQB von Lehrkräften und Fachdidaktikern ein Itempool für die einzelnen Leitideen und prozessbezogenen Kompetenzfacetten des Modells entwickelt. Jedes Item musste bestimmten Kriterien genügen und sollte möglichst eindeutig einer inhaltlichen und prozessbezogenen Dimension zugeordnet werden. Seit 2007 werden diese Items permanent pilotiert und in nationalen Leistungsstudien kalibriert (IRT-Skala mit $M = 500$ und $SD = 100$). Der Itempool wird ständig erweitert.

Ein Problem ist auch hier wieder die empirische Bestätigung der Dimensionalität des KMK-Kompetenzmodells. In Dimensionalitätsstudien konnten sehr komplexe

Modelle nicht geschätzt werden (z.b. Winkelmann/Robitzsch 2009). Ein fünfdimensionales Modell (fünf inhaltliche Faktoren) ließ sich an die Daten anpassen (Winkelmann et al. 2012). Es lassen sich somit Schülergruppen mit unterschiedlichen Fähigkeitsprofilen im Hinblick auf die mathematischen Leitideen identifizieren. Allerdings sind die Interkorrelationen zwischen diesen Faktoren immer noch sehr hoch, was auf eine generelle mathematische Kompetenz hindeutet. Ebenso konnte gezeigt werden, dass sich mit den DEMAT-Items die in den Bildungsstandards definierten Kompetenzbereiche auch valide erfassen lassen. Die Korrelationen mit Schulnoten sind für den DEMAT 4 und die IQB-Tests ähnlich hoch, was für eine hohe Validität der Tests spricht, jedoch nicht unbedingt für einen Mehrwert der standardbasierten Diagnostik. Korrelationsstudien mit Intelligenzmaßen zeigen zudem, dass sich ca. 50% der Varianz in den standardbasierten Mathematiktests auf die allgemeine Intelligenz zurückführen lässt.

Auf ähnliche Schwierigkeiten stößt man bei der Entwicklung standardbasierter Mathematiktests für die Sekundarstufe I. Granzer et al. (2008) entwickelten zunächst einen an den KMK-Standards für den Primarbereich orientierten Mathematikleistungstest. Der Test kann über VERA 3 hinaus auch als Lernausgangslagediagnostik zu Beginn der Sekundarstufe eingesetzt werden. Der Test gibt vor, die Schülerinnen und Schüler den fünf Kompetenzstufen zuordnen zu können:

• Stufe 1: Technische Grundlagen, einfache Routinen und Begriffe
• Stufe 2: Einfache Anwendungen
• Stufe 3: Erkennen und Nutzen von Zusammenhängen
• Stufe 4: Sicheres Anwenden von Begriffswissen und Prozeduren
• Stufe 5: Modellierung komplexer Probleme

Köller et al. (2012) prüften dessen psychometrische Qualitäten (Reliabilität und Validität) anhand einer Stichprobe (n = 687) Bremer Sekundarschülerinnen und -schüler in der Jahrgangsstufe 5. Die beiden Testvarianten erwiesen sich als eindimensional, was aufgrund der Herkunft der Items aus dem Rasch-skalierten IQB-Itempool zu erwarten war. Die Reliabilitäten entsprachen den Standards für Mathematikleistungstests. Zwischen Gymnasiasten und Nicht-Gymnasiasten konnte der Test allerdings gut differenzieren.

Köller, Eßel-Ullmann und Paasch (2012) diskutieren daraufhin den Einsatz standardbasierter Leistungstests für die Schullaufbahndiagnostik und als schulinternes Evaluationsinstrument. Die hohen Validitäts- und Reliabilitätswerte sowie die Tatsache, dass fast ausschließlich Gymnasiasten die Kompetenzstufen 4 und 5 erreichen, sprechen für einen Einsatz standardbasierter Leistungstests für die Schullaufbahndiagnostik. Problematisch ist hingegen der Umstand, dass der individuelle Standardfehler so groß ist, dass er sich über mehr als zwei Kompetenzstufen erstreckt. Köller et al. (2012) schlagen deshalb vor, diesen Test als zusätzliche Informationsquelle zu nutzen, sich jedoch nicht ausschließlich für eine Einzelfalldiagnose auf einen standardbasierten Test zu verlassen. Für den Einsatz des Verfahrens als

Evaluationsinstrument an Schulen spricht, dass man mit einem standardbasierten Test Schülergruppen identifizieren kann, die weit unter dem Regelstandard der Primarstufe liegen. Sekundarschulen können diese Informationen für die zielgerichtete Planung von Fördermaßnahmen in der Eingangsklasse nutzen. Ebenso können die Erfolge von Fördermaßnahmen, sowohl in der Sekundarstufe als auch am Ende der Primarstufe, durch wiederholten Einsatz des Tests im zeitlichen Verlauf dokumentiert werden.

Am Beispiel des Aufsatzes von Baumbach (2012) kann man studieren, wie eher praxisorientierte Mathematikdidaktiker versuchen, die KMK-Bildungsstandards für die Diagnostik in einer wie auch immer gearteten Form nutzbar zu machen. Baumbach (2012) wünscht sich für den Mathematikunterricht eine kompetenzorientiert-aufgabenbasierte Leistungsdiagnostik. Dabei sollen die in den KMK-Standards formulierten 6 allgemeinen mathematischen Kompetenzen (Probleme lösen, mathematisch kommunizieren, mathematische Darstellungen nutzen etc.) inhaltsunabhängige Beurteilungs- und Rückmeldekategorien sein. An einer Beispielaufgabe wird dann gezeigt, dass je nach Lösungsweg bzw. Lösungsschritten der Schülerinnen und Schüler alle 6 allgemeinen mathematischen Kompetenzen tangiert werden. Eine erste Einschränkung dieser Vorgehensweise ist, dass sie lediglich an einer offenen Sachaufgabe zum mathematischen Inhalt lineare Funktionen durchgespielt wurde. Offene Sachaufgaben sind ein beliebtes Objekt für die Veranschaulichung der recht abstrakten KMK-Mathematikstandards, spielen allerdings im täglichen Mathematikunterricht eine untergeordnete Rolle. Ebenfalls muss kritisiert werden, dass bei diesem Beispiel jeder Lösungsschritt bzw. Lösungsweg auf der Kenntnis eines ganz spezifischen mathematischen Wissens basiert. Diese deklarativen bzw. prozeduralen mathematischen Wissenseinheiten lassen sich allerdings mit der groben, inhaltsunspezifischen Begrifflichkeit der KMK-Standards nicht adäquat fassen.

Es sind also zahlreiche Bemühungen vorhanden, die KMK-Standards für die unterrichtsbezogene Diagnostik nutzbar zu machen. Sie erreichen jedoch nicht das Niveau herkömmlicher, stark inhaltsbezogener Leistungstests für den Mathematikunterricht. Im nächsten Abschnitt werden diese Überlegungen zur standardbezogenen Diagnostik noch einmal aufgegriffen und in ihrer Anwendung für die nationalen Ländervergleiche diskutiert.

10.3 Nationale Ländervergleiche

Die nationalen Bundesländervergleiche (oder IQB-Ländervergleiche) werden ebenfalls von der KMK verantwortet und sind im Wesentlichen eine Deutschlandvariante von PISA, allerdings mit ein paar entscheidenden Unterschieden. Beispielsweise werden sie abwechselnd für die Primarstufe (Stanat et al. 2011) und die Sekundarstufe I (Pant et al. 2013) durchgeführt. Ihre Funktion ist ebenfalls das Bildungsmonitoring. Es soll die Debatte über das beste Schulsystem in einem vom Wettbewerbsföderalismus aufgeheizten schulpolitischen Klima weiter befeuert werden. Damit hat die Diagnostik eine summative Funktion und ist auf Rechenschaftslegung ausgerichtet. Adressaten des Ländervergleichs sind wie bei PISA die Bildungspolitiker und Kultusverwaltungen.

Die Ländervergleiche werden parallel zu VERA 3 bzw. VERA 8 mit den gleichen Aufgabensets durchgeführt. Kurz vor Abschluss der Primarstufe bzw. der Sekundarstufe I wird damit geprüft, inwiefern die Schülerinnen und Schüler bereits die für diese Bildungsabschnitte festgelegten Kompetenzstandards erreichen konnten. Der Ländervergleich realisiert damit eine differenzielle Diagnostik (vgl. Abschnitt 3.2). Lernverläufe und intraindividuelle Entwicklungen werden nicht sichtbar, obwohl dies durch einen Value-Added-Ansatz für das Systemmonitoring theoretisch möglich wäre. Die Diagnosezyklen sind mit fünf Jahren noch länger als bei PISA. Die Kompetenzmessung bei den IQB-Ländervergleichen orientiert sich ganz an den nationalen Bildungsstandards. Dies soll am Beispiel des Ländervergleichs für die mathematisch-naturwissenschaftlichen Kompetenzen in der Sekundarstufe I verdeutlicht werden (vgl. Roppelt et al. 2013).

Die Bildungsstandards für den Hauptschulabschluss und den Mittleren Schulabschluss sind der normative Bezugspunkt für die Konstruktion der Testaufgaben für den IQB-Ländervergleich (Roppelt et al. 2013). Die mathematischen Kompetenzen, die Schülerinnen und Schüler am Ende der Sekundarstufe I erworben haben sollen, werden in drei Dimensionen beschrieben:

• Allgemeine mathematische Kompetenzen
• Inhaltliche Leitideen
• Kognitiver Anspruch

Durch die Kombination aller Kompetenzfacetten auf den drei Dimensionen ergeben sich insgesamt 90 unterschiedliche Kombinationsmöglichkeiten. Dies ist für die praktische Entwicklung von Testskalen ein Problem, zumal diese für eine Rasch-Skalierung möglichst eindimensional sein sollten. Die differenzierte curriculare Normierung passt somit nicht zur Forderung nach einfachen und überschaubaren psychometrischen Modellen. Sowohl die inhaltlichen Kompetenzbereiche (Leitideen) als auch die allgemeinen mathematischen Kompetenzen lassen sich auf der Aufgabenebene zudem nie trennscharf abgrenzen. Dies zeigen bereits die in den KMK-Standards dargestellten Beispielaufgaben. Den Psychometrikern bleibt damit nichts anderes übrig, als auf Komplexität zu verzichten und einige wenige Skalen zur Messung der mathematischen bzw. naturwissenschaftlichen Kompetenz zu entwickeln. Es wird sogar argumentiert, dass oft eine Globalskala Mathematik ausreicht, um den Wissensstand von Schülerinnen und Schüler bzw. des jeweiligen Schulsystem gut einschätzen zu können. Interessanterweise betonen Roppelt, Blum und Pöhlmann (2013), dass diese eindimensional konstruierten Globalskalen nicht notwendigerweise inhaltlich eindimensional sind, in dem

Sinne, dass alle Aufgaben mit den gleichen kognitiven Prozessen gelöst werden können. Man sieht auch hier wieder die Spannung zwischen einer vorgegebenen Testtheorie (Rasch-Skalierung) und der differenzierten Analyse des domänenspezifischen Wissens.

Zur Einordnung der Leistungsbefunde des IQB-Ländervergleichs werden entlang der Globalskala in Mathematik kriterial definierte Niveaustufen eingezogen (Pant et al. 2012):

- Mindeststandard
- Regelstandard
- Regelstandard plus
- Optimal- bzw. Maximalstandard

Für die Differenzierung zwischen den Schulabschlüssen werden die Standards jeweils versetzt: Der Mindeststandard für den Hauptschulabschluss ist der Regelstandard für den mittleren Schulabschluss. Das Standard-Setting erfolgt dabei sowohl entlang der empirisch ermittelten Fähigkeitsskala als auch entlang von inhaltlichen Erwägungen. Man schaut beispielsweise, welche Aufgabengruppen einen Schwierigkeitswert von einer oder zwei Standardabweichungen über der mittleren Schwierigkeit haben. Ebenso wird geprüft, ob sich die entlang der Rasch-Skala angeordneten Aufgaben inhaltlich in Aufgabengruppen einteilen lassen.

Dies führt zu relativ grobkörnigen Kompetenzstufen. Die Aufteilung ist zudem weit entfernt von einzelnen inhaltlichen Dimensionen, kognitiven Prozessen oder domänenspezifischen, allgemeinen Kompetenzen. Über Beispielaufgaben kann zwar angedeutet werden, welche Anforderungen auf welcher Niveaustufe an die Schülerinnen und Schüler gestellt werden. Allerdings sind differenzierte, fachdidaktisch relevante Beschreibungen von Schülerwissen mit dieser Form der Rückmeldung nicht möglich. Dies soll am Beispiel des Deskriptors für die Kompetenzstufe II gezeigt werden:

> „Einfache und bekannte Verfahren können gelöst werden; wenigschrittige Operationen mit einfachem Zahlenmaterial; Herstellung von Beziehungen zwischen Mathematik und Realität, wenn es um lineare Zusammenhänge geht; einfache geometrische Konstruktionen ausführen; Beziehungen zwischen einfachen grafischen und tabellarischen Darstellungen herstellen." (Blum et al. 2013, 66)

Zum einen werden in einem Deskriptor sehr viele, sehr unterschiedliche mathematische Inhaltsgebiete zusammengeworfen. Zum anderen ist der Interpretationsspielraum für die Einzelaussagen sehr hoch. Was sind beispielsweise „wenigschrittige Operationen mit einfachem Zahlenmaterial" genau? Sind dies einfache Grundrechenaufgaben im Zahlenraum bis 100? Die Umrechnung einer Dezimalzahl in eine Bruchzahl kann aber je nach Zahlen auch als eine wenigschrittige Operation bezeichnet werden. Was sind einfache geometrische Konstruktionen? Ein beliebiges Dreieck oder Rechteck zeichnen? Ein Dreieck unter Vorgabe von einem

Winkel und drei Seiten zeichnen? Je nach Aufgabenstellung kann die Komplexität schnell ansteigen.

Für die nationalen Ländervergleiche reicht dieses Auflösungsniveau der kriterialen Rückmeldungen allerdings aus. Ziel der Ländervergleiche ist ja nicht, dass einzelne Lehrkräfte oder Schulen aus den Daten Rückschlüsse auf ihren durchgeführten Unterricht ziehen sollen. Vielmehr steht der Vergleich zwischen den Bundesländern im Vordergrund. Problematisch ist allerdings, dass man für die Vergleichsarbeiten im Prinzip genau gleich vorgeht.

10.4 Vergleichsarbeiten

Vergleichsarbeiten (VERA) sind die unterste Stufe der standardbasierten Diagnostik. Als Instrumente der Schul- und Unterrichtsentwicklung, sind sie allerdings von Individualdiagnostik und Bildungsmonitoring abzugrenzen (Leutner et al. 2007). Die diagnostischen Informationen aus Vergleichsarbeiten richten sich an Schulleitungen, Fachkonferenzen und Lehrkräfte. In einigen Bundesländern werden die Individualergebnisse auch an Schülerinnen und Schüler weitergegeben. Im Rahmen von Klassenpflegschaften oder Schulkonferenzen können entsprechende Vergleichsarbeitsrückmeldungen auf Klassen- und Schulebene auch zur Information für Eltern genutzt werden. Der Funktionsumfang von Vergleichsarbeiten ist damit sehr groß.

Vergleichsarbeiten können sowohl summativ als auch formativ genutzt werden. Eine summative Nutzung von Vergleichsarbeitsergebnissen liegt vor, wenn die Rückmeldungen herangezogen werden, um den gehaltenen Unterricht der letzten Jahre oder schulinterne Entwicklungen zu beurteilen. Eine formative Nutzung liegt vor, wenn die Akteure (Lehrkräfte, Fachkonferenzen, Schulleitung) Schlussfolgerungen zur Optimierung von Lehr-Lernprozessen ziehen (KMK 2010).

Die KMK nimmt an, dass eine an Standards orientierte Unterrichtsentwicklung durch einen datengestützten Entwicklungskreislauf unterstützt werden kann. Wie stellt man sich das genau vor? Die Vergleichsarbeiten sorgen einerseits für Transparenz bezüglich der Leistungsanforderungen und ermöglichen eine kontinuierliche Prüfung der Zielerreichung im Unterricht. Man möchte damit insgesamt den Blick auf Lernprozesse und Lernergebnisse der Schülerinnen und Schüler schärfen. Kompetenzorientierte Standards und Tests sollen vor allem die Frage der Anwendbarkeit von Wissen in alltagsnahen Situationen in den Vordergrund der Unterrichtsentwicklung rücken.

Vergleichsarbeiten sollen zudem die diagnostische Kompetenz von Lehrkräften verbessern. Für VERA 3 gab es spezielle Module zur Entwicklung der eigenen diagnostischen Kompetenz über eine Vorabeinschätzung der Aufgabenschwierigkeiten. Ebenso fokussieren die didaktischen Handreichungen und Materialien auf das diagnostische Potenzial von Vergleichsarbeiten. Problematisch ist allerdings, dass eine Vergleichsarbeit eher einen summativ-diagnostischen Charakter hat, weil sie die Grundkompetenzen von Schülerinnen und Schülern nach einem längeren Bildungsabschnitt prüfen soll. Viele Fachdidaktiker, Psychometriker und Erziehungswissenschaftler bezweifeln deshalb den formativ-diagnostischen Mehrwert von Vergleichsarbeiten und möchten eine Datennutzung lediglich auf Schulebene ansiedeln. Allerdings widerspricht dies der täglichen Arbeitsperspektive von Lehrkräften. Gerade in Interviewstudien wird deutlich, dass Lehrkräfte vor allem an den klassen- und schülerbezogenen Aussagen von Vergleichsarbeiten interessiert sind. Die Diagnosezyklen entsprechen diesen Funktionen. Jährlich werden in den Jahrgangsstufen 3 und 8 Vergleichsarbeiten in Deutsch, Mathematik oder Englisch (je nach länderspezifischer Regelung) durchgeführt. Alle Schülerinnen und Schüler einer Schule in der entsprechenden Jahrgangsstufe nehmen am Test teil. Es liegen damit flächendeckende Messungen für die betreffenden Jahrgangsstufen vor. Durch diese jährliche Testung ist es möglich, VERA im Sinne der Qualitätsentwicklung auch formativ zu nutzen.

Testtheoretische Probleme der Vergleichsarbeiten
Welches Wissen wird erfasst und wie wird gemessen? Die größte Schwäche von Vergleichsarbeiten ist zugleich auch ihre Stärke: Die Orientierung an den Kompetenzmodellen und Messmethoden von PISA bzw. dem IQB-Ländervergleich. Auch Vergleichsarbeiten stehen damit im Spannungsfeld zwischen psychometrischen Anforderungen an die Testentwicklung und fachdidaktischen Anforderungen an die Aufgabenkonstruktion. Anhand des Kompetenzbereichs Rechtschreibung für VERA 8 soll dies verdeutlicht werden (KMK 2012b). Folgende Formulierungen finden sich in den KMK-Standards für Deutsch zum Bereich Rechtschreiben:

> „Grundregeln der Rechtschreibung und Zeichensetzung sicher beherrschen und häufig vorkommende Wörter, Fachbegriffe und Fremdwörter richtig schreiben, individuelle Fehlerschwerpunkte erkennen und mit Hilfe von Rechtschreibstrategien abbauen, insbesondere Nachschlagen, Ableiten, Wortverwandtschaften suchen, grammatisches Wissen anwenden. Strategien zur Überprüfung der sprachlichen Richtigkeit und Rechtschreibung anwenden, Einhaltung orthografischer und grammatischer Normen kontrollieren." (KMK 2004, 11)

Dabei wird nicht weiter zwischen verschiedenen Rechtschreibstrategien, orthographischen Regeln oder Fehlertypen differenziert, wie es in der deutschdidaktischen Forschung üblich ist. Das Kompetenzstufenmodell für VERA wird zunächst induktiv über die Lösung von Testaufgaben entwickelt. Testformate zur Überprüfung der orthographischen Kompetenzen sind in der Regel Lückentexte, sodass sich die Schülerinnen und Schüler auf die Schreibung von speziellen Wörtern, die mit Fehlertypen und Rechtschreibstrategien assoziiert sind, konzentrieren können. Ebenso wurden Texte ohne Kommata eingesetzt, um das Zeichensetzungswissen zu prüfen. Geprüft wurde beispielsweise das Setzen von Kommata bei Aufzählungen, Teilsätzen und Nachträgen. Eine dritte Aufgabe bestand aus der Korrektur eines Textentwurfs. Es sollten falsch geschriebene Wörter korrigiert und Kommata ergänzt werden.

Die in den Tests zu schreibenden oder zu korrigierenden Wörter wurden anhand der Lupenstellen einer Liste von bekannten Fehlertypen zugeordnet:

- Spezielle Grapheme wie die Häufung der Konsonantenbuchstaben bei empfehlen
- Vokallänge in der Mehrheit der Fälle wie bei lieb oder genügend. Beim langen „i" ist der Standardfall im Deutschen die Schreibung als „ie", sonst ist die Normalschreibung die mit dem einfachen Vokalbuchstaben
- Vokallänge in der Minderheit der Fälle wie bei empfehlen. Das Dehnungs-h steht in weniger als zwanzig Prozent der Fälle; noch seltener ist die Doppelschreibung des Vokalbuchstabens
- Vokalkürze wie bei geschafft;
- etc.

Der Rechtschreibtest wurde in der Jahrgangsstufe 9 mit einer größeren Stichprobe (N unbekannt) durchgeführt. Analog zu den PISA-Skalierungen und den Ländervergleichen wurde der Mittelwert der Kompetenzskala auf 500 und die Standardabweichung auf 100 festgelegt. Anschließend wurde auf Grundlage der Schülerverteilung und theoretischer Überlegungen (z.B. allgemeine Formulierungen zur Mindeststandards, Regelstandards etc.) folgende Stufung festgelegt. Die Beschreibung der Niveaustufen I und II werden auszugsweise zitiert (vgl. KMK 2012b):

> „• Niveau I (bis 340 Punkte): Auf diesem Niveau werden einige sehr häufige Fremdwörter wie Garage und Job richtig geschrieben, ebenso Wörter mit häufigen Vorsilben (Präfixen) wie vor- und ver-. Korrekt geschrieben werden ebenfalls Wörter mit häufigen Wortbausteinen (Morphemen) wie -ig, -lich, -heit und -keit und Wörter, bei denen es, folgt man dem hier zugrunde gelegten Modell, u.a. um konsonantische und vokalische Ableitungen geht bzw. darum, sie als Mitglieder von Wortfamilien zu begreifen (z.B. verlängerte, gründlich). Es kommt auch schon vor, dass eine Nominalisierung richtig geschrieben wird, wobei die Großschreibung sowohl anhand eines Artikels als auch anhand eines vorangestellten Adjektivs erkannt werden kann. Auch die Schreibung der Konjunktion dass gelingt unter erleichternden Bedingungen, etwa dann, wenn der Nebensatz an zweiter Stelle steht und der Kontext ausschließt, dass die Konjunktion mit dem Artikel oder einem Pronomen verwechselt wird (,…, dass Kurt seinem Onkel nacheifern will.'). (…)
> • Niveau II (340-439 Punkte): Richtig, d.h. großgeschrieben werden schon einige Substantivierungen wie Arbeiten, denen im Text Präpositionen und/oder Artikel vorangehen, und ein Wort wie Bekannte, ein substantiviertes Adjektiv, das im Text allein ein Satzglied bildet. Schülerinnen und Schüler meistern auf diesem Niveau die Schreibung etwa der Hälfte der im Text vorkommenden, im Alltag häufig gebrauchten Fremdwörter (wie Experten, Stress und intensiv). Richtig geschrieben wird ebenfalls die Konjunktion dass, mit der ein nach dem übergeordneten Satz platzierter Objektsatz eingeleitet ist.

Auf diesem Niveau werden nur wenige Fälle von Zusammenschreibung bewältigt, z.B. zusammenhalten und irgendetwas. Gemeistert wird auch etwa die Hälfte der Fälle, in denen ein Dehnungs-h zu schreiben ist. (…)"

Ca. 8% der Schülerinnen und Schüler in der Pilotierungsstichprobe befinden sich auf der ersten und ca. 30% auf der zweiten Niveaustufe. Dies bedeutet aber nicht, dass alle diese Schülerinnen und Schüler genau der oben wiedergegebenen Beschreibung entsprechen. Die Niveaustufenzuteilung basiert auf durchschnittlichen Wahrscheinlichkeiten, eine bestimmte Aufgabe zu lösen. Hinzu kommt, dass die Niveaustufenbeschreibungen nicht systematisch entlang von bestimmten Rechtschreibphänomenen oder Fehlertypen organisiert sind. Es werden jeweils Fehlerschwerpunkte und korrekte Schreibstrategien, die besonders häufig in der Gruppe von Schülerinnen und Schülern mit einer ähnlichen Punktzahl gefunden wurden, beschrieben. Dies liegt am Prinzip der Entwicklung von Kompetenzmodellen, die eine breite Palette von zum Teil nur lose verknüpften Teilkompetenzen einfangen sollen.

Kompetenzstufenmodelle dieser Art dienen deshalb vorwiegend der Bildungspolitik und der Bildungsadministration, um einen groben Überblick über die Verteilung von Schülerinnen und Schülern auf sehr weitläufig angelegte Kompetenzbereiche zu erlangen. Für die individuelle Diagnose von Rechtschreibschwierigkeiten sind diese Kompetenzstufenmodelle und die dazugehörigen Testinstrumente ungeeignet. Sie eignen sich auch nur bedingt als Heuristik für die Konstruktion eigener Vorstellungen über die Entwicklung von Rechtschreibkompetenz. Allenfalls zeigen sie das sehr große Spektrum an Rechtschreibleistungen auf und man kann eventuell einzelne Schülerinnen und Schüler grob auf den Niveaustufen verorten. Für die eigene Rechtschreibdiagnostik und Rechtschreibförderung muss man jedoch auf fachdidaktische Tests zurückgreifen oder anhand von feinkörnigeren Standards und Kriterien eigene Leistungsdiagnosen konstruieren. Für die Unterrichtsentwicklung sind Vergleichsarbeiten deshalb auch nur bedingt geeignet.

Ähnliche Schwierigkeiten zeigten sich auch bei den an VERA 8 angelehnten Vergleichsarbeiten für 10. Klasse Mathematik in Berlin (Levin 2009). Diese Tests postulieren, zentrale mathematische Kompetenzen, wie sie in den KMK-Standards formuliert sind, zu messen. Ein wichtiger Befund einer vertieften Skalenanalyse war, dass die auf Basis von Kompetenzmodellen postulierten Dimensionen sich nicht replizieren lassen. Sowohl einer eindimensionalen IRT-Skalierung (Rasch-Modell) als auch einem Mixed-Model hält die Mathematikvergleichsarbeit nicht stand. Explorative Faktorenanalysen zeigen, dass vor allem einzelne Aufgaben mit ihren Unteraufgabenstellungen als Faktoren erkennbar sind.

Vorstellungen zur Nutzung der Vergleichsarbeiten für die Unterrichtsentwicklung

Wie stellt sich die KMK (2010) einen datengestützten Entwicklungskreislauf an einer Schule vor? Zunächst müssen die Rückmeldungen so einfach sein, dass Lehrkräfte die statistischen Aussagen eines Tests verstehen können. Ebenfalls sollten die Rückmeldungen möglichst viele konkrete Anknüpfungspunkte an die Unterrichtspraxis bieten. Weiterhin wird angenommen, dass eine datengestützte Unterrichtsentwicklung nur gelingt, wenn Schulleitung, Eltern, Kollegen sowie Schülerinnen und Schüler zusammenarbeiten. Vergleichsarbeitsrückmeldungen sollten in eine „Feedbackkultur" eingebettet sein. Dabei spielen auch andere Formen des Feedback (Unterrichtshospitationen, Schülerfeedback, Elternbefragungen etc.) eine Rolle. Dies gelingt allerdings nur, wenn ein systematischer und verbindlicher Feedbackzyklus an einer Schule institutionalisiert wird:

- Überprüfung des Lernstands
- Auswertung der Ergebnisse in den Fachgruppen
- Austausch über mögliche Ursachen
- Gemeinsame Festlegung von Zielen und Maßnahmen
- Umsetzung der Maßnahmen.
- etc.

Von besonderer Bedeutung ist die Analyse der VERA-Ergebnisse: Die Klassenergebnisse können mit Parallelklassen, dem landesweiten Referenzwert etc. verglichen werden. Didaktisch besonders ertragreich könnten Aufgabenanalysen sein, wie z.B. der Vergleich einzelner Aufgabenschwierigkeiten oder die Identifikation von Fehlermustern. Erklärungsansätze für Abweichungen vom Landesmittelwert könnten unter anderem die Lernvoraussetzungen der Schülerinnen und Schüler, die Gestaltung des Unterrichts, das schulinterne Curriculum oder die Lehrmaterialien sein.

Die KMK formuliert überdies wichtige Gelingensbedingungen für die Umsetzung einer kompetenzorientierten Unterrichtsentwicklung:

- Akzeptanz der Bildungsstandards bei Lehrkräften
- Erweiterte Handlungsspielräume für Schulen
- Effektives Qualitätsmanagement durch die Schulleitung
- Fachbezogene Analyse und Diskussion von Maßnahmen in den Fachkonferenzen
- Wirksame Begleitung der Schulen durch die Schulaufsicht (Beratung plus Zielvereinbarungen)
- Qualität der Daten und Datenrückmeldung

Auch Mathematikdidaktikerinnen und -didaktiker sehen in Vergleichsarbeiten eine Chance, dass Lehrkräfte über Aufgaben einen „Kompetenzblick" auf die Schülerinnen und Schüler entwickeln können (z.B. Büchter/Leuders 2005; Blum et al. 2005; Lorenz 2005; Sill/Sikora 2007; Drüke-Noe et al. 2008; Drüke-Noe 2010). Vor allem komplexere Sachaufgaben sollten sich dazu eignen, zentrale Kompetenzen (nach den Bildungsstandards Mathematik) zu überprüfen: Sinnverstehendes Lesen der Aufgabe (Kommunizieren), Entwicklung einer math. Lösung (Modellieren), Darlegen und Erklären der Lösung (Argumentieren). Um die Praktikabilität und Relevanz der Daten für Mathematiklehrkräfte zu sichern, können die Kompetenzprofile und Aufgabenlösungshäufigkeiten von VERA auf Klassenebene genutzt werden. Diese Daten sind aufgrund des Aggregationsniveaus hinreichend reliabel und ermöglichen der Lehrkraft eine Gesamtbeurteilung der durch den Unterricht aufgebauten Kompetenzen vor dem Hintergrund der angebotenen sozialen und kriterialen Bezugsnormen. Gezielte Fehleranalysen und fachdidaktische Aufgaben-kommentierungen bieten den Mathematiklehrkräften Anknüpfungspunkte für die Optimierung ihres Unterrichts. Verschriftlichte Schülerlösungen und Schülerbeob-achtungen (z.B. auch per Video) könnten sich als Grundlage für die Diagnostik von Teilkompetenzen eignen.

Kompetenzorientierte Standards und kompetenzorientierte Vergleichsarbeiten sollen durch kompetenzorientierte Lernaufgaben für den Mathematikunterricht ergänzt werden. Als Beispiel hierfür dient die mathematische Modellierungsauf-gabe „Praline" (KMK 2010). Das Volumen einer Pralinenpackung soll abgeschätzt werden. In einem zweiten Schritt soll geprüft werden, ob es sich um eine „Mogel-packung" handelt, d.h. ob der Inhalt der Packung weniger als 70% des Packungs-volumens beträgt. Diese Aufgabenstellung könnte Anlass für folgende Lehr-Lern-sequenz im Unterricht sein:

• Gemeinsame Diskussion möglicher Lösungswege in der Gruppe
• Präsentation verschiedener Strategien und Prüfung auf Plausibilität
• Lehrkräfte erkennen an den von Schülerinnen und Schüler gewählten Strategien deren Niveau im Umgang mit Modellierungsaufgaben
• Es können weitere Arbeitsaufträge in Abhängigkeit der individuellen Schülerleis-tungen folgen.

Andere Fachdidaktiken haben ähnliche Vorstellungen zur Nutzung von Vergleichs-arbeiten für die Unterrichtsentwicklung formuliert (z.B. Bremerich-Vos et al. 2008; Senn 2009; Wißner 2009; Kahl 2009; Emmrich/Dietrich 2011). Auch hier wird aus Sicht der Deutschdidaktik oder der Englischdidaktik eine Einbindung zentraler Diagnoseinformationen in das fachspezifische Wissen und Handeln von Lehrkräf-ten angedacht bzw. gefordert. Referenzpunkt für eine Unterrichtsentwicklung mit-tels Testrückmeldungen sollten jeweils aktuelle, fachdidaktisch begründbare Lehr-Lernmodelle sein. Kompetenzorientierung im Fremdsprachenunterricht könnte beispielsweise an das Konzept des *task-based learning* anknüpfen. Dabei handelt es sich um relativ komplexe, authentische Rahmenaufgaben, die Schülerinnen und Schüler zu verschiedenen Sprachhandlungen anregen. Die standardorientierten Vergleichsarbeiten sollen den Lehrkräften nach einem längeren Bildungsabschnitt eine Rückmeldung geben, inwiefern die Schülerinnen und Schüler einer Klasse bereits ihr Wissen anwenden können. Hierfür wurden Kompetenzstufenmodelle für fachliche Kompetenzbereiche (z.B. Lesen, Zuhören, Orthografie, math. Model-lieren etc.) entwickelt, die eine inhaltliche Beschreibung der Leistungsdifferenzen erlauben sollen. Den Kompetenzstufen können Beispieltestaufgaben zugeordnet werden. Es wird angenommen, dass Lehrkräfte diese Kompetenzstufen sowohl zur formativen Einschätzung einzelner Schülerinnen und Schüler als auch zur Einschätzung des Leistungsniveaus einer Klasse heranziehen.

Über Bildungsstandards und Vergleichsarbeiten kann es auch gelingen, bestimmte Bereiche einer Fachdidaktik zu stärken. Ein Beispiel hierfür ist das Hörverstehen in den Fremdsprachen (Tesch 2009). Das Hörverstehen galt bisher als „Stiefkind" des Fremdsprachunterrichts. Durch die verstärkte Prüfung des Hörverstehens in VERA 8 werden die Lehrkräfte ihre Schülerinnen und Schüler gut im Sinne eines positiven „teaching to the test" vorbereiten. IQB-Hörverstehensaufgaben lassen sich zudem einem GER-Kompetenzniveau zuordnen. Sie können im Unterricht zunächst einmal als Selbstdiagnose eingesetzt werden: Was habe ich verstanden? Anhand der genauen Klassifikation einer Hörverstehensaufgabe (z.B. eine bestimmte Information heraushören), kann das Leistungsniveau der Schülerinnen und Schüler abgeschätzt werden. Hörverstehensübungen (z.B. Training bestimmter Hörstrategien) können hier ansetzen.

Neben den zahlreichen didaktischen Überlegungen zur Nutzung von Vergleichsarbeitsrückmeldungen für die Unterrichtsentwicklung spielt auch die Fairness der rückgemeldeten Vergleichsdaten eine wichtige Rolle. Damit Lehrkräfte die Rückmeldungen auch als fair akzeptieren, müssen beispielsweise die leistungsrelevanten Eingangsbedingungen (Sprachkompetenz, Geschlecht, Vorwissen, Sozialstatus der Eltern etc.) bzw. Kontextfaktoren (Schulstandort, sozio-ökonomisches Milieu etc.) angemessen berücksichtigt werden. Hierzu gibt es verschiedene Verfahren (Nachtigall/Kröhne 2006):

• Rückmeldung zusammen mit den Werten von Vergleichsklassen mit maximal ähnlichen Kontextbedingungen
• Berechnung eines theoretischen Erwartungswertes für jede Schule mithilfe eines linearen Regressionsmodells
• Thüringer Kompetenztests: Verzicht auf die Annahme linearer Zusammenhänge; Interaktionen zwischen Kontextmerkmalen

Ein Problem bei der Berechnung von fairen Vergleichswerten ist allerdings, dass die Einflussvariablen auf die Schulleistung von Fach zu Fach variieren können. Im Rahmen von Schulleistungsstudien können jedoch nie alle relevanten Kontextbedingungen vollständig erfasst werden. Letztendlich spricht die große Bedeutung des Vorwissens für die Erklärung von Leistungsvarianzen für echte Längsschnittstudien (Value-Added-Design).

Studien zur Nutzung von Vergleichsarbeiten

Bei all diesen konzeptionellen Vorschlägen stellt sich die Frage, wie diese schulintern genutzt werden, um die Qualität des Unterrichts und damit der Schülerleistungen tatsächlich zu verbessern. Mittlerweile gibt es eine Reihe von deutschsprachigen Forschungsprojekten, die der Frage nach Effekten neuer Steuerungsinstrumente nachgehen. Hierbei steht vor allem die schulinterne Rezeption und Nutzung der

Vergleichsarbeitsrückmeldungen im Vordergrund. Folgende Befunde kristallisieren sich bereits recht deutlich heraus:

• Durchführung und Auswertung der Vergleichsarbeiten bereiten in der Regel kaum Probleme (z.B. Nachtigall/Jantowski 2007; Groß Opfhoff et al. 2007; Maier 2008).

• Im Vordergrund des Interesses aus Lehrersicht stehen vor allem der soziale Vergleich (Klasse im Landesmittelwert) und die Einschätzung einzelner Schülerinnen und Schüler bzw. Vergleiche mit der eigenen Notengebung (z.B. Nachtigall/ Jantowski 2007; Schneewind/Kuper 2009; Diemer/Kuper 2009).

• Nur in einem geringeren Maße wird dagegen die Bedeutung der Tests für die Reflexion des eigenen Unterrichts gesehen (z.B. Nachtigall/Jantowski 2007; Sill/ Sikora 2007; Maier 2009; Kühle 2010).

• Vergleichsarbeiten beeinflussen den weiteren Unterricht der Lehrkräfte vor allem über die Aufgabenformate. Testaufgabensammlungen werden als Pool für Übungsstunden genutzt (z.B. Maier 2008; Maier et al. 2013).

• Die Bedeutung der Ergebnisrückmeldungen für die unterrichtspraktische Arbeit wird von Schulleitern höher eingeschätzt als von Lehrkräften (Bonsen et al. 2006; Maier 2009).

• Es gibt fachspezifische und interindividuelle Unterschiede im Rezeptions- und Nutzungsverhalten (z.B. Kuper/Hartung 2007; Diemer/Kuper 2011; Maier 2009; Schulze 2012).

• Eine schulinterne Diskussion über die Leistungsdaten und Konsequenzen in kollegialen Gremien scheint eher die Ausnahme zu sein. Vor allem in qualitativen Studien wird deutlich, dass die Nutzung von Vergleichsarbeiten von der Fähigkeit des Kollegiums zur Kooperation abhängt. Die kollegiale Kooperation in Fachkonferenzen spielt bei Positivbeispielen eine große Rolle (z.B. Maier et al. 2012; Asbrand et al. 2012).

Die empirischen Befunde deuten darauf hin, dass eine testdatenbasierte Unterrichtsentwicklung durch Vergleichsarbeiten kein Selbstläufer ist und die Nutzung allenfalls unter günstigen Umständen gelingen kann. Aus den im vorangehenden Abschnitt dargelegten Gründen wird vor allem das diagnostische und didaktische Potenzial zentraler Leistungstests kritisiert. Für die Nutzung und Rezeption der Daten aus Vergleichsarbeiten in NRW ist nach den Erfahrungen von Peek und Dobbelstein (2006) vor allem die Kompatibilität mit den fachdidaktischen Vorstellungen der Lehrkräfte entscheidend.

Altrichter (2008) macht zudem darauf aufmerksam, dass man bisher zu sehr auf die mangelnden Methodik- und Statistikkenntnisse von Lehrkräften fokussiert war. Fortbildungen zu Vergleichsarbeiten gehen zunächst einmal von einem Defizit bei Lehrkräften aus und zielen einseitig auf eine Verbesserung der Dateninterpretationskompetenz. Viel wichtiger wäre nach Altrichter allerdings eine didaktische Antwort auf Vergleichsarbeitsrückmeldungen. Diese können nur vor dem Hintergrund der professionellen Expertise von Lehrkräften gegeben werden. Auch Fend (2011) kritisiert, dass die Ebene des Handelns in der Diskussion über neue Steuerung weitgehend ausgeblendet wird. Halbheer und Reusser (2008) weisen auf die Notwendigkeit der Einordnung von Vergleichsarbeiten in die bestehende Diagnosepraxis von Lehrkräften hin. Zentrale Tests müssen tatsächlich auch einen diagnostischen Mehrwert aufweisen im Vergleich zu den sonstigen diagnostischen Informationen, die Lehrkräfte über ihre Schülerinnen und Schüler zur Verfügung haben.

10.5 Perspektiven testdatenbasierter Schul- und Unterrichtsentwicklung

In den vorangehenden Abschnitten wurde die in Deutschland in den letzten 10 Jahren implementierte Form der testdatenbasierten Schul- und Unterrichtsentwicklung skizziert und vor dem Hintergrund wesentlicher Kriterien für diagnostisches Handeln bewertet. Dabei zeigte sich an verschiedenen Stellen, dass testdatenbasierte Schul- und Unterrichtsentwicklung großes Potenzial birgt, jedoch immer wieder an Grenzen stößt, wenn es an die konkrete Verknüpfung von diagnostischer Information und Praxis in den Schulen geht. Ein zentrales Problem in Deutschland ist beispielsweise die sehr starke Orientierung selbst der Vergleichsarbeiten an Konzeption und Messmethodik internationaler Vergleichsstudien. Damit kann man VERA zwar messtheoretisch gut begründen. Allerdings leiden die curriculare Validität und damit die Anschlussfähigkeit der Testrückmeldungen an das Professionswissen der Lehrkräfte enorm.

Theoretische Modelle einer testdatenbasierten Schul- und Unterrichtsentwicklung

Um die Frage nach der Optimierung testdatenbasierter Schul- und Unterrichtsentwicklung beantworten zu können, sollte deshalb zunächst nach den theoretischen Vorstellungen darüber gefragt werden. Ein deutschsprachiges Rahmenmodell zur (Test-)Datennutzung im Schulsystem legten bereits Ditton, Arnoldt und Bornemann (2002) vor. In diesem Modell wurde die Mehrebenenstruktur des Schulsystems (Unterricht, Schule) berücksichtigt. Im weiteren Verlauf der deutschsprachigen Rezeptionsforschung wurde jedoch sehr häufig das Zyklenmodell von Helmke und Hosenfeld (2005) genutzt, um die Verwendung von Rückmeldedaten in der Schule zu modellieren. Dieses Modell lehnt sich an den Evaluationszyklus aus der Evaluationsforschung an und definiert Rahmenbedingungen auf Schul- und Lehrerebene für die Rezeption, Interpretation und Nutzung der Daten. Schneewind (2006) erweiterte das Zyklenmodell um die Komponenten Informationsqualität der Rückmeldedaten bzw. Merkmale des Testsystems. Tresch (2007) beispielsweise nutzt zur Modellierung der Nutzung von check 5-Daten in der Schweiz eine ähnliches Modell. Ein Defizit des

Modells von Helmke und Hosenfeld ist, dass eine lineare Verwertung von Vergleichsarbeitsdaten suggeriert wird. Studien zeigen jedoch, dass bereits die Rezeption von Testrückmeldungen höchst disparat sein kann, von zahlreichen Faktoren abhängt und oft chaotisch bzw. nicht-linear verläuft. Somit muss man eher davon ausgehen, dass entsprechende Rahmenmodelle die Steuerungsvorstellungen der Vergleichsarbeitsmacher widerspiegeln und weniger die Realität der Nutzung in den Schulen.

In der internationalen Literatur finden sich ebenfalls theoretische Rahmenmodelle, die sich mit der schulinternen Nutzung von Evaluationsdaten beschäftigen. Besonders ertragreich hierfür erscheint ein Modell zur Beschreibung von „School Performance Feedback Systems" (kurz: SPFS-Modell), das erstmals von Visscher und Coe (2003) publiziert und von anderen Autoren genutzt bzw. weiterentwickelt wurde (z.B. Schildkamp/Visscher 2009; Verhaeghe et al. 2010). Das Modell basiert teilweise auf empirischen Studien zur Effektivität externer Testsysteme aber auch auf grundsätzlichen Überlegungen zu Effekten bzw. Kontextfaktoren dieser Systeme (Abbildung 17). Es wurde von Ehren und Visscher (2006) auf die Nutzung von Schulinspektionsdaten übertragen. Die deutschsprachigen Befunde lassen sich sehr gut in diese Kontextfaktorenmodelle einordnen. Das SPFS-Modell betont vor allem, dass eine instrumentelle Nutzung von externen Testdaten sowohl von der Qualität der Tests und Testrückmeldungen, den Bedingungen der Implementation als auch von schulinternen Faktoren abhängt.

Das SPFS-Modell beschreibt die Rahmenbedingungen der Testdatennutzung zwar wesentlich exakter als das Rahmenmodell von Helmke und Hosenfeld (2005), allerdings fehlt auch hier eine fachdidaktische Modellierung der schulinternen Nutzungsprozesse. Es werden zwar unterschiedliche Typen der Nutzung unterschieden (instrumentell, konzeptuell, strategisch etc.). Es wird jedoch nicht ausbuchstabiert, wie diese Nutzungsformen mit dem fachdidaktischen bzw. allgemeindidaktischen Wissen der Lehrkräfte interagieren und welcher konkrete Ertrag sich für die Unterrichtsentwicklung ergeben könnte. Maag Merki und Schwippert (2008) fordern deshalb, die einfache Wirkungslogik von Evaluationsmodellen aufgrund der geringen Technologisierbarkeit von Bildungsprozessen zu hinterfragen. Hinzu kommt, dass die „technomorphe Rhetorik" dieser Modelle (Terhart 2002) wesentliche Eigenheiten des Schulsystems (z.B. Steuerungsinteresse verschiedener Akteure) ausblendet.

System- und organisationstheoretische Ansätze eröffnen eine komplexere Perspektive auf die Nutzung neuer Steuerungsinstrumente. Sowohl in der internationalen Literatur (O'Day 2002, 2004) als auch in der deutschsprachigen Forschung zu Testrückmeldungen (Bähr 2006; Thiel/Ulber 2006; Kuper 2008) wurde die Implementation von Vergleichsarbeiten und die Nutzung der Daten als vielschichtiger Kommunikations- und Interaktionsprozess zwischen verschiedenen Subsystemen beschrieben. Dabei konnte herausgearbeitet werden, dass auch Rückmeldedaten eine externe Information darstellen, die nur vor dem Hintergrund des systemimmanenten Code verarbeitet werden kann. Vorstellungen einer Rationalisierung bzw. Outputorientierung des Schulsystems über standardisierte Tests lassen sich damit hinterfragen.

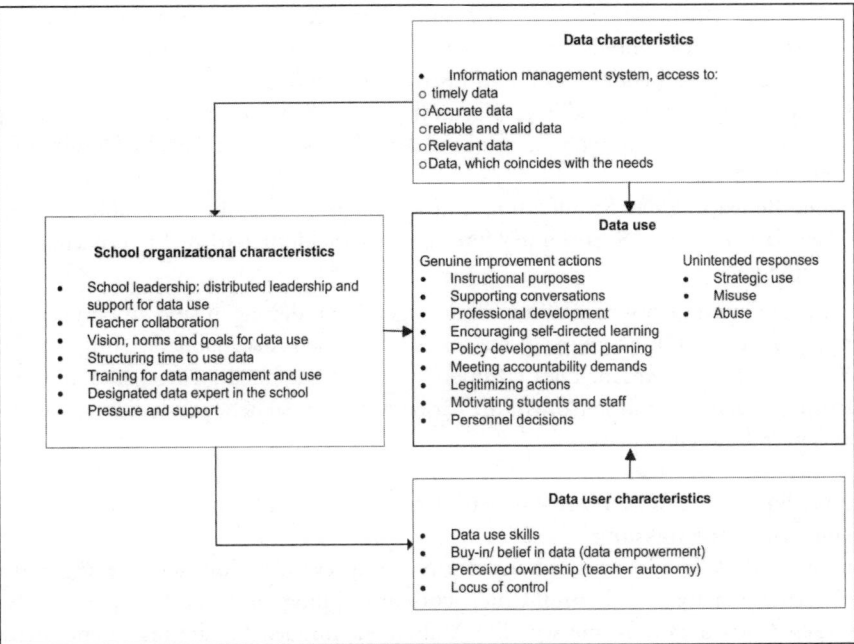

Abb. 17: Faktoren, die eine schulinterne Nutzung externer Testdaten erklären können (Schildkamp/ Kuiper 2010, 485)

Die Nutzung von Rückmeldedaten wurde auch von Schulentwicklungsforschern thematisiert. Hier wurde die Frage gestellt, wie gut Instrumente ergebnisorientierter Steuerung auf die Möglichkeiten und Grenzen von Schul- und Unterrichtsentwicklung abgestimmt sind. Diese Problematik thematisierten Hulpia und Valcke (2004), Reynolds (2005), O'Day (2002) oder für Deutschland Arnold (2002) und Merkens (2007). Neue Steuerungsinstrumente wie Vergleichsarbeiten stehen zunächst einmal in der paradigmatischen Tradition der Schuleffektivitätsforschung. Will man jedoch die durch Bildungsmonitoring und testbasierte Evaluation erzeugten Daten für eine Verbesserung der Schul- und Unterrichtsqualität nutzen, müssen Gesetze und Eigenheiten von Schulen Berücksichtigung finden. Hierfür steht die Schulentwicklungsforschung (school improvement research), die sich jedoch paradigmatisch von der Schuleffektivitätsforschung stark abgrenzt. Hulpia und Valcke (2004) sehen jedoch datenbasierte Evaluationsinstrumente als Chance, mit Instrumenten der Schuleffektivitätsforschung eine neue, datengestützte Form der Schulentwicklung zu praktizieren. Allerdings nur dann, wenn bei der Implementation dieser Instrumente auch Regeln der Schulentwicklung beachtet werden (z.B. Rolff 2007):

- Trias von Organisations-, Personal- und Unterrichtsentwicklung: Eine datenbasierte Unterrichtsentwicklung ist nur mit Qualifizierung des Personals und Etablierung entsprechender Organisationsstrukturen möglich.
- Lehrkräfte werden nur dann zu grundlegenden Schritten bereit sein, wenn sie den direkten Zusammenhang mit bzw. den Nutzen für ihre tägliche Unterrichtsarbeit sehen.
- Die Bedeutung der Schulleitung und kollegialer Teams für die Etablierung einer datenbasierten Schul- und Unterrichtsentwicklung darf nicht vernachlässigt werden.

Auch die intrapsychischen Widerstände gegen Veränderungen sind zu berücksichtigen (Steins 2009). Es muss ein Forum zur kritischen Auseinandersetzung mit der Reform gegeben werden. Dies erfordert Zeit und personelles Engagement. Lehrkräfte müssen sich mit Personen, die für eine Reform stehen, persönlich auseinandersetzen können.

Ein Mehrebenenmodell für die testdatenbasierte Schul- und Unterrichtsentwicklung

Lineare Modelle zur Beschreibung der Nutzung externer Testrückmeldungen für die datenbasierte Schul- und Unterrichtsentwicklung sind der Komplexität des Gegenstands nicht angemessen. Ein Mehrebenenmodell für die testdatenbasierte Schul- und Unterrichtsentwicklung müsste folgende Überlegungen aufgreifen:

- Berücksichtigung der Mehrebenenstruktur der Organisation Schule und damit unterschiedlicher Zielsetzungen, Handlungslogiken und Codes innerhalb von Ebenen bzw. Subsystemen (Lehrer, Fachkonferenz, Schulleitung, Schulaufsicht) wie mit diagnostischen Informationen sehr wahrscheinlich umgegangen wird.
- Je nach Ebene bzw. Subsystem sind unterschiedliche theoretische Referenzpunkte für die Modellierung der Testdatennutzung relevant. Auf Ebene der Lehr-Lernprozesse (Schüler, Lehrkräfte) und der Fachkonferenzen spielen überwiegend fachdidaktische bzw. lehr-lerntheoretische Überlegungen zur Nutzung von Vergleichsarbeitsrückmeldungen als Diagnoseinstrumente eine zentrale Rolle. Auf Ebene der Schulleitung bzw. der Schulaufsicht sollten Befunde der Schulentwicklungsforschung Grundlage für eine Reflexion der Datennutzung sein.
- Neue Steuerungsinstrumente wie z.B. Vergleichsarbeiten treffen auf eine gewachsene Diagnosekultur an Schulen. Im Sinne einer nachhaltigen Schul- und Unterrichtsentwicklung muss überlegt werden, wo und wie standardbasierte Tests die bestehende Diagnosepraxis sinnvoll ergänzen bzw. auch herausfordern können.
- Vergleichsarbeiten bieten je nach Ebene unterschiedliche Rückmeldungen, deren Nutzung durch die Feedbackinterventionstheorie vorausgesagt werden könnte (vgl. Abschnitt 2.4.4). Wichtige Determinanten sind: Klare Kopplung der Rückmeldung an spezifische Handlungsziele, Rückbindung des Feedbacks an Handlungswissen (der Lehrkräfte, der Fachkonferenzen, der Schulleitung etc.)

und Verfügbarkeit von Ressourcen zur Umsetzung von Maßnahmen, die sich im Anschluss an die Feedbackinterpretation ergeben.

Auf Basis dieser Modellprämissen lassen sich für jede Ebene innerhalb einer Schule Aufgaben, Handlungswissen und Diagnosepraxis idealtypisch beschreiben (vgl. Tabelle 5). Darauf basierend können Optionen für die Nutzung von VERA-Rückmeldungen auf Lehrerinnen und Lehrer-, Fachkonferenz- und Schulebene idealtypisch beschrieben werden. Am Beispiel der Unterrichtsebene soll dies expliziert werden.

Aufgabe von Lehrkräften ist es, fachspezifische Lehr-Lernprozesse zu initiieren, zu begleiten und den Lernerfolg der Schülerinnen und Schüler regelmäßig zu überprüfen sowie abschließend zu bewerten. Das nötige Handlungswissen der Lehrkräfte hierfür besteht aus fachspezifischen Lehr-Lernmodellen (z.B. Vorstellungen von Lesekompetenz, Wissen über den Schriftspracherwerb, Methodik und Didaktik zur Förderung schriftsprachlicher Kompetenzen). Um die Wirkung des eigenen Unterrichts bzw. die Lernerfolge einzelner Schülerinnen und Schüler beschreiben zu können, stehen den Lehrkräften bereits eine Fülle von diagnostischen Optionen zur Verfügung. Diese formativen und/oder summativen Diagnosen sind in der Regel Teil des fachdidaktischen Handlungswissens und waren schon immer Gegenstand fachdidaktischer Forschung und Entwicklung.

Vergleichsarbeiten werden jetzt schon von den Testkonstrukteuren als eine weitere Option zur Ergänzung des fachdidaktischen Handlungsrepertoires von Lehrkräften betrachtet. Sie sollen der Zielklärung dienen (z.B. welche Kompetenzen sind im Deutschunterricht in Zukunft besonders relevant?), auf fachdidaktische Innovationen hinweisen (z.B. neue Aufgabenkultur in Mathematik) und eine neue Diagnoseoption zur Verfügung stellen. Diese Option wird jedoch nur dann genutzt, wenn sie mit den bisherigen fachdidaktischen Vorstellungen einigermaßen kompatibel ist oder eine interessante Neuerung darstellt, z.B. bisher nicht mögliche Vergleiche mit Kompetenzniveaus auf Landesebene oder Kompetenzprofile von Schülergruppen innerhalb der Klasse (z.B. Kompetenz Argumentieren; math. Modellieren ist hoch ausgeprägt oder defizitär etc.). Die Aufgabenauswertung kann zusammen mit den fachdidaktischen Kommentaren auch zu einer interessanten Fehleranalyse bei einzelnen Schülergruppen genutzt werden. Voraussetzungen hierfür sind aber wiederum fachdidaktische Lehr-Lernmodelle darüber, wie sich das domänenspezifische Wissen aufbaut. Wie aber in Abschnitt 6.2.1 bereits diskutiert, sind VERA-Kompetenzmodelle noch lange keine präskriptiven Kompetenzentwicklungsmodelle. Diese Unterschiede in Lehrerfortbildungen herauszuarbeiten bzw. zu überlegen, an welche bereits etablierten Kompetenzentwicklungsmodelle in einzelnen Lerndomänen bei der Interpretation von externen Testdaten angeknüpft werden könnte, wäre eine lohnende Herausforderung. Nur so lassen sich auch Fehleranalysen auf Itemebene der Vergleichsarbeiten mit dem vorausgehenden Unterricht in Verbindung bringen bzw. können Schlussfolgerungen für den folgenden Unterricht gezogen werden.

Tab. 5: Mehrebenenmodell der datenbasierten Schul und Unterrichtsentwicklung

Ebene	Aufgabe/Zielsetzung	Explizites bzw. implizites Handlungswissen	Hilfreiche Daten und Diagnoseinstrumente	Zusätzliche Optionen durch Vergleichsarbeiten	Erforderliche Ressourcen für die Datennutzung
Schulaufsicht	Externe Rechenschaftslegung und Schaffung von Rahmenbed. für die Schulentwicklung	Wissen über regionale Schulstruktur, inner- und außerschulische Akteure in einer Region, materielle und personelle Ressourcen, rechtliche Vorgaben etc.	Input-, Output- und Prozesskennzahlen auf Ebene des Bezirks und der Schule (Statistiken, Evaluationsberichte, Erfahrungen, Besuche etc.)	VERA als Teil externer Evaluation: • Auseinandersetzung mit VERA an Schulen als internes Evaluationsinstrument unterstützen • Im Rahmen der externen Evaluation eine Auseinandersetzung mit VERA einfordern	Rechtliche Rahmenbedingungen; Zielvereinbarungen; Unterstützungs- und Sanktionsmöglichkeiten
Schulleitung	Schaffung von Rahmenbedingungen für die Professionalisierung der Lehrkräfte und die Optimierung von Lehr-Lernprozessen	Wissen über Personalführung, Organisationsziele und Ressourcen (z.B. Lehrerfortbildungen, Lehrerkooperation, Schulorganisation, Schulrecht etc.)	Input-, Output- und Prozesskennzahlen auf Organisationsebene und Ebene der Klassen (z.B. Schülerstatistik, Förderbedarfe, Evaluationsdaten)	VERA als Teil interner Evaluationsdaten: • Strukturierung der Auseinandersetzung mit VERA • Berichte von einzelnen Fachteams einfordern • Mitarbeitergespräche: Loben und Entwicklungsschwerpunkte festlegen	Auf Unterrichtsentwicklung bezogene Organisationsstrukturen (z.B. Berichte aus Fachkonferenzen), Lehrerfortbildungen, Verfügungsstunden für Folgemaßnahmen etc.
Fachkonferenz	Jahrgangsübergreifende Verständigung über fachspez. Lehr-Lernprozesse	Geteiltes Wissen über Lehr-Lernmodelle in der Fachdomäne	Daten zu grundlegenden und kumulativ über mehrere Schuljahre erworbene Kompetenzen und Wissensbestände in einem Fach (z.B. gemeinsame Tests, Abschlussprüfungen)	VERA als zentraler Ankerpunkt kurz vor Abschluss eines Bildungsabschnitts • Analyse der fachl. Kompetenzstände • Analyse von erklärenden Faktoren • Verknüpfung mit bisherigen Daten (z.B. Abschlussprüfungen)	Inhaltlich orientierter Diskurs in Fachkonferenzen, Innovationskapazität, Vertrauen, Kooperationsbereitschaft, materielle Ressourcen
Unterricht	Fachspezifische Lehr-Lernprozesse anstoßen, begleiten und überprüfen	Lehr-Lernmodelle für einzelne Fachdomänen: Lernzielwissen, Lern- und Entwicklungsverläufe; typische Schülerfehler	Feinkörnige, formative Diagnosen: Beobachtungen, Analyse von Schülerfehlern, Fragen, Verlaufsdiagnosen, Analyse von Schularbeiten, Kriterienlisten etc.	• Zielklärung: Kompetenzen und Bewertungskriterien transparent machen • Systematische Schülerfehleranalysen • Wahrnehmung individueller Kompetenzentwicklung • Rückschlüsse von indiv. Kompetenzentwicklung auf Unterricht	Feedbacksensitivität; Datenkompetenz; Zeit für Auswertung u. Interpretation, curriculare Gestaltungsfreiheiten, Lernmaterialien etc.

Mit dieser Tabelle als Bewertungsfolie kann auch der KMK-Beschluss zur Weiterentwicklung von VERA eingeordnet werden (KMK 2012a). Dort werden folgende Neuerungen vorgeschlagen:

- Genauere Zielbestimmung von VERA: Ziel von VERA ist allein die Unterrichtsentwicklung auf Einzelschulebene. VERA-Daten sollen deshalb nicht auf Schulebene veröffentlicht werden.
- Keine Benotung der Vergleichsarbeiten oder Nutzung für Schullaufbahnentscheidungen.
- Wenn die Schulaufsicht VERA-Daten für Beratungszwecke erhalten soll, müssen dies die Länder klar regeln.
- Das Leistungsspektrum der Testaufgaben sollte erweitert werden.
- Die Länder streben zudem einen fairen Vergleich mit Referenzgruppen auf Schulebene an.
- Die Schulleitungen sollen stärker verpflichtet werden, die VERA-Nutzung anzuleiten.
- Landesinstitute sollen Fortbildungsangebote für die datengestützte Unterrichtsentwicklung anbieten.

Mit Sicherheit sind die Ausweitung des Leistungsspektrums von Testaufgaben und die Bereitstellung von Fortbildungsangeboten richtige Schritte auf dem Weg zu einer verstärkten Nutzung von Vergleichsarbeitsdaten für die Reflexion über den eigenen Unterricht. Auch einheitliche Referenzgruppen für die Berechnung von fairen Vergleichen wird die Akzeptanz externer Testrückmeldungen an Schulen erhöhen. Andererseits stellt sich weiterhin die Frage, an welchen Stellen des diagnostischen Handelns in Schulen Vergleichsarbeiten tatsächlich „andocken" können. Die KMK spricht sich weiterhin für ein Verbot der Benotung von VERA aus. Ebenfalls sollen externe Tests nicht für die Begründung von Bildungslaufbahnentscheidungen herangezogen werden können. Ganz im Gegensatz zu den positiven Erfahrungen damit in der Schweiz (vgl. Abschnitt 3.3). Eine Nutzung für die summative Leistungsdiagnostik entfällt damit weiterhin. Gleichzeitig ist auch nicht erkennbar, dass die förderdiagnostische Nutzung von Vergleichsarbeiten gestärkt wird. Die KMK setzt somit voll auf die evaluative, schulinterne Nutzung. Wie es mit der domänenspezifischen Kompetenzmodellierung weitergehen soll und welche Anstrengungen unternommen werden, bleibt offen.

Internationale Beispiele
Man darf in diesem Zusammenhang nicht übersehen, dass es eine ganze Reihe internationaler Beispiele gibt, wie man zentrales Testen und die schulinterne Diagnosepraxis sinnvoll verbinden kann (zusammenfassend: Maier/Schymala 2011). Schottland führte Anfang der 2000er Jahre das Programm „Assessment is for Learning (AifL)" ein (Hayward 2007). Sowohl externe als auch interne Leistungsmessungen werden in diesem Programm als ein zentraler Bestandteil von Lehren und

Lernen angesehen. Dabei wird nicht auf eine Art von zentralen Tests gesetzt. Vielmehr vereinigt AifL zahlreiche dezentrale Teilprojekte mit folgenden Zielen:

- Formative Leistungsmessung soll erprobt und in Schulen möglichst unbürokratisch umgesetzt werden. Es sollen regionale Expertennetzwerke entstehen.
- Die Schülerbeurteilungen von Lehrkräften sollen geprüft und an externe Standards gekoppelt werden. Es soll eine Verständigung über Bewertungskriterien in allen Altersgruppen und Fächern stattfinden.
- Entwicklung eines nationalen Bildungsmonitorings, das zu keinen negativen Rückwirkungen auf die Unterrichtspraxis führt und dennoch der Bildungspolitik aussagekräftige Daten liefert.

Technisch gesehen wurden separate Testformate für das Bildungsmonitoring und für die formative Leistungsdiagnostik in den Schulen entwickelt. Beide Testformate beziehen sich jedoch auf einen gemeinsamen Referenzrahmen. Es gibt eine Reihe von Evaluationsstudien zu AifL und speziell zur Rezeption von Techniken formativer Leistungsdiagnostik in einzelnen Schulen (Zusammenfassung bei Hayward 2007). Diese Studien zeigen, dass die ehrgeizige und komplexe Struktur des Projektes zu bedeutsamen Änderungen in der diagnostischen Praxis von Schulen und Lehrkräften geführt hat. Grundlegende Techniken formativer Leistungsmessung, wie z.B. die gemeinsame Besprechung von Bewertungskriterien, informative Rückmeldungen und Selbst- bzw. Mitschülerbeurteilungen gehören mittlerweile zum Methodenrepertoire vieler Lehrkräfte. Individuelle Lernpläne für die langfristige Dokumentation der Lernentwicklung wurden von den Schulen und Lehrkräften allerdings als sehr bürokratisch abgelehnt. Aus diesem Grund unterstützte man lokale Initiativen, die an praktikablen Formaten für eine langfristig angelegte Lernstandsdokumentation arbeiten.

Dass eine testdatenbasierte Unterrichtsentwicklung zwar Standards und Test extern vorgibt, bei der Durchführung und Interpretation der Testdaten aber sehr stark auf die Autonomie der Lehrkräfte und Schulen setzen sollte, macht ein Projekt aus Österreich deutlich. Friedl-Lucyshyn (2011) berichtet über Instrumente der informellen Kompetenzmessung (IKM) für den Deutsch- und Englischunterricht. Die Tests wurden vom Bundesinstitut für Bildungsforschung, Innovation und Entwicklung des österreichischen Schulwesens (BIFIE) entwickelt und erstmals ab dem Schuljahr 2009/10 angeboten. Diese freiwilligen Leistungstests sind für die 3., 6. und 7. Jahrgangsstufe konzipiert worden, basieren auf den Bildungsstandards sowie der Englischtest zusätzlich auf dem GER (vgl. Abschnitt 10.2). Die IKM soll sich für die Individualdiagnostik und Förderdiagnostik eignen und besteht aus folgenden Komponenten:

- Standardorientierte Aufgabensammlungen (validierte Items)
- Eine an Teilkompetenzen orientierte Rückmeldung
- Fachdidaktische Empfehlungen zur Unterrichtsgestaltung und Übungshinweise
- Fachdidaktische Kommentierung der Testaufgaben

Die informelle Kompetenzmessung wurde so gestaltet, dass sie in 50 min. durchgeführt werden kann. Sie steht zudem als Online-Test zur Verfügung, was den Auswertungsaufwand der Lehrkräfte deutlich reduziert. Beim Online-Test stehen sofortige, computergestützte Auswertungen auf Itemebene, Klassenebene zur Verfügung. Ebenso werden ein normorientierter Vergleich mit Landesmittelwerten und ein kriterialer Vergleich nach Kompetenzaspekten angeboten. Für jedes Fach stehen mehrere Teiltests zu unterschiedlichen Kompetenzaspekten (z.b. rezeptive Sprachkompetenz in Englisch; Deutsch – Lesen; Deutsch – Sprachbewusstsein) mit unterschiedlichen Schwierigkeiten zur Verfügung. Allein die Lehrkräfte haben die Datenhoheit. Die Lernstandsanalysen können wiederholt durchgeführt werden, sodass die Effektivität von Fördermaßnahmen direkt geprüft und dokumentiert werden kann. Bisher liegen lediglich anekdotische Erfahrungen vor. Diese sind jedoch positiv. Es wird von einer hohen Akzeptanz berichtet. Die Lehrkräfte wünschen sich zudem eine Ausweitung des Zeitfensters für die Durchführung der Tests.

Bedeutung von Lehrerfortbildungen

Abschließend sei noch einmal auf die Bedeutung von Lehrerfortbildungen für die nachhaltige Implementation einer testdatenbasierten Schul- und Unterrichtsentwicklung hingewiesen. Der Umgang mit externen Testdaten muss genauso wie z.b. die Nutzung standardisierter Individualdiagnostik mühsam im diagnostischen Handlungsrepertoire von Lehrkräften verankert werden. Dies kostet Zeit für entsprechende Themen sowohl in der Lehrerfortbildung als auch in der Lehrerbildung. Ansatzpunkte und auch empirische Befunde hierzu sollen in diesem Abschnitt angedeutet werden.

Zunächst einmal steht Lehrkräften eine Reihe von praxisorientierten Materialien und Publikationen zum kompetenzorientierten Unterrichten im weiteren Sinne und zur Nutzung von Vergleichsarbeiten im engeren Sinne zur Verfügung. Für jeden VERA-Durchgang werden fachspezifische Begleitmaterialien erstellt. Diese Begleitmaterialien werden von einschlägigen Fachdidaktikern erarbeitet und bieten neben einer Analyse der Testaufgaben und Kompetenzbereiche auch vielfältige Hinweise für eine produktive Weiterarbeit im Unterricht. Dabei sind zwei Handlungsalternativen zu unterscheiden: Einmal fachdidaktische Hinweise auf Kompetenzentwicklung und Unterrichtsprinzipien und zweitens Nutzung der Vergleichsarbeiten für förderdiagnostische Zwecke. Beispielsweise wird aufgezeigt, wie man die Testrückmeldungen zur Analyse von Fehlerschwerpunkten bei einzelnen Schülerinnen und Schülern nutzen kann (Drieschner 2011).

Darüber hinaus gibt es in einzelnen Fachdidaktiken vielfältige Publikationen, die im weitesten Sinne Vorschläge für die Nutzung von Vergleichsarbeiten liefern (Mathematik: z.B. Lorenz 2005; Drüke-Noe 2010; Naturwissenschaften: z.B. Wißner 2009; fremdsprachlicher Unterricht: z.B. Kahl 2009; Emmrich/Dietrich 2011; Geschichtsunterricht: z.B. Alavi 2008). Auch in diesen Publikationen wird auf die diagnostischen Möglichkeiten standardisierter Leistungsvergleiche verwiesen. Allerdings werden auch die Grenzen betont und Vergleichsarbeiten eher als kleinerer Beitrag zur Verbesserung der formativ-diagnostischen Kompetenz von Lehrkräften dargestellt. Als wesentlich bedeutsamer werden fachdidaktische Unterrichtskonzeptionen betrachtet, in denen die zielgenaue Feststellung der Schülerlernvoraussetzungen und das kontinuierliche Monitoring der Schülerleistungen eine zentrale Komponente darstellen. Ein Beispiel hierfür sind neue didaktische Konzepte für den Rechtschreibunterricht in Verbindung mit förderorientierten Diagnosen (z.B. May 2005).

Wie sieht es jedoch mit konkreten Lehrerfortbildungen zum Umgang mit Vergleichsarbeitsrückmeldungen aus? Sill und Sikora (2007) beispielsweise verweisen in ihrer Arbeit zu Lernstandserhebungen in Mecklenburg-Vorpommern auf Weinert (2001), der die schulnahe Lehrerfortbildung als entscheidende Bedingung für die Weiterentwicklung von Unterricht ansieht. Sill und Sikora (2007) sehen die Realität allerdings weit davon entfernt. Mittlerweile liegen erste Forschungsberichte zu entsprechenden Fortbildungsprojekten vor, beispielsweise das Fortbildungsprojekt der VERA 3-Gruppe zur Verbesserung der Datenkompetenz von Lehrkräften (Koch 2011). In der Evaluation der Fortbildung wird zwar gezeigt, dass man mit dem Einsatz eines „Tools" für die explorative Datenanalyse die Lehrkräfte für Details in den VERA-Rückmeldungen sensibilisieren kann. Allerdings stellt sich die Frage der Nachhaltigkeit entsprechender Fortbildungen. Kann man davon ausgehen, dass Lehrkräfte auch Monate später bei der nächsten VERA-Rückmeldung entsprechend vorgehen und mit Methoden der explorativen Datenanalyse arbeiten werden? Eine weitere Problematik besteht darin, dass diese Art von Fortbildung lediglich auf die Datenanalyse zielt und nicht mit einer fachdidaktisch einschlägigen Unterrichtsentwicklung verbunden ist.

Ähnlich stellt sich die Lage bei Fortbildungsmodulen zu den KMK-Bildungsstandards dar. Asbrand et al. (2012) untersuchten die Nutzung der KMK-Materialien „format" zur Unterstützung einer kompetenzorientierten Unterrichtsplanung in Fachkonferenzen. Die Ergebnisse der qualitativen Gruppeninterviews werden von den Autorinnen wie folgt zusammengefasst: „Die Erprobung der strukturierten Arbeitshilfen aus format in den moderierten Fachkonferenzen zeigte, dass ein einmaliger Kontakt mit diesen Analyse- und Planungsinstrumenten vor allem für Lehrkräfte, die noch keine Erfahrung in der Unterrichtsentwicklung haben, nicht ausreichend ist" (39). Es wird bezweifelt, dass ein Paradigmenwechsel von Input- zu Outputorientierung durch Vorgabe von Materialien vollzogen werden kann. Ebenso wird auf die große Heterogenität in den Fachkonferenzen bezüglich der Vorstellungen über Unterricht und Unterrichtsplanung hingewiesen.

Auch in anderen europäischen Ländern geht man der Frage nach effektiven Fortbildungsmaßnahmen nach. Vanhoof et al. (2011) untersuchten in einer experimentellen Studie den Effekt einer Schulleiterfortbildung zur Nutzung externer Schulleistungsrückmeldungen in den Niederlanden. Entlang des SPFS-Modells wurden

Einstellungen zur Testrückmeldungen, Selbstwirksamkeit, Dateninterpretations-kompetenz sowie konzeptuelle und instrumentelle Nutzung erfasst. Die eher kriti-sche Einstellung zu externen Tests der Schulleiter änderte sich durch das Treatment nicht. Ebenso unterschieden sich die beiden Versuchsgruppen nicht hinsichtlich der eher geringen instrumentellen Nutzung der Rückmeldungen. Die Fortbildung hatte dagegen einen positiven Effekt auf die Dateninterpretationskompetenz und das Interesse an den Feedback-Berichten. Die Autoren fordern, dass weitere Lehr-erfortbildungen vor allem einen Beitrag zur Verbesserung der Einstellungen gegen-über Tests leisten müssten.

Zusammenfassung

Die Bildungspolitik bzw. die Bildungsadministration hat mittlerweile auch in Deutschland die schulische Leistungsdiagnostik als „Motor" für Schul- und Unterrichtsreformen für sich entdeckt. In Rahmenpapieren hat die Kultusmi-nisterkonferenz ein testdatenbasiertes Bildungsmonitoring etabliert. Wesentli-che Elemente sind stichprobenbasierte, internationale und nationale Schulleis-tungsstudien und flächendeckende Vergleichsarbeiten in den Jahrgangsstufen 3 und 8. Die Zielsetzungen dieser Tests lassen sich im weitesten Sinne mit testdatenbasierter Schul- und Unterrichtsentwicklung umschreiben. Die na-tionalen und internationalen Schulleistungsstudien (PISA, IGLU, IQB-Län-dervergleich) dienen der Bildungspolitik und der Bildungsadministration als Rückmeldung, um den Erfolg von Maßnahmen besser einschätzen zu können, bzw. zukünftige Maßnahmen im Schulsystem planen zu können. Vergleichsar-beiten sollen dagegen von den Lehrkräften an jeder Schule für eine testdaten-basierte Optimierung des eigenen Unterrichts herangezogen werden.

In diesem Kapitel wurden die Grundlagen der testdatenbasierten Schul- und Unterrichtsentwicklung vor dem Hintergrund der in diesem Studienbuch eingeführten Kategorien pädagogisch-diagnostischen Handelns analysiert. Sämtliche Diagnoseverfahren im Rahmen des Bildungsmonitoring geben vor, grundlegende Kompetenzen in den Fächern Deutsch, Mathematik und den Fremdsprachen zu testen. Eine spezifische Erfassung von domänenspezifi-schem Wissen ist damit nicht möglich. Bei genauer Analyse zeigt sich auch, dass der zunächst sehr weit gefasste Kompetenzbegriff im Zuge der Operatio-nalisierung nach und nach eingeschränkt wurde. Standard für die Entwicklung und Erprobung der Leistungsdiagnosen ist die probabilistische Testtheorie. Diese erlaubt eine sehr weitreichende Vergleichbarkeit zwischen verschiedenen Schülergruppen, Bundesländern, Länder etc. Ebenso können Aufgaben zur Veranschaulichung von Kompetenzstufen eingesetzt werden. Der Nachteil ist die hohe Selektivität bei der Auswahl von Testitems. Bei der Entwicklung von Vergleichsarbeiten bemüht man sich um einen Ausgleich zwischen testtheore-tischen Anforderungen und fachdidaktischer Relevanz.

Für Lehrkräfte sind vor allem die jährlich stattfindenden Vergleichsarbeiten relevant. Die Kultusministerkonferenz stellt sich vor, dass Lehrkräfte die VERA-Rückmeldungen für die Reflexion und Weiterentwicklung des eigenen Unterrichts nutzen. Didaktische Handreichungen zu den einzelnen Tests sollen die Nutzung der Rückmeldedaten unterstützen. Empirische Studien zeigen, dass VERA an deutschen Schulen ohne Schwierigkeiten durchgeführt wird und mittlerweile in die jährliche Routine eingegliedert wurde. Die Lehrkräfte nehmen die Rückmeldungen wahr, interpretieren und nutzen sie jedoch höchst unterschiedlich. Es besteht immer noch die starke Tendenz, die Leistungsdaten mit dem Potenzial der Schülerinnen und Schüler zu erklären bzw. der Wunsch, die VERA-Tests in die Notengebung mit einfließen zu lassen. Eine systematische, zum Beispiel über die Fachkonferenzen gesteuerte Analyse und Bewertung der Testdaten ist eher selten bzw. muss gezielt von den Verantwortlichen angestoßen und institutionalisiert werden.

Beispiele aus anderen Ländern zeigen zudem, dass auch die Konzeption externer Tests entscheidend ist, ob und wie die Testdaten für die Unterrichtsentwicklung genutzt werden. Lehrkräfte in Deutschland können die inhaltliche Ausrichtung der Vergleichsarbeiten beispielsweise nicht beeinflussen. Externe Testsysteme, bei denen Schulen bzw. Lehrkräfte die zu testenden Inhaltsbereiche auswählen können, erhöhen die Wahrscheinlichkeit, dass mit den Rückmeldedaten auch aktiv und eigenständig weitergearbeitet wird. Diese Schlussfolgerung legen auch internationale, empirisch fundierte Modelle einer testdatenbasierten Schul- und Unterrichtsentwicklung nahe. Ein weiterer, in Deutschland noch zu entwickelnder Bereich ist die Fortbildung zu Vergleichsarbeiten. In aktuellen KMK-Papieren wird dieses Defizit eingeräumt und es werden zumindest Perspektiven für eine engere Verzahnung fachdidaktischer Fortbildungen und testdatenbasierter Unterrichtsentwicklung skizziert.

11 Literaturverzeichnis

Abraham, U./Müller, A. (2009): Aus Leistungsaufgaben Lernen. In: Praxis Deutsch 214, 4-12.

Aebli, H. (1993): Grundlagen des Lehrens: eine allgemeine Didaktik auf psychologischer Grundlage. 2. Auflage. Stuttgart: Klett-Cotta.

Agbatogun, A. O. (2012): Exploring the efficacy of student response system in a Sub-Saharan African country. A Sociocultural Perspective. In: Journal of Information Technology Education: Research 11, 249-267.

Alavi, B. (2008): Die baden-württembergischen Diagnose- und Vergleichsarbeiten im Fach Geschichte der Realschule. Eine kritische Einschätzung. In: Geschichte in Wissenschaft und Unterricht 59 (4), 231-245.

Alonzo, A. C./Steedle, J. T. (2009): Developing and assessing a force and motion learning progression. In: Science Education 93 (3), 389-421.

Altrichter, H. (2008): Veränderungen der Systemsteuerung im Schulwesen durch die Implementation einer Politik der Bildungsstandards. In: T. Brüsemeister/K.-D. Eubel (Hrsg.): Evaluation, Wissen und Nichtwissen. Wiesbaden: Verlag für Sozialwissenschaften, 75-115.

Altrichter, H. (2010): Schul- und Unterrichtsentwicklung durch Datenrückmeldung. In: H. Altrichter/ K. MaagMerki (Hrsg.): Handbuch Neue Steuerung im Schulsystem. Wiesbaden: Verlag für Sozialwissenschaften, 219-254.

Anders, Y./Kunter, M./Brunner, M./Krauss, S./Baumert, J. (2010): Diagnostische Fähigkeiten von Mathematiklehrkräften und ihre Auswirkungen auf die Leistungen ihrer Schülerinnen und Schüler. In: Psychologie in Erziehung und Unterricht 57 (3), 175-193.

Anderson, D. L./Fisher, K. M./Norman, G. J. (2002): Development and evaluation of the conceptual inventory of natural selection. In: Journal of Research in Science Teaching 39 (10), 952-978.

Anderson, J. R. (1989): Kognitive Psychologie. Eine Einführung. 2. Aufl., Heidelberg: Spektrum.

Anderson, J. R. (1996): A simple theory of complex cognition. In: American Psychologist 51 (4), 355-365.

Anderson, L. W./Krathwohl, D. R. (2001): A taxonomy for learning, teaching and assessing. A revision of Bloom's taxonomy of educational objectives. New York: Addison Wesley Longman.

Anderson, R. C./Kulhavy, R. W./Andre, T. (1971): Feedback procedures in programmed instruction. In: Journal of Educational Psychology 62 (2), 148-156.

Arnold, K.-H. (2002): Schulentwicklung durch Rückmeldung der Lernwirksamkeit an die Einzelschule. Möglichkeiten und Grenzen der Schuleffizienzforschung. In: Zeitschrift für Pädagogik 48 (5), 741-764.

Arnold, K.-H. (2013): Kompetenz- versus Lernzielorientierung von Unterricht? In: Bildung und Erziehung 66 (2), 173-187.

Artelt, C./Gräsel, C. (2009): Gasteditorial. Diagnostische Kompetenz von Lehrkräften. In: Zeitschrift für Pädagogische Psychologie 23 (3-4), 157-160.

Aryadoust, V. (2011): Cognitive diagnostic assessment as an alternative measurement model. In: JALT Testing & Evaluation SIG Newsletter 15 (1), 2-6.

Asbrand, B./Heller, N./Zeitler, (2012): Die Arbeit mit Bildungsstandards in Fachkonferenzen. Ergebnisse aus der Evaluation des KMK-Projektes for.mat. In: Die Deutsche Schule 104 (1), 31-42.

Aufschnaiter, C. v./Rogge, C. (2010): Wie lassen sich Verläufe der Entwicklung von Kompetenz modellieren? In: Zeitschrift für Didaktik der Naturwissenschaften 16, 95-114.

Augst, G./Disselhoff, K./Henrich, A./Pohl, T./Völzing, P.-L. (2007): Text – Sorten – Kompetenz. Eine echte Longitudinalstudie zur Entwicklung der Textkompetenz im Grundschulalter. Frankfurt a.M. u.a.: Lang.

Bachman, L./Bachman, C. (2011): A study of classroom response system clickers. Increasing student engagement and performance in a large undergraduate lecture class on architectural research. In: Journal of Interactive Learning Research 22 (1), 5-21.

Baeriswyl, F./Wandeler, C./Trautwein, U./Oswald, K. (2006): Leistungstest, Offenheit von Bildungsgängen und obligatorische Beratung der Eltern. Reduziert das Deutschfreiburger Übergangsmodell die Effekte des sozialen Hintergrunds bei Übergangsentscheidungen? In: Zeitschrift für Erziehungswissenschaft 9 (3), 371-392.

Bähr, K. (2006): Erwartungen von Bildungsadministrationen an Schulleistungstests. In: H. Kuper/ J. Schneewind (Hrsg.): Rückmeldung und Rezeption von Forschungsergebnissen. Berlin: Waxmann, 127-141.

Baker, E. L./O'Neil, H. F. (1994): Performance assessment and equity: a view from the USA. In: Assessment in Education 1 (1), 11-26.

Bangert-Drowns, R. L./Kulik, C./Kulik, J. A./Morgan, M. T. (1991): The instructional effect of feedback in test-like events. In: Review of Educational Research 61, 213-238.

Barth, K./Gomm, B. (2008): Gruppentest zur Früherkennung von Lese- und Rechtschreibschwierigkeiten. Phonologische Bewusstheit bei Kindergartenkindern und Schulanfängern (PB-LRS). In: W. Schneider/H. Marx/M. Hasselhorn (Hrsg.): Diagnostik von Rechtschreibleistung und -kompetenz. Tests und Trends. Jahrbuch der pädagogisch-psychologischen Diagnostik. Göttingen: Hogrefe, 7-43.

Barzel, B. (2012): Computeralgebra im Mathematikunterricht. Ein Mehrwert – aber wann? Münster: Waxmann.

Bäuerlein, K./Beinicke, A./Berger, N./Faust, G./Jost, M./Schneider, W./Archie, C./Ditton, H./Dollinger, S./Faust, V./Franz, U./Wylde, M./Speck-Hamdan, A./Wiater, W.(2012): FIPS: Fähigkeitsindikatoren Primarschule. Ein computerbasiertes Diagnoseinstrument zur Erfassung der Lernausgangslage und der Lernentwicklung von Schulanfängern. Göttingen: Hogrefe Schultests.

Baumann, R. (2000): Neue Formen des Unterrichts und der Leistungskontrolle bei der Arbeit mit Computeralgebra-Systemen. Neues Lernen mit neuen Medien. Münster: ZKL, 79-83.

Baumbach, H. (2012): Kompetenzorientierte Diagnostik im Mathematikunterricht. In: Der mathematische und naturwissenschaftliche Unterricht 65 (3), 132-135.

Baumert, J. (2001): Vergleichende Leistungsmessung im Bildungsbereich. In: Zeitschrift für Pädagogik (43. Beiheft). Weinheim: Beltz, 13-36.

Baumert, J./Trautwein, U./Artelt, C. (2003): Schulumwelten – institutionelle Bedingungen des Lehrens und Lernens. In: J. Baumert/C. Artelt/E. Klieme/J. Neubrand/M. Prenzel/U. Schiefele/ W. Schneider/K.-J. Tillmann/M. Weiß (Hrsg.): PISA 2000. Ein differenzierter Blick auf die Länder der Bundesrepublik Deutschland. Opladen: Leske + Budrich, 261-331.

Beatty, I. D./Gerace, W. J. (2009): Technology-enhanced formative assessment: A research-based pedagogy for teaching science with classroom response technology. In: Journal of Science Education and Technology 18 (2), 146-162.

Bennett, K. R./Cunningham, A. C. (2009): Teaching formative assessment strategies to preservice teachers: Exploring the use of handheld computing to facilitate the action research process. In: Journal of Computing in Teacher Education 25 (3), 99-105.

Bennett, R. E. (2011): Formative assessment: a critical review. In: Assessment in Education 18 (1), 5-25.

Birkel, P. (2009): Rechtschreibleistung im Diktat – eine objektiv beurteilbare Leistung? In: Didaktik Deutsch 15 (27), 5-32.

Black, P./Wiliam, D. (1998a): Assessment and classroom learning. In: Assessment in Education 5 (1), 7-74.

Black, P./Wiliam, D. (1998b): Inside the black box. Raising standards through classroom assessment. Kings College London: Department of Education & Professional Studies.

Black, P./Wiliam, D. (2009): Developing the theory of formative assessment. In: Educational Assessment, Evaluation and Accountability 21 (1), 5-31.

Blatt, I./Ramm, G./Voss, A. (2009): Modellierung und Messung der Textkompetenz im Rahmen einer Lernstandserhebung in Klasse 6 (2008). In: Didaktik Deutsch 15 (26), 54-81.

Block, R. (2006): Grundschulempfehlung, elterliche Bildungsaspiration und Schullaufbahn – Analysen zu Rückstufungen im Schulformbesuch anhand der repräsentativen PISA 2000-Daten. In: Die Deutsche Schule 98 (2), S.149-161.

Blood, E. (2012): Student Response Systems in the College Classroom: An Investigation of Short-Term, Intermediate, and Long-Term Recall of Facts. In: Journal of Technology and Teacher Education 20 (1), 5-20.

Bloom, B. S. (1974): An introduction to mastery learning theory. In: J. H. Block (Hrsg.): Schools, society and mastery learning. New York: Holt, Rinehart & Winston.

Bloom, B. S./Engelhart, M. D./Frust, E. J./Hill, W. H./Krathwohl, D. R. (1956): Taxonomy of educational objectives. Handbook I: Cognitive domain. New York: McKay.

Blossfeld, H.-P. (1988): Sensible Phasen im Bildungsverlauf. In: Zeitschrift für Pädagogik 34 (1), 45-64.

Blum, W./Drüke-Noe, C./Leiß, D./Wiegand, B./Jordan, A. (2005): Zur Rolle von Bildungsstandards für die Qualitätsentwicklung im Mathematikunterricht. In: Zentralblatt für Didaktik der Mathematik (ZDM) 37 (4), 267-274.

Blum, W./Roppelt, A./Müller, M. (2013): Kompetenzstufenmodelle für das Fach Mathematik. In: H. A. Pant/P. Stanat/U. Schroeders/A. Roppelt/T. Siegle/C. Pöhlmann (Hrsg.): IQB-Ländervergleich 2012. Mathematische und naturwissenschaftliche Kompetenzen am Ende der Sekundarstufe I. Münster: Waxmann, 61-73.

Blyth, B./Labovic, A. (2009): Using maple to implement E-Learning integrated with computer aided assessment. In: International Journal of Mathematical Education in Science and Technology 40 (7), 975-988.

Boekaerts, M. (1997): Self-regulated learning. A new concept embraced by researchers, policy makers, educators, teachers, and students. In: Learning and Instruction 7 (2), 161-186.

Bohl, T. (2009): Prüfen und Bewerten im Offenen Unterricht. 4., neu ausgest. Aufl., Weinheim, Basel: Beltz.

Bohner, (2007): Das Kompetenzraster und die Bewegungsschatzkiste. In: Sportpädagogik 31 (1), 28-31.

Boling, E. C./Beatty, J. (2010): Cognitive apprenticeship in computer-mediated feedback. Creating a classroom environment to increase feedback and learning. In: Journal of Educational Computing Research 43 (1), 47-65.

Bonsen, M./Büchter, A./Peek, R. (2006): Datengestützte Schul- und Unterrichtsentwicklung. Bewertungen der Lernstandserhebungen in NRW durch Lehrerinnen und Lehrer. In: W. Bos/ H.-G. Holtappels/H. Pfeiffer/H.-G. Rolff/R. Schulz-Zander (Hrsg.): Jahrbuch der Schulentwicklung 14. Weinheim: Beltz, 125-148.

Bortz, J./Döring, N. (1995): Forschungsmethoden und Evaluation für Human- und Sozialwissenschaftler. 2. Aufl., Berlin: Springer.

Bortz, J./Döring, N. (2006): Forschungsmethoden und Evaluation für Human- und Sozialwissenschaftler. 4., überarb. Aufl., Berlin: Springer.

Bös, K. (2000): AST 6-11 Allgemeiner sportmotorischer Test für Kinder von 6 bis 11 Jahren. In: Haltung und Bewegung 20 (2), 5-16.

Bottge, B. A./Rueda, E./Kwon, J. M./Grant, T./LaRoque, P. (2009): Assessing and tracking students' problem solving performances in anchored learning environments. In: Educational Technology Research and Development 57 (4), 529-552.

Boudon, R. (1974): Education, opportunity, and social inequality. New York: Wiley.

Bourdieu, P./Passeron, J.-C. (1971): Die Illusion der Chancengleichheit. Stuttgart: Klett.

Breen, R./Goldthorpe, J. H. (1997): Explaining educational differentials. Towards a formal rational action theory. In: Rationality and Society 9 (3), 275-305.

Breidenstein, G./Meier, M./Zaborowski, K. U. (2012): Die Ethnographie schulischer Leistungsbewertung. Ein Beispiel für qualitative Unterrichtsforschung. In: F. Ackermann/T. Ley/C. Machold/ M. Schrödter (Hrsg.): Qualitatives Forschen in der Erziehungswissenschaft. Wiesbaden: Springer VS-Verlag, 157-175.

Breiter, A./Stauke, E. (2007): Anforderungen an elektronische Rückmeldesysteme aus Nutzersicht. In: Empirische Pädagogik 21 (4), 383-400.

Bremerich-Vos, A. (2008): Benjamin S. Bloom (und andere) revisited. In: A. Bremerich-Vos/ D. Granzer/O. Köller (Hrsg.): Lernstandsbestimmung im Fach Deutsch. Gute Aufgaben für den Unterricht. Weinheim: Beltz, 29-49.

Bremerich-Vos, A./Granzer, D./Köller, O. (2008): Lernstandsbestimmung im Fach Deutsch. Gute Aufgaben für den Unterricht. Weinheim u.a.: Beltz.

Bremerich-Vos, A./Possmayer, M. (2011): Zur Reliabilität eines Modelles der Entwicklung von Textkompetenz im Grundschulalter. In: Didaktik Deutsch 17 (31), 30-49.

Brinkmann, E. (2004): Schreiben nach Diktat oder selbständig Rechtschreibung lernen? In: Grundschule 36 (1), 11-13.

Brookhart, M./Moss, C. M./Long, B. A. (2010): Teacher inquiry into formative assessment practices in remedial reading classrooms. In: Assessment in Education 17 (1), 41-58.

Brunner, H./Fluri, S./Stadler, C. (2006): Pädagogische Diagnostik in der Basisstufe. Positionspapier im Auftrag der EDK-Ost. Verfügbar unter http://www.edk-ost.ch/fileadmin/Redaktoren/Dokumente/ Downloads/Positionspapiere/Positionspapier_Brunner.pdf (Zugriff am 23.7.2008).

Büchter, A./Leuders, T. (2005): Quality development in mathematics education by focusing on the outcome: new answers or new questions? In: Zentralblatt für Didaktik der Mathematik (ZDM) 37 (4), 263-266.

Büker, P. (2009): Leistungsbezogenes Feedback in der Grundschule – Referate vorbereiten, vortragen und bewerten. In: Praxis Deutsch 2009 (214), 13-16.

Bürgermeister, A./Klimczak, M./Klieme, E./Rakoczy, K./Blum, W./Leiß, D./Harks, B./Besser, M. (2011): Leistungsbeurteilung im Mathematikunterricht. Eine Darstellung des Projekts „Nutzung und Auswirkungen der Kompetenzmessung in mathematischen Lehr-Lernprozessen". In: Schulpädagogik heute 2 (3), 1-18.

Burnstein, R. A./Lederman, L. M. (2001): Using wireless keypads in lecture classes. In: The Physics Teacher 39 (1), 8-11.

Calfee, R. C./Perfumo, P. (1996): A national survey of portfolio practice: What we learned and what it means. In: R. Calfee/P. Perfumo (Hrsg.): Writing portfolios in the classroom. Mahwah, NJ: Lawrence Erlbaum, 63-81.

Chandrasegaran, A. L./Treagust, D. F./Mocerino, M. (2007): The development of a two-tier multiple-choice diagnostic instrument for evaluating secondary school students' ability to describe and explain chemical reactions using multiple levels of representation. In: Chemistry Education Research and Practice 8 (3), 293-307.

Chang, C.-C. (2008): Enhancing self-perceived effects using web-based portfolio assessment. In: Computers in Human Behavior 24 (4), 1753-1771.

Chang, K.-E./Sung, Y.-T./Chang, R.-B./Lin, S.-C. (2005): A new assessment for computer-based concept mapping. In: Educational Technology & Society 8 (3), 138-148.

Cheong, I. P./Treagust, D. F./Kyeleve, I. J./Oh, P.-Y. (2010): Evaluation of students' conceptual understanding of malaria. In: International Journal of Science Education 32 (18), 2497-2519.

Clariana, R. B. (2010): Deriving individual and group knowledge structure from network diagrams and from essays. In: D. Ifenthaler/P. Pirnay-Dummer/N. M. Seel (Hrsg.): Computer-based diagnostics and systematic analysis of knowledge. New York, Dordrecht, Heidelberg, London: Springer, 117-130.

Clark, I. (2012): Formative assessment: Assessment is for self-regulated learning. In: Educational Psychology Review 24 (2), 205-249.

Coerlin, (2010): Online-Diagnose. Der fremdsprachliche Unterricht. In: Englisch 44 (105), 46.

Courts, P. L./McInerney, K. H. (1993): Assessment in higher education: Policies, pedagogy, and portfolios. Westport, CT: Praeger/Greenwood.

Crews, T. B./Wilkinson, K. (2010): Students' perceived preference for visual and auditory assessment with e-handwritten feedback. In: Business Communication Quarterly 73 (4), 399-412.

Cronbach, L. J. (1988): Five perspectives on validity argument. In: H. Wainer/H. I. Braun (Hrsg.): Test validity. Hillsdale, NJ: Erlbaum, 3-17.

Crooks, T. J. (1988): The impact of classroom evaluation practices on students. In: Review of Educational Research 58 (4), 438-481.

De La Torre, J./Karelitz, T. M. (2009): Impact of diagnosticity on the adequacy of models for cognitive diagnosis under a linear attribute structure: A simulation study. In: Journal of Educational Measurement, 46 (4), 450-469.

Dedering, K. (2008): Der Einfluss bildungspolitischer Maßnahmen auf die Steuerung des Schulsystems. Neue Erkenntnisse aus empirischen Fallstudien. In: Zeitschrift für Pädagogik 54 (6), 869-887.

Dedering, K./Kneuper, D./Tillmann, K.-J. (2003): Was fangen „Steuerleute" in Schulministerien mit Leistungsvergleichsstudien an? Eine empirische Annäherung. In: Zeitschrift für Pädagogik (47. Beiheft), 156-175.

DeLuca, C./Klinger, D. A. (2010): Assessment literacy development: Identifying gaps in teacher candidates' learning. In: Assessment in Education. Principles, Policy & Practice 17 (4), 419-438.

Deno, L./Fuchs, L. S./Marston, D. B./Shinn, J. (2001): Using curriculum-based measurement to develop growth standards for students with learning disabilities. In: School Psychology Review 30 (4), 507-524.

Diemer, T./Kuper, H. (2011): Formen innerschulischer Steuerung mittels zentraler Lernstandserhebungen. In: Zeitschrift für Pädagogik 57 (4), 554-571.

Dihoff, R. E./Brosvic, G. M./Epstein, M. L. (2002): The role of feedback during academic testing: The delay retention effect revisited. Lawrenceville: Department of Psychology, Rider University.

Dikli, (2006): An overview of automated scoring of essays. In: Journal of Technology, Learning, and Assessment 5 (1). Verfügbar unter http://www.jtla.org (Zugriff am 19.2.2013).

Dikli, (2010): The Nature of Automated Essay Scoring Feedback. In: CALICO Journal 28 (1), 99-134.

Ditton, H./Arnoldt, B./Bornemann, E. (2002): Entwicklung und Implementation eines extern unterstützten Systems der Qualitätssicherung an Schulen – QuaSSU. In: Zeitschrift für Pädagogik (45. Beiheft), 374-389.

Donovan, W. (2008): An electronic response system and conceptests in general chemistry courses. In: Journal of Computers in Mathematics and Science Teaching 27 (4), 369-389.

Drese, K. (2008): Einschätzung der Sprechleistung von Lernern im Englischunterricht der Grundschule. Dissertation. Universität Gießen. Verfügbar unter http://geb.uni-giessen.de/geb/volltexte/2008/6338/pdf/DreseKarin-2008-06-26.pdf (Zugriff am 31.3.2010).

Drieschner, E. (2011): Bildungsstandards und Lerndiagnostik. In: W. Sacher/F. Winter (Hrsg.): Professionswissen für Lehrerinnen und Lehrer. 4. Diagnose und Beurteilung von Schülerleistungen. Grundlagen und Reformansätze. Baltmannsweiler: Schneider Verlag Hohengehren, 109-122.

Drüke-Noe, C. (2010). Lernstandserhebungen (VERA 8) – Testaufgaben als Basis der Unterrichtsentwicklung? Beiträge zum Mathematikunterricht 2010 Online, 4 S. Verfügbar unter http://www.mathematik.tu-dortmund.de/ieem/cms/de/forschung/bzmu/bzmu2010.html (Zugriff am 13.5.2014).

Drüke-Noe, C./Keller, K./Blum, W. (2008): Bildungsstandards – Motor für Unterrichtsentwicklung und Lehrerbildung? In: Beiträge zur Lehrerbildung 26 (3), 372-382.

Duit, R. (1995): Zur Rolle der konstruktivistischen Sichtweise in der naturwissenschaftsdidaktischen Lehr- und Lernforschung. In: Zeitschrift für Pädagogik 41, 905-923.

Dünnebier, K./Gräsel, C./Krolak-Schwerdt, (2009): Urteilsverzerrungen in der schulischen Leistungsbeurteilung. Eine experimentelle Studie zu Ankereffekten. In: Zeitschrift für pädagogische Psychologie 23 (3-4), 187-195.

Eckes-Boehmer, C. (2012): Testen attraktiv machen! Praxis Fremdsprachenunterricht. In: Englisch 9 (4), 4-8.

Edelmann, W. (2000): Lernpsychologie. Weinheim: Psychologie-Verlags Union.

Ehren, M. C. M./Visscher, A. J. (2006): Towards a theory on the impact of school inspections. In: British Journal of Educational Studies 54 (1), 51-72.

Eisenmann, M. (2008): Formen mündlicher Leistungsmessung im Fach Englisch. In: Praxis Fremdsprachenunterricht 5 (4), 26-30.

Emmrich, R./Dietrich, (2011): Vergleichsarbeiten schreiben – und dann? Zum Umgang mit Rückmeldungen aus Vergleichsarbeiten im Fremdsprachenunterricht. In: Praxis Englisch 5 (3), 49-53.

Engel, N. (2008): Förderdiagnostik in der Alphabetisierung. Eine empirische Untersuchung zur Schreibprozessdiagnose in Alphabetisierungskursen Niedersachsens. Stuttgart: ibidem.

Ertmer, P. A./Richardson, J. C. (2010): Editorial special issue – Technology mediated feedback – New opportunities for addressing a long-standing need. In: Journal of Educational Computing Research 43 (1), 47-65.

Ertmer, P. A./Richardson, J. C./Lehman, J. D./Newby, T. J./Cheng, X./Mong, C./Sadaf, A. (2010): Peer feedback in a large undergraduate blended course: Perceptions of value and learning. In: Journal of Educational Computing Research 43 (1), 67-88.

Fay, J. (2010): Kompetenzfacetten in der Rechtschreibdiagnostik. Rechtschreibleistung im Test und im freien Text. In: Didaktik Deutsch 16 (29), 15-36.

Fay, J./Berkling, K./Stüker, (2012): Automatische Analyse von Rechtschreibfähigkeit auf Basis von Speech-Processing-Technologien. In: Didaktik Deutsch 18 (33), 14-36.

Feldman, A./Capobianco, B. M. (2008): Teacher learning of technology enhanced formative assessment. In: Journal of Science Education and Technology 17 (1), 82-99.

Fend, H. (1980): Theorie der Schule. München: Urban & Schwarzenberg.

Fend, H. (2011): Die Wirksamkeit der Neuen Steuerung – theoretische und methodische Probleme ihrer Evaluation. In: Zeitschrift für Bildungsforschung 1 (1), 5-24.

Ferster, B./Hammond, T. C./Alexander, R. C./Lyman, H. (2012): Automated formative assessment as a tool to scaffold student documentary writing. In: Journal of Interactive Learning Research 23 (1), 81-99.

Finger, G./Jamieson-Proctor, R. (2009): Assessment issues and new technologies: E-Portfolio possibilities. In: C. Wyatt-Smith/J. J. Cumming (Hrsg.): Educational assessment in the 21st century – Connecting theory and practice. Dordrecht u.a.: Springer, 63-81.

Firestone, W. A./Mayrowitz, D./Fairman, J. (1998): Performance-based assessment and instructional change: The effects of testing in Maine and Maryland. In: Educational Evaluation and Policy Analysis 20 (2), 95-113.

Fitch, J. L. (2004): Student feedback in the college classroom: A technology solution. In: Educational Technology Research and Development 52 (1), 71-81.

Fix, M. (1994): Geschichte und Praxis des Diktats im Rechtschreibunterricht. Frankfurt a.M.: Lang.

Fix, M. (1999): Textrevision in der Schule – Prozessorientierte Schreibdidaktik zwischen Instruktion und Selbststeuerung. Ludwigsburg: Habilitationsschrift.

Fix, M. (2004): Funktionen des Diktats und Diktatkritik. In: Grundschule 36 (1), 8-10.

Fix, M. (2008): Texte schreiben: Schreibprozesse im Deutschunterricht. Paderborn: Schöningh.

Flexer, R. J./Gerstner, E. A. (1993): Dilemmas and issues for teachers developing performance assessments in mathematics. A case study of the effects of alternative assessment in instruction, student learning and accountability practices. CSE Technical Report 364. Boulder: CRESST/University of Colorado.

Franke, M./Ruwisch, (2010): Didaktik des Sachrechnens in der Grundschule. Heidelberg: Spektrum.

Frey, A./Ehmke, T. (2007): Hypothetischer Einsatz adaptiven Testens bei der Überprüfung von Bildungsstandards. In: M. Prenzel/I. Gogolin/H.-H. Krüger (Hrsg.): Kompetenzdiagnostik. In: Zeitschrift für Erziehungswissenschaft (Sonderheft 8). Wiesbaden: VS Verlag, 169-184.

Friedl-Lucyshyn, G. (2011): Instrumente der Informellen Kompetenzmessung. Präzise Diagnosen des Lernstands als Voraussetzung für individualisierte Lernbegleitung. In: F. Hofmann/D. Martinek/ U. Schwantner (Hrsg.): Binnendifferenzierter Unterricht und Bildungsstandards – (k)ein Widerspruch? Wien u.a.: Lit-Verlag, 63-79.

Fuchs, L. S./Compton, D. L./Fuchs, D./Hollenbeck, K. N./Craddock, C. F./Hamlett, C. L. (2008): Dynamic assessment of algebraic learning in predicting third graders' development of mathematical problem solving. In: Journal of Educational Psychology 100 (4), 829-850.

Fuchs, L. S./Fuchs, D. (1986): Effects of systematic formative evaluation: a meta-analysis. In: Exceptional Children 53 (3), 199-208.

Furtak, E. M. (2012): Linking a learning progression for natural selection to teachers' enactment of formative assessment. In: Journal of Research in Science Teaching 49 (9), 1181-1210.

Gage, N. L./Berliner, D. C. (1996): Pädagogische Psychologie. 5., überarb. Aufl., Weinheim: Psychologie Verlags Union.

Gagné, R./Briggs, L./Wager, W. (1992): Principles of instructional design. 4. Aufl., Fort Worth, TX: HBJ College Publishers.

García, P./Amandi, A./Schiaffino, S./Campo, M. (2007): Evaluating Bayesian networks' precision for detecting students' learning styles. In: Computers & Education 49 (3), 794-808.

Gelzenlichter, M./Jäger, S./Wisotzki, (2014). Kompetenzorientierten Biologieunterricht planen – Eine Einführungsstunde zum Thema Herz und Blutkreislauf. In: U. Maier (Hrsg.): Lehr-Lernprozesse in der Schule: Praktikum. Bad Heilbrunn: Klinkhardt, 149-168.

Gikandi, J. W./Morrow, D./Davis, N. E. (2011): Online formative assessment in higher education: A review of the literature. In: Computers & Education 57 (4), 2333-2351.

Gläser-Zikuda, M./Lindacher, T. (2007): Portfolioarbeit im Unterricht – praktische Umsetzung und empirische Überprüfung. In: M. Gläser-Zikuda/T. Hascher (Hrsg.): Lernprozesse dokumentieren, reflektieren und beurteilen. Bad Heilbrunn: Klinkhardt, 189-204.

Gläser-Zikuda, M./Lindacher, T./Fuß, (2006): Wirksamkeit eines Portfolios im Unterricht zur Förderung von Lernleistungen und Lernstrategien – eine quasi-experimentelle Studie. In: Empirische Pädagogik 20 (3), 229-244.

Goethe-Institut (o.J.): Gemeinsamer Europäischer Referenzrahmen für Sprachen. Verfügbar unter http://www.goethe.de/z/50/commeuro/i0.htm (Zugriff am 19.9.2014).

Gok, T. (2012): Real-Time Assessment of Problem-Solving of Physics Students Using Computer-Based Technology. In: Hacettepe University Journal of Education 43, 210-221.

Gölitz, D./Roick, T./Hasselhorn, M. (2006): DEMAT 4. Deutscher Mathematiktest für vierte Klassen. Göttingen: Hogrefe.

Gomolla, M. (2003): Fördern und Fordern allein genügt nicht! Mechanismen institutioneller Diskriminierung von Migrantenkindern und -jugendlichen im deutschen Schulsystem. In: G. Auernheimer (Hrsg.): Schieflagen im Bildungssystem – Die Benachteiligung der Migrantenkinder. Opladen: Leske + Budrich, 97-112.

Graham, S./Sandmel, K. (2011): The Process Writing Approach: A Meta-Analysis. In: Journal of Educational Research 104 (6), 396-407.

Granzer, D./Walther, G./Winkelmann, H./Robitzsch, A./Köller, O. (2008): Bildungsstandards: Kompetenzen überprüfen. Mathematik. Grundschule. Klasse 3/4. Berlin: Cornelsen.

Gräsel, C./Mandl, H. (1993): Förderung des Erwerbs diagnostischer Strategien in fallbasierten Lernumgebungen. In: Unterrichtswissenschaft 21, 355-370.

Greefrath, G. (2007): Das Validieren diagnostizieren – Ein genauer Blick auf eine wichtige Teilkompetenz beim Modellieren. In: Praxis der Mathematik in der Schule 49 (15), 42-44.

Gregory, K./Cameron, C./Davies A. (2011): Knowing what counts. Setting and using criteria. Courteney, BC, Canada: Connections Publishing.

Groß Ophoff, J./Hosenfeld, I./Koch, U. (2007): Formen der Ergebnisrezeption und damit verbundene Schul- und Unterrichtsentwicklung. In: Empirische Pädagogik 21 (4), 411-427.

Gross, M. (2009): Eine Klausur eröffnet Lernchancen – Im Dialog Szenen aus Lessings Nathan der Weise analysieren. In: Praxis Deutsch 2009 (214), 52-57.

Grotlüschen, A./Bonna, F. (2008): Teaching, learning and assessment for adults. Improving foundation skills. German-language Literature Review.

Grunder, H. U./Bohl, T. (2001): Neue Formen der Leistungsbeurteilung. Hohengehren: Schneider Verlag.

Guskey, T. R. (2007): Formative classroom assessment and Benjamin S. Bloom: theory, research, and practice. In: J. H. McMillan (Hrsg.): Formative classroom assessment: theory into practice. Teachers College Columbia University New York, London: Teachers College Press, 63-78.

Haenisch, H./Müller S. (2004): Parallelarbeiten – wie sie gelingen und was sie bewirken. In: Schulverwaltung NRW, Heft 10, 267-269.

Hagener, Tim (2007): Kompetenzraster – Checklisten – Wochenpläne. Individualisierung und Selbstregulation im Jahrgang 5 einführen. In: Pädagogik59 (7-8), 12-17.

Halbheer, U./Reusser, K. (2008): Outputsteuerung, Accountability, Educational Governance – Einführung in Geschichte, Begrifflichkeiten und Funktionen von Bildungsstandards. In: Beiträge zur Lehrerbildung 26 (3), 253-266.

Halldén, O. (1988): The evolution of the species: Pupil perspectives and school perspectives. In: International Journal of Science Education 10 (5), 541-552.

Hargreaves, E. (2005): Assessment for learning? Thinking outside the (black) box. In: Cambridge Journal of Education 35 (2), 213-224.

Hargreaves, E. (2007): The validity of collaborative assessment for learning. In: Assessment in Education. Principles, Policy & Practice 14 (2), 185-199.

Harlen, W. (2005): Teachers' summative practices and assessment for learning – tensions and synergies. In: The Curriculum Journal 16 (2), 207-233.

Harlen, W. (2007): Formative classroom assessment in science and mathematics. In: J. H. McMillan (Hrsg.): Formative classroom assessment: theory into practice. Teachers College Columbia University New York and London: Teachers College Press, 116-135.

Hartig, J./Jude, N. (2007): Empirische Erfassung von Kompetenzen und psychometrische Kompetenzmodelle. In: J. Hartig/E. Klieme (Hrsg.): Möglichkeiten und Voraussetzungen technologiebasierter Leistungsdiagnostik – Eine Expertise im Auftrag des Bundesministeriums für Bildung und Forschung. Bonn u.a.: BMBF, 17-36.

Hartig, J./Klieme, E. (2006): Kompetenz und Kompetenzdiagnostik. In: K. Schweizer (Hrsg.): Leistung und Leistungsdiagnostik. Berlin: Springer, 127-143.

Hascher, T./Astleitner, H. (2007): Blickpunkt Lernprozess. In: M. Gläser-Zikuda/T. Hascher (Hrsg.): Lernprozesse dokumentieren, reflektieren und beurteilen. Lerntagebuch und Portfolio in Bildungsforschung und Bildungspraxis. Bad Heilbrunn: Klinkhardt, 25-43.

Hasselhorn, M./Marx, H./Schneider, W. (2008): Aktuelle Trends der Rechtschreibdiagnostik: Eine Einführung. In: W. Schneider/H. Marx/M. Hasselhorn (Hrsg.): Diagnostik von Rechtschreibleistung und -kompetenz. Tests und Trends – Jahrbuch der pädagogisch-psychologischen Diagnostik (Band 6). Göttingen: Hogrefe, 1-6.

Hattie, J. (2009): Visible learning. A synthesis of over 800 meta-analyses relating to achievement. London u.a.: Routledge, Taylor & Francis Group.

Hattie, J./Jaeger, R. (1998): Assessment and classroom learning: A deductive approach. In: Assessment in Education. Principles, Policy & Practice 5 (1), 111-122.

Hattie, J./Timperley, H. (2007): The power of feedback. In: Review of Educational Research 77 (1), 81-112.

Hatziapostolou, T./Paraskakis, I. (2010): Enhancing the impact of formative feedback on student learning through an online feedback system. In: Electronic Journal of E-Learning 8 (2), 111-122.

Hayward, E. L. (2007): Curriculum, pedagogies and assessment in Scotland: the quest for social justice. „Ah kent yir faither". In: Assessment in Education, 14 (2), 251-268.

Heckhausen, H. (1974): Leistung und Chancengleichheit. Göttingen: Hogrefe.

Heller, K. A./Rosemann, B./Steffens, K.-H. (1978): Prognose des Schulerfolgs. Eine Längsschnittstudie zur Schullaufbahnberatung. Weinheim: Beltz.

Helmke, A./Hosenfeld, I./Schrader, F.-W. (2004): Vergleichsarbeiten als Instrument zur Verbesserung der Diagnosekompetenz von Lehrkräften. In: R. Arnold/C. Griese (Hrsg.): Schulmanagement und Schulentwicklung. Hohengehren: Schneider-Verlag, 115-135.

Helmke, A./Hosenfeld. I. (2005): Standardbezogene Unterrichtsevaluation. In: G. Brägger/B. Bucher/ N. Landwehr (Hrsg.): Schlüsselfragen zur externen Schulevaluation. Bern: Hep Verlag, 127-151.

Hesse, I./Latzko, B. (2011): Diagnostik für Lehrkräfte. Opladen: Verlag Barbara Budrich.

Heuer, C. (2007): Kompetenzraster im Geschichtsunterricht. Erstellung und Einsatz einer Diagnosehilfe. In: Geschichte lernen 20 (116), 28-33.

Hickey, D. T./Taasoobshirazi, G./Cross, D. (2012): Assessment „as" learning: Enhancing discourse, understanding, and achievement in innovative science curricula. In: Journal of Research in Science Teaching 49 (10), 1240-1270.

Hickey, D. T./Zuiker, J. (2012): Multilevel assessment for discourse, understanding, and achievement. In: Journal of the Learning Sciences 21 (4), 522-582.

Hill, M./Cowie, B./Gilmore, A./Smith, L. F. (2010): Preparing assessment-capable teachers: What should preservice teachers know and be able to do? In: Assessment Matters 2010 (2), 43-64.

Hoge, R. D./Coladarci, T. (1989): Teacher-based judgements of academic achievement: A review of literature. In: Review of Educational Research 59 (3), 297-313.

Hollingworth, L. (2012): Why leadership matters: Empowering teachers to implement formative assessment. In: Journal of Educational Administration 50 (3), 365-379.

Horkay, N./Bennett, R. E./Allen, N./Kaplan, B./Yan, F. (2006): Does it matter if I take my writing test on computer? An Empirical Study of Mode Effects in NAEP. In: Journal of Technology, Learning, and Assessment 5 (2), 1-49.

Horstkemper, M. (2006): Fördern heißt Diagnostizieren. Pädagogische Diagnostik als wichtige Voraussetzung für individuellen Lernerfolg. In: Diagnostizieren und Fördern. Stärken entdecken – Können entwickeln. In: Friedrich Jahresheft XXIV, 4-7.

Huang, J./He, L./Davidson-Shivers, G. V. (2011): Educational assessment via a web-based intelligent system. In: Online Submission, US-China Education Review 8 (5), 666-674.

Huebner, A. (2010): An overview of recent developments in cognitive diagnostic computer adaptive assessments. In: Practical Assessment, Research & Evaluation 15 (3), 1-7. Verfügbar unter pareonline. net/getvn.asp?v=15&n=3 (Zugriff am 22.5.2013).

Hulpia, H./Valcke, M. (2004): The use of performance indicators in a school improvement policy: The theoretical and empirical context. In: Evaluation and Research in Education 18 (1-2), 102-120.

Hung, P.-H./Lin, Y.-F./Hwang, G.-J. (2010): Formative assessment design for PDA integrated ecology observation. In: Educational Technology & Society 13 (3), 33-42.

Hupert, N./Heinze, C. (2006): Results in the palms of their hands: Using handheld computers for data-driven decision making in the classroom. In: M. Van't Hooft/K. Swan (Hrsg.): Ubiquitous computing in education: Invisible technology, visible impact. Mahwah, NJ: Erlbaum, 211-229.

Hupert, N./Heinze, J./Gunn, G./Stewart, J. (2007): Using technology-assisted progress monitoring to drive improved student outcomes. In: E. Mandinach/M. Honey (Hrsg.): Linking data and learning. New York: Teachers College Press, 130-150.

Hussy, W./Schreier, M./Echterhoff, G. (2010): Forschungsmethoden in Psychologie und Sozialwissenschaften – Für Bachelor. Berlin u.a.: Springer.

Ice, P./Swan, K./Diaz, S./Kupczynski, L./Swan-Dagen, A. (2010): An analysis of students' perceptions of the value and efficacy of instructors' auditory and text-based feedback modalities across multiple conceptual levels. In: Journal of Educational Computing Research 43 (1), 113-134.

Ingenkamp, K. (Hrsg.) (1995): Die Fragwürdigkeit der Zensurengebung. 9. Auflage. Weinheim: Beltz.

Ingenkamp, K./Lissmann, U. (2005): Lehrbuch der Pädagogischen Diagnostik. 5., neu überarb. Aufl., Weinheim: Beltz.

Ingenkamp, K./Lissmann, U. (2008): Lehrbuch der Pädagogischen Diagnostik. 6., neu ausgest. Aufl., Weinheim: Beltz.

Institut für sonderpädagogische Entwicklungsförderung und Rehabilitation der Universität Rostock (o.J.): Rügener Inklusionsmodell. Verfügbar unter http://www.rim.uni-rostock.de/startseite/ (Zugriff am 20.6.2013).

Institut zur Qualitätsentwicklung im Bildungswesen (IQB) (o.J.): VERA – Ein Überblick. Verfügbar unter https://www.iqb.hu-berlin.de/vera (Zugriff am 19.9.2014)

Institute of Education Sciences (o.J.): Education Resource Information Center (ERIC) – Thesaurus. Verfügbar unter http://www.eric.ed.gov (Zugriff am 29.4.2014).

Jacobs, B. (2002): Aufgaben stellen und Feedback geben. Verfügbar unter http://www.phil.uni-sb.de/~jakobs/wwwartikel/feedback/index.htm, (Zugriff am 30.10.2013).

Jang, E. E. (2008): A framework for cognitive diagnostic assessment. In: C. A. Chapelle/Y.-R. Chung/J. Xu (Hrsg.): Towards adaptive CALL: Natural language processing for diagnostic language assessment. Ames, IA: Iowa State University, 117-131.

Jansen, H. (2008): Rechtschreibdiagnostik in pädagogisch-psychologischen Interventionen: Leistungen und Grenzen heutiger Rechtschreibtests in der praktischen Anwendung. In: W. Schneider/H. Marx/M. Hasselhorn (Hrsg.): Diagnostik von Rechtschreibleistung und -kompetenz. Tests und Trends – Jahrbuch der pädagogisch-psychologischen Diagnostik (Band 6). Göttingen: Hogrefe, 159-189.

Jia, J./Chen, Y./Ding, Z./Ruan, M. (2012): Effects of a vocabulary acquisition and assessment system on students' performance in a Blended-Learning class for English subject. In: Computers & Education 58 (1), 63-76.

Jonsson, A./Svingby, G. (2007): The use of scoring rubrics: Reliability, validity and educational consequences. In: Educational Research Review 2 (2), 130-144.

Jude, N./Hartig, J./Klieme, E. (Hrsg.) (2008): Kompetenzerfassung in pädagogischen Handlungsfeldern. Theorien, Konzepte und Methoden. Bonn u.a.: BMBF. Verfügbar unter https://www.bmbf.de/pub/bildungsforschung_band_sechsundzwanzig.pdf (Zugriff am 3.1.2011).

Jude, N./Wirth, J. (2007): Neue Chancen der technologiebasierten Erfassung von Kompetenzen. In: J. Hartig/E. Klieme (Hrsg.): Möglichkeiten und Voraussetzungen technologiebasierter Leistungsdiagnostik – Eine Expertise im Auftrag des Bundesministeriums für Bildung und Forschung. Bonn u.a.: BMBF, 49-56. Verfügbar unter http://www.bmbf.de/pub/band_zwanzig_bildungsforschung.pdf (Zugriff am 22.1.2014).

Jurecka, A./Hartig, J. (2007): Computer- und netzwerkbasiertes Assessment. In: J. Hartig/E. Klieme (Hrsg.): Möglichkeiten und Voraussetzungen technologiebasierter Leistungsdiagnostik – Eine Expertise im Auftrag des Bundesministeriums für Bildung und Forschung. Bonn u.a.: BMBF, 37-48. Verfügbar unter http://www.bmbf.de/pub/band_zwanzig_bildungsforschung.pdf (Zugriff am 22.1.2014).

Jürgens, E. (2010): Leistung und Beurteilung in der Schule. Eine Einführung in Leistungs- und Bewertungsfragen aus pädagogischer Sicht. 7., überarb. Aufl., Sankt Augustin: Academia-Verlag.

Kahl, D. (2009): Leistungen transparent machen. Vergleichsarbeiten geben individuelle Lernstandsrückmeldung. In: Der Fremdsprachliche Unterricht. Französisch 43 (98), 28-35.

Kaiser, A./Rohlfs, C. (2009): Diagnosekompetenz als Zukunftsaufgabe. In: Pädagogik 61 (12), 32-35.

Karelitz, T. M. (2008): How Binary Skills Obscure the Transition from Non-Mastery to Mastery. In: Measurement: Interdisciplinary Research and Perspectives, 6 (4), 268-272.

Karg, I. (2010): Diagnose und Förderung der Orthographiekompetenz. In: Der Deutschunterricht 62 (6), 9-19.

Kay, R. H./Knaack, L. (2009): Exploring individual differences in attitudes toward audience response systems. In: Canadian Journal of Learning and Technology 35 (1), 1-20.

King, P. E./Young, M. J. (2002): An information processing perspective on the efficacy of instructional feedback. In: American Communication Journal 5 (2), 10.

Kingston, N. M. (2009): Comparability of Computer- and Paper-Administered Multiple-Choice Tests for K-12 Populations: A Synthesis. In: Applied Measurement in Education 22 (1), 22-37.

Kingston, N./Nash, B. (2011): Formative Assessment: A Meta-Analysis and a Call for Research. In: Educational Measurement: Issues and Practice, 30 (4), 28-37.

Kintsch, W./van Dijk, T. (1978): Toward a model of text comprehension and production. In: Psychological Review 85 (5), 363-394.

Klauer, K. J./Strathmann, A. M. (2013). Lernverlaufsdiagnostik Mathematik: Test auf Änderungssensibilität bei rechenschwachen Grundschülern. In: Psychologie in Erziehung und Unterricht, 60 (4), 241-252.

Kleinknecht, M./Bohl, T./Maier, U./Metz, K. (Hrsg.) (2013): Lern- und Leistungsaufgaben im Unterricht. Fächerübergreifende Kategorien zur Auswahl und Analyse. Bad Heilbrunn: Klinkhardt.

Klemm, U. (2011): Szenarien für den Einsatz von Lernplattformen. Blended-Learning-Szenarien an allgemeinbildenden Schulen. In: Computer + Unterricht 21 (83), 18-21.

Klieme, E. (2003): Benotungsmaßstäbe an Schulen: Pädagogische Praxis und institutionelle Bedingungen. Eine empirische Analyse auf der Basis der PISA-Studie. In: H. Döbert/H. Avenarius (Hrsg.): Bildung vor neuen Herausforderungen. Neuwied: Luchterhand, 195-210.

Klieme, E. (2004): Begründung, Implementation und Wirkung von Bildungsstandards: Aktuelle Diskussionslinien und empirische Befunde. In: Zeitschrift für Pädagogik 50 (5), 625-634.

Klieme, E./Avenarius, H./Blum, W./Döbrich, P./Gruber, H./Prenzel, M./Reiss, K./Riquarts, K./Rost, J./Tenorth, H.-E./Vollmer, H. J. (2003): Zur Entwicklung nationaler Bildungsstandards – Eine Expertise. Bonn: BMBF. Verfügbar unter http://www.dipf.de/de/forschung/projekte/pdf/steufi/zur-entwicklung-nationaler-bildungsstandards/at_download/file (Zugriff am 22.1.2014).

Klieme, E./Eichler, W./Helmke, A./Lehmann, R./Nold, G./Rolff, H. G./Schröder, K./Thomé, G./Willenberg, H. (2006): Unterricht und Kompetenzerwerb in Deutsch und Englisch. Zentrale Befunde der Studie Deutsch-Englisch-Schülerleistungen-International (DESI). Frankfurt a.M.: Deutsches Institut für Internationale Pädagogische Forschung.

Klieme, E./Leutner, D. (2006): Kompetenzmodelle zur Erfassung individueller Lernergebnisse und zur Bilanzierung von Bildungsprozessen. Beschreibung eines neu eingerichteten Schwerpunktprogramms bei der DFG. In: Zeitschrift für Pädagogik 52 (6), 876-903.

Klieme, E./Rakoczy, K. (2008): Empirische Unterrichtsforschung und Fachdidaktik. Outcome-orientierte Messung und Prozessqualität des Unterrichts. In: Zeitschrift für Pädagogik 54 (2), 222-237.

Klinkenberg, S./Straatemeier, M./van der Maas, H. L. J. (2011): Computer adaptive practice of maths ability using a new item response model for on the fly ability and difficulty estimation. In: Computers & Education 57 (2), 1813-1824.

Kluger, A. N./DeNisi, A. (1996): The effects of feedback interventions on performance: A historical review, a meta-analysis, and a preliminary Feedback Intervention Theory. In: Psychological Bulletin 119 (2), 254-284.

Kluger, A. N./DeNisi, A. (1998): Feedback Interventions: Towards the understanding of a double-edged sword. In: Current directions in psychological science 7 (3), 67-72.

Koch, U. (2011): Verstehen Lehrkräfte Rückmeldungen aus Vergleichsarbeiten? Datenkompetenz von Lehrkräften und die Nutzung von Ergebnisrückmeldungen aus Vergleichsarbeiten. Münster: Waxmann.

Koedinger, K. R./McLaughlin, E. A./Heffernan, N. T. (2010): A quasi-experimental evaluation of an on-line formative assessment and tutoring system. In: Journal of Educational Computing Research 43 (4), 489-510.

Köhler, H. (1992): Bildungsbeteiligung und Sozialstruktur in der Bundesrepublik. Zu Stabilität und Wandel der Ungleichheit von Bildungschancen. Berlin: Max-Planck-Institut für Bildungsforschung.

Köller, O. (2005): Formative assessment in classrooms: A review of the empirical German literature. In: OECD (Hrsg.): Formative assessment – Improving learning in secondary classrooms. Paris: OECD, 265-279.

Köller, O. (2009): „Des einen Leid, des anderen Freud: Bildungsstandards und ihre Implikationen für Qualitätssicherung und -entwicklung". Vortrag auf der DGfE-Tagung „Bildungsstandards und Kompetenzmodelle" am 25. März 2009 in Heidelberg.

Köller, O./Eßel-Ullmann, G./Paasch, D. (2012): Validierung eines Instruments zur Erfassung Standardbasierter mathematischer Kompetenzen in der Grundschule. In: Psychologie in Erziehung und Unterricht 59 (3), 177-190.

Köller, O./Reiss, K./Stanat, P./Pant, H. A. (2012): Diagnostik Standard-basierter mathematischer Kompetenzen im Primarbereich: Ein Überblick. In: Psychologie in Erziehung und Unterricht 59 (3), 163-176.

Kopp, V./Stark, R./Fischer, M. R. (2009): Förderung von Diagnosekompetenz durch fallbasiertes Lernen mit ausgearbeiteten Lösungsbeispielen: Evaluation einer computerbasierten Lernumgebung. In: Unterrichtswissenschaft 37 (1), 17-34.

Koretz, D. (1998): Large-scale portfolio assessments in the US: evidence pertaining to the quality of measurement. In: Assessment in Education. Principles, Policy & Practice 5 (3), 309-334.

Koslowski F./Zabel, J. (2013): Schülerperspektiven im Klassenraum schnell erfassen: Ein Diagnoseinstrument für den Evolutionsunterricht. Posterpräsentation auf der Internationalen Tagung der Fachsektion für Didaktik der Biologie in Kassel am 18.9.2013.

Krolak-Schwerdt, S./Böhmer, M./Gräsel, C. (2009): Verarbeitung von schülerbezogener Information als zielgeleiteter Prozess. Der Lehrer als „flexibler Denker". In: Zeitschrift für Pädagogische Psychologie 23 (3-4), 175-186.

Kühle, B. (2010): Zentrale Lernstandserhebungen – Ergebnisorientierte Unterrichtsentwicklung? Schulische Strategien beim Umgang mit Ergebnissen aus den Schulrückmeldungen im Kontext der ersten Lernstandserhebungen 2004/2005 in Nordrhein-Westfalen. Berlin: Köster.

Kulik, C. C./Kulik, J. A./Bangert-Drowns, R. L. (1990): Effectiveness of mastery learning programs: A meta-analysis. In: Review of Educational Research 60 (2), 265-299.

Kulik, J. A./Kulik, C. (1988): Timing of Feedback and Verbal Learning. In: Review of Educational Research 58 (1), 79-97.

Kultusministerkonferenz (KMK) (2006): Gesamtstrategie der Kultusministerkonferenz zum Bildungsmonitoring. München: Link Luchterhand.

Kultusministerkonferenz (KMK) (2010): Konzeption der Kultusministerkonferenz zur Nutzung der Bildungsstandards für die Unterrichtsentwicklung. Bonn u.a.: Carl Link.

Kultusministerkonferenz (KMK) (2012a): Beschluss zur Weiterentwicklung von VERA. Beschluss der Kultusministerkonferenz vom 8.3.2012.

Kultusministerkonferenz (KMK) (2012b): Kompetenzstufenmodell zu den Bildungsstandards im Kompetenzbereich Rechtschreiben. Stand 25. April 2012. Verfügbar unter http://www.iqb.hu-berlin.de/vera (Zugriff am 18.4.2013).

Kultusministerkonferenz (KMK) (o.J.): Fortbildungskonzepte und -materialien zur kompetenz- bzw. standardbasierten Unterrichtsentwicklung (Projekt Format). Verfügbar unter http://www.kmk-format.de (Zugriff am 2.12.2013).

Kunina-Habenicht, O./Wilhelm, O./Matthes, F./Rupp, A. A. (2010): Kognitive Diagnosemodelle: Theoretisches Potential und methodische Probleme. Projekt Kognitive Diagnosemodelle. In: Zeitschrift für Pädagogik (56. Beiheft), 75-85.

Kuper, H. (2008): Wissen – Evaluation – Evaluationswissen. In: T. Brüsemeister/K.-D. Eubel (Hrsg.): Evaluation, Wissen und Nichtwissen. Wiesbaden: VS-Verlag, 61-73.

Kuper, H./Diemer, T. (2012): Vergleichsarbeiten: Theoretische und empirische Betrachtungen zum Nutzen des Vergleichens. In: A. Wacker/U. Maier/J. Wissinger (Hrsg.): Schul- und Unterrichtsreform durch ergebnisorientierte Steuerung. Empirische Befunde und forschungsmethodische Implikationen. Educational Governance Band 9. Wiesbaden: VS-Verlag, 225-246.

Kuper, H./Hartung, V. (2007): Überzeugungen zur Verwendung des Wissens aus Lernstandserhebungen. In: Zeitschrift für Erziehungswissenschaft 10 (2), 214-229.

Küspert, P./Schneider, W. (1998): Würzburger Leise Leseprobe (WLLP). Ein Gruppenlesetest für die Grundschule. Göttingen: Hogrefe.

Lan, Y.-J./Sung, Y.-T./Chang, K.-E. (2009): Let us read together: Development and evaluation of a computer-assisted reciprocal early English reading system. In: Computers & Education 53 (4), 1188-1198.

Landauer, T. K./Lochbaum, K. E./Dooley, (2009): A New Formative Assessment Technology for Reading and Writing. In: Theory Into Practice 48 (1), 44-52.

Langfeldt, H.-P./Tent, L. (1999): Pädagogisch-psychologische Diagnostik. Band 2: Anwendungsbereiche und Praxisfelder. Göttingen: Hogrefe.

Leahy, S./Lyon, C./Thompson, M./Wiliam, D. (2005): Classroom assessment: Minute-by-minute and day-by-day. In: Educational Leadership 63 (3), 19-24.

Lee, H./Feldman, A./Beatty, I. D. (2012): Factors that affect science and mathematics teachers' initial implementation of technology-enhanced formative assessment using a classroom response system. In: Journal of Science Education and Technology 21 (5), 523-539.

Lehker, M. (2009): Rechtschreibung und Lesen computergestützt fördern. In: Deutschunterricht 62 (3), 34-38.

Lehmann, R. H. (2002): Messung von Schulleistungen im Primar- und Sekundarbereich. In: F. E. Weinert (Hrsg.): Leistungsmessungen in Schulen. Weinheim: Beltz, 131-141.

Leighton, J. P./Gierl, M. J. (2007): Defining and evaluating models of cognition used in educational measurement to make inferences about examinees' thinking processes. In: Educational Measurement: Issues and Practice, 26 (2), 3-16.

Leucht, M./Tiffin-Richards, S./Vock, M./Pant, H. A./Köller, O. (2012): Diagnostische Kompetenz von Englischlehrkräften. Diagnostische Kompetenz von Englischlehrkräften bei der Bewertung von Schülerleistungen mit Hilfe des Gemeinsamen Europäischen Referenzrahmens für Sprachen. In: Zeitschrift für Entwicklungspsychologie und pädagogische Psychologie 44 (4), 163-177.

Leuders, T. (2004): Selbstständiges Lernen und Leistungsbewertung. In: Der Mathematikunterricht 50 (3), 63-79.

Leuders, T. (2006): Kompetenzorientierte Aufgaben im Unterricht. In: W. Blum/C. Drüke-Noe/R. Hartung/O. Köller (Hrsg.): Bildungsstandards Mathematik: konkret. Sekundarstufe I: Aufgabenbeispiele, Unterrichtsanregungen, Fortbildungsideen. Berlin: Cornelsen, 81-95.

Leutner, D. (2001): Pädagogisch-psychologische Diagnostik. In: Rost, D. H. (Hrsg.): Handwörterbuch Pädagogische Psychologie. Weinheim: Beltz, 521-530.

Leutner, D./Fleischer, J./Spoden, C./Wirth, J. (2007): Landesweite Lernstandserhebungen zwischen Bildungsmonitoring und Individualdiagnostik. In: M. Prenzel/I. Gogolin/H.-H. Krüger (Hrsg.): Kompetenzdiagnostik. Wiesbaden: VS Verlag, 149-167.

Levin, A. (2009): Qualitätsprobleme mathematischer Vergleichsarbeiten. Erfassung mathematischer Kompetenzen und psychometrische Modellierung einer landesweiten Prüfungsarbeit in Klassenstufe 10. In: D. H. Rost (Hrsg.): Pädagogische Psychologie und Entwicklungspsychologie. Münster u.a.: Waxmann.

Lin, H./Dwyer, F. (2006): The fingertip effects of computer-based assessment in education. In: Tech Trends. Linking Research and Practice to Improve Learning 50 (6), 27-31.

Lin, S.-W. (2004): Development and application of a two-tier diagnostic test for high school students' understanding of flowering plant growth and development. In: International Journal of Science and Mathematics Education 2 (2), 175-199.

Lipnevich, A. A./Smith, J. K. (2009): Effects of differential feedback on students' examination performance. In: Journal of Experimental Psychology 15 (4), 319-333.

Lissmann, U. (2010): Leistungsmessung und Leistungsbeurteilung. Eine Finführung. Landau. Verlag Empirische Pädagogik.

Llamas-Nistal, M./Fernández-Iglesias, M. J./González-Tato, J./Mikic-Fonte, F. A. (2013): Blended e-assessment: Migrating classical exams to the digital world. In: Computers & Education, 62 (3), 72-87.

Lompscher, J. (1989): Psychologische Analysen der Lerntätigkeit. Berlin: Volk und Wissen.

Lord, F. M./Novick, M. R. (1968): Statistical theories of mental test scores. New York: Addison Wesley.

Lorenz, J. H. (2009): Diagnose und Prävention von Rechenschwäche als Herausforderung im Elementar- und Primarbereich. In: A. Heinze/M. Grüßing (Hrsg.): Mathematiklernen vom Kindergarten bis zum Studium. Kontinuität und Kohärenz als Herausforderung für den Mathematikunterricht. Münster: Waxmann, 35-45.

Lorenz, J. H. (2005): Zentrale Lernstandsmessung in der Primarstufe: Vergleichsarbeiten Klasse 4 (VERA) in sieben Bundesländern. In: Zentralblatt für Didaktik der Mathematik (ZDM) 37 (4), 317-324.

Lüders, M. (2001): Probleme von Lehrerinnen und Lehrern mit der Beurteilung von Schülerleistungen. In: Zeitschrift für Erziehungswissenschaft 4 (3), 457-474.

Maag Merki, K./Schwippert, K. (2008): Systeme der Rechenschaftslegung und Schulentwicklung. Editorial. In: Zeitschrift für Pädagogik 54 (6), 773-776.

Madhyastha, T./Tanimoto, (2009): Faring with facets: Building and using databases of student misconceptions. In: Journal of Interactive Media in Education. Verfügbar unter http://jime.open. ac.uk/2009/01/jime-2009-01.html (Zugriff am 26.2.2013).

Maier, U. (2008): Rezeption und Nutzung von Vergleichsarbeiten – Ergebnisse einer Lehrerbefragung in Baden-Württemberg. In: Zeitschrift für Pädagogik 54 (1), 95-117.

Maier, U. (2009): Wie gehen Lehrerinnen und Lehrer mit Vergleichsarbeiten um? Eine Studie zu testbasierten Schulreformen in Baden-Württemberg und Thüringen. Hohengehren: Schneider Verlag.

Maier, U. (2010): Formative Assessment – Ein erfolgversprechendes Konzept zur Reform von Unterricht und Leistungsmessung? In: Zeitschrift für Erziehungswissenschaft, 13/2, 293-308.

Maier, U. (2011): Formative Leistungsmessung – Von einer Noten- zu einer Diagnosekultur. In: Schulmanagement 2011 (3), 22-24.

Maier, U. (2011): Formative Leistungsdiagnostik in der Sekundarstufe I. Befunde einer quantitativen Lehrerbefragung zu Nutzung und Korrelaten verschiedener Typen formativer Diagnosemethoden in Gymnasien. In: Empirische Pädagogik 25 (1), 25-46.

Maier, U./Bohl, T./Kleinknecht, M./Metz, K. (2013): Allgemeindidaktische Kriterien für die Analyse von Aufgaben. In: M. Kleinknecht/T. Bohl/U. Maier/K. Metz (Hrsg.): Lern- und Leistungsaufgaben im Unterricht. Fächerübergreifende Kriterien zur Auswahl und Analyse. Bad Heilbrunn: Klinkhardt, 9-46.

Maier, U./Hofmann, F./Zeitler, (2012): Formative Leistungsdiagnostik – Grundlagen und Praxisbeispiele. Schulmanagement-Handbuch 141. München: Oldenbourg.

Maier, U./Metz, K./Bohl, T./Kleinknecht, M./Schymala, M. (2012): Vergleichsarbeiten als Instrument der datenbasierten Schul- und Unterrichtsentwicklung in Gymnasien. In: A. Wacker/U. Maier/ J. Wissinger (Hrsg.): Schul- und Unterrichtsreform durch ergebnisorientierte Steuerung. Empirische Befunde und forschungsmethodische Implikationen. Educational Governance Band 9. Wiesbaden: VS-Verlag, 197-224.

Maier, U./Ramsteck, C./Frühwacht, A. (2013): Lehr-lerntheoretische Argumentationsmuster bei der Interpretation und Nutzung von Vergleichsarbeitsrückmeldungen durch Gymnasiallehrkräfte. In: Die Deutsche Schule – Zeitschrift für Erziehungswissenschaft, Bildungspolitik und pädagogische Praxis, 12. Beiheft, 74-96.

Maier, U./Schymala, M. (2011): Verbesserung der Diagnosekompetenz von Lehrkräften durch externe, standardbasierte Testsysteme? – Lektionen aus anderen Ländern. In: Schulpädagogik heute 2 (3), 1-15. Verfügbar unter http://www.schulpaedagogik-heute.de (Zugriff am 23.1.2014).

Maier, U./Wolf, N./Randler, C. (2014): Evolutionäre Anpassung am Beispiel von Vögeln: Eine Unterrichtseinheit für den Biologieunterricht in der Sekundarstufe I. In: U. Maier (Hrsg.), Lehr-Lernprozesse in der Schule: Praktikum. Bad Heilbrunn: Klinkhardt, 40-65.

Martin, C. (2007): Kompetenzraster aus dem schweizerischen Institut Beatenberg – eine Option für berufliche Schulen in Deutschland? In: Berufs- und Wirtschaftspädagogik online 2007 (13). Verfügbar unter www.bwpat.de/ausgabe13/martin_bwpat13.pdf (Zugriff am 5.7.2011).

May, P. (2005): Die Erfassung orthografischer Kompetenz in der Sekundarstufe. Die Hamburger Schreibprobe: grundlegend und erweitert. In: Lernchancen 8 (43), 28-29.

May, P. (2012): HSP 1-10. Hamburger Schreib-Probe 1-10. Göttingen: Hogrefe.

McConnell, D. A./Steer, D. N./Owens, K. D./Knott, J. R./Van Horn, S./Borowski, W./Dick, J./Foos, A./Malone, M./McGrew, H./Greer, L./Heaney, P. J. (2006): Using conceptests to assess and improve student conceptual understanding in introductory geoscience courses. In: Journal of Geoscience Education 54 (1), 61-68.

McElvany, N./Schroeder, S./Hachfeld, A./Baumert, J./Richter, T./Schnotz, W./Horz, H./Ullrich, M. (2009): Diagnostische Fähigkeiten von Lehrkräften bei der Einschätzung von Schülerleistungen und Aufgabenschwierigkeiten bei Lernmedien mit instruktionalen Bildern. In: Zeitschrift für pädagogische Psychologie 23 (3-4), 223-235.

McLaren, V. (2012): Assessment is for learning: Supporting feedback. In: International Journal of Technology and Design Education, 22 (2), 227-245.

McMillan, J. H./Venable, J. C./Varier, D. (2013): Studies of the Effect of Formative Assessment on Student Achievement: So much more is needed. In: Practical Assessment, Research & Evaluation 18 (2), 1-15.

Mendez, C. (2008): Let's visit London! Allons en France! Mündliche Prüfungen in Englisch und Französisch der Mittelstufe – Aufgabendesign und Bewertung. In: Praxis Fremdsprachenunterricht 5 (4), 11-16.

Merkens, H. (2007): Rückmeldungen von Schülerleistungen als Instrument der Schulentwicklung und der Unterrichtsverbesserung. In: D. Benner (Hrsg.): Bildungsstandards – Chancen und Grenzen, Beispiele und Perspektiven. Paderborn: Schöningh, 83-101.

Merrell, C./Tymms, P. (2007): Identifying reading problems with computer-adaptive assessments. In: Journal of Computer Assisted Learning 23 (1), 27-35.

Mertler, C. A. (2009): Teachers' assessment knowledge and their perceptions of the impact of classroom assessment professional development. In: Improving Schools 12 (2), 101-113.

Meyer, T./Mayrberger, K./Münte-Goussar, S./Schwalbe, C. (Hrsg.) (2011): Kontrolle und Selbstkontrolle. Zur Ambivalenz von E-Portfolios in Bildungsprozessen. Wiesbaden: VS-Verlag.

Mills, R. P. (1996): Statewide portfolio assessment: The Vermont experience. In: Baron, J. B./Wolf, P. (Hrsg.): Performance-based student assessment: Challenges and possibilities. Chicago: University of Chicago Press, 192-214.

Moridis, C. N./Economides, A. A. (2009): Prediction of student's mood during an online test using formula-based and neural network-based method. In: Computers & Education 53 (3), 644-652.

Müller, B./Richter, T./Krizan, A./Hecht, T./Ennemoser, M. (2012): Evidenzbasierte Leseförderung in der Grundschule. Vorstellung einer Interventionsstudie. In: Diskurs Kindheits- und Jugendforschung 7 (2), 213-220.

Myers, D. G. (2008): Psychologie. 2., erw. u. aktual. Aufl., Heidelberg: Springer Medizin Verlag.

Nachtigall, C./Jantowski, A. (2007): Die Thüringer Kompetenztests unter besonderer Berücksichtigung der Evaluationsergebnisse zum Rezeptionsverhalten. In: Empirische Pädagogik 21 (4), 401-410.

Nachtigall, C./Kröhne, U. (2006): Methodische Anforderungen an schulische Leistungsmessung – auf dem Weg zu fairen Vergleichen. In: H. Kuper/J. Schneewind (Hrsg.): Rückmeldung und Rezeption von Forschungsergebnissen. New York u.a.: Waxmann, 59-74.

Nedungadi, P./Raman, R. (2012): A new approach to personalization: Integrating E-Learning and m-learning. In: Educational Technology Research and Development 60 (4), 659-678.

Nunnery, J. A./Ross, M./Mc Donald, A. (2006): A randomized experimental evaluation of the impact of accelerated reader/reading renaissance implementation on reading achievement in grades 3 to 6. In: Journal of Education for Students Placed At Risk 11 (1), 1-18.

O'Day, J. A. (2002): Complexity, accountability, and school improvement. In: Harvard Educational Review 72 (3), 293-329.

O'Day, J. A. (2004): Complexity, accountability, and school improvement. In: H. Fuhrman/R. F. Elmore (Hrsg.): Redesigning accountability systems for education. New York u.a.: Teachers College Press, 15-43.

OECD (2005): Formative assessment. Improving learning in secondary classrooms. Paris: OECD.

Ossner, J. (2006): Sprachdidaktik Deutsch. Reihe: Standardwissen Lehramt. Paderborn u.a.: UTB, Schöningh.

Pant, H. A./Böhme, K./Köller, O. (2012): Das Kompetenzkonzept der Bildungsstandards und die Entwicklung von Kompetenzstufenmodellen. In: P. Stanat/H. A. Pant/K. Böhme/D. Richter (Hrsg.): Kompetenzen von Schülerinnen und Schülern am Ende der vierten Jahrgangsstufe in den Fächern Deutsch und Mathematik. Münster u.a.: Waxmann, 49-55.

Pant, H. A./Stanat, P./Schroeders, U./Roppelt, A./Siegle, T./Pöhlmann, C. (Hrsg.) (2013): IQB-Ländervergleich 2012. Mathematische und naturwissenschaftliche Kompetenzen am Ende der Sekundarstufe I. Münster u.a.: Waxmann.

Paradies, L./Wester, F./Greving, J. (2012): Leistungsmessung und -bewertung. 4. Aufl., Berlin: Cornelsen Scriptor.

Park, J. (2010): Constructive multiple-choice testing system. In: British Journal of Educational Technology 41 (6), 1054-1064.

Peek, R./Dobbelstein, P. (2006): Benchmarks als Input für die Schulentwicklung – das Beispiel der Lernstandserhebungen in Nordrhein-Westfalen. In: H. Kuper/J. Schnewind (Hrsg.): Rückmeldung und Rezeption von Forschungsergebnissen. Münster u.a.: Waxmann, 41-58.

Pellegrino, J. W. (2003): Knowing what students know. In: Issues in Science and Technology 19 (2), 48-52.

Pellegrino, J. W./Chudowsky, N./Glaser, R. (2001): Knowing what students know. The science and design of educational assessment. Washington, DC: National Academic Press.

Peter-Koop, A. (2006): Die Vermittlung mathematikdiagnostischer Kompetenzen in der universitären Grundschullehrerausbildung. In: A. H. Hilligus/H.-D. Rinkens (Hrsg.): Standards und Kompetenzen – neue Qualität in der Lehrerausbildung? Neue Ansätze und Erfahrungen in nationaler und internationaler Perspektive. Berlin: Lit Verlag, 459-468.

Petermann, F./Eid, M. (Hrsg.) (2006): Handbuch der Psychologischen Diagnostik. Göttingen: Hogrefe.

Petko, D. (2010): Lernplattformen, E-Learning und Blended-Learning in Schulen. In: D. Petko (Hrsg.): Lernplattformen in Schulen. Ansätze für E-Learning und Blended-Learning in Präsenzklassen. Wiesbaden: Verlag für Sozialwissenschaften, 9-27.

Pirnay-Dummer, P./Ifenthaler, D. (2010): Automated knowledge visualization and assessment. In: D. Ifenthaler/P. Pirnay-Dummer/N. M. Seel (Hrsg.): Computer-based diagnostics and systematic analysis of knowledge. New York u.a.: Springer, 77-115.

Poggio, J./Glasnapp, D. R./Yang, X./Poggio, A. J. (2005): A comparative evaluation of score Results from computerized and paper & pencil mathematics testing in a large scale state assessment program. In: Journal of Technology, Learning, and Assessment 3 (6).

Popham, W. J. (2009): Assessment Literacy for Teachers: Faddish or Fundamental? In: Theory Into Practice 48 (1), 4-11.

Posner, G./Strike, K./Hewson, P./Gertzog, W. (1982): Accomodation of a scientific conception: Toward a theory of conceptual change. In: Science Education 66, 211-227.

Prengel, A./Riegler, S./Wannack, E. (2009): „Formative Assessment" als Re-Impuls für pädagogisch-didaktisches Handeln. In: C. Röhner/C. Henrichwark/M. Hopf (Hrsg.): Europäisierung der Bildung. Konsequenzen und Herausforderungen für die Grundschulpädagogik. Wiesbaden: Verlag für Sozialwissenschaften, 253-257.

Quesel, C./Kunz, M./Rüefli, M. (2013): Vergleichsarbeiten im Kanton Solothurn (VASO) – Kurzbericht zur Pilotstudie 2012. Interner Forschungsbericht: Fachhochschule Nordwestschweiz.

Radatz, H./Schipper, W. (1983): Handbuch für den Mathematikunterricht an Grundschulen. Hannover: Schroedel.

Reinmann, G./Sippel, (2011): Königsweg oder Sackgasse? E-Portfolios für das forschende Lernen. In: T. Meyer/K. Mayrberger/S. Münte-Goussar/C. Schwalbe (Hrsg.): Kontrolle und Selbstkontrolle. Wiesbaden: VS-Verlag, 185-202.

Renkl, A. (2009): Lehren und Lernen. In: R. Tippelt/B. Schmidt (Hrsg.): Handbuch Bildungsforschung. Wiesbaden: VS Verlag, 737-751.

Reynolds, D. (2005): „World Class" School Improvement: An analysis of the implications of recent international school effectiveness and school improvement research for improvement practice. In: D. Hopkins (Hrsg.): The Practice and Theory of School Improvement. International Handbook of Educational Change. New York: Springer, 241-251.

Rheinberg, F. (1980): Leistungsbewertung und Lernmotivation. Göttingen: Hogrefe.

Rheinberg, F. (2001): Bezugsnormorientierung. In: D. H. Rost (Hrsg.): Handwörterbuch Pädagogische Psychologie. 2. überarb. u. erw. Aufl., Weinheim: Beltz.

Richter, T./Isberner, M.-B./Naumann, J./Kutzner, Y. (2012): Prozessbezogene Diagnostik von Lesefähigkeiten bei Grundschulkindern. In: Zeitschrift für pädagogische Psychologie 26 (4), 313-331.

Rolff, H.-G. (2007): Studien zu einer Theorie der Schulentwicklung. Weinheim u.a.: Beltz.

Roppelt, A./Blum, W./Pöhlmann, C. (2013): Die im Ländervergleich 2012 untersuchten mathematischen und naturwissenschaftlichen Kompetenzen. In: H. A. Pant/P. Stanat/U. Schroeders/A. Roppelt/T. Siegle/C. Pöhlmann (Hrsg.): IQB-Ländervergleich 2012. Mathematische und naturwissenschaftliche Kompetenzen am Ende der Sekundarstufe I. Münster u.a.: Waxmann, 23-37.

Roschelle, J./Pea, R. (2002): A walk on the WILD side. How wireless handhelds may change computer-supported collaborative learning. In: International Journal of Cognition and Technology 1 (1), 145-168.

Roschelle, J./Rafanan, K./Bhanot, R./Estrella, G./Penuel, B./Nussbaum, M./Claro, (2010): Scaffolding group explanation and feedback with handheld technology: Impact on students' mathematics learning. In: Educational Technology Research and Development, 58 (4), 399-419.

Rosebrock, C./Nix, D./Rieckmann, C./Gold, A. (2011): Leseflüssigkeit fördern. Lautleseverfahren für die Primar- und Sekundarstufe. Seelze: Kallmeyer.

Rosebrock, C./Rieckmann, C./Nix, D./Gold, A. (2010): Förderung der Leseflüssigkeit bei leseschwachen Zwölfjährigen. In: Didaktik Deutsch 16 (28), 33-58.

Rost, J. (1996): Lehrbuch. Testtheorie – Testkonstruktion. Bern: Huber.

Rost, J. (2004): Lehrbuch. Testtheorie – Testkonstruktion. 2. vollst. überarb. u. erw. Aufl., Bern: Verlag Hans Huber.

Ruiz-Primo, M. A./Shavelson, R. J. (1996): Problems and issues in the use of concept maps in science assessment. In: Journal of Research in Science Teaching 33 (6), 569-600.

Ruiz-Primo, M. A./Shavelson, R. J./Hamilton, L./Klein, (2002): On the evaluation of systemic science education reform: Searching for instructional sensitivity. In: Journal of Research in Science Teaching 39 (5), 369-393.

Russell, M. K. (2010): Technology-aided formative assessment of learning: New developments and applications. In: H. L. Andrade/G. J. Cizek (Hrsg.): Handbook of formative assessment. New York u.a.: Routledge, 125-138.

Russell, M./O'Dwyer, L./Miranda, H. (2009): Diagnosing students' misconceptions in algebra: Results from an experimental pilot study. In: Behavior Research Methods 41 (2), 414-424.

Rütter, T. (1973): Formen der Testaufgabe. Eine Einführung für didaktische Zwecke. München: Beck.

Sacher, W. (2007): Überprüfung und Beurteilung von Schülerleistungen. In: H. J. Apel/W. Sacher (Hrsg.): Studienbuch Schulpädagogik. 3. Aufl., Bad Heilbrunn: Klinkhardt, 284-308.

Sacher, W. (2009): Leistungen entwickeln, überprüfen und beurteilen. Bewährte und neue Wege für die Primar- und Sekundarstufe. 5., überarb. u. erw. Aufl., Bad Heilbrunn: Klinkhardt.

Sainsbury, M./Benton, T. (2011): Designing a formative e-assessment: Latent class analysis of early reading skills. In: British Journal of Educational Technology 42 (3), 500-514.

Sato, M./Wei, R. C./Darling-Hammond, L. (2008): Improving teachers' assessment practices through professional development: The case of National Board Certification. In: American Educational Research Journal 45 (3), 669-700.

Sauer, J./Gamsjäger, E. (1996): Ist Schulerfolg vorhersagbar? Determinanten der Grundschulleistung und ihr prognostischer Wert für den Sekundarschulerfolg. Göttingen: Hogrefe.

Scalise, K./Gifford, B. (2006): Computer-based assessment in e-learning: A framework for constructing „intermediate constraint" questions and tasks for technology platforms. In: Journal of Technology, Learning, and Assessment 4 (6).

Scardamalia, M./Bereiter, C./Steinbach, R. (1984): Teachability of reflective processes in written composition. In: Cognitive Science 8 (2), 173-190.

Schattschneider, J. (Hrsg.) (2007): Domänenspezifische Diagnostik. Wissenschaftliche Beiträge für die politische Bildung. Schwalbach: Wochenschau Verlag.

Schecker, H./Parchmann, I. (2006): Modellierung naturwissenschaftlicher Kompetenz. In: Zeitschrift für Didaktik der Naturwissenschaften 12, 45-66.

Schildkamp, K./Kuiper, W. (2010): Data-informed curriculum reform: Which data, what purposes, and promoting and hindering factors. In: Teaching and Teacher Education, 26 (3), 482-496.

Schildkamp, K./Visscher, A. (2009): Factors influencing the utilisation of a school self-evaluation instrument. In: Studies in Educational Evaluation 35 (4), 150-159.

Schmidinger, E. (2007): Das LesE-Portfolio als persönlicher Lernbegleiter zu den Bildungsstandards Deutsch/Lesen. In: M. Gläser-Zikuda/T. Hascher (Hrsg.): Lernprozesse dokumentieren, reflektieren und beurteilen. Lerntagebuch und Portfolio in Bildungsforschung und Bildungspraxis. Bad Heilbrunn: Klinkhardt, 205-233.

Schmitz, G. F. (1964): Grundschulleistung, Intelligenz und Übertrittsauslese. In: Erziehung und Psychologie, Beihefte der Zeitschrift Schule und Psychologie. München u.a.: Ernst Reinhardt Verlag.

Schneewind, J./Kuper, H. (2009): Rückmeldeformate und Verwendungsmöglichkeiten der Ergebnisse aus zentralen Lernstandserhebungen. In: T. Bohl/H. Kiper (Hrsg.): Lernen aus Evaluationsergebnissen. Bad Heilbrunn: Klinkhardt, 113-129.

Schrader, F.-W. (2006): Diagnostische Kompetenz von Eltern und Lehrern. In: Rost, D. H. (Hrsg.): Handwörterbuch Pädagogische Psychologie. Weinheim: Beltz, 95-100.

Schrader, F.-W./Helmke, A. (1987): Diagnostische Kompetenz von Lehrern: Komponenten und Wirkungen. In: Empirische Pädagogik 1 (1), 27-52.

Schreyer-Mehlhop, I./Petermann, F./Petermann, U./Koglin, U. (2012): Entwicklungsbeobachtung und -dokumentation mit der EBD 3-48 und der EBD 48-72. In: Frühe Bildung 1 (2), 71-77.

Schroeders, U./Schneider, W. (2008): TeDDy-PC: Test zur Diagnose von Dyskalkulie. Göttingen: Hogrefe.

Schroeders, U./Wilhelm, O. (2010): Testing reasoning ability with handheld computers, notebooks, and paper and pencil. In: European Journal of Psychological Assessment 26 (4), 284-292.

Schulze, F. (2012): Folgen zentraler Lernstandserhebungen: Unterscheiden sich Lehrkräfte in der Auseinandersetzung mit Lernstandserhebungen? In: Empirische Befunde zu Formen unterrichtsbezogener Steuerungslogik. In: Die deutsche Schule 104 (1), 43-56.

Schweizer, K. (2006): Leistung und Leistungsdiagnostik. Heidelberg: Springer.

Senn, W. (2009): Mit HarmoS zu einer neuen Aufgabenkultur? Schreibaufgaben im Vergleich: Aufgaben zum Testen – Aufgaben zum Lernen. In: Informationen zur Deutschdidaktik 33 (3), 88-101.

Shavelson, R. J./Ruiz-Primo, M. A. (1999): Leistungsbewertung im naturwissenschaftlichen Unterricht. In: Unterrichtswissenschaft 27 (2), 102-127.

Shavelson, R. J./Young, D. B./Ayala, C. C./Brandon, P. R./Furtak, E. M./Ruiz-Primo, M. A./Tomita, M. K./Yin, Y. (2008): On the impact of curriculum-embedded formative assessment on learning: A collaboration between curriculum and assessment developers. In: Applied Measurement in Education 21 (4), 295-314.

Shute, V. J. (2008): Focus on formative feedback. In: Review of Educational Research 78 (1), 153-189.

Shute, V. J./Masduki, I./Donmez, O./Dennen, V. P./Kim, Y.-J./Jeong, A. C./Wang, C.-Y. (2010):. Modeling, assessing, and supporting key competencies within game environments. In: D. Ifenthaler/P. Pirnay-Dummer/N. M. Seel (Hrsg.): Computer-based diagnostics and systematic analysis of knowledge. New York u.a.: Springer, 281-309.

Sill, H.-D./Sikora, C. (2007): Leistungserhebungen im Mathematikunterricht – Theoretische und empirische Studien. Hildesheim: Franzbecker.

Sjuts, J. (2006): Unterrichtliche Gestaltung und Nutzung kompetenzorientierter Aufgaben in diagnostischer Hinsicht. In: W. Blum/C. Drüke-Noe/R. Hartung/O. Köller (Hrsg.): Bildungsstandards Mathematik: konkret. Sekundarstufe I: Aufgabenbeispiele, Unterrichtsanregungen, Fortbildungsideen. Berlin: Cornelsen, 96-112.

Sjuts, J. (2007): Kompetenzdiagnostik im Lernprozess – auf theoriegeleitete Aufgabenstellung und -auswertung kommt es an. In: mathematica didacta 30 (2), 33-52.

Sjuts, J. (2008): Adaptivität und Diagnostik: Was die Bearbeitung passender Aufgabenstellungen aufdecken kann. In: Beiträge zum Mathematikunterricht online. Vorträge auf der 42. Tagung für Didaktik der Mathematik. Jahrestagung der Gesellschaft für Didaktik der Mathematik vom 13.3. bis 18.3.2008 in Budapest. Verfügbar unter http://www.mathematik.tu-dortmund.de/ieem/cms/media/BzMU/BzMU2008/BzMU2008/BzMU2008_SJUTS_Johann.pdf (Zugriff am 15.11.2013).

Slater, T. F./Ryan, J. M./Samson, L. (1997): Impact and dynamics of portfolio assessment and traditional assessment in a college physics course. In: Journal of Research in Science Teaching, 34, 255-271.

Smit, R. (2008): Formative Beurteilung im kompetenz- und standardorientierten Unterricht. In: Beiträge zur Lehrerbildung 26 (3), 383-392.

Smit, R. (2009): Die formative Beurteilung und ihr Nutzen für die Entwicklung von Lernkompetenz. Eine empirische Studie in der Sekundarstufe I. Hohengehren: Schneider Verlag.

Stanat, P./Pant, H. A./Böhme, K./Richter, D. (2012): Kompetenzen von Schülerinnen und Schülern am Ende der vierten Jahrgangsstufe in den Fächern Deutsch und Mathematik. Ergebnisse des IQB-Ländervergleichs 2011. Münster u.a.: Waxmann.

Stecher, B. (1998): The local benefits and burdens of large-scale portfolio assessment. In: Assessment in Education 5 (3), 335-352.

Steinhoff, T. (2009): Der Wortschatz als Schaltstelle des schulischen Spracherwerbs. In: Didaktik Deutsch 15 (27), 33-52.

Steinkamp, G. (1967): Die Rolle des Volksschullehrers im schulischen Selektionsprozeß. In: Hamburger Jahrbuch für Wirtschafts- und Gesellschaftspolitik. 12. Jahr Tübingen: G.C. Mohr, 302-320.

Steins, G. (2009): Widerstand von Lehrern gegen Evaluationen aus psychologischer Sicht. In: T. Bohl/H. Kiper (Hrsg.): Lernen aus Evaluationsergebnissen – Verbesserungen planen und implementieren. Bad Heilbrunn: Klinkhardt, 185-195.

Stock, C./Schneider, W. (2008): Die Deutschen Rechtschreibtests für das Grundschulalter (DERET 1-2+ und DERET 3-4+). In: W. Schneider/H. Marx/M. Hasselhorn (Hrsg.): Diagnostik von Rechtschreibleistung und -kompetenz. Tests und Trends – Jahrbuch der pädagogisch-psychologischen Diagnostik (Band 6). Göttingen: Hogrefe, 45-60.

Stracke, I./Urhahne, D./Gräsel, C. (2004): Computergestütze Concept-Maps. In: Praxis der Naturwissenschaften – Chemie in der Schule 53 (8), 2-7.

Strathmann, A. M./Klauer, K. J. (2010): Lernverlaufsdiagnostik: Ein Ansatz zur längerfristigen Lern-fortschrittsmessung. In: Zeitschrift für Entwicklungspsychologie und Pädagogische Psychologie 42 (2), 111-122.

Streule, R./Läge, D. (2010): Formative Lernunterstützung mit kognitiven Wissenskarten. Ein innovatives Messverfahren im Härtetest. In: Zeitschrift für E-Learning 5 (1), 50-61.

Strietholt, R./Bos, W. (2010): Die Nutzung der Ergebnisse standardisierter Leistungstests und der Zusammenhang zwischen Schülerleistung und Lehrerurteil. In: W. Böttcher/J. N. Dicke/N. Hogrebe (Hrsg.): Evaluation, Bildung und Gesellschaft: Steuerungsinstrumente zwischen Anspruch und Wirklichkeit. Münster: Waxmann, 165-177.

Struyven, K./Dochy, F./Janssens, S./Schelfhou, W./Gielen, (2006): The overall effects of end-of-course assessment on student performance: A comparison between Multiple-Choice-Testing, peer assessment, case-based assessment and portfolio assessment. In: Studies in Educational Evaluation 32 (3), 202-222.

Stubbe, T. C./Bos, W. (2008): Schullaufbahnempfehlungen von Lehrkräften und Schullaufbahnent-scheidungen von Eltern am Ende der vierten Jahrgangsstufe. In: Empirische Pädagogik 22 (1), 49-63.

Su, C. Y./Wang, T. I. (2010): Construction and analysis of educational assessments using knowledge maps with weight appraisal of concepts. In: Computers & Education55 (3), 1300-1311.

Südkamp, A./Möller, J. (2009): Referenzgruppeneffekte im Simulierten Klassenraum. Direkte und indirekte Einschätzungen von Schülerleistungen. In: Zeitschrift für pädagogische Psychologie 23 (3-4), 161-174.

Terhart, E. (2002): Wie können die Ergebnisse von vergleichenden Leistungsstudien systematisch zur Qualitätsverbesserung in Schulen genutzt werden? In: Zeitschrift für Pädagogik 48 (1), 91-110.

Tesch, B. (2009): Die Tests des IQB – Sinn und Nutzen. In: Praxis Fremdsprachenunterricht 6 (1), 41-45.

Testzentrale (2014): Katalog 2014/15. Verfügbar unter http://www.testzentrale.de/tests/ (Zugriff am 19.9.2014).

Thiel, F./Ulber, D. (2006): Schulorganisatorische Rahmenbedingungen der Unterrichtsentwicklung: Konzeption eines Instruments und Rückmeldeverfahrens zur Bestandsaufnahme der Unterrichtsentwicklung an Schulen. In: H. Kuper/J. Schneewind (Hrsg.): Rückmeldung und Rezeption von Forschungsergebnissen. New York u.a.: Waxmann, 89-106.

Thissen-Roe, A./Hunt, E./Minstrell, J. (2004): The DIAGNOSER project: combining assessment and learning. In: Behavior Research Methods, Instruments, and Computers 36 (2), 234-240.

Thorndike, E. L. (1913): Introduction to theory of mental and social measurement. New York: Columbia University Press.

Tomasello, M. (2006): Konstruktionsgrammatik und früher Erstspracherwerb. In: K. Fischer/A. Stefanowitsch (Hrsg.): Konstruktionsgrammatik. Tübingen: Stauffenburg, 19-37.

Topping, K. J. (1998): Peer assessment between students in colleges and universities. In: Review of Educational Research, 68, 249-276.

Topping, K. J./Fisher, A. M. (2003): Computerised formative assessment of reading comprehension: field trials in the UK. In: Journal of Research in Reading 26 (3), 267-279.

Topping, K. J./Samuels, J./Paul, T. (2007): Computerized assessment of independent reading. Effects of implementation quality on achievement gain. In: School effectiveness and school improvement 18 (2), 191-208.

Tracy, R./Schulz, P. (2012): Ein neuer Sprachtest für Kinder mit DaZ: Linguistische Sprachstandsdiagnostik Deutsch als Zweitsprache (LiSe-DaZ®). In: Frühe Bildung 1 (2), 111-113.

Tresch, (2007): Potenzial Leistungstest. Wie Lehrerinnen und Lehrer Ergebnisrückmeldungen zur Sicherung und Steigerung ihrer Unterrichtsqualität nutzen. Bern: hep-Verlag.

Trolldenier, H.-P. (2008): Die Würzburger Rechtschreibtests für 1. und für 2. Jahrgangsstufe (WÜRT 1 und WÜRT 2) und daraus ableitbare Interventionsmaßnahmen für Grund- und Förderschule. In: W. Schneider/H. Marx/M. Hasselhorn (Hrsg.): Diagnostik von Rechtschreibleistung und -kompetenz. Tests und Trends. Jahrbuch der pädagogisch-psychologischen Diagnostik (Band 6). Göttingen: Hogrefe, 191-209.

Trumpower, D. L./Sarwar, G. S. (2010): Effectiveness of structural feedback provided by pathfinder networks. In: Journal of Educational Computing Research 43 (1), 7-24.

Undeutsch, U. (1969): Zum Problem der begabungsgerechten Auslese beim Eintritt in die höhere Schule und während der Schulzeit. In: H. Roth (Hrsg.): Begabung und Lernen. Stuttgart: Klett, 377-405.

Valtin, R./Wagner, C. (2002): Wie wirken sich Notengebung und verbale Beurteilung auf die leistungsbezogene Persönlichkeitsentwicklung aus? In: R. Valtin (Hrsg.): Was ist ein gutes Zeugnis? Noten und verbale Beurteilungen auf dem Prüfstand. Weinheim: Juventa, 113-137.

Van den Berg, I./Admiraal, W./Pilot, A. (2006): Design principles and outcomes of peer assessment in higher education. In: Studies in Higher Education 31, 341-356.

Van Zundert, M./Sluijsmans, D./Van Merrienboer, J. (2010): Effective peer assessment processes: Research findings and future directions. In: Learning and Instruction 20, 270-279.

Vanhoof, J./Verhaeghe, G./Verhaeghe, J. P./Valcke, M./Van Petegem, P. (2011): The influence of competences and support on school performance feedback use. In: Educational Studies 37 (2), 141-154.

Verhaeghe, G./Vanhoof, J./Valcke, M./Van Petegem, P. (2010): Using school performance feedback: perceptions of primary school principals. In: School Effectiveness and School Improvement 21 (2), 167-188.

Visscher, A. J./Coe, R. (2003): School performance feedback systems: Conceptualisation, Analysis, and Reflection. In: School effectiveness and school improvement 14 (3), 321-349.

Vogel, J. (2008): Befähigung zum Lernen und zur notwendigen Reflexion durch Kompetenzraster. In: Praxis Schule 5-10, 19 (5), 18-28.

Vogt, F./Zumwald, B./Urech, C. (2008): Formative Evaluation Grund- und Basisstufe. Zwischenbericht März 2008. Verfügbar unter http://www.edk-ost.ch/ (Zugriff am 20.6.2008).

Wagner, L. (2008): SCREEMIK 2: Screening der Erstsprachfähigkeit bei Migrantenkindern (Russisch-Deutsch, Türkisch-Deutsch). Computergestütztes Verfahren zur Feststellung des Sprachstandes in der Erstsprache bei Kindern mit Migrationshintergrund. Göttingen: Hogrefe.

Walter, J. (2008): Adaptiver Unterricht erneut betrachtet: Über die Notwendigkeit systematischer formativer Evaluation von Lehr- und Lernprozessen und die daraus resultierende Diagnostik und Neudefinition von Lernstörungen nach dem RTI-Paradigma. In: Zeitschrift für Heilpädagogik 2008 (6), 202-215.

Walter, J. (2010): Lernfortschrittsdiagnostik Lesen (LDL). Ein curriculumbasiertes Verfahren. Manual. Lesetexte. Lernfortschrittsprotokolle. Göttingen: Hogrefe.

Walter, J. (2011): Die Entwicklung eines auch computerbasiert einsetzbaren Instruments zur formativen Messung der Lesekompetenz. In: Heilpädagogische Forschung 2011 (3), 106-126.

Walter, J. (2013): VSL: Verlaufsdiagnostik sinnerfassenden Lesens. Göttingen: Hogrefe

Wang, H.-C./Chang, C.-Y./Li, T.-Y. (2008): Assessing creative problem-solving with automated text grading. In: Computers & Education 51 (4), 1450-1466.

Wang, K. H./Wang, T. H./Wang, W. L./Huang, C. (2006): Learning styles and formative assessment strategy: Enhancing student achievement in web-based learning. In: Journal of Computer Assisted Learning 22 (3), 207-217.

Wang, S./Jiao, H./Young, M. J./Brooks, T./Olson, J. (2008): Comparability of computer-based and paper-and-pencil testing in K-12 reading assessments: A meta-analysis of testing mode effects. In: Educational and Psychological Measurement 68 (1), 5-24.

Wang, T.-H. (2007): What strategies are effective for formative assessment in an E-Learning environment? In: Journal of Computer Assisted Learning 23 (3), 171-186.

Wash, P. D. (2012): The power of a mouse! In: SRATE Journal 21 (2), 39-46.

Weinert, F. E. (2001): Vergleichende Leistungsmessung in Schulen – eine umstrittene Selbstverständlichkeit. In: F. E. Weinert (Hrsg.): Leistungsmessungen in Schulen. Weinheim u.a.: Beltz Verlag, 17-31.

West, P./Rutstein, D. W./Mislevy, R. J./Liu, J./Choi, Y./Levy, R./Crawford, A./DiCerbo, K. E./Chappel, K./Behrens, J. T. (2010): A Bayesian network approach to modeling learning progressions and task performance. CRESST Report 776. National Center for Research on Evaluation, Standards, and Student Testing (CRESST).

Wiliam, D. (2010): An integrative summary of the research literature and implications for a new theory of formative assessment. In: H. L. Andrade/G. J. Cizek (Hrsg.): Handbook of formative assessment. New York u.a.: Routledge, 18-40.

Wiliam, D./Leahy, (2007): A theoretical foundation for formative assessment. In: J. H. McMillan (Hrsg.): Formative classroom assessment: theory into practice. Teachers College Columbia University New York u.a.: Teachers College Press, 29-42.

Wiliam, D./Lee, C./Harrison, C./Black, P. (2004): Teachers developing assessment for learning: impact on student achievement. In: Assessment in Education 11 (1), 49-65.

William, D. (2011): What is assessment for learning? In: Studies in Educational Evaluation 37 (1), 3-14.

Winkelmann, H./Robitzsch, A. (2009): Modelle mathematischer Kompetenzen: Empirische Befunde zur Dimensionalität. In: D. Granzer/O. Köller/A. Bremerich-Vos/M. van den Heuvel-Panhuizen/K. Reiss/G. Walther (Hrsg.): Bildungsstandards Deutsch und Mathematik. Leistungsmessung in der Grundschule. Weinheim: Beltz, 169-196.

Winkelmann, H./Robitzsch, A./Stanat, P./Köller, O. (2012): Mathematische Kompetenzen in der Grundschule: Struktur, Validierung und Zusammenspiel mit allgemeinen kognitiven Fähigkeiten. In: Diagnostica 58 (1), 15-30.

Winkler, I./Heublein, K./Theel, (2009): Nicht immer auf das Ganze schauen – Teilkompetenzen beim argumentierenden Schreiben überprüfen und fördern. In: Praxis Deutsch 2009 (214), 34-37.

Winter, F. (2006): Diagnosen im Dienst des Lernens. Diagnostizieren und Fördern gehören zum Unterricht. In: Diagnostizieren und Fördern. Stärken entdecken – Können entwickeln. In: Friedrich Jahresheft XXIV, 22-25.

Wißner, O. (2009): Das eigene Wissen überprüfen. Lernstandserhebungen in Klasse 9 und Klasse 11. In: Naturwissenschaften im Unterricht – Chemie 20 (111-112), 24-33.

www.sciencedirect.com (Zugriff am 29.9.2014).

www.wirelessgeneration.com/feature-map/mclass-beacon-map (Zugriff am 18.1.2013). [Die Webseite existiert nicht mehr. Die Firma wurde mittlerweile von Amplify.com aufgekauft]

www.writetolearn.net (Zugriff am 8.1.2013).

Yeh, S. (2006): Can rapid assessment reduce the pressure? In: Teachers College Record 108 (4), 621-661.

Yeh, S. (2007): The cost-effectiveness of five policies for improving student achievement. In: American Journal of Evaluation 28 (4), 416-436.

Yeh, S. (2009): Class size reduction or rapid formative assessment? A comparison of cost-effectiveness. In: Educational Research Review 4 (1), 7-15.

Yen, Y.-C./Ho, R.-G./Chen, L.-J./Chou, K.-Y./Chen, Y.-L. (2010): Development and evaluation of a confidence-weighting computerized adaptive testing. In: Educational Technology & Society 13 (3), 163-176.

Zaborowski, K. U./Meier, M./Breidenstein, G. (2011): Leistungsbewertung und Unterricht – Ethnographische Studien zur Bewertungspraxis in Gymnasium und Sekundarschule. Wiesbaden: VS-Verlag.

Zeitler, S./Köller, O./Tesch, B. (2010): Bildungsstandards und ihre Implikationen für Qualitätssicherung und Qualitätsentwicklung. In: A. Gehrmann/U. Hericks/M. Lüders (Hrsg.): Bildungsstandards und Kompetenzmodelle: Beiträge zu einer aktuellen Diskussion über Schule, Lehrerbildung und Unterricht. Bad Heilbrunn: Klinkhardt, 23-36.

Zillig, M. (1928): Einstellung und Aussage. In: Zeitschrift für Psychologie 1928 (106), 58-106.

Zoanetti, N. (2010): Interactive computer based assessment Tasks: How problem-solving process data can inform instruction. In: Australasian Journal of Educational Technology 26 (5), 585-606.

Zydatiß, W. (2006): Mündliche Prüfungen in Englisch Klasse 10. Sachgerecht gestalten und „gerecht" bewerten (Teil 1). In: Praxis Fremdsprachenunterricht 3 (4), 9-13.